《农业软科学研究丛书（2010—2012）》之四

农业支持保护与可持续发展

农业部软科学委员会办公室

中国财政经济出版社

图书在版编目（CIP）数据

农业支持保护与可持续发展/农业部软科学委员会办公室.—北京：中国财政经济出版社，2013.9

（农业软科学研究丛书. 2010—2012；4）

ISBN 978-7-5095-4781-6

Ⅰ.①农… Ⅱ.①农… Ⅲ.①农业经济-政策支持-研究-中国②农业发展-可持续发展-研究-中国 Ⅳ.①F32

中国版本图书馆 CIP 数据核字（2013）第 207128 号

责任编辑：林治滨　　责任校对：黄亚青

封面设计：郁　佳　　版式设计：董生平

中国财政经济出版社 出版

URL：http：//www.cfeph.cn

E-mail：cfeph @ cfeph.cn

社址：北京市海淀区阜成路甲 28 号　邮政编码：100142

营销中心电话：88190406　北京财经书店电话：64033436　84041336

北京富生印刷厂印刷　各地新华书店经销

787×960 毫米　16 开　24.5 印张　367 000 字

2013 年 11 月第 1 版　2013 年 11 月北京第 1 次印刷

定价：48.00 元

ISBN 978-7-5095-4781-6/F·3868

（图书出现印装问题，本社负责调换）

质量投诉电话：88190744

反盗版举报热线：88190492　88190446

#《农业软科学研究丛书（2010—2012）》

编辑委员会

序

多年来，农业部软科学委员会围绕党中央、国务院和部党组的重大决策部署，面向农业农村改革发展实践，组织专家学者和社会各方面力量开展跨学科、跨领域的综合研究，努力成为服务“三农”重大问题决策的思想库，发挥了重要作用。

党的十六大以来，我国实现粮食生产“九连增”、农民增收“九连快”，农业农村经济发展站到了新的历史起点上。随着工业化、城镇化快速推进，农业与国民经济的联系更加紧密；随着市场化进程加快和经济全球化深入发展，我国农业与全球农业的相互影响不断加深，这些趋势性变化对农业宏观调控的理念、方式和手段都提出了新的更高要求。适应新的形势，农业部软科学委员会不断加强全局性、战略性、前瞻性问题的研究，取得了一大批重要研究成果，为“三农”决策提供了重要的政策和理论支撑。比如，围绕现代农业发展、增加农民收入和农业宏观调控等重大问题组织开展相关问题研究，为谋划“十二五”农业农村经济发展思路提供重要参考；围绕粮食等重要农产品有效供给问题，组织开展粮食综合生产能力建设、主要农产品总量和结构平衡、农产品贸易与农业竞争力等对策研究，为推动出台相关政策提供政策和理论储备；围绕新时期农业农村发展阶段性特征，组织开展同步推进农业现代化、农村劳动力转移、农村社会结构变迁等重大问题研究，为推动农业农村经济转型升级提出战略思路等，这些重大问题研究在为领导决策提供咨询参谋意见，丰富“三农”理论研究成果，培养锻炼“三农”理论研究力量等方面都发挥了积极作用。

党的十八大指出，坚持科学决策、民主决策、依法决策，健全决策机制和程序，发挥智库作用，对科学民主决策提出了新的要求。当前，我国农村改革已步入深水区，农业发展步入传统农业向现代农业转型的关键时期，面临许多理论和实践问题亟待研究解决，为农业软科学研究提出了新的任务。农业部软科学委员会要紧紧围绕当前农村改革发展的重大理论和实践问题，始终坚持服务决策这个宗旨，组织搞好选题设计，开展深入调查研究，加强合作交流，鼓励理论创新，更好地发挥农业软科学研究队伍的聪明才智，为繁荣新时期“三农”政策理论研究、推动农村改革发展作出新的更大贡献。

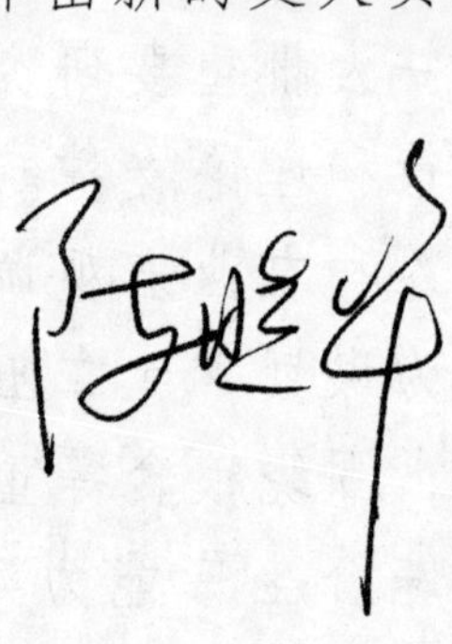

二〇一三年八月

编者的话

呈现在读者面前的这套《农业软科学研究丛书》，是2010—2012年农业部软科学研究成果的汇编。

自1994年以来，农业部软科学委员会持续支持开展“三农”政策和理论研究，陆续编辑出版了《农业软科学研究丛书（1994—2000）》、《农业软科学研究新丛（2001—2003）》和《农业软科学研究丛书（2004—2009）》。这一系列丛书忠实地记录了我国“三农”理论和实践的发展历程，展现了认识与实践推进的时代脉络，许多成果在今天看来仍具有较高的学术价值，是研究“三农”政策理论的重要资料，获得了各界的广泛好评。

当前，农业发展正处于传统农业向现代农业转型升级的关键时期，农村经济社会正在经历一系列深刻变化，对“三农”宏观指导提出了新的要求。为此，农业部软科学委员会组织有关部门、科研机构和高等院校等研究力量，在2010—2012年间组织开展了100多项课题研究，选题涉及统筹城乡发展、现代农业建设、农产品有效供给、农业经营体制创新等诸多方面，形成了一批有较高理论水平和实践指导价值的研究成果，其中许多成果通过编刊《决策参考》等形式提供中央和有关部门领导参阅，对决策起到了重要参考作用，有力地推动了“三农”工作。为进一步强化农业软科学成果的转化利用，扩大农业软科学研究的社会影响，现将其中的优秀成果汇编成《农业软科学研究丛书（2010—2012)》继续公开出版，供读者研究“三农”问题时参考。

丛书按照全面系统、去芜存菁的原则编排成辑，每辑按主题分类论述，总的体例大致划一，共分5辑。分别是：《粮食安全与重要农产品供给》、《农民收入与权益保护》、《农业经营体制改革与制度创新》、《农业支持保护与可持续发展》、《城乡发展一体化与农村公共服务》。受农业部软科学委员会办公室委托，中共中央政策研究室、中央农村工作领导小组办公室、国家发展和改革委员会、中国社会科学院、农业部等一批年富力强、造诣较高的专家学者承担了丛书的编写和审核工作，他们对研究成果进行了认真遴选和编排，对体例和文字做了必要订正，并在提炼观点、整理材料的基础上编写了内容综述。

限于编者水平，书中不妥之处在所难免，敬请读者批评指正。

农业部软科学委员会办公室

二〇一三年八月

目 录

综 述

党的十六大以来，我国“三农”政策框架结构和主要内容发生了重大变化，党中央国务院对“三农”问题给予了前所未有的高度重视。2002年以来，在科学发展观指导下，党中央把解决好“三农”问题作为全党工作的重中之重，做出了“工业反哺农业、城市支持农村”两个趋向的判断，提出了“多予少取放活”的工作方针，明确了城乡发展一体化是解决“三农”问题的根本途径，加快了中国特色现代农业发展步伐，推进了社会主义新农村建设，连续下发了10个指导“三农”工作的“1号文件”，做出了关于推进农村改革发展的重要决定，出台和实施了一系列强农惠农富农的重要政策和措施，有力地促进了农业增产、农村发展和农民增收。但是，目前农业、农村、农民依然是经济社会发展中的薄弱环节，全面解决好“三农”问题任重道远。

健全和完善农业支持保护制度，促进和实现农业农村可持续发展，是我国“三农”政策框架的主要组成部分，具有重要的现实意义和战略意义。健全和完善农业支持保护制度是发展现代农业的内在要求，是国家粮食安全和重要农产品有效供给的重要保障，有利于进一步强化农业基础设施建设，不断提高农业综合生产能力，提高农民生产生活水平。促进和实现农业农村可持续发展，是现代农业的基本要求和重要目标，是推进新农村建设的重要措施，有利于农民发展多种产业增收致富，有效拓展农村经济的发展空间，增强农业的可持续发展能力。

一、健全和完善农业补贴制度

农业补贴是农业支持保护体系中最重要的政策之一。近年来，我国先后出台了一系列农业补贴政策，包括良种补贴、农机购置补贴、种粮农民直接补贴、农资综合补贴等“四补贴”以及能繁殖母猪补贴、农业保险保费补贴等内容，初步形成了中国特色农业补贴体系。农业补贴对促进粮食生产、农民增收发挥了积极作用，但补贴实施过程中也存在一些亟待解决的问题，如存在定位不清、总量不足、结构不合理、补贴手段单一以及补贴实施与目标偏离、补贴政策效应递减等问题。健全和完善农业补贴制度，对于促进我国农业健康、持续发展，保障农民生产积极性具有重要意义。

《健全农业生产性补贴制度》首先对农业生产性补贴进行国际比较，主要介绍了美国、欧盟、日本和部分发展中国家，在不同历史阶段对农业补贴的理解和实践，分析了不同政策的利弊，阐述了从世界各国农业政策发展历史，特别是发达国家农业政策发展历史看，农业补贴政策的重点应与本国农业发展所处的经济阶段相适应，从国际比较角度说明农业生产性补贴政策对当期我国农业发展的重要意义。结合课题组在黑龙江农业主产区的调研情况，该节认为，农业生产性补贴在提高农林牧渔业总产值、促进农业连年增产、增加农民收入、加快农业现代化等方面发挥了重要作用。但不可否认的是，当前我国农业生产性补贴制度中，存在着补贴定位不够清晰、规模过小、结构不合理、方式不科学、实施主体过多、管理水平不高、随意性过大等突出问题，导致我国农业生产性补贴政策效果不够理想。为了促进我国农业健康、平稳、可持续发展，农业补贴政策必须与农业生产所处的发展阶段相适应，必须进一步健全和完善。

为了解农业补贴向种粮大户、农民合作社倾斜政策落实情况，《农业补贴向种粮大户、农民专业合作社倾斜》一节选择浙江省衢州市、江西省樟树市、重庆市涪陵区等已实施倾斜政策的地区进行典型调查研究。结果表明，倾斜政策在增加种粮大户收益、促进规模化经营、提高农业机械化水平等方面具有积极作用，受到政府部门、种粮大户、农民合作社和普通农户的欢迎。各地具体措施主要包括，在生产环节提高补贴标准、提供专门补贴、给予专门奖励、发放“农机作业券”等做法，也有在粮食收购环节提供补贴等举措。但在政策执行过程中存在补贴标准不高、补贴方式较单一、工作难度较大等问题。种粮大户和农民合作社都对实现规模化经营具有积极作用；按面积发放补贴和按产量发放补贴的方式在实践中都存在；生产性补贴和收入性补贴都受到农户欢迎。为了完善相关政策，必须坚持农业补贴向种粮大户和农民合作社倾斜政策趋向，提高补贴标准，优化补贴方式，保障工作经费。

《探索建立农技推广补贴》在分析我国农业技术推广发展现状的基础上，通过对农户、农技推广机构和农技推广人员、涉农企业和农村合作经济组织等相关主体的实地调研和访谈，对我国实施农业技术推广补贴的重点领域、补贴方式、补贴标准、投入主体以及补贴投入经费的监督考核等一系列问题进行研究，并尝试对农业技术推广补贴的制度法规、管理体系以及财政投入体系等进行设计，提出了新时期我国实施农业技术推广补贴的重点领域、补贴方式、补贴标准、投入主体以及补贴经费的监督考核等一系列思路和建议。

《完善牧区农业补贴制度》以典型调查与实证分析为切入点，选取内蒙古、青海、甘肃、新疆等主要牧区省份的10个牧业旗（县）、200个牧户，2009年家庭生产经营与得到补贴情况的调查数据，对牧区补贴政策实施现状、存在问题、改进方向进行了系统梳理与深入探讨。在此基础上，通过评析牧区现行农业补贴政策，提出建立健全我国牧区农业补贴制度体系的建议：一是加大财政向牧区的倾斜力度，加强对牧区的补贴力度；二是建立完善草原生态保护机制，逐步提高草原生产力；三是完善牧区补贴机制，坚持“以失定补”原则；四是建立健全牧区社会保障体系。

二、建立新时期财政支农政策体系

党的十六大以来，以工业反哺农业和城乡一体化为主要政策内涵的财政支农体系逐步确立。中央出台了取消农业税、农业特产税等政策，确立了农村义务教育经费保障机制，建立了新型农村合作医疗制度，构建了符合国情的农村社会保障网络，强化了对农业基础设施建设的支持政策，逐步形成了新时期保护和支持农业、改善和提高民生的政策体系框架。各级财政逐年加大了“三农”投入，下大力气解决了一些长期困扰农业生产和农民生活的体制机制问题。其中，各级政府一直高度重视小型农田水利设施建设，近些年投入不断增加，取得了辉煌成就。还值得关注的是，粮食主产区是农业和农村经济发展的重点地区，是我国粮食生产及商品粮供给的核心地区，肩负着保障国家粮食安全的重大责任，在我国农业和整个国民经济发展中发挥了重要作用，作出了历史性的贡献，国家财政支农政策理应对粮食主产区进行利益补偿。

我国“三农”发展稳步进入上升通道，但是还应该清醒地认识到新一轮农村改革已经进入了深水区，破解诸多深层次矛盾的难度也在加大，新时期仍然需要把解决好“三农”问题作为各项工作的重中之重，坚持不懈地把增量公共资源优先向农业和农村倾斜。《构建新时期公共财政支持“三农”政策体系》对新时期以来公共财政支持“三农”进行了简要回顾，分析了新时期财政支农面临的新形势，解析当前公共财政支持“三农”存在以下问题：支农政策整合缺乏统筹规划，财政支农资金管理效率不高，财政支农政策难以及时有效落实及“最后一公里”问题。报告认为当前是我国农业和农村发展的最好时期，农业增产和农民增收都处在相对稳定的上升通道，国家财政对“三农”的投入也达到了前所未有的力度。在大好形势下，我们必需清醒地认识到一些在“三农”领域长期存在的深层次矛盾还没有完全解决，外部环境的变化和一系列长期制约因素在新时期还会引发一些新的问题，两者相互交织无疑会增加我们解决“三农”问题的难度。新时期的财政支农体系应该把这些“老问题”和“新矛盾”在发展中加以综合解决。

《小型农田水利设施建设一事一议财政奖补政策落实情况》通过对丰水区湖北省和缺水区陕西省的小型农田水利设施建设以及一事一议财政奖补政策落实情况调查，系统总结了我国小型农田水利设施建设的现状、问题和原因，并概括了两省一事一议财政奖补政策实践，运用制度经济学等经济学理论剖析了政策偏差以及纠正思路，最后提出了增强政策针对性，提高转移支付合理性，整合财政支农资金，提高财政支农绩效等政策建议。

粮食主产区作为我国保障粮食安全的战略性区域，其总人口7.8亿人，占全国总人口的60.4%，是我国农业生产特别是粮食生产的主体，其耕地面积78509.3千公顷，占全国耕地面积的63.6%，粮食总产量占全国粮食总产的70%左右，粮食商品量占全国的95%以上，农业总产值占全国的60%以上。《建立健全粮食主产区利益补偿问题》一节对于提高农民和地区发展粮食产业的积极性、提高粮食的综合生产能力、促进粮食生产进而保障粮食安全具有重要的现实意义。针对粮食主产区利益补偿中存在的种种问题，报告提出如下政策建议：首先，建立粮食主产区粮食补贴的长效机制；其次，完善对主产区的奖补机制，逐渐扭转“产粮大县，财政穷县”的现象；最后，逐步探索国家主导下的产销利益协调机制。

湖南作为全国粮食主产省特别是水稻生产第一大省，有58个县市区列入了国家优势产粮大县，湖南省每年提供商品粮920万吨左右，商品率达30%，对湖南重农抓粮积极性问题进行研究具有典型意义。《调动粮食主产区重农抓粮积极性——以湖南省为典型的调查》课题组深入岳阳湘阴、益阳沅江和大通湖等粮食生产县市区，通过召开县市区有关单位、基层干部、种粮大户（公司、专业合作组织）、农民代表和粮食加工购销企业座谈会，并对90户粮农进行了入户调查，掌握了第一手资料。调查报告在分析制约主产区重农抓粮积极性的因素后，提出进一步调动主产区重农抓粮积极性的对策与建议。

三、发展现代农村金融

通过多年的持续努力，我国正在形成银行业金融机构、非银行业金融机构和其他组织共同组成的多层次、广覆盖、功能互补、相互协作、适度竞争的农村金融服务体系。农村新型金融组织在迅猛发展的同时，其运营监管和风险控制等方面也产生了很多问题，值得深入研究。

我国以往的农村金融体制改革，实质上是农村正规金融机构的商业化过程，其结果是对农业和农村经济发展的支持明显减弱。资金短缺严重困扰着中国农村经济的可持续发展。由于我国农村金融改革市场化非均衡推进，农村金融成为中国金融体系最薄弱的环节，农村发展面临着资金投入不足和资金配置效率低下的双重瓶颈，资源配置成为解决“三农”问题的关键。金融支持新农村建设，必须要有一个开放、有序、竞争的多元化农村金融体系来支撑。因此，农村金融制度作为农村经济发展中最为重要的资本要素配置制度，成为农村经济改革的焦点。

组织新型农村金融进行了系统研究，提出促进新型农村金融机构发展的政策建议：农村的金融需求是多维度、多层次的，必须要有一个开放、有序、竞争的多元化农村金融体系来支撑，多元化和竞争性农村金融市场、农村金融市场体系的构建对农村金融改革意义重大；由此，该节分析了在农村金融体系改革的内在要求下、政府主导增量改革的农村小型金融机构发展状况及绩效评价、存在问题的动因及内在根源，提出了通过体制保障从修正定位、改进发展方向、增加资金供给等具体措施方面推进农村小型金融机构发展的建议。

《改善商业银行支农服务》一节针对我国商业银行服务“三农”所面临的困难和问题，研究改善商业银行支农服务的方法和思路，以期为进一步发挥我国商业银行在农村金融和经济领域中的作用、有效推进农村金融的发展提供参考。该节从不同的层面（商业银行的自身完善层面、商业银行与其他农村金融机构合作与互动层面和国家宏观调控和长远战略层面）提出改善商业银行支农服务的思路、方法和措施。在金融产品与服务创新方面，一些新型小额贷款技术为我国解决农村（尤其是农户）信贷问题、改善农村地区正规金融机构的金融供给提供了非常重要的参考依据。大型商业银行与新型农村金融机构之间的合作存在很大的潜力和很好的发展前景。

《发展新型农村信贷担保模式》从分析金融机构难贷款和农民贷款难入手，指出其原因主要在于农村信贷担保模式创新不足。大力推进农村信贷担保创新，不仅是法律面前人人财产权利平等的基本要求，也是统筹城乡发展、促进农村经济社会发展的必然要求，具有十分重大的政治、经济、社会意义。目前，我国发达地区推进农村信贷担保的经济社会条件基本成熟，应充分借鉴外国经验，加快农村信贷担保机制创新。该节认为，发展新型农村信贷担保模式具有重要意义，将能激活农村数万亿的资本，撬动金融资金上万亿元，农村经济总量和农民收入将增加1倍以上；同时也将加快城乡一体化进程、促进农村政治进步和农村社会稳定。

小额信贷作为扶贫的一种有效方式，在国际上已经取得了很多成功的经验，海南小额信贷的发展也已取得了可喜的成绩，但从小额信贷的追求目标来看，仍然存在覆盖率偏低、深度较浅，难以满足海南农村经济发展的迫切需要。《创新农村小额信贷发展模式——以海南省为例》探讨海南农村小额信贷的发展模式及其创新，旨在通过翔实的调查和研究，提出海南小额信贷可持续发展的若干建议。

股权投资基金是构建农业和农村多层次资本体系的重要措施，是金融支持农业发展提升和完善的重要标志。通过发展农业股权投资基金，汇聚社会资本、牵引其他行业资本、激活银行存量资本、分享证券市场收益，是新一轮农业经济发展的制高点。《创建农业产业发展基金》结合国内外股权投资基金发展实际，从农业股权投资基金的理论依据到实际操作方案进行了较为系统的研究，针对我国农业产业的实际提出建立农业产业基金的理论和应用模式，提出在“政府引导、多元出资、专业管理、市场化运作”模式下农业产业基金运作的具有可操作性的方案。本书还在比较国家和地方相关政策的基础上，针对性地提出了建立农业股权投资基金的系统性政策建议，包括建立政府引导资金、建立母基金、税收和规费优惠、风险保障、促进农业股权投资基金的集聚和合理布局等。

四、完善农业保险制度

我国是世界上自然灾害最严重的国家之一，灾害种类多、分布地域广、发生频率高，已经对我国经济社会发展构成重大威胁。当前，我国对自然灾害的救助还主要依赖于国家的财政补贴，但在我国这样一个农民收入不高、农业私人投资有限的发展中国家，财政支农资金往往受制于刚性的财政预算约束。因此，加强农业自然灾害的防治，实施更加有效率的农业灾害补贴政策，做好农户家庭的防灾减灾工作，是实施农业可持续发展的客观要求。另一方面，应加强农户风险防范意识，健全农业保险机制，分担农户参保费用，做好农业保险宣传工作，鼓励广大农户积极参与农业保险。

《强化农业防灾减灾能力》一节认为，自然灾害防治是我国可持续发展总体战略中的一个极其尖锐的问题。这是当代人与自然的矛盾发展的重要表现，它内在本质是人与自然发展关系的严重危机，它已成为我国“生态—经济—社会”三维复合系统健康运行与可持续发展的严重障碍。我国是一个多灾的农业大国，农业灾害所带来的一系列问题一直困扰着我国农村经济乃至整个国民经济的发展。因此，加强农业自然灾害防治，做好防灾减灾工作，业已成为实施农业可持续发展战略的客观要求与战略任务。该节认为，在我国农业市场化、国际化竞争的大背景下，农业保险除了传统的对农业生产实施事前和事后经济补偿、稳定农民收入等功能外，新形势下农业保险的功能和作用还在拓展和延伸。绝对不是可有可无的事，也不仅仅是农业部门或保险部门的事，而是全社会的共同责任，这是农业保险发展的思想基础。

《构建本土化的农业防灾减灾机制》一节认为，进入 21 世纪以来，由于全球气候变迁和生态环境恶化、农业生产规模扩大，专业化、区域化加快以及农业生产要素投入增加，农业生产的风险并未随着科技技术的进步而减少，反而呈现出增大和集中的趋势，其破坏力和造成的经济损失也愈来愈大。如何解决日趋严重的灾害问题以实现农业的可持续发展，是当代中国社会经济发展中的一个重大课题。在此背景下，课题从微观角度研究自然灾害对农业的影响，探讨农户面临自然灾害时所采取的各种应对策略，以及政府提供的规避农业自然灾害风险的制度安排。课题的研究思路是：在对农业风险属性和管理特性的理论分析基础上，探讨目前实践中农业防灾减灾措施有效性不足的问题，通过对部分发达国家和发展中国家农业防灾减灾经验的比较，寻求农业防灾减灾机制的本土化构建，课题的研究出发点在于为我国农业防灾减灾机制的构建提供理论基础和制度框架。该节从立法、组织体系、政策性农业保险、农业支持政策、农业应急体系的建设等五个方面提出了具体完善建议，主要包括：应在借鉴他国经验的基础上建立专司农业防灾减灾职责的主管机构——农业风险管理局，未来的农业风险管理局应在农业防灾减灾领域中担负着广泛的职责，农业防灾减灾机制的重点在于加快政策性农业保险的立法，通过建立和实施科学的农业保险监管规则，逐步建立多层次农业灾害补偿机制。

2012 年中央经济工作会议提出，要重点加大政府对农业自然灾害防治工作的扶持力度，把推行农业生产补贴政策和农业自然灾害补贴政策作为农业工作的重点。农业自然灾害补贴政策对稳定农业生产作用显著，也是目前政策体系中的薄弱环节。《农业自然灾害补贴政策评估》对农业自然灾害补贴政策实施绩效的优劣进行评价，并对政策优先序开展研究，有助于重新审视现有农业自然灾害补贴政策，完善和优化相关政策措施，充分发挥补贴政策在农业减灾救灾中的作用。该节在概括分析了我国研究农业自然灾害基本类型、分布概况及其对社会经济影响的基础上，运用农户调查数据，对农业自然灾害补贴政策绩效评价与政策优化进行了实证研究，提出如下政策建议：一是加大农田水利设施建设力度；二是完善直接补贴政策；三是重视各类灾害预防补贴政策；四是发挥农业保险辅助项目的功能；五是切实提高各类补贴政策绩效。

《建立农业巨灾风险分散机制》以苹果产业为例，选取山东省栖霞市蛇窝泊镇、陕西省洛川县凤栖镇、山西省万荣县皇甫乡、平陆县部官乡和常乐镇作为调查地点，深入了解当前农业巨灾风险分担状况，指出目前农业巨灾分散还存在以下问题：第一，处于弱势的农户是主要承担者；第二，农业巨灾保险有需求无供给；第三，各部门之间缺乏协调配合的长效机制；第四，缺乏有效的法律法规保障。在借鉴国外经验的基础上，报告提出要建立政府引导下的多部门共同参与、分阶段稳步推行，以市场化为方向，建立灾前、灾中、灾后，全方位、全过程、多主体的农业巨灾风险分散机制。其内涵可以简单概括为“一个保障、两个结合、三个机制、四个主体”。

五、促进并实现可持续发展

当今社会，可持续发展理念已经成为人类的共识。中国农业发展正处在农业可持续发展的起步阶段，粮食增产、农民增收、生态保护已为农业农村发展面临的三个长期挑战。在这三者中，生态环境保护对其他两项任务的顺利、可持续解决具有基础性决定作用。中国是遭受气候变化不利影响较为严重的发展中国家，我国农业生产尤其是粮食生产，靠天吃饭的局面还没有根本改变，随着全球气候变暖，气候对农业生产的影响将越来越大，农业自然灾害总体呈加重趋势。另一方面，由于全球气候变化和部分地区人类活动影响导致的水资源情势发生显著的变化，近 20 年来，中国缺水影响呈扩大、加重的趋势。再者，全球工业化发展进程中化石燃料的大量使用所引发的“温室效应”已成为当今世界面临的最为严峻的全球性环境问题之一。草地作为陆地生态系统的重要组成部分，不仅可以提供草产品、保持水土和维持生物多样性，还可以通过光合作用吸收大气中的二氧化碳，这使得草原碳汇经济发展具有巨大的潜力。

《建立现代农业水资源利用战略》一节从防洪减灾工程、农业节水灌溉、水土保持工作、水资源空间配置、水资源管理及水利科技应用等方面全面概括了典型发达国家水资源利用的经验，指出我国农业水资源开发利用状况及存在的问题，如水资源有限且时空分布不均，供给安全保障程度低，科学配置与开发难度加大，水资源基础设施建设滞后，开发过度与开发不足并存，用水效率和比较效益低，缺水与用水浪费并存，水生态水环境治理问题日渐突出，亟待更多投入，等等。结合发展现代农业对水资源利用的要求，从总体上设计我国现代农业水资源利用思路、目标、主要模式选择和保障机制。

耕地是农业最基本的生产资料，耕地地力的高低直接关系到粮食安全和主要农产品的有效供给，关系到农业增效、农民增收和农村繁荣，也关系到经济社会可持续发展和生态环境建设的和谐统一。《加强耕地质量建设的对策建议——以江苏省为例》立足于江苏省人多地少、土地后备资源贫乏的现实提出，立足现有耕地资源，加强耕地质量建设，提高耕地综合生产能力，改善农业生产条件，为江苏省农产品有效供给提供基础条件，为江苏省高效农业规模化发展和经济建设腾出有效空间。因此，加强耕地质量建设不仅是确保全省粮棉油等主要农产品有效供给的长久之计，而且对促进农村经济社会发展具有重要的现实意义。

《气候变化对农业生产的影响》认为，气候变暖导致蒸发、风蚀、干旱的加强和台风频率的加大，使农业总产量减少，我国的粮食生产将面临严峻挑战。我国资源人均占有量少，人口增长压力大，农业本身比较脆弱，气候变化会使我农业的脆弱性更加明显，气候变化会改变我国当前的农业空间布局，降低主要作物的产量，引起农业生产环境的恶化，对我国农业和粮食生产带来额外的压力，未来我国的水稻、小麦、玉米、大豆等种植业将面临更大压力，从而危及粮食供给能力。未来扩大农业生产的可能性进一步受限，资源利用的余地更小，未来食品自给的保障将更无把握，农业系统更趋脆弱。该节在分析气候变化对我国农业生产，尤其是粮食生产影响的基础上，提出农业生产应对气候变化的具体对策措施。

对于草原碳汇经济，理论研究与经验实证都比较少，尚未形成一套完整的评价标准和体系，也未形成完善的草原碳汇计量方法，这些都在一定程度上影响了对草原碳汇功能的开发，从而导致对草原生态的忽视以及对碳汇评估的缺失。上述研究也未从实践角度提出完整的草原碳汇交易运作模式。《发展草原碳汇经济》在对我国不同类型草原土壤碳积累及汇/源功能转换特征进行研究的基础上，筛选草原碳汇计量方法，构建草原碳汇评价标准和指标体系，对我国草原生态系统碳汇年净增量及碳汇潜力进行科学计量与预测评估。构建完善草原生态系统碳汇贸易市场体系、制定碳汇交易标准，完善我国草原碳汇经济的制度与政策保障体系，从而为制定草原生态保护建设发展战略提供科学依据。

中国的生态农业发展具有自身的鲜明特色，它把农业生产、农村经济发展和生态环境治理与保护、资源培育及高效利用融为一体，是一个新型的综合农业体系，发展空间非常广阔。从国家层面进一步确立生态农业发展的主要方向、实施途径，形成统一认识，制定合理政策，才能进一步发挥生态农业优势，促进农业农村经济社会可持续发展。《促进中国生态农业发展》一节从中国农业发展面临的挑战切入，指出生态农业是中国未来农业发展的根本方向，总结了我国生态农业发展的历程、发展模式及具体实践，提出生态农业建设是一项庞大的系统工程，必须按照科学发展观的要求，遵循“整体、协调、持续、循环、再生”的原理，从各个地区农业资源条件的实际出发，制定科学合理的发展思路、实践道路和支持政策。

第一章 完善农业补贴政策

目前，我国已经基本形成了以良种补贴、农机购置补贴、种粮农民直接补贴、农资综合补贴等为主要内容的农业补贴制度。近年来，国家又出台了能繁母猪补贴、关键技术补贴、农业保险保费补贴等政策，初步形成了中国特色农业补贴体系。农业补贴对促进粮食生产、农民增收发挥了积极作用，但补贴实施过程中也存在一些亟待解决的问题。完善农业补贴政策，对于调动农民生产积极性，促进我国农业健康、持续发展具有重要意义。

第一节 健全农业生产补贴制度①

我国粮食虽能保证自给，但棉花、油料、糖料等非粮作物大量依赖进

① 本节内容选自农业部软科学课题（201115）《健全农业生产性补贴制度研究》报告。课题主持人：于海涛。

口，由于耕地面积有限，如要扩大种植，必然会挤压粮食生产，不仅影响国内农业发展，也给国家粮食安全带来隐患。因此，如何加快我国农业现代化步伐，支持农业快速发展，保障国家粮食安全，促进农民收入持续较快增长，是我国亟待解决的重要问题。“十二五”规划纲要提出，要坚持走中国特色农业现代化道路，把保障国家粮食安全作为首要目标，加快转变农业发展方式，增强农业综合生产能力、抗风险能力和市场竞争能力。本书从财政宏观调控政策角度，选择农业生产性补贴开展研究，为完善我国财政支农制度建设提供借鉴。

一、农业补贴的国际比较

（一）美国

从 20 世纪 30 年代经济危机开始，美国的农业补贴政策经历了从奠定基础到淡化再到保护加重的循环上升过程，至今已比较完善。

第一阶段，20 世纪 30 年代至 80 年代的奠定基础阶段。1933 年为应对“大萧条”，美国实施罗斯福新政，美国国会通过了《1933 年农业调整法》，开始全面干预农业经济。决策者认为，美国农业的根本问题是生产过剩和居民购买力不足，因此生产控制和价格支持就成了农业政策最重要的手段。1980 年通过的《联邦作物保险法》规定，美国农业部为所有保险物提供 30% 的保险费补贴，向提供作物保险销售和服务的私人公司支付一定费用。美国的这种价格支持与收入支持政策，对于保护中小农场主、稳定发展美国农业经济起到了重要的作用。

第二阶段，20 世纪 90 年代后的淡化阶段。20 世纪 90 年代，美国政府干预农业的政策思想也发生了转变，主张充分发挥市场机制的作用，从严格干预政策转向以市场机制为基础，政策只用于纠正市场失效问题，并遵循成本—效益原则。20 世纪 90 年代农业政策的变化主要反映在《1990 年农业法》和《1996 年农业法》中。1990 年的农业政策改革，在原来的价格支持和停耕补贴的基础上，增加了计划合同参加者进行生产的自由度。1996 年农业政策改革彻底地摒弃了已实行 60 多年的农业补贴政策体系，旨在 7 年后取消政府为农场主提供的价格和收入补贴，把农场主完全推向市场，使政府彻底摆脱越来越沉重的农业补贴负担。

第三阶段，2002 年至今美国农业补贴政策的加重阶段。2002 年以来，在历次多边回合谈判中，尽管美国政府建议实行“零补贴方案”，主张取消一切生产补贴和出口补贴，补贴总量也时有反复，但其高强度补贴的特征却一直没有改变。《2002 年农业安全及农村投资法》更是直接宣布美国对农业的直接补贴，力度、范围之大，可谓空前。2007 年，美国参议院又以压倒性的优势通过了《2007 年农场、营养学以及生物能源法案》，补贴程度较之前有过之而无不及。

2002 年与 2007 年的法案不仅是 1985 年以来自由贸易的倒退，也是半个多世纪美国农业补贴政策的进一步深化。其对美国国内外产生的消极影响概括起来有如下几点：首先，农产品贸易保护政策的进一步实施无疑将使联邦政府的财政赤字上升；其次，将给新的全球贸易谈判罩上阴影；再次，新农业法将使发展中国家遭受的损失较大，这在拉美国家表现得尤为突出；第四，引发新一轮贸易保护。美国新农业法案是美国的国内法，尽管将对国际农产品市场造成重要负面影响，但它国却不能阻止它的实施。因此，各国不得不调整各自的农业政策，特别是农产品对外贸易政策，以减少美国新农业法案带来的负面影响。

（二）欧盟

20 世纪 50 年代以来，欧洲经济一体化进程逐步发展，从欧洲共同市场到欧洲共同体，从欧洲共同体再到欧盟，欧洲经济一体化成为第二次世界大战以后世界上出现的最重要经济现象之一。在欧洲经济一体化的历程中，共同农业政策（The Common Agricultural Policy，CAP）始终占有非常重要和特殊的地位，它与关税联盟、欧盟统一货币一起被认为是欧盟经济一体化的三大支柱。

1957 年，标志着欧洲经济共同体诞生的《罗马条约》第 39 条明确规定，共同农业政策应“发展科技进步保证农业生产的合理发展，并适当地利用生产的各种因素，特别是劳动力，以提高农业生产率；保证农业人口有一个良好的生活水平，特别是通过增加从事农业人员的个人收入；稳定市场；保证经常的供应；保证对消费者合理的供应价格。”1962 年，为支持法国、荷兰等国农产品与美国、加拿大、澳大利亚等国农产品的竞争，帮助其占领欧共体市场，经法国提议，欧共体六国通过了“建立农产品统一市场折衷协议”，共同农业政策开始付诸实施。

共同农业政策是欧盟对自身农业在市场和生产经济上实行统一行为的准则，是通过政策法规在其内部各国实行的多国联合政府的干预。它有三大基本原则，即市场统一、共同体优先和共同财政。这三大原则一直沿用至今，是欧盟农业和农产品贸易发展的基本保障。为保证共同农业政策的有效实施，欧洲共同体制定统一的农产品价格和财政预算，由各成员国按规定的比例缴纳资金，建立欧洲农业指导和保证基金。共同农业政策的实施，不仅改善了农产品供给条件和市场调节，促进了农业部门发展，而且促使各成员国经济不同程度地联系起来，从而使统一协调、共同发展成为可能。

共同农业政策实施的最初十年确实获得了很大成功，但随着形势发展，也出现了不少弊端，主要表现为：一是价格政策带来大量农产品过剩；二是用于调动农业生产积极性的经费开支急剧增长，各成员国财政负担沉重；三是各成员国农业比较优势不同，在对共同农业政策改革的态度上极不一致；四是农民为提高农业产量，大量喷洒农药和使用各种肥料，对环境造成很大威胁；五是共同农业政策对共同体内部农产品的保护，进一步加剧了与国际贸易自由化发展趋势的冲突。

为解决上述问题，特别是规避国际贸易自由化带来的压力，减轻高福利高补贴政策对自身财政的压力，欧盟不得不放弃原来的贸易保护和市场干预立场，在1992年对共同农业政策实行重大改革。改革的核心是转变价格支持为对农民的直接收入补贴，实现农业补贴与产量脱钩。同时，这一变革对转变黄箱政策为绿箱政策、规避关贸总协定（GATT）对农产品补贴的限制也起到了积极的作用。1999年，欧盟提出对共同农业政策进行更彻底的改革，通过的《欧盟2000年议程》，突出强调了农业的多功能性和可持续性。改革的重点是降低价格支持和出口补贴，减少政府干涉，更多地采取与农产品产量限制相结合的直接补贴农民收入的手段。2003年，欧盟农业部长会议通过了新的欧盟共同农业政策改革法案，改变了欧盟长期以来支持农业的主要方式。改革法案的主要内容有：废除将农业补贴与农产品产量挂钩的做法，改为向农民提供“单一农场支付”；

成员国可以根据本国农业情况，在一定时期内维持有限的产量挂钩支持，以避免出现农田抛荒；将农业补贴额度与环保、食品安全等标准挂钩，不符合规定标准的农民将无法得到补贴；将投入更多资金用于加强农村发展等。

（三）日本

作为一个人多地少的岛国，日本是一个农产品高度依赖进口的国家，其食品自给率仅为40%，但它无论是在经济腾飞时期，还是在此后经济泡沫破灭的复苏时期，始终高度重视农业保护，日本政府长期对农业给予了巨额财政补贴。早在1971年，政府仅对大米价格的财政补贴就达4633亿日元。20世纪80年代以来，政府的农业补贴始终保持在4万亿日元左右，1985年农业预算占政府一般会计预算支出的5.1%，占当年农业总产值的22.8%。据测算，1985年平均每公顷耕地农业预算额约3720美元，相当于同期美国的9.1倍、法国的4倍、英国的5.7倍和德国的4倍。20世纪80—90年代，按人均计算的农业预算额，若以日本为100，则美国为84、法国为134、英国为61、德国为79。2000年日本对农业的补贴达6.4万亿日元，约为国内生产总值的1.3%，而同期其农业产值只有9.12万亿日元，对农业的补贴率达70%。在主要发达国家中日本的人均农业预算额仅次于法国，属农业补贴最高国家之一。

日本农业保护政策自成体系，通过各种渠道对农业进行全方位的保护，具有自身的特点和内容：第一，建立和实行稳定的农产品价格保护体系；第二，建立和实行收入补贴制度；第三，增加国家一般政府服务的投入（包括强化农业基础设施建设，加强农业科研推广和人才培养以及支持农业协同组合的发展）；第四，减轻农民的税收负担；第五，限制农产品进口；第六，加强农业立法，实行“以法保农”。

（四）发展中国家

1. 印度

印度农业支持体系所采取的政策措施主要体现在以下四个方面：一是最低保护价政策；二是投入品补贴；三是农业信贷政策；四是支持农业合

作社发展。

2. 韩国

韩国农业补贴主要体现在粮食安全与农民增收两个方面。在粮食安全方面，韩国最早采用双重价格制度，即政府高价买入、低价卖出，保证种粮农民收入，促进粮食增产增收。在农民增收方面，韩国采取了一系列政策措施，其中最重要的是实施稻农直补制度，目的是通过政府直接补贴减少市场价格波动对农民收入的影响。

3. 墨西哥

墨西哥最早在农产品保护上也是采取价格补贴的方式。随着北美自由贸易协定的签署，特别是受“华盛顿共识”的新自由主义思想影响，墨西哥农业补贴政策逐步转向收入支持，其中最重要的是乡村直接支持计划。乡村直接支持计划，是政府对农户上报的实际耕作面积核实确认后，按照规定的单位面积补贴金额发放补贴资金，以提高土地耕作率和鼓励农户的生产积极性。

（五）小结

各国实践表明，农业生产性补贴是农业发展的重要支持，也是农业政策的重要组成部分。具体有以下几点值得我国借鉴：

1. 补贴政策应与生产力发展阶段相适应

从美国、欧盟等发达国家农业发展历史看，补贴政策的重心与农业生产力发展阶段密切相关。在20世纪早期，农业发展主要依靠增加投入，补贴主要集中于对生产资料购置、农产品价格和市场稳定等方面的支持；20世纪70—80年代，农业发展逐步转为依靠资本投入和技术进步并重的阶段，补贴主要集中于对生产信贷、生产设施改善和农业技术人员培训等方面的支持；20世纪90年代以来，农业发展更多依靠科技进步，补贴主要集中于对技术创新的支持，以及对农民收入的直接补贴等。

2. 科学测算补贴需求

日本农业补贴制度一个明显特点是根据农民生产实际成本和需要，按照特定因素法、公式法，科学、合理测算补贴所需资金，而不是先制定当年政府补贴资金总额，再按地区、按人头分配。日本的做法更符合农业生产实际，也有利于制定安排补贴资金的中长期滚动预算。

3. 合理选择补贴对象

农业生产性补贴可以采取两种方式：一种是对农民提供补贴；另一种是对生产资料厂商提供补贴。从各国实践看，两种方式都有采用，但发达国家的补贴更多选择对农民提供，发展中国家的补贴更多选择对生产资料厂商提供。

4. 加大农业保险补贴

农业保险是现代农业发展的重要支持，美国、日本等发达国家非常重视对农业保险的支持力度。农业保险不同于简单的生产资料或农产品价格支持，它一方面较大地稳定了农民收入预期，有利于支持农民开展技术创新活动，提高农业生产率；另一方面较小地影响市场经济行为，减少市场资源配置扭曲程度，有利于市场机制正常运行。

二、农业生产性补贴的历史发展、投入情况和实效分析

（一）农业生产性补贴历史发展

我国的基本国情就是人口多、耕地少，农业是国民经济的薄弱环节，解决13亿人口的吃饭问题在一个较长的时间内都是摆在我们面前的头等大事。按照时间看，我国农业支持和农业补贴政策发展大体可以分为三个阶段。

第一阶段，1949—1978年，高度集中的农业生产管理阶段。新中国成立后，鉴于经济形势的发展和国家经济体制的实际情况，国家对粮食和农业生产实行统购统销政策。总体上看，财政对农业生产支持的政策资金的投放渠道比较固定，主要以“取多，予少”为特点，国家严格管控农产品价格，通过“剪刀差”的价格设置，使得农业部门为国民经济发展和工业化建设做出了巨大的贡献，其中，在20世纪50年代，开始对国营拖拉机站实行“机耕定额亏损补贴”，是该时期农业补贴政策的一个尝试。

第二阶段，1978—2003年，逐步放开农产品市场的阶段。1978年改革后开放后，国家通过“减购提价”、“价格双轨制”和“保量放价”等一系列政策措施，逐步取消统购，粮食购销改革和农产品市场开始向市场化方向发展。在农产品生产上，在家庭联产承包责任制的刺激下，大幅度的调

动了农民农产品生产的积极性，农产品生产供给水平大幅度提高。这一段时间开始实行与农产品合同定购的“三挂钩”生产补贴政策，即粮食定购数量分别与平价化肥、柴油和预购定金挂钩，促进农民增加农产品生产。但是，农产品价格仍然是受到控制的，价格水平较低，财政补贴的重点也是以消费者为主，特别是对城镇居民的食品补贴。这段时期的农产品补贴政策也主要以流通环节补贴为主，如粮食流通补贴主要以补贴粮食收购、储备企业等流通环节，费用支出主要以粮食风险基金为主。在生产补贴领域，20 世纪 80 年代后期，开征了耕地占用税，并以此为主要来源建立了农业发展基金，实施了大规模的农业综合开发，这一阶段也是农村财政政策的初步形成时期。尽管传统的“取多，予少”格局没有发生根本变化，但是在资金投入量，投入方式、结构和政策制定上，都有了长足的进步。

第三阶段，2004 年至今，逐步形成农民直接补贴和价格补贴相结合的补贴体系。2004 年后，国家全面放开粮食收购和销售市场，实行购销多渠道经营，财政补贴转而向以农民直接补贴和价格补贴相结合的补贴体系。逐步设立了粮食直补、农资综合补贴、良种补贴、农机购置补贴等生产性补贴政策，出台了水稻、小麦最低收购价政策以及玉米、大豆、棉花、油菜籽、食糖临时收储政策。此外，设置了农村最低生活保障补助、农村医疗救助补助、农村危房改造试点补助资金、大中型水库移民后期扶持资金等困难救济及特定群体类补贴政策；设置了家电下乡补贴和汽车摩托车下乡补贴 2 项临时政策类补贴；以及新型农村社会养老保险补助资金、新型农村合作医疗补助资金 2 项社会保险保障类补贴。

同时，财政收入方面在全国范围内推行税费改革，取消农业税、屠宰税、牧业税、农业特产税，以及各种统筹、提留并逐步取消义务工和劳动积累工。取缔以“人头”为税费负担对象的各种制度，减轻农民负担，从源头上堵住政府向农民乱集资、乱摊派、乱收费的口子，逐步扭转了财政对农业补贴的“负效应”。

（二）农业生产性补贴的具体情况及实效分析

政府财政支农资金是指政府财政用于支持农业和农村事业发展的资金，对于中央财政支持力度而言，主要体现在中央财政用于“三农”的支出。2003—2010年，中央财政用于“三农”的支出分别为2145亿元、2626亿元、2975亿元、3517亿元、4318亿元、5955亿元、7253亿元和8580亿元，年均增长21.9%。各年中央财政“三农”支出占中央财政支出的比重分别为13.7%、14.3%、14.7%、14.5%、16.4%、14.6%、16.5%和17.8%（见表1-1）。

2010年，中央财政继续稳定完善加强各项强农惠农政策，全年中央财政用于“三农”的支出达到8579.7亿元，比上年增长18.3%。其中，用于农业生产方面支出3427.3亿元，对农民的补贴支出1225.9亿元，支持农村教育、卫生等社会事业发展支出3350.3亿元，农产品储备费用和利息等支出576.2亿元。

表1-1　　2003—2010年中央财政用于“三农”支出情况　　单位：亿元，%

年　份	2003	2004	2005	2006	2007	2008	2009	2010
中央财政支出	15682	18302	20260	23493	29580	36335	43901	48323
比上年增长	11.0	16.7	10.7	15.9	25.9	22.8	24.1	10.3
“三农”支出	2144	2626	2975	3397	4318	5955	7253	8580
比上年增长	12.5	22.5	13.3	14.2	27.1	37.9	21.8	18.3
“三农”支出占支出比重	13.7	14.3	14.7	14.5	14.6	16.4	16.5	17.8

数据来源：中华人民共和国统计局：《中国统计年鉴2010》，中国统计出版社2011年版。

“三农”支出包括的支持层面较广，经汇总，目前中央财政安排的涉农补贴共计23项，其中农业生产性补贴11项，分别是粮食直补、农资综合补贴、良种补贴、农机购置补贴、畜牧良种补贴、农业保险保费补贴、退耕还林原政策未到期补助、完善退耕还林政策补助、中央财政森林生态效益补偿基金、退牧还草饲料粮补助资金和草原生态保护补助奖励资金。针对这11项农业生产性补贴项目，近年来中央财政投入不断增加，补贴收到了较好的实效。

总的看，农业生产性补贴的成效有以下几点：

1. 农林牧渔业总产值不断提高

在各类强农、惠农补贴政策的牵动下，进一步调动了农民种粮的积极性，农林牧渔业总产值不断提高，从 2001 年 26180 亿元提高到 60361 亿元，增长 1.3 倍。其中，农业总产值由 14463 亿元提高到 30778 亿元，增长 1.1 倍（见图 1－1、表 1－2）。

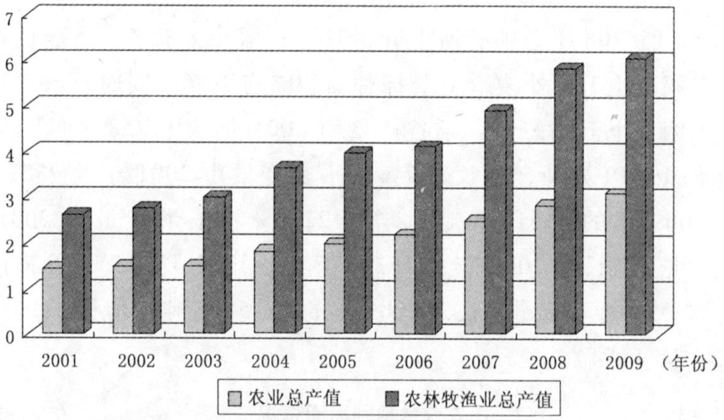

图 1－1　农林牧渔业总产值情况（单位：万亿）

数据来源：中华人民共和国统计局：《中国统计年鉴 2010》，中国统计出版社 2011 年版。

表 1－2　　农林牧渔业总产值情况　　单位：亿元

年　份	农业总产值	林业总产值	畜牧业总产值	渔业总产值	农林牧渔业总产值
2001	14463	939	7963	2815	26180
2002	14932	1034	8455	2971	27391
2003	14870	1240	9539	3138	29692
2004	18138	1327	12174	3606	36239
2005	19613	1426	13311	4016	39451
2006	21522	1611	12084	3971	40811
2007	24658	1862	16125	4458	48893
2008	28044	2153	20584	5203	58002
2009	30778	2193	19468	5626	60361

数据来源：中华人民共和国统计局：《中国统计年鉴 2010》，中国统计出版社 2011 年版。

2. 保证了农业生产面积，促进了农业增产

农业生产性补贴政策实施以来，随着各项强农惠农补贴项目、补贴资金的逐步落实，稳定了农业生产，提高了农业作物的产量。2001—2009 年，农作物总播种面积基本保持稳定，2009 年为 158614 千公顷，较 2001 年 155708 千公顷有所上升，其中，稻谷、玉米、谷物的播种面积有一定幅度上升，小麦、豆类播种面积略有下降。同时，农作物产量则表现出明显上升的态势，稻谷产量由 2001 年的 17758 万吨，增长到 2009 年的 19510 万吨，增长 9.7%；小麦产量由 2001 年的 9387 万吨，增长到 2009 年的 11512 万吨，增长 22.6%；玉米产量由 2001 年的 11409 万吨，增长到 2009 年的 16397 万吨，增长 43.7%；谷物产量由 2001 年的 39648 万吨，增长到 2009 年的 48156 万吨，增长 21.5%（见表 1－3、表 1－4）。

表 1－3　　农作物播种面积情况　　单位：千公顷

年份	农作物总播种面积	稻谷播种面积	小麦播种面积	玉米播种面积	谷物播种面积	豆类播种面积
2001	155708	28812	24664	24282	82596	13268
2002	154636	28202	23908	24634	81466	12543
2003	152415	26508	21997	24068	76810	12899
2004	153553	28379	21626	25446	79350	12799
2005	155488	28847	22793	26358	81874	12901
2006	152149	28938	23613	28463	84931	12149
2007	153464	28919	23721	29478	85777	11780
2008	156266	29241	23617	29864	86248	12118
2009	158614	29627	24291	31183	88401	11949

数据来源：中华人民共和国统计局：《中国统计年鉴 2010》，中国统计出版社 2011 年版。

表 1-4 农作物产量情况 单位：万吨

年份	稻谷产量	小麦产量	玉米产量	谷物产量	豆类产量
2001	17758	9387	11409	39648	2053
2002	17454	9029	12131	39799	2241
2003	16066	8649	11583	37429	2128
2004	17909	9195	13029	41157	2232
2005	18059	9745	13937	42776	2158
2006	18172	10847	15160	45099	2004
2007	18603	10930	15230	45632	1720
2008	19190	11246	16591	47847	2043
2009	19510	11512	16397	48156	1930

数据来源：中华人民共和国统计局：《中国统计年鉴 2010》，中国统计出版社 2011 年版。

3. 增加了农民收入

在增加农产品产量的同时，提高农民收入水平是体现农业生产性补贴成效的重要方面。支农惠农政策的初衷都是让广大农民得到实惠，而最显而易见的成效也就是提高农民的收入水平。从 2001—2009 年，农村居民人均年收入情况看，由 2001 年的 3307 元增长到 2009 年的 7116 元，9 年间，人均年收入翻了一番，其中，家庭经营收入由 2001 年的 2325 元，增长到 2009 年的 4404 元，增长 89.4%（见表 1-5）。

表 1-5 农村居民人均年收入情况 单位：元

年 份	农村居民家庭人均年总收入	其中：家庭经营收入
2001	3307	2325
2002	3449	2381
2003	3582	2455
2004	4040	2805
2005	4631	3164
2006	5025	3310

续表

年　份	农村居民家庭人均年总收入	其中：家庭经营收入
2007	5791	3777
2008	6701	4302
2009	7116	4404

数据来源：中华人民共和国统计局：《中国统计年鉴2010》，中国统计出版社2011年版。

注：农村居民人均年收入指调查期内农村住户和住户成员从各种来源渠道得到的收入总和（按收入的性质划分为工资性收入、家庭经营收入、财产性收入和转移性收入）。农村居民人均纯收入指农村住户当年从各个来源得到的总收入相应地扣除所发生的费用后的收入总和。

4. 提高了农业现代化程度

农业生产性补贴的实施，推动了农业现代化和机械化的发展。以农机购置为例，补贴政策的实施，大幅度降低了农民购买和使用农业机械成本，激发了农民购买农用机械的热情，也带动了农民增加投入，从而提高了农业综合生产能力。2001—2009年，农用机械动力由55172万千瓦增长到87496万千瓦，增长58.6%，年均增速达到6%左右（见表1-6）。

表1-6　　**农用机械动力增长情况**　　单位：万千瓦

年　份	农用机械总动力	增速（%）
2001	55172	
2002	57930	5.0
2003	60387	4.2
2004	64028	6.0
2005	68398	6.8
2006	72522	6.0
2007	76590	5.6
2008	82190	7.3
2009	87496	6.5

数据来源：中华人民共和国统计局：《中国统计年鉴2010》，中国统计出版社2011年版。

（三）基于农业主产区的调查

为获得我国农业生产性补贴实效的第一手资料，从而更为直接地分析补贴成效及对于农业生产和农民收入的影响，课题组深入到农业主产区，就生产性补贴的相关问题作了调研。其中，农业主产区主要为黑龙江省大庆市、伊春市和黑龙江省农垦总局。

1. 黑龙江省农业生产性补贴投入情况和实效

黑龙江省是全国重要的农业生产基地之一，不仅拥有丰富的耕地资源，而且拥有草原、湿地、水面等资源，具有发展农业生产的良好条件。黑龙江省农业补贴政策以生产性补贴为主，尚未实施较为固定的流通性补贴。2005—2011 年，共发放财政支农补贴 667 亿元，其中，粮食直补 159 亿元，农资综合补贴资金 329 亿元，良种补贴 94 亿元，农机购置补贴 52 亿元，水稻育秧大棚补贴 13 亿元，深松整地补贴 11 亿元，畜牧业补贴 9 亿元。以 2010 年为例，黑龙江省财政支农生产性补贴为 133 亿元，占全省一般预算支出 2253 亿元的 5.9%，占“三农”支出总投入的 18.9%。

主要成效表现在四个方面：

（1）良种推广补贴政策的实施，使黑龙江全省广大农民得到了实惠，取得了良好的经济和社会效益，也加快了农业农村经济的发展。

（2）农机购置补贴主要起到了导向作用，推动先进适用农机装备的使用，促进农业生产走向机械化、标准化、规模化和现代化。

（3）水稻育苗大棚的建设对于提高水稻早扣棚、早育苗、育状秧、早插秧、创高产，增加农民收入具有十分重要的意义。

（4）深松整地补贴政策的成效。深松整地可使玉米和大豆平均亩增产 200 斤和 70 斤。2010 年，黑龙江省深松整地实现粮食增产增收达 29.9 亿元，享受 4000 万亩农作物增产增收达 24.2 亿元。

2. 黑龙江省大庆市农业生产性补贴投入情况和实效

黑龙江省大庆市 2005—2011 年，各级财政累计支农补贴 37 亿元，其中生产性补贴 35 亿元，生产性补贴占全市一般预算支出的 5.9%，占“三农”支出的 30.2%。主要投入方向有：一是大力实施“菜篮子”工程。根据大庆市当地无霜期较短的自然特征，推进棚室建设，计划到

2013 年建成棚室 30 万栋，至 2011 年已建成 3 万余栋（其中温室 1700 栋，大棚 3 万栋），补贴资金达到 2 亿元。二是大力推广玉米膜下滴灌工程，针对大庆市旱季较长的自然条件，从 2008 年开始大面积实施推广玉米膜下滴灌项目，共投入 2 亿元，至 2011 年共推广玉米膜下滴灌 322 亩。三是大力扶持农机装备工程，按照市、县（区）和投资主体“3∶3∶4”的投资比例组建 281 个农机合作社，财政总投资 2 亿元，其中，大型现代农机作业合作社 14 个，新增农机具 2000 多台套，田间农机作业率提高到 85%。四是认真发放支农补贴资金，2005—2011 年累计发放 27 亿元，其中：粮食直补资金约 8 亿元，农资综合补贴资金 15 亿元、良种补贴约 3 亿元、农机购置补贴 1 亿元。2011 年，大庆市平均每亩粮食直补 14.52 元、农资综合补贴 45.2 元，良种补贴主要品种是玉米和大豆，标准为 10 元。

总的看，支农补贴实施效果明显。一是进一步增加了农民收入，2005—2011 年，增加农民人均收入 1994 元，平均每年增加 285 元。二是帮助农民缓解了备春耕生产资金不足问题，补贴资金大都在三月末前兑付到农民手中，广大农民多数用于购买化肥、农药等生产资料，有效帮助农民解决春耕生产资金不足的问题。三是进一步调动了农民种粮积极性，粮食产量逐年增加。2005 年 47 亿斤，2010 达到 101 斤，实现了百亿斤粮食产能工程目标。四是促进了粮食流通体制改革，粮食企业真正推向了市场，加快了粮食企业老问题的处理。五是农机合作化水平不断加强，农业机械化水平不断增强，促进了农作物的增产，促使农民增收。

3. 黑龙江省伊春市农业生产性补贴投入情况和实效

黑龙江省伊春市对农业补贴以生产性补贴为主，2008 年为 3835 万元，2010 年达到 7423 万元。2008—2010 年，伊春市生产性补贴占全市公共财政支出比重分别为 1.1%、1.3% 和 1.2%，占“三农”支出比重分别为 3.8%、5.9% 和 4.7%。补贴的种类主要有：一是良种补贴，2005—2010 年，共发放良种补贴资金 12452 万元，发放标准是水稻每亩 15 元，玉米、大豆、小麦每亩 10 元；二是农机购置补贴，2005—2011 年，全市共兑付农机购置补贴资金 4972 万元；三是退耕还林补贴，2005—2010 年全市共兑付 11671 万元，2010 年开始标准下调为每亩补助 90 元，原为每亩补助160元；四是深松整地补贴，该项补贴2007年开始实施，补助标准为每亩5元，2007—2010年，全市共兑付1250万元；五是水稻育秧大棚建设补贴，该项补助从2008年开始实施，标准为每栋360平方米的标准大棚，每平方米补助9元，共计支出408万元。

随着国家加大粮食直补、农资综合补贴、良种补贴等各项支农惠农政策实施，伊春市粮食播种面积由2005年的239万亩增加到2011年的344万亩，增长44%；粮食总产连创新高，由2005年的44万吨，增长到2010年的80万吨，预计2011年产量将达到84万吨，较2005年增长92.2%；粮食平均亩产由2005年的183公斤提高到2011年的245公斤，增长34.3%；从2005—2011年，伊春市种植粮食作物2080万亩，累计生产粮食90亿斤。2010年，全市农业增加值达到63亿元，多种经营产值达到87亿元，分别比2005年增长137%和160%；农民人均纯收入达到7280元，森工多种经营从业人员人均收入达到7582元，分别比2005年增长92%和129%；建立农业科技示范园区39处，实施高产创建面积258万亩，优良品种率98%以上，农业标准化率88%，农业综合机械化率87%，绿色农产品监控面积100万亩。随着对农机购置补贴投入力度的加大，伊春市的农机化投入也得到持续增加，全市农机总动力由2005年的38万千瓦提高到2011年的62万千瓦，增长61.7%；田间综合机械化程度由2005年的67.8%提高到2011年的87%，提高19.2%。

三、我国农业生产性补贴制度存在的问题

农业是国民经济的基础，农业生产作为人类社会的一项基本经济活动具有阶段性，国家农业产业政策必须与农业生产发展的阶段相适应。在现阶段，我国农业生产性补贴还存在定位不清、总量不足、结构不合理、补贴手段单一等问题，不能完全适应我国农业生产发展的新阶段。

（一）定位不够清晰

促进粮食增产和农民增收是我国“三农”工作中的中心工作之一。而农业生产性补贴的直接目的是为了促进农业生产，通过提高农产品的产量促进农民增收。促进农业生产，提高农产品产量是农业生产性补贴

政策的落脚点，带动农民增收是农业生产性补贴的效果之一。农业生产性补贴和增加农民收入存在承继和因果关系，两者既有联系又有区别。有的农业生产性补贴在制度设计时被直接作为提高农民收入的一种手段，有些补贴不以农作物产量为依据，按人头或者耕种面积直接发放给农民，背离了生产性补贴制度设计的出发点，扭曲了农业生产性补贴的政策效果。

（二）补贴规模过小

从补贴的总量看，根据财政部统计，2011 年我国农业生产性补贴共有 11 项，预算支出 1833 亿元，约占全年涉农补贴的 45.9%，仅占中央公共财政支出的 4%。我国农业生产性补贴无论总量还是比重都低于西方发达国家的水平。

同时，按照 WTO《农业协定》的规定，成员国对农产品的补贴应分为特定农产品和非特定农产品两类。对特定农产品的补贴，以棉花为例，根据我国向 WTO 组织的通报，2002—2004 年，棉花特定产品黄箱支持措施分别为 12.06 亿元、10.34 亿元、9.74 亿元，分别占当年棉花产值的 2.3%、1.31% 和 1.11%。我国针对棉花等一些特定农产品的补贴还有一定空间。对非特定农产品的补贴，由于我国农业产值数量很大，因此还有很大空间。据我国向 WTO 通报的 2002—2004 年，国内支持通报显示，2002—2004 年，非特定产品黄箱支持措施分别为 2.35 亿元、12.83 亿元、19.75 亿元，仅占当年农业产值的 0.01%、0.048% 和 0.061%。

从农民获得的补贴数额看，农业生产性补贴总量不大，标准偏低，分摊到每个农民、每亩耕地上补贴数目往往就十几元，对促进农业生产、农民增收效果有限。以黑龙江省为例，2011 年黑龙江省良种补贴 22.1 亿元，全省每亩地玉米良种补贴仅为 10 元，而用种成本达到每亩 20 多元。另外，生产性补贴标准并未随着近年来农业生产资料价格的大幅上涨而提高，减弱了政策效应。如黑龙江某市 2011 年地膜玉米种植成本为每亩 305 元，比 2008 年上涨了 38.6%，而补贴标准却仍是 2004 年确定的每亩 10 元。农资价格的快速上涨抵消了生产性补贴的政策效应，不足以调动农民生产的积极性。

（三）补贴结构不合理

首先，在农业补贴中，从农业生产性补贴和流通性补贴的数量看，我国财政存在重流通补贴，轻生产补贴的现象。粮棉油的价格补贴大部分用于弥补国有粮棉油收储加工企业加工业的亏损和补贴城市居民的消费。在实质上是用国家的财政资金为城市居民提供的一种“福利”，这一做法进一步扩大了城乡之间的差距。同时，在财政资金支出总量一定的前提下，大量的流通领域的补贴，对农业生产性补贴产生了“挤出效应”。

其次，从农业生产性补贴的各个项目看也存在一些问题。一是部分补贴项目功能重合，政策指向不明确，不仅增加了管理成本，也降低了补贴资金的使用效率；二是生产性补贴中，重一般性生产投入、轻农业技术的投入。目前，主要依靠科技最终解决农业生产、农民增收等问题已成为普遍共识，但我国农业科技创新能力不强，农业科技成果转化率只有30%—40%，远低于发达国家65%—85%的水平，农业科技投入远低于社会平均水平。

（四）补贴方式不科学

目前我国农业生产性补贴有两种发放方式：一种是直接补贴，即农民购买农业生产资料后，凭相关凭证到有关部门领取补助，或直接发放到农民手中的存折（卡）中；另一种是间接补贴，即补贴发放到农业生产资料供应商，由供应商在销售价格中抵扣，降低农业生产资料的价格。间接补贴虽然在一定程度上可以保证财政资金的安全，但由于发放环节多，农业生产资料成本不透明，易造成“暗箱”操作，影响政策实施的效果。

从补贴对象看，部分生产性补贴根据农作物耕种面积发放。由于我国目前佃农（土地的实际耕种者）数量及经营规模迅速增长。如以面积挂钩，补贴将以土地租金的形式转移给土地实际所有者（承包者），而非实际耕种者，这样违背了政策的初衷，也不能有效调动实际耕种农民的生产积极性。

（五）补贴实施主体过多

目前，我国政府部门职能设置一定程度上存在交叉、重复的现象，仅就农业而言，产前、产中、产后管理涉及14个部委（局），这样就造成了农业补贴的实施主体不明确。农业生产性补贴政策的制定、发放涉及国家发展和改革委员会、财政部、农业部、科技部等多个部门。由于各部门补贴的政策要求不统一、信息交流不充分、管理方式不一致、运行渠道不相同，造成补贴分散与重复并存，分散更加突出的现象。根据财政部统计，2011年农业生产性补贴3995亿元，其中生产性补贴有1833亿元，分配到粮食直补、农资综合补贴、良种补贴等11个项目后，最少的项目9.9亿元，最多的也不过220亿元。为数不多的补贴资金通过省、市、县层层分配，最后到农户手中，一项补贴往往仅十几元。这种多头管理、分散下发的模式，不利于统筹安排有限的补贴资金，为数不多的补贴资金也不能起到促进农业生产的积极性，影响了补贴资金的使用效率。

（六）补贴管理水平需要进一步提高

1. 对补贴资金拨付进度缺乏有效的监督机制

农业补贴资金具有极强的时效性，补贴资金的发放必须按照农时及时、足额发放。一些补贴项目没有对资金的拨付时间做出明确和详细的规定，由于发放渠道长、发放环节多，致使缓拨、滞拨补贴资金的现象时有发生。

2. 对农业生产性补贴缺乏绩效考核机制

一些农业生产性补贴的主管部门把精力完全用在补贴的发放上，对农业补贴的使用缺乏有效的考核和监督。一些农业生产性补贴存在效果不理想、使用不规范的问题，个别地区甚至发生虚报冒领、截留、挤占、挪用。

（七）补贴随意性过大

发展农业生产受到自然资源和市场需求的双重约束，利用财政手段调整、拉动农民开展农业生产积极性的过程中，面临的问题和困难是十分复杂的。如何通过农业生产性补贴制度的建立和完善调整和促进农业生产的健康、稳定发展，是一个长期、系统的工作，绝不是头痛医头脚痛医脚的临时行为。一些农业生产性补贴政策变化较快，随意性较强。由于农业生产具有较强的周期性，农业生产各环节之间相互联系非常紧密，而补贴政策传导的周期较长，往往造成农业生产领域“大小年”的出现。补贴政策随意性过大，不利于形成有效的引导机制，会对市场造成一定程度的扭曲，不利于促进农业生产稳定增长。

四、进一步健全我国农业生产性补贴制度的政策建议

改革开放30多年来，中国农业获得了长足发展，中国农业在产品供求关系、生产目标、增长方式等方面都出现了显著变化。农产品供求由过去的全面短缺转向总量基本平衡；生产目标由过去的单纯追求农产品数量转向在保障国家粮食安全基础上追求品质和效益；增长方式由过去主要依靠传统劳动力投入转向提高资本、技术贡献；经营形式由过去单纯的农户个体经营转向合作化、产业化经营；产业关联由过去农业与其他产业相互隔离转向农业与国民经济各部门日趋紧密。

农业产业发展的阶段，对农业生产性补贴提出新的要求。2008年《中共中央关于推进农村改革发展若干重大问题的决定》中提出，“健全农业补贴制度，扩大范围、提高标准，完善办法，特别要支持增粮增收，逐年较大幅度增加农民种粮补贴。完善与农业生产资料价格上涨挂钩的农资综合补贴动态调整机制。”当前健全和完善我国农业生产性补贴的总体思路是：正确认识农业生产性补贴的政策目的，扩大规模、调整结构、协调配套、规范管理，以农业生产性补贴调动农民生产积极性，促进农业增产，进而提高农民收入水平。

现阶段，进一步健全和完善农业生产性补贴应遵循如下原则：

第一，目标清晰。农业长期处于弱势地位，财政支农资金有限，少量的农业生产性补贴资金往往被赋予增加收入、调整结构、环境保护等过多的附属功能，其结果就是无法对政策的效果进行有效的评估。进一步明确农业生产性补贴的政策目标，应以调动农民生产积极性、提高农产品供应为直接目标。

第二，生产者受益。农业生产性补贴的直接受益者应当是从事农业生产的农民，如对生产资料的提供者、农产品销售等中间渠道进行补贴，农民只能是间接受益，政策的实施效果不明显。

第三，整合统一。区分生产补贴中各类项目的功能和效用，逐步建立各补贴发放部门之间的信息交流、协调机制。对不同的补贴项目进行整合，形成各项补贴互相配合，互相促进，形成合力，进一步提高农业生产性补贴的效率。

第四，操作简便。农业生产性补贴政策需要广大基层干部理解和执行，提高补贴的效率也需要进一步简化补贴的方式、方法。进一步简化农业生产性补贴的审批层次、缩短支付渠道、统一支付方法有利于广大基层干部执行，同时也更加被广大农民所接受。

在充分认识到我国农业产业发展阶段的基础上，进一步健全我国农业生产性补贴制度，建立农业生产性补贴的长效机制，实现农业增产和农民增收，即要顾及到我国现有的经济发展水平和财力状况，又要统筹兼顾、创新机制，发挥市场作用，充分调动政府、社会和农民的积极性。具体建议如下：

（一）扩大规模

现行农业生产性补贴从规模上，还远不能完全满足促进农业生产、调整农业产业结构的需求。从财政用于“三农”支出的数量上看，2006—2010年，我国中央财政用于“三农”的支出占总支出的比重仅由14.2%上升至18.3%。生产性补贴占财政支出的比重则更低，财政支农的资金虽然有所提高，但规模仍然不大。“十一五”期间，我国公共财政收入的大幅增长为进一步扩大我国农业生产性补贴提供了财力保障。按照WTO《农业协定》“8.5%的微量允许”的规定，我国财政对农业生产的补贴仍有较大空间。

进一步健全我国农业生产性补贴制度首先要加大农业生产性补贴的规模，改变农业补贴中长期以来重流通性补贴、轻生产性补贴的状况。为保证农业生产性补贴政策的实施效果，进一步加快建立农业生产性补贴与农业生产资料价格的动态调整机制，农业生产性补贴增长幅度不得低于当年农业生产资料价格增长幅度。逐步提高农业补贴占财政支出的比重，提高农业生产性补贴占农业补贴中的比重。

（二）完善结构

在不断加大农业生产性补贴规模的基础上，进一步清理整合功能重叠、效果不够理想的农业生产性补贴项目。按照目标清晰、简便高效、有利于促进农业生产的原则，不断完善农业生产性补贴结构。增加对种粮农民的直接补贴；加大良种补贴力度，提高补贴标准，扩大补贴范围，实现水稻、小麦、玉米、棉花全覆盖；大规模增加农机具购置补贴，完善补贴方式、方法，将先进适用、技术成熟、安全可靠、节能环保、服务到位的农机具纳入补贴目录；加大对推广、使用农业科技的补贴力度，建立和完善农业技术推广应用补贴，努力提高科技进步对农业增长的贡献率。

（三）改进方式

为促进农业生产，发挥补贴对农民生产行为的激励作用，要不断改进农业生产性补贴的发放方式。一是增加直接补贴的数量，提高直接补贴占农业生产性补贴的比重。由于间接补贴发挥作用的传导机制较为复杂，农业生产者对于补贴政策的感受并不直接，影响了补贴效果的发挥。因此，在今后补贴方式的选择上应该尽量以直接补贴为主。二是在补贴政策制定过程中，应对土地出租者和实际从事农业生产劳动的承租者加以区别，生产性补贴的发放对象应该是直接从事农业生产的劳动者。三是农业生产性补贴的首要目标是促进农业生产，增加农产品供给，因此补贴应与农产品的产量挂钩，综合考虑环保、投入产出效率等多方面因素，而不应按照土地面积直接发放，防止出现“普惠制”，挫伤农民的提高投入，增加农作物产量的积极性。四是充分利用财政资金的“杠杆”效用，积极探索利用财政资金进行贷款担保、财政贴息等手段，支持金融机构为农民扩大农业生产提供资金支持。

（四）加强管理

进一步提高农业生产性补贴的效率，让有限的资金发挥最大的效用必须加强农业生产性补贴资金的管理。一是建立对补贴资金拨付的进度监督机制，尽量缩短支付渠道，确保补贴资金的发放与农业生产的周期相衔接，做到不违农时；二是要建立与各类生产性补贴相适应的绩效考核机制，实施以结果为导向的农业生产性补贴动态调整体系，以农产品的产量、农业机械化率、农业科技推广水平等因素作为补贴资金发放和使用的标准；三是建立监督奖惩机制，对补贴资金拨付及时、使用规范、实施效果好的地区给予一定的财政奖励，对冒领、截留、挤占、挪用的要对责任人进行严肃处理，并追究相应的法律责任；四是建立农业生产性补贴公示制度，及时向社会公开各项补贴的计算方法、管理办法，主动接受广大公众和新闻媒体的监督，用公开、透明保证农业生产性补贴在“阳光”下运行。

（五）推进法制建设

我国是一个农业大国但并不是农业强国，农业在现阶段和今后一定时期内，还将长期处于弱势产业地位。农业是我国经济发展、社会安定、国家自立的基础，党中央和国务院一直高度重视农业的发展，连续八个中央“1号文件”均聚焦在农业问题上。目前，我国整体经济形势发展良好，国力逐步增强，已经进入到以工补农，以城代乡的全面发展时期，缩小工农业之间的剪刀差，已成为国民经济健康、可持续发展的重要环节。农业生产性补贴作为国家财政支农的重要内容，其扶持的幅度在逐年加大，覆盖面也在逐步扩大，如何把握和更好的发挥资金的效能，避免临时性、短期性行为，补贴制度法制化是有效的途径。建议加快推进《农业投入法》的立法进程，并在农业投入法中设立专门章节，对农业生产性补贴对象、方式和基本原则进行明确地规定，建立稳定、长效的补贴机制，更好的发挥农业生产性补贴对生产的调节和带动作用。

第二节

农业补贴向种粮大户、农民专业合作社倾斜[①]

农业补贴对促进粮食生产、农民增收发挥了积极作用。但补贴实施效率有待提高，存在补贴手段较为单一、与良种良法配套衔接不够等不足[②]。普惠制种粮补贴政策扶持重点不够突出、资金分散，对调动粮食生产的激励作用呈递减趋势[③]。种粮大户、农民专业合作社已成为发展粮食生产的重要主体。强化对合作社、大户、专业服务公司和龙头企业的补贴支持力度将是今后我国农业补贴政策取向之一[④]。

本研究从已实施农业补贴向种粮大户、合作社倾斜政策的地区中选取浙江衢州、江西樟树、重庆涪陵，了解地方政府的具体做法和操作过程中存在的问题，提出相应对策建议。研究过程中还综合使用了文献研究、网络调查、问卷调查等方法。

一、调查研究的背景

（一）农业补贴对促进粮食生产、农民增收发挥了积极作用

党中央国务院高度重视农业补贴政策。党的十七届三中全会决定指出，取消农业税，对农民实行直接补贴，是我国农村发生的巨大变化之一。进入21世纪后的连续七个中央“1号文件”，都对农业补贴内容及实

---

① 本节内容选自农业部软科学课题（201022）《农业补贴向种粮大户、农民专业合作社倾斜政策情况调查》报告。课题主持人：闫石。

② 闫辉、赵海、张照新：“近年来扩大农业农村内需主要政策及效果评价”，农业部农村经济研究中心编：《中国农村研究报告》2009，中国财政经济出版社2010年版。

③ 刘志国：“我国粮食生产要走‘大户战略’之路”，《农业部财务工作简报》2010年6月7日。

④ 冀名峰：“中国农业发展进入关键转折期之后的政策取向”，《新华文摘》2010年5月。

施提出了专门要求，内容愈益丰富，要求愈益具体，支持力度越来越大（见表1－7，表1－8）。主要农业补贴项目资金逐年增加，仅“四补贴”资金2009年达1274.5亿元，比2004年增加7.8倍；2010年前9个月“四补贴”资金已达1345亿元。

表1－7　21世纪以来七个中央“1号文件”对“四补贴”的规定

年份	主要内容
2004	“国家从粮食风险基金中拿出部分资金，用于主产区种粮农民的直接补贴。其他地区也要对本省（区、市）粮食主产县（市）的种粮农民实行直接补贴。”
2005	“继续对种粮农民实行直接补贴，有条件的地方可进一步加大补贴力度。中央财政继续增加良种补贴和农机具购置补贴资金，地方财政也要根据当地财力和农业发展实际安排一定的良种补贴和农机具购置补贴资金。”
2006	“稳定、完善、强化对农业和农民的直接补贴政策，加强国家对农业和农民的支持保护体系，建立和完善对种粮农民的支持保护制度。”“2006年粮食主产区要将种粮直接补贴的资金规模提高到粮食风险基金的50%以上，其他地区也要根据实际情况加大对种粮农民的补贴力度。”
2007	“要不断巩固、完善和加强，逐步形成目标清晰、受益直接、类型多样、操作简便的农业补贴制度。各地用于种粮农民直接补贴的资金要达到粮食风险基金的50%以上。加大良种补贴力度，扩大补贴范围和品种。扩大农机具购置补贴规模、补贴机型和范围。加大农业生产资料综合补贴力度。”
2008	“按照适合国情、着眼长远、逐步增加、健全机制的原则，坚持和完善农业补贴制度，不断强化对农业的支持保护。继续加大对农民的直接补贴力度，增加粮食直补、良种补贴、农机具购置补贴和农资综合直补。根据保障农产品供给和调动农民积极性的需要，统筹研究重要农产品的补贴政策。强农惠农政策要向重点产区倾斜，向提高生产能力倾斜。”
2009	“增加对种粮农民直接补贴的资金、提高良种补贴标准、增加农机具购置补贴范围、加大农资综合补贴力度、完善补贴动态调整机制。”“按照目标清晰、简便高效、有利于鼓励粮食生产的要求，完善农业补贴办法。根据新增农业补贴的实际情况，逐步加大对专业大户、家庭农场种粮补贴力度。”

续表

年份	主要内容
2010	"坚持对种粮农民实行直接补贴。增加良种补贴，扩大马铃薯补贴范围，启动青稞良种补贴，实施花生良种补贴试点。进一步增加农机具购置补贴，扩大补贴种类，把牧业、林业和抗旱、节水机械设备纳入补贴范围。落实和完善农资综合补贴动态调整机制。按照存量不动、增量倾斜的原则，新增农业补贴适当向种粮大户、农民专业合作社倾斜。逐步完善适合牧区、林区、垦区特点的农业补贴政策。加强对农业补贴对象、种类、资金结算的监督检查，确保补贴政策落到实处，不准将补贴资金用于抵扣农民交费。"

资料来源：根据2004—2010年中央"1号文件"整理。

表1－8　2004—2010年中央财政"四补贴"发放情况　（单位：亿元）

年份	种粮农民直补	农资综合补贴	良种补贴	农机具购置补贴	合计
2004	116	—	28.5	0.7	145.2
2005	132	—	38.7	3	173.7
2006	142	120	41.5	6	309.5
2007	151	276	66.6	20	513.6
2008	151	716	120.7	40	1027.7
2009	190	756	198.5	130	1274.5
截至2010年9月	151	835	204	155	1345

资料来源：根据《中国农业年鉴》等资料整理。

农业补贴在调动农民种粮积极性，促进粮食生产，增加农民收入等方面发挥了重要作用。2004年以来粮食连续六年增产，综合生产能力已达到1万亿斤。以稻谷为例，2004—2008年，全国稻谷播种面积、总产量、亩产分别增长3.04%、7.15%和3.99%，达到4.39亿亩、3838亿斤和875斤/亩。农民收入持续增加，转移性收入占比扩大。2004年全国农民人均纯收入2936元，其中转移性收入115元，占3.92%；2008年全国农民人均纯收入4760元，其中转移性收入323元，占6.78%。

（二）种粮大户、农民专业合作社在发展粮食生产中具有重要作用

截至2009年年底，全国土地流转面积达到1.5亿亩，占家庭承包经营耕地总面积的12.4%，比2008年增长近40%[①]。种粮大户随土地流转进程加快得到一定程度发展。在江西省，2009年种植100亩以上水稻的农户达6982户，播种面积236.8万亩，已占全省水稻播种面积5172万亩的4.57%[②]。

截至2010年6月底，全国农民专业合作社数量超过31万家。农民专业合作社在粮食生产中发挥重要作用，特别是粮食生产合作社和农机合作社在粮食生产中发挥了越来越重要的作用，这是一个趋势性现象。

据农业部调查显示，2009年6月底，种粮合作社数量为11558个；2010年6月，种粮合作社数量为15229个，比1年前增长31.8%。截至2010年6月，种粮合作社占种植业合作社总数的比例为19.6%，占合作社总数的比例为9.3%[③]（见图1-2）。

为种粮农民提供农业社会化服务的农机、植保合作社等快速发展。据调查，2007年，全国有农机合作社4435个，作业服务面积11707.73万亩；到2008年，农机合作社数量达到8622个，增长94.4%，作业服务面积达17881.22万亩，增长52.7%；2009年全国农机合作社数量超过1.3万个，全年作业服务总面积约3亿亩，平均每个农机合作社服务的农户数量达到960户，作业服务面积达2.3万亩（见图1-3）。

（三）农业补贴政策实施效率有待提高

未来十年，我国粮食供求仍将处于紧平衡状态。农业补贴政策是维护国家粮食安全的重要措施。加大农业补贴力度、提高政策执行效率、确保

① 刘志国："我国粮食生产要走'大户战略'之路"，《农业部财务工作简报》2010年6月7日。

② 江西省2009年种粮大户直接补贴资金拨付情况表、江西省2010年早中晚稻粮食直补及农资综合直补资金分配情况表。

③ 调查通过"农民专业合作社组织统计信息管理系统"进行，调查样本数194146个，数据截至2010年6月30日。受农业部经管司（站）委托，农业部管理干部学院农民专业合作社发展教育中心依托中国农民专业合作社网（www.cfc.agri.gov.cn）运行该系统。

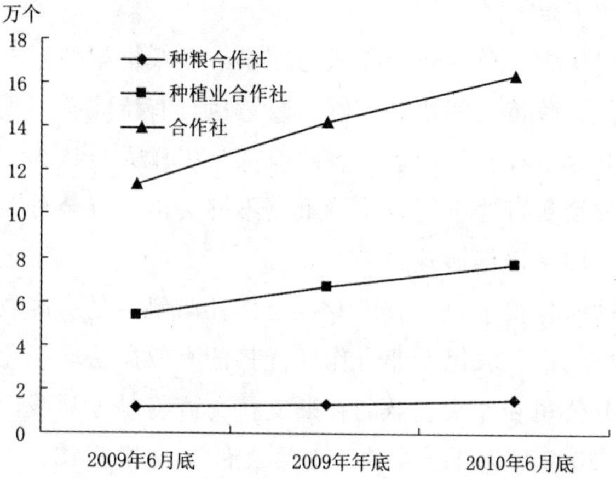

图 1－2　种粮合作社、种植业合作社和合作社数量（2007—2009 年）

资料来源：根据农业部调查数据整理。

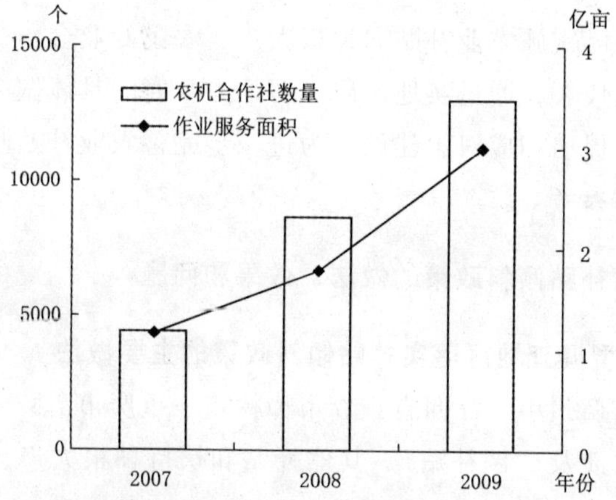

图 1－3　农机合作社数量和作业服务面积（2007—2009 年）

资料来源：根据农业部农机化司有关资料整理。

实施效果，是完善农业补贴政策的基本趋向。

不少研究者对农业补贴政策的实施效果进行评价，认为现有政策能促进农业生产、提高农民收入，但也存在补贴手段较为单一、与良种良法配套衔接不够等不足[①]。

有关部门认为，单项政策投入力度小、政策框架体系有缺项、政策设计缺乏差异性、政策之间协调不够、政策执行有待完善、项目管理体制不顺是农业补贴政策存在的问题。有政府部门工作人员认为，目前大多数省份种粮补贴政策实行普惠制，扶持重点不够突出、资金分散，对调动粮食生产的激励作用呈逐年递减趋势[②]。

农业补贴向种粮大户、农民专业合作社倾斜，是提高农业补贴实施效率，发挥种粮大户、农民专业合作社优势的有效做法。强化对合作社、大户、专业服务公司和龙头企业的补贴支持力度将是今后我国农业补贴政策取向之一[③]。2008 年以来，中央“1 号文件”多次强调，“强农惠农政策要向重点产区倾斜，向提高生产能力倾斜”，“逐步加大对专业大户、家庭农场种粮补贴力度”，“新增农业补贴适当向种粮大户、农民专业合作社倾斜”。

本研究从已实施农业补贴向种粮大户、农民专业合作社倾斜政策的地区中选取典型代表，通过实地调研了解地方政府的具体做法和操作过程中存在的问题，提出相应对策建议，为进一步完善农业补贴政策、落实政策倾斜要求提供参考。

二、落实补贴倾斜政策的做法、效果和问题

（一）典型调查地区落实补贴倾斜政策的主要做法

在浙江省衢州市、江西省宜春市樟树市、重庆市涪陵区等地，落实倾斜政策的做法涉及“四补贴”、其他补贴和扶持种粮大户、农民专业合作社发展的措施等几个方面，主要是：

1. 农资综合补贴、农机购置补贴向种粮大户、合作社倾斜

（1）补贴发放标准随种粮面积扩大提高。涪陵区种粮大户农资综合

---

① 闫辉、赵海、张照新：“近年来扩大农业农村内需主要政策及效果评价”，农业部农村经济研究中心编：《中国农村研究报告》，中国财政经济出版社 2010 年版。

② 刘志国：“我国粮食生产要走‘大户战略’之路”，《农业部财务工作简报》2010 年 6 月 7 日。

③ 冀名峰：“中国农业发展进入关键转折期之后的政策取向”，《新华文摘》2010 年 5 月。

补贴标准高于一般农户，并随面积扩大递增。2010 年，涪陵区为种植 20 亩以上的农户提供每亩 140 元的农资综合补贴，种植 100 亩以上的标准为每亩 200 元，而种植 20 亩以下的农户农资综合补贴为每亩 74 元（见表 1－9）。补贴资金由中央财政和重庆市财政共同承担。

表 1－9　　重庆市涪陵区农资综合补贴发放标准　　（单位：元/亩）

年　份	20 亩以下	20—50 亩	50—100 亩	100 亩以上	大户补贴合计
2008	70	100	150	200	—
2009	71	118	118	171	365.44 万元
2010	74	140	140	200	306 万元

资料来源：课题组重庆涪陵调研资料。

注：重庆市种粮直补和农资综合补贴合并发放，统称农资综合补贴。

（2）种粮大户和农民专业合作社优先享受农机购置补贴。樟树市、涪陵区都规定农机购置补贴优先提供给种粮大户、农机大户、粮食合作社和农机合作社，并且不受指标数量的限制。重庆市涪陵区规定，一年内普通农机购买者购买补贴目录内的同类农业机械，不得超过 2 台套，但农机专业合作社、农机服务组织不受此限。

其他地区也有类似做法。据对河北省深州市农业干部的问卷调查，当地农机专业合作社也优先享受农机购置补贴。

（3）农机合作社成员获得额外农机购置补贴。2009—2010 年，对农机专业合作社成员购买指定类型、规格机械的，涪陵区给予额外补贴。购买补贴目录内 7.5 千瓦以下（含 7.5 千瓦）的小型耕作机械（微耕机）和割幅 1.1 米以下（含 1.1 米）的收割机，每台分别增补 500 元和 1000 元。2009 年，涪陵区微耕机购买量增长 1.2 万台，是 2008 年购买量的 2.4 倍；2010 年前 7 个月，微耕机购买量已达 1.2 万台。

2. 大户奖励、保费补贴和“农机作业券”

（1）对种粮大户进行额外奖励。江西省从 2008 年起对种粮大户实行奖励制度，通过“一卡通”直接发到种粮大户手中。单季水稻种植面积达到 100 亩及以上的农户可以作为种粮大户，得到每亩 16 元的奖励。奖励资金由江西省财政支付。据樟树市农业局统计，2009年有67名种粮大户获得此项奖励。此外，樟树市还通过以奖代补的形式鼓励种粮大户，每年评选先进种粮大户，对每个先进户给予500元的现金奖励。浙江省衢州市从2004年开始由市级财政出资，为早稻种植面积超过100亩的、提供每亩10元的奖励。

据问卷调查，山东省也对种植小麦100亩以上的农户提供每亩10元的奖励，由山东省财政支付。

（2）提高种粮大户、合作社交售省储粮的奖励标准。衢州市种粮大户、农民专业合作社按订单交售早稻奖励标准高于一般农户。浙江省规定，省级储备早稻订单奖励标准为种粮大户①、粮食专业合作社②成员每交售50公斤早稻谷奖励20元，按实种早稻面积最高每亩奖励不超过140元；一般农户按订单每交售50公斤早稻谷奖励10元，按实种早稻面积最高每亩奖励不超过70元。奖励资金由浙江省财政负担。

（3）向种粮大户提供农业保险政策性补贴。衢州市水稻种植面积在20亩以上的种粮大户可以享受保险保费补贴。2010年保费为10元/亩或20元/亩，种植户负担10%，中央财政、浙江省财政、衢江市财政各负担35%、45%、10%，保险金额为200元/亩或400元/亩③。

（4）以“农机作业券”形式支持粮食、农机、植保合作社。衢州市规定，对本区域应用水稻机械化插秧、油菜机械化收获作业的农户，给予每亩40元的补贴；对接受具有一定规模（服务面积达到500亩以上）的植保、粮食、农机等合作社病虫害统防统治的农户，给予每亩40元的补贴。上述补贴以“农机作业券”形式发放，浙江省财政负担60%，市县负担40%。

3. 扶持种粮大户、农民专业合作社发展的其他做法

（1）为种粮大户、合作社提供更多技术服务。江西省从2005年推行助农兴粮“一五一”挂牌服务活动，基本内容是江西省、市、县三级农

① 指全年稻麦种植面积20亩及以上，其中早稻种植面积5亩及以上的农户。

② 指经农业部门认定为运作管理规范的粮食专业合作社。

③ 浙江省衢州市人民政府关于抓好2010年粮食生产的通知。

业部门分别对1000亩、500亩和100亩及以上的种粮大户提供政策咨询、良种推介等服务和帮扶。目前，樟树市有农业系统的10名责任专家和17名配套技术专家成为挂牌大户的服务专家。樟树市还通过零距离办证、上门技术服务、免费测土施肥等服务，使合作社享受到优于一般农户的服务和支持。

（2）为种粮大户、合作社提供更多农机和生产资料支持。调研中了解到，樟树市裕民农机合作社在2008年计划购买6台大型拖拉机，可销售部门只有2台，经过市农机局和销售部门的共同努力，一周内从外地调来其余4台。樟树市种粮大户和合作社不仅享有与普通农户一样购买插秧机优惠的政策，还可免费获得一台插秧机。樟树市农业局免费向合作社提供良种，并经常向合作社赠送肥料等其他农资。

（3）对种粮大户、合作社加强自身建设提供经费支持。樟树市农业局对一些粮食合作社改善灌溉设施、平整耕地给予经费支持。从2005年开始，涪陵区启动农民专业合作社示范补助项目，为示范社提供资金补助。2010年，涪陵区政府审定命名6个区级示范农民专业合作社，每个示范社给予5万元财政补助。2008年起涪陵区实施品牌建设奖励项目，分别对通过无公害农产品、绿色食品、有机食品质量认证的合作社给予3万元、5万元和10万元的奖励。

（4）依托合作社实施项目。樟树市在病虫统防统治、标准农田建设等项目上也适当向合作社倾斜。将该市水稻专业合作社的耕地建成农业部水稻万亩高产创建示范区。2009年以来，涪陵区将一批农业科技试验推广、库区移土培肥、农业基础设施、新型农民培训等项目先后安排到示范社开展，落实项目资金约1600万元。

（5）发展粮食生产功能区。浙江省针对农业补贴资金条块分割严重、效率不高的现状，提出发展现代农业园区和粮食生产功能区，印发《关于加强粮食生产功能区建设与保护工作的意见》（浙政办发［2010］7号），引导各地开展粮食生产功能区建设。

作为“十二五”期间农业发展的重要方向和载体，浙江省将在园区建设的基础上尝试把多项补贴资金整合起来进行综合投入，重点实施农田水利基本建设和标准农田质量提升工程。2010年，浙江省补助资金主要支持水稻良种推广以及连片1000亩以上的粮食生产功能区内“三新”技术试验示范推广和技术培训、粮油作物高产示范竞赛、社会化服务建设。具体补贴标准为：第一，水稻良种推广主要对在粮食生产功能区及标准农田质量提升项目实施区内应用水稻良种的农户进行补贴，按照功能区实际水稻复种面积计算，每亩补贴10元；第二，申请粮食生产功能区“三新”技术示范推广、社会化服务和高产示范竞赛项目补助资金原则在30万元以内。其中功能区内土地流转、育供秧、谷物烘干、机械化作业、测土配方、病虫防治等服务设施建设和开展统一服务补助，补助金额在17万元内，项目由育供秧（烘干）中心、粮食专业合作社、种粮大户等组织实施；功能区内应用增产增效新技术、示范推广新模式，组织开展相应综合配套技术、单项技术试验，技术培训和资料编印，补助资金在8万元内，项目由农技推广部门组织实施；省级粮油优质高产示范竞赛示范方奖励，用于示范方创建的种子、农药、化肥等补贴以及技术培训和资料印发等，补助资金在5万元内，项目由农技推广部门组织实施。

（二）政策实施效果

1. 保障种粮收益，调动种粮大户和合作社成员的积极性

衢州市种粮大户普遍表示，目前补贴资金已占到种粮收入的5%—10%，没有补贴就不会有种粮收益和积极性。涪陵区龙潭水稻合作社2009年获得补贴20多万元；涪陵区马武镇农机专业合作社2009年新购置插秧机100多台，每台机器享受补贴的比例高达95%。

2. 促进土地流转，扩大粮食种植面积

到2009年9月底，衢州市土地流转面积达到32.18万亩，比2008年底增加7.09万亩。2009年全市粮食作物为194.32万亩，比上年增加10.52万亩，增幅5.7%。涪陵区2009年粮食种植面积也比2008年增加5505亩。

3. 种粮大户明显增加，经营规模同步扩大

2009年衢州市早稻种植面积100亩以上的农户数量是2004年的3.3倍，大户种植面积是2004年的4.2倍（见表1-10）。2007年涪陵区马武镇文观村有15户种粮大户，共种植水稻500亩；到2010年，发展到71

户，水稻种植面积达1800多亩。四年间规模经营面积占全村耕地面积的比例由8.3%提高到25%。

表1－10　　衢州市早稻种植面积100亩以上的大户增长情况

年份	种粮大户数（户）	大户种植面积（亩）	户均种植面积
2004	49	9642	197
2005	73	15241	209
2006	84	16583	197
2007	81	19009	235
2008	89	23578	265
2009	163	40103	246

资料来源：根据课题组浙江衢州调研资料整理。

4. 农机拥有量和农机作业水平大幅度提升

涪陵区仅2009年就推广各类补贴机具17322台，是前十年推广量的总和。2009年完成机耕作业163万亩，机插秧4.653万亩，机收4.77万亩，综合机械化水平达到34.18%，比上年提高近10个百分点（见表1－11）。

表1－11　　2003—2009年涪陵区农业机械化水平

时间	装备量（万千瓦）	综合水平（%）				作业量（万亩）			主要机具拥有量（台）				
		综合机械化率	机耕率	机播率	机收率	机耕	机插	机收	耕整机	插秧机	收割机	晾晒机	拖拉机
2003	28.65	3.23	8.075		0.007	7.97		0.068	331			11	323
2004	31.64	5.29	13.225			18.51			957			5	335
2005	32.37	7.2	17.75		0.333	26.76		0.54	1936	2	8		18
2006	34.6	11.41	27.375	0.1	1.433	41	0.131	2.123	3493	8	9	17	74
2007	37.77	15.76	37.93	0.895	1.058	60.02	2.14	2.53	4571	123	16	64	209
2008	42.52	24.63	59.2	1.54	1.61	118	3.075	3.21	9590	163	27	89	457
2009	49	34.181	80.9	3	3.07	163	4.65	4.77	21337	337	56	89	639

5. 促进统防统治，实现节本增效

衢州市粮食生产合作社应用双机双抛等省工节本栽培模式，一般每季亩产可增50公斤左右，全年可每亩增收稻谷100公斤以上，按现行稻谷订单价格，每亩增收240元。据对全市开展早稻病虫统防统治服务合作社的调查显示，统防区比自防区每亩均减少药费6.4元、减少防治工本费11.1元、增产27.2公斤，每亩均增效75.8元。

（三）补贴倾斜政策实施中存在的问题

1. 政策宣传不到位

网络信息搜索结果显示，补贴倾斜政策的宣传力度不大。以“农业补贴向种粮大户、农民专业合作社倾斜”为关键词通过百度搜索引擎进行搜索，2010年2—8月间的相关信息只有513条，其中后5个月累计仅为35条（见图1－4）。

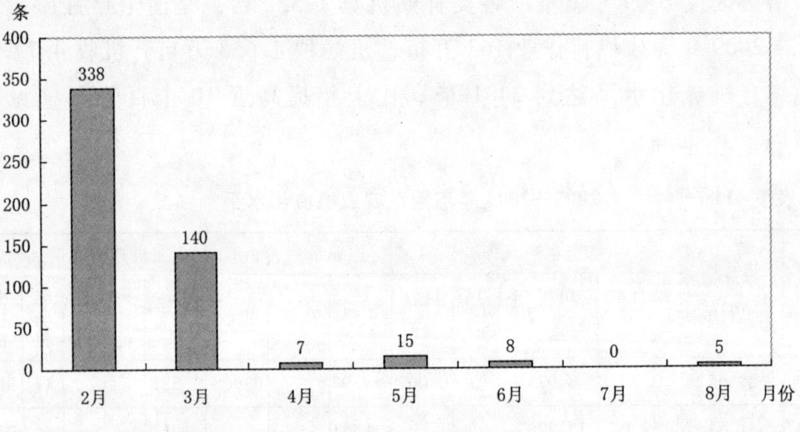

图1－4　2010年倾斜政策新闻传播分析（2—8月）

资料来源：课题组根据百度新闻搜索结果绘制。

通过手机短信进行的问卷调查结果显示，还有24.5%的粮食合作社理事长和13.3%的农机合作社理事长不知道倾斜政策。在所调查的县市长、农业局长和合作社辅导员中，不知道倾斜政策的比例也都在10%左右（见表1－12）。

表 1－12 “农业补贴向种粮大户、农民专业合作社倾斜政策知晓度”手机短信调查结果

			知 道	不知道	总 计
群体	农业局长	计数	131	19	150
		群体中的（%）	87.3	12.7	100.0
	粮食合作社理事长	计数	213	69	282
		群体中的（%）	75.5	24.5	100.0
	合作社辅导员	计数	194	21	215
		群体中的（%）	90.2	9.8	100.0
	县市长	计数	47	5	52
		群体中的（%）	90.4	9.6	100.0
	农机合作社理事长	计数	78	12	90
		群体中的（%）	86.7	13.3	100.0
合 计		计数	663	126	789
		群体中的（%）	84.0	16.0	100.0

资料来源：根据课题组进行的手机短信问卷调查整理。共回收问卷 830 份，其中有效问卷 789 份，有效率为 95%。

在典型调查中了解到，涪陵区个别乡镇对补贴政策宣传不到位，有的乡镇、村社并未按照要求进行公示。入户访谈时也发现，有的农户没听说过种粮大户补贴高于一般农户的政策，对自己领取的补贴品种、数量也不了解。在衢州市的调研发现，普通农户对种粮补贴政策的名目和标准缺乏细致了解，只关心每亩地能拿到的补贴总额，种粮大户对各项补贴政策的了解程度稍好。

2. 种粮大户和合作社补贴资格不能完全被认可

截至 2009 年年底，衢州市粮食种植面积 50 亩以上的行政村基本上都成立了粮食生产合作社，其中 2009 年成立的就有 936 家。但在全市 1038 家粮食生产合作社中，经农业部门认定的“规范社”只有 426 家。

2010 年 3 月，重庆市涪陵区农业委员会发出《关于加强粮食种植大

户认定管理的通知》，规定被认定为粮食种植大户的，应该是自主生产经营管理，对农产品实行统一收获处置。据此，在农资综合补贴申报审核过程中，“生产在家、服务在社”的合作社不再被认定为种粮大户。2009年，涪陵区最大的种粮大户为涪陵区文观大米合作社，申报面积为4310亩；2010年，最大的种粮大户为涪陵区农科所，申报面积为116亩。

2010年7月30日，重庆市农机推广站发出《关于暂停执行农机专业合作社享受农机购置补贴优惠政策的紧急通知》，要求进一步规范农机购置补贴管理，从8月1日起，暂停执行对农机合作社购买微耕机和收割机的500元和1000元的补贴。据涪陵区农机办工作同志介绍，该项政策被紧急叫停，主要是因为补贴资金增长较快、市级财政负担过重。调研中了解到，仅涪陵区马武镇2010年上半年就增加微耕机2000多台，而且都作为农机专业合作社申报。涪陵区农机部门工作同志介绍，农机购置补贴政策掌握较为宽松，只要申报表上有农机合作社的章，农机部门就基本认可。

3. 补贴政策倾斜力度不够

近年来，土地租金、农资、人工、机耕等价格大幅上涨，远远超过粮食扶持政策给种粮大户带来的实惠，政策激励效应相应削弱。在涪陵，不需要雇工的种粮大户每亩水稻收益为200—300元，完全靠雇工经营的种粮大户每亩收益几乎为零。樟树市种粮大户陈建忠2009年种植双季稻213亩，收入21.3万元，获得种粮补贴6816元①，仅为收入的3.2%。衢州市衢江区种粮大户和农机专业合作社成员反映，人力成本和农机用油费用增长过快，粮食生产和合作社盈利困难。

4. 农业基础设施建设亟待扶持

在典型调查地区，机耕道、农田水利等农业基础设施建设缺少相应补助和扶持。涪陵区马武镇会民村种粮大户陈晓明认为，当地机耕道建设不足，自己的田块又较为分散，购买的收割机只能由几个人抬着在作业田块间转移，很不方便。樟树市种粮大户刘尖承包土地1000亩，准

① 当地种粮大户或合作社一般是从村集体或普通农户处承租土地，无法享受每亩141元的“三补贴”（粮食直补、农资综合补贴和良种补贴）。

备种植水稻，由于水田对土地的平整度要求很高，刘尖花费了大量的人力财力物力对承包的土地进行平整，此项投入占了其前期投资的大部分，由其个人负担较为困难，也影响土地平整进度，目前仅平整好 300 亩种植水稻。

5. 部分补贴申请人不符合资格

2009 年，涪陵区蔺市镇曹永伟申报种粮面积 110 亩，后被农民举报。涪陵区种子站、蔺市镇反复审核，认定其是把周边农户的土地算在一起作为种粮大户申报，实际上仍然各自种植，不符合补贴资格。据涪陵区种子站的同志介绍，这种情况在其他地区也有出现。2010 年，涪陵区大顺乡 80 多户申报粮食大户，经过乡镇工作同志审核认定，取消了 50 多户的申报资格。

6. 补贴发放工作量较大

据涪陵区种子管理站的同志介绍，补贴发放工作量大、审核认定难度大，对工作要求较高。衢州市农业局负责人也表示目前 2009 年衢州市农业补贴项目已达 11 项，在各项粮食生产补贴政策的执行过程中，最大的问题就是农业补贴项目较多，而各个项目下的资金量偏少，执行过程中消耗的人力物力很大。

（四）各有关方面对政策的评价

手机短信调查结果显示，80% 以上的受访者支持补贴倾斜政策，不足 10% 的受访者有不同意见，各群体对政策的评价有差异（见表 1－13）。

从表 1－13 可以看出，政府工作人员对倾斜政策的好评程度明显低于合作社理事长。这与政府工作人员对补贴工作难度、责任的认识不无关系。据涪陵区种子站的同志介绍，某乡镇专门从事大户补贴发放工作的同志向他抱怨，大户补贴需要反复审查资格、核实面积，任务重、矛盾多、责任大。

此外，调研中还发现，普通农户并未感到对大户实行倾斜政策有违公平。如涪陵区马武镇文观村村民付代会和晏于飞，每户分别种植 6.5 亩和 5 亩水稻，均不能得到大户补贴。在入户访谈时，他们都认为种粮大户得到更多的补贴，是“多劳多得，没什么不合适的”。

表 1－13　　不同群体对“农业补贴向种粮大户、农民专业合作社倾斜政策”的评价

			评价					合计
			非常好	好	一般	不太好	不好	
群体	农业局长	计数	74	53	20	2	1	150
		群体中的（%）	49.3	35.3	13.3	1.3	0.7	100.0
	粮食合作社理事长	计数	198	39	26	7	12	282
		群体中的（%）	70.2	13.8	9.2	2.5	4.3	100.0
	合作社辅导员	计数	124	60	25	6	0	215
		群体中的（%）	57.7	27.9	11.6	2.8	0.0	100.0
	县市长	计数	27	15	5	5	0	52
		群体中的（%）	51.9	28.8	9.6	9.6	0.0	100.0
	农机合作社理事长	计数	61	17	8	2	2	90
		群体中的（%）	67.8	18.9	8.9	2.2	2.2	100.0
合计		计数	484	184	84	22	15	789
		群体中的（%）	61.3	23.3	10.6	2.8	1.9	100.0

资料来源：由课题组对手机短信调查问卷的回收数据整理得出。

三、关于补贴倾斜政策落实中几个具体问题的讨论

（一）补贴依据是种粮面积还是售粮数量

调研中了解到，重庆涪陵等地农业补贴向种粮大户和合作社倾斜，补贴标准主要依种植面积确定。种粮面积越大，补贴标准越高。不仅如此，达到一定的种粮面积还成为获得农业保险保费补贴等补贴的基本资格。依据面积发放补贴属于产前激励措施，能提高农户扩大种粮面积的积极性。但按照面积进行补贴的做法也诱导一部分农户片面追求经营规模。在重庆涪陵就有农户开垦荒地种植水稻，但粗放经营、产量不高的情况。

在浙江衢州实施的订单早稻谷奖励政策，把种粮大户或粮食合作社成员按订单合同交售省级储备早稻谷的数量作为补贴发放依据。依据产量进行补贴的做法属于综合性激励措施，能够提高农民种粮积极性，鼓励规模化集约经营，保障国家粮食储备来源。但是奖励的品种和范围有限，也有

以他人粮食假作自产粮食骗取补贴等潜在风险。如浙江省就规定，早稻订单奖励资金上限是实种早稻面积每亩不超过140元，以防范投机行为。

（二）补贴类型是收入性补贴还是生产性补贴

种粮农民直补、农资综合补贴属于收入性补贴范畴，良种补贴、农机购置补贴属于生产性补贴。收入性补贴的主要目标是调动农民种粮积极性，直接增加农民收入。重庆涪陵等地为种粮大户和农民专业合作社提供更高标准的农资综合补贴，属于在收入性补贴方面进行倾斜，能起到提高种粮大户积极性的作用。普通农户与种粮大户相比，一般而言经济基础更弱，收入更需要提高。采取收入性补贴向种粮大户、农民专业合作社倾斜的做法，有可能引发这一做法是否有失公平的争论。

生产性补贴的主要目标是提高农产品产量。重庆涪陵的农机购置补贴额外补贴、浙江衢州的“农机作业券”等向农民专业合作社发放，属于在生产性补贴方面进行倾斜。种粮大户、农民专业合作社是粮食生产的重要主体，采取生产性补贴方式，能提高补贴效率，实现粮食增产目标。

（三）补贴对象是种粮大户还是农民专业合作社

种粮大户是实现规模化经营的重要主体。与普通农户更关心补贴金额相比，种粮大户除关心补贴金额外，对农业社会化服务依赖性更强，对水利设施、机耕道等基础设施建设更关心。适当整合资金进行农业生产基础设施建设，种粮大户将得到更多收益。

从调研情况看，种粮大户的来源既有当地农民，也有当地的机关干部，还有外来企业家，一些种粮大户自己并不从事农业生产劳动。不少地区并不关心种粮大户的身份，把种粮大户统一作为补贴对象，这契合稳定和促进粮食生产的政策目标。

农民专业合作社是农民为主体，在家庭承包经营基础上形成的互助性经济组织。农民专业合作社的特点是能在保持分散经营灵活性、自主性、积极性的同时，提供统一的农业生产社会化服务，能充分发挥双层经营体制的优势，在不改变家庭承包经营基础上起到稳定和促进粮食生产的作用。农民专业合作社需要在优良品种选育、农资购买使用、加工设备购买等“产前、产中、产后”各环节得到更多支持。

调研中了解到，浙江衢州等地把经农业部门认定的规范化粮食种植合作社成员视同种粮大户，作为补贴对象。重庆涪陵等地也专门把合作社作为补贴对象，提供标准更高的补贴。农民专业合作社作为补贴对象，从现金补贴看有两种发放方式：一是直接补给合作社成员，如浙江衢州种粮大户补贴、重庆涪陵农机购置补贴额外奖励；二是补给合作社，由合作社统一购买机器设备等，如 2009 年重庆涪陵农资综合补贴发放到合作社。

作为合作社成员得到补贴标准高于普通农户，对增强合作社吸引力和实力具有积极作用；合作社作为法人得到补贴，用于改善生产基础条件、提供农业社会化服务，更能体现合作社在组织制度方面的优势。

（四）补贴发放是分散发放还是统一发放

调研中了解到，浙江衢州农业补贴达 11 项，政府工作人员认为应整合补贴资金，合并发放；种粮大户也认为每年需要多次申领补贴，较不方便。补贴分散发放，能针对各自目标群体，发挥各项补贴作用；对相同主体，也有持续调动农业生产积极性的作用；不同时间发放，也充分考虑到农业生产的阶段性特征。补贴分散发放的主要不足是增加工作量，降低补贴发放效率。

补贴统一发放，能简化工作流程，提高补贴资金发放效率。补贴统一发放的不足是会模糊政策意图，对实现各项政策初衷造成不良影响。

（五）补贴地区是特定地区还是所有地区

调研中了解到，主产区、主销区、产销平衡区都有地区实行补贴倾斜政策。保障粮食安全，不只是主产区的任务，也是主销区和产销平衡区的任务。主产区实施补贴倾斜政策，能进一步提高种粮农民积极性，增加种粮农民收入；在加工等环节提供补贴，能促进主产区经济发展。在主产区提高粮食综合生产能力，促进粮食生产、实现“种好粮”是主要目标，实施生产性补贴为主，收入性补贴相结合更有针对性。

主销区和产销平衡区实施补贴倾斜政策，有助于保持当地现有粮食自给率，引导有条件的地区逐步恢复和提高粮食综合生产能力。一般而言主销区和产销平衡区地方财政实力更强，非农就业机会更多，种粮大户和农民专业合作社有更大的发展空间，实施补贴倾斜政策更有条件。主销区和产销平衡区种粮比较效益低，提高种粮积极性，实现“多种粮”是重要任务，实施收入性补贴为主，生产性补贴相结合更有积极意义。

四、调研结论与建议

补贴倾斜政策发挥了提高种粮大户和农民专业合作社成员种粮积极性、促进粮食生产的作用，应当坚持推行、逐步推开、继续完善。建议如下：

（一）加大补贴力度

国际经验表明，补贴已成为农业收入的主要来源。瑞士农业收入的75%来自国家对农业支持，日本农业收入的80%来自政府补贴。目前，我国粮食生产的比较效益仍然较低，各项农业补贴力度、包括补贴向种粮大户和合作社倾斜的力度都远低于发达国家。应进一步提高倾斜政策的补贴发放标准，保障种粮农民收入。

（二）把新增生产性补贴落实到实际生产经营者

应按照“存量不动、增量倾斜”的原则，农业补贴增量部分重点向实际承包人、种粮大户和农民专业合作社等实际粮食生产者倾斜，既维护农业补贴的公平，也追求农业补贴的高效，最大程度提高农业补贴政策效率。

（三）把农民专业合作社作为独立的完整的补贴对象

规模化和组织化都是提高粮食生产积极性与保障粮食安全的有效路径。倾斜政策的补贴对象应当坚持“因地制宜、户社并举”的原则，合理界定补贴对象，使种粮大户和农民专业合作社成为受益群体，并把合作社作为独立的完整的补贴对象。

（四）合理确定补贴依据

逐步完善根据种粮面积和粮食产量进行补贴的方式，发挥补贴在稳定粮食生产、促进产量提高、保障粮食储备和供应方面的作用。

（五）设立符合大户、合作社特点和需求的补贴项目

建议增加农业生产基础设施投入，从根本上提高粮食综合生产能力；提供接受农业社会化服务补贴，降低生产成本；提供加工设备购买等环节补贴，促进产品加工，增加种粮农民收入；完善粮食销售环节补贴，提高粮食商品率和调出率。

（六）强化补贴项目监督管理，提供补贴管理工作保障

一要做好政策宣讲，把各项补贴的申报资格、发放流程等宣传、解释到位；二要严格审核补贴对象资格，严肃补贴发放纪律；三要加大公示力度，强化社会监督；四要主动加强监管，采用抽查、复查等方式核实补贴发放资金。应明确补贴发放机构、人员，加大对工作人员的培训力度；提供必要的工作经费及物资装备，为开展补贴发放工作提供人力、财力、物力保障。

第三节

建立农技推广补贴①

本节作者从政府公益性农技推广机构、农村合作经济组织、涉农企业、农业科研机构等多元农技推广主体的角度出发，分别对湖北省武汉

① 本节内容选自农业部软科学课题（201022）《探索建立农技推广补贴研究》报告。课题主持人：陈诗波。

市、襄樊市和山东省枣庄市的六个县级农业技术推广机构及40多个乡镇（街道办）的农技推广站进行了实地调研，深入分析了当前我国不同农业技术推广主体在基层农技推广体系建设中的作用机理、功能定位以及存在的突出矛盾和问题。在此基础上，研究提出了新时期我国实施农业技术推广补贴的重点领域、补贴方式、补贴标准、投入主体以及补贴经费的监督考核等一系列思路和建议。研究发现：

一、政府主导的公益性农技推广体系建设仍然有待进一步完善

（一）湖北省“以钱养事”基层农技推广体系改革及存在的主要问题

湖北省是我国农业大省，农业在国民经济中占有着重要的地位。但长期以来，湖北省基层农业技术推广体系的发展状况却并不令人满意，存在着农技推广经费投入不足、农技推广人员工作效率低下等情况；与此同时，在取消农业税费之后，湖北省县乡财政收入更加困难，投入到基层农技推广机构的经费非常有限，致使基层农技推广体系运转经费更加缺乏，运行效率越发低下，农业科技成果转化被阻隔在“最后一公里”。鉴于此，2003年湖北省率先在咸宁市咸安区所属的各个乡镇试点“以钱养事”的公共服务新机制，并出台了《中共湖北省委、湖北省人民政府关于推进乡镇综合配套改革的意见（试行）》（鄂发［2003］17号），希望通过“花钱养事”来激发农技推广人员的工作积极性，使广大农户得到益处。

湖北省在乡镇事业单位改革中，以加强农村公益服务为目的，采取“财政出钱，购买服务、合同管理，农民认可，考核兑现”模式，建立“以钱养事”基层农技推广体系改革的新机制，引起全国各地的广泛关注。其实质是一种政府采购或政府购买以现代农村科技为核心内容的社会化公益事业服务的机制，是政府支持农村公益事业发展的成本。其基本思路是通过“以钱养事”机制，构建多元化基层农技推广服务主体，实行服务行为的社会化、服务形式的多样化，将政府的扶持与市场的引导作用相结合，将无偿服务与有偿服务相结合，形成一个新型的农村公益性农技推广服务体系。改革的主要目标是：一是要减少政府不必要的养人支出；二是提高合同方（以前的事业单位，现在的民办非企业组织）的服务积极性和主动性；三是为农民购买高质量的服务。

湖北省推行“以钱养事”农技推广体系改革以来，在增强农技推广人员工作责任感和提升农技推广效率方面，取得较显著的成效。但改革在农技推广机构的设置及管理权限的下放、农技推广人员的身份转变及分流人员的安置、“以钱养事”经费的投入和拨付以及农技推广人员的知识培训及更新等方面存在一些突出矛盾和问题，成为影响基层农技推广服务体系改革成功的障碍，甚至某些问题有可能上升和演化为危及社会稳定与安定和谐的重大隐患。这些问题必须尽快得到及时、有效和妥善合理的解决，否则不但会影响到“以钱养事”基层农技推广体系改革的能否继续深入，而且将会影响到整个基层农技推广服务体系的可持续发展。根据调研情况来看，具体问题包括如下几个方面：

1. 农技推广人员身份不明确、缺乏归属感

根据鄂发［2005］13号、鄂办发［2006］14号和鄂办发［2007］17号等文件的相关规定，湖北省原先乡镇一级的农技推广站全部退出事业编制，转为自主经营、自负盈亏的“民办非企业性质”的组织；同时，农技推广人员也相应地退出事业编制管理序列，脱离财政供养关系，并对农技推广项目实行合同管理。但在相关文件中，对于什么是民办非企业性质的组织却没有做出详细的说明。从区县农业局、乡镇农技推广服务中心负责人到普通农技推广人员，均对这一概念表示困惑，在他们看来，民办非企业就是非企业、非事业单位、非协会的组织，意味着他们从此既不能享受任何与事业单位相关的福利与收入政策，也不能享受国家给予农民和企业的相关政策。与此同时，由于身份的不确定，致使农技推广人员缺乏归属感。在调研的20个基层农技推广服务中心，在岗农技推广人员工作年限在16年及其以上的占到全部总数的49.1%，工作年限在10—15年之间的占29.6%，工作年限在6—10的占21.3%，工作年限在5年及其以下的没有，工作年限超过10年的占到78.7%（见表1-14）。这种状况导致公益性农技推广人员思想不稳定，服务工作缺乏主动性、超前性；同时，也使基层农技推广事业缺乏年轻从业者的进入和新鲜血液的补充，呈现严重的老龄化和断层的趋势，给农技推广队伍建设造成了较大的隐患，非常不利于整个农技推广事业的可持续发展，需要引起政府有关部门的高度重视。

表 1－14　　基层农技服务中心在岗人员专业背景及从业年限

地区	基层农技站所处乡镇	专业背景		从业年限（年）			
		农学	非农学	≤5	6—10	10—15	≥16
武汉市江夏区	湖泗镇农业服务中心	5				1	4
襄樊市襄阳区	黄集镇农技服务中心	6			6		
	古驿镇农技服务中心	5				5	
	东津镇农技服务中心	7			2	4	1
	伙牌镇农技服务中心	5			2		3
	石桥镇农技服务中心	4	1			5	
	双沟镇农技服务中心	3	3			2	4
	龙王镇农技服务中心	2	3			2	3
	张家集镇农技服务中心	3	2			2	3
	黄龙镇农技服务中心	9	4		9	1	3
	张湾镇农技服务中心	4					4
	朱集镇农技服务中心	5			1	1	3
	峪山镇农技服务中心	4	1		1	3	1
	程河镇农技服务中心	6				1	5
随州市曾都区	何店镇农技服务中心	4					4
	南郊办事处农技服务中心	2	1			1	2
	府河镇农技服务中心	3			1		2
	北郊办事处农技服务中心	2	1			1	2
	淅河镇农技服务中心	6	2		1	2	5
	洛阳镇农技服务中心	5				1	4
合　　计		90	18	0	23	32	53
所占比重（%）		83.3	16.7	0	21.3	29.6	49.1

资料来源：根据实地调查资料整理而得。

2. 农技推广经费被截留和挪用现象严重

根据当前“以钱养事”财政资金补助标准，湖北省级财政从 2008 年起按农村人口人平 15 元的标准安排“以钱养事”补助资金，省补资金原则上 40% 用于农技推广（种植业）；县级财政按照种植业 1.2 元/亩的标准进行配套，根据合同规定，按时间、工作进度拨付，并预留一定比例的资金，按年终考核的结果结算。据此，我们依照各个乡镇农村人口数量、耕地面积对各个乡镇农技推广服务中心财政应拨付服务经费进行了测算（测算结果见表1-15）。同时，我们根据收回的实地调查问卷，对每个乡镇农技推广服务中心的实际到账经费和其他收入（包括经营性收入和省农业厅划拨的项目推广经费等）进行了统计（统计结果见表1-15）。两项对比发现，我们调研的三个区，农技推广经费被截留和挪用的情况都相当严重，没有一个乡镇的“以钱养事”项目补助经费能全额到账的，特别是省级财政拨付的“以钱养事”补助资金基本上大部分被截留和挪用，县级财政配套的资金基本上均没有给予配套，使得原本就不充裕的农技推广经费又打了折扣。

表1-15　农技推广机构“以钱养事”财政应拨付经费及其实际收入统计

单位：万元

地　区	基层农技推广服务中心	财政应拨付经费		收入来源		
		省级财政	区级财政配套	“以钱养事”项目到账经费	其他收入	收入总额
武汉市江夏区	湖泗镇农业服务中心	21.97	4.39	14	1	15
襄樊市襄阳区	黄集镇农技服务中心	32.74	16.76	10	3	13
	古驿镇农技服务中心	36.00	19.13	15.4	3	18.4
	东津镇农技服务中心	53.82	15.94	14.964	3	17.964
	伙牌镇农技服务中心	24.16	11.75	11.28	3	14.28
	石桥镇农技服务中心	37.17	16.20	12	3	15
	双沟镇农技服务中心	38.16	13.88	13.82	3	16.82
	龙王镇农技服务中心	38.50	12.80	12	3	15.06
	张家集镇农技服务中心	27.16	9.54	9.36	3	12.36
	黄龙镇农技服务中心	19.24	8.29	5	3	8
	张湾镇农技服务中心	34.24	8.15	6.3	0	6.3
	朱集镇农技服务中心	38.38	9.66	9	0	9

续表

地　区	基层农技推广服务中心	财政应拨付经费		收入来源		
		省级财政	区级财政配套	“以钱养事”项目到账经费	其他收入	收入总额
襄樊市襄阳区	峪山镇农技服务中心	25.80	12.37	12	0	12
	程河镇农技服务中心	32.45	10.03	9.6	0	9.6
随州市曾都区	何店镇农技服务中心	25.79	6.31	20.97	4	24.97
	南郊办事处农技服务中心	25.88	3.95	20.15	0	20.15
	府河镇农技服务中心	27.15	5.64	21.08	0	21.08
	北郊办事处农技服务中心	15.28	4.20	14.03	0	14.03
	淅河镇农技服务中心	63.99	13.66	45	0	45
	洛阳镇农技服务中心	18.37	3.78	16.8	0	16.8
合计	20	636.25	206.43	292.8	32	324.8

资料来源：根据实地调查资料整理而得。

农技推广服务项目经费的截留和挪用，不仅使整个基层农技推广体系难以正常运转，甚至连人员工资的发放和养老保险、医疗保险等基本福利的支出都存在一定的困难。在我们调研的 20 个基层农技推广服务中心，农技推广经费平均为 16.24 万元，其中经费最少的襄樊市襄阳区张湾镇农技推广服务中心只有 6.3 万元，其人均经费只有 15750 元，如果算上另外 8 个在册不在岗人员的补助和福利支出，则人均经费仅为 5250 元（见表 1－16）。

表 1－16　　基层农技推广服务中心经费支出情况　　单位：万元

地区	基层农技站所处乡镇	支出总额	人员工资及保险费用	物化投入	办公费
武汉市江夏区	湖泗镇农业服务中心	15	11.8	2.2	1
襄樊市襄阳区	黄集镇农技服务中心	13	7	4	2
	古驿镇农技服务中心	18.4	10.4	6	2

续表

地区	基层农技站所处乡镇	支出总额	人员工资及保险费用	物化投入	办公费
襄樊市襄阳区	东津镇农技服务中心	17.964	11	5.5	1.464
	伙牌镇农技服务中心	14.28	7.5	4.78	2
	石桥镇农技服务中心	15	10	3	2
	双沟镇农技服务中心	16.82	12	4.32	0.5
	龙王镇农技服务中心	15.06	9.56	4.5	1
	张家集镇农技服务中心	12.36	8.2	3.16	1
	黄龙镇农技服务中心	8	6	1.5	0.5
	张湾镇农技服务中心	6.3	3.3	2	1
	朱集镇农技服务中心	9	6.5	2	0.5
	峪山镇农技服务中心	12	6	5	1
	程河镇农技服务中心	9.6	5	3.6	1
随州市曾都区	何店镇农技服务中心	24.97	13.6	10.37	1
	南郊办事处农技服务中心	20.15	9.85	9.3	1
	府河镇农技服务中心	21.08	10	10.08	1
	北郊办事处农技服务中心	14.03	7.08	5.95	1
	淅河镇农技服务中心	45	20.52	18	6.48
	洛阳镇农技服务中心	16.8	9	6.8	1
合　计		324.81	184.31	112.06	28.444
平　均		16.24	9.22	5.60	1.42
各项开支所占比重（%）		100	56.74	34.50	8.76

资料来源：根据实地调查资料整理而得。

3. 农技推广人员整体素质不高，难留高端人才

调研分析表明，虽然“以钱养事”基层农技推广服务体系改革精简了像初中和高中这样较低层次的农技人员数量，提高了整个基层农技推广体系农技人员的学历结构，但由于身份不确定、待遇低、岗位不稳定以及职称评审困难等诸多原因，致使大量相对较高层次的拥有本科学历的农技

人员离开了农技推广岗位，导致了大量的高端人才流失。与此同时，由于改革后乡镇农技人员退出事业编制，转变为社会人员，失去了政治前途，近年来基本上没有一个大中专院校毕业生愿意到乡镇农技中心从事公益性农业技术推广服务，致使乡镇农技人员出现明显的“断层”（见表1－17）。

表1－17　改革前/后各乡镇农技人员学历结构及数量统计　单位：人

地区	基层农技站所处乡镇	初中及以下	高中或中专	大专	本科	农技人员
武汉市江夏区	湖泗镇农业服务中心	2/0	5/4	2/1	0/0	9/5
襄樊市襄阳区	黄集镇农技服务中心	2/0	6/0	27/6	1/0	36/6
	古驿镇农技服务中心	6/0	9/2	10/3	2/0	27/5
	东津镇农技服务中心	4/1	31/1	5/5	0/0	40/7
	伙牌镇农技服务中心	0/0	13/4	4/1	0/0	17/5
	石桥镇农技服务中心	0/0	0/0	10/4	14/1	24/5
	双沟镇农技服务中心	1/1	26/3	3/2	1/0	31/6
	龙王镇农技服务中心	0/0	14/3	10/2	0/0	24/5
	张家集镇农技服务中心	4/1	12/2	4/2	3/0	23/5
	黄龙镇农技服务中心	0/0	4/4	9/9	0/0	13/13
	张湾镇农技服务中心	0/0	6/2	6/2	0/0	12/4
	朱集镇农技服务中心	0/0	12/2	12/3	0/0	24/5
	峪山镇农技服务中心	7/1	18/3	6/1	0/0	31/5
	程河镇农技服务中心	0/0	21/5	3/1	0/0	24/6
随州市曾都区	何店镇农技服务中心	4/0	4/1	3/3	1/0	12/4
	南郊办事处农技服务中心	2/0	4/2	2/1	2/0	10/3
	府河镇农技服务中心	0/0	3/1	3/2	0/0	6/3
	北郊办事处农技服务中心	0/0	4/1	7/2	0/0	11/3
	淅河镇农技服务中心	0/0	2/2	5/5	1/1	8/8
	洛阳镇农技服务中心	2/0	5/1	3/2	2/2	12/5

续表

地区	基层农技站所处乡镇	初中及以下	高中或中专	大专	本科	农技人员
合计		34/4	199/43	134/57	27/4	394/108
所占比重（%）		8.6/3.7	50.5/39.8	34.0/52.8	6.9/3.7	100/100

资料来源：根据实地调查资料整理而得。

4. 培训体系不健全，人员知识难以及时有效更新

当前，湖北省基层农技推广人员普遍存在着学历不高、专业知识陈旧老化、技术水平与业务能力得不到有效提升的问题，许多传统农业技术已不适应现代农业生产的需要，农技服务人员深感农业知识不够用。实地情况显示，自湖北省推行“以钱养事”改革以来，县（市、区）农业局成为基层农技推广人员培训的主管部门，但“以钱养事”经费并没有拨付农业主管部门，而农业局经费来源主要靠区财政预算，资金相对短缺，没有能力进行农技服务人员的知识更新和培训（见表1-18）。无论从培训的时间、内容，还是培训的频率来看，同目前农技推广人员提升业务素质和技术水平的需求相比，均远远不够。

表1-18　基层在岗农技人员培训情况　　单位：人次

地区	基层农技站所处乡镇	培训机构		培训时间	
		省级	县级	7日以内	7—15天
武汉市江夏区	湖泗镇农业服务中心	5	5	5	5
襄樊市襄阳区	黄集镇农技服务中心	3		3	
	古驿镇农技服务中心	3		3	
	东津镇农技服务中心	7		7	
	伙牌镇农技服务中心	5		5	
	石桥镇农技服务中心	5		5	
	双沟镇农技服务中心	5		5	
	龙王镇农技服务中心	5		5	

续表

地区	基层农技站所处乡镇	培训机构		培训时间	
		省级	县级	7日以内	7—15天
襄樊市襄阳区	张家集镇农技服务中心	8		8	
	黄龙镇农技服务中心	4		4	
	张湾镇农技服务中心	4		4	
	朱集镇农技服务中心	5		5	
	峪山镇农技服务中心	5		5	
	程河镇农技服务中心	5		5	
随州市曾都区	何店镇农技服务中心	4		4	
	南郊办事处农技服务中心	2		2	
	府河镇农技服务中心	3		3	
	北郊办事处农技服务中心	2		2	
	淅河镇农技服务中心	5		5	
	洛阳镇农技服务中心	2		2	

资料来源：根据实地调查资料整理而得。

5. 农技推广工作任务繁重，人手不足问题突出

湖北省推行“以钱养事”基层农技推广体系改革以来，在各个乡镇精简机构，大量裁汰冗余人员，在提高推广效率方面取得了较好成效。但是也存在着矫枉过正的情况。在调研中，农技推广人员普遍反映改革之后工作量增加了很多，许多农技推广服务中心存在着人手不足的问题。如表1-19所示，从统计的20个基层农技推广服务中心108名农技术人员，人均负担的耕地面积达到了15926.7亩。

表 1-19　每农技推广人员数量负担耕地面积、农业人口和行政村（委）数量

地区	基层农技站所处乡镇	农业人口（人）	耕地面积（亩）	行政村和居委会数量（个）	每个农技人员负担农业人口数（人）	每个农技人员负担耕地面积（亩）	农技人员负担村（委）数量（个）
武汉市江夏区	湖泗镇农业服务中心	28000	36622	24	5600	7324.4	4.8
襄樊市襄阳区	黄集镇农技服务中心	54570	139628	38	9095	23271.3	6.3
	古驿镇农技服务中心	59996	159395	33	11999.2	31879	6.6
	东津镇农技服务中心	89693	132824	54	12813.3	18974.9	7.7
	伙牌镇农技服务中心	40268	97914	29	8053.6	19582.8	5.8
	石桥镇农技服务中心	61950	135001	34	12390	27000.2	6.8
	双沟镇农技服务中心	63601	115649	45	10600.2	19274.8	7.5
	龙王镇农技服务中心	64169	106625	49	12833.8	21325	9.8
	张家集镇农技服务中心	45267	79533	29	9053.4	15906.6	5.8
	黄龙镇农技服务中心	32060	69050	25	2466.2	5311.5	1.9
	张湾镇农技服务中心	57066	67930	30	14266.5	16982.5	7.5
	朱集镇农技服务中心	63967	80471	32	12793.4	16094.2	6.4
	峪山镇农技服务中心	43005	103070	39	8601	20614	7.8
	程河镇农技服务中心	54088	83590	29	9014.7	13931.7	4.8
随州市曾都区	何店镇农技服务中心	42991	52575	19	10747.8	13143.8	4.8
	南郊办事处农技服务中心	43133	32880	20	14377.7	10960	6.7
	府河镇农技服务中心	45247	46995	25	15082.3	15665	8.3
	北郊办事处农技服务中心	25467	34995	18	8489	11665	6.0
	淅河镇农技服务中心	106652	113820	54	13331.5	14227.5	6.8
	洛阳镇农技服务中心	30611	31515	18	6122.2	6303	3.6
合计	20	1051801	1720082	644	—	—	—
	平均	52590.05	86004	32.2	9738.9	15926.7	6.0

资料来源：根据实地调查资料整理而得。

6. 分流农技推广人员得不到妥善的安排

自2006年机构改革以来，湖北省一共有77411人按照相关的规定办理退出事业编制相关手续，由于经费缺乏，管理滞后，许多下岗农技推广人员的分流和安置以及社会保障问题仍未解决，这必将造成一系列的社会问题，成为不安定的隐患。

7. 基层农技推广设施和基础条件建设落后

实地调研情况显示，目前随州市曾都区7个乡镇农技推广服务中心只有办公用房4间，有3个农技服务中心因前期改革买断人员和清理债务需要，其办公场所被处置，靠租赁地点办公。如曾都区的北郊、南郊、东城、万店等基层农技推广服务中心均无办公场所。襄阳区各乡镇农技推广机构因改革前债务包袱过大，有8个乡镇农技站原房产已抵债或拍卖给个人，现13个镇农技服务中心只有5个尚有固定办公场所和资产，3个乡镇农技服务中心的办公场所在当地政府机关，5个乡镇的场所只能租或借用；只有4个乡镇农技推广服务中心装备了计算机等办公设备提供信息服务。同时，由于缺乏办公场所，农技培训工作只能依托镇政府会议室或有关村委会或村小学进行。

（二）山东省枣庄市基层公益性农技推广体系建设存在的问题

加强“三农”工作的重点在基层。为深化基层农业技术推广体系改革，山东省根据国发（2006）30号文件精神，结合本省实际，制定和出台了《山东省人民政府关于深化改革加强基层农业技术推广体系建设的意见》（鲁政发［2007］97号），就山东省基层农业技术推广体系改革的工作思路和具体举措提出了指导意思。枣庄市根据（鲁政发［2007］97号）文件精神，结合本地区的实际情况，开展了基层农业技术推广体系改革工作。从山东省枣庄市基层农技推广体系建设情况来看，当前政府主导的基层公益性农技推广体系存在以下问题：

1. 管理体制不顺，致使农技推广工作开展难度加大

目前，枣庄市基层农技推广机构实行的是“管理在乡（镇）、服务在乡（镇）”的管理模式，其财权、事权、人权都归乡镇政府统一管理。从调研的实际情况来看，这种管理模式在我国目前的经济发展水平和行政管

理体制下，存在比较严重的问题，在一定程度上制约了基层农技推广体系的健康发展。

2. 由于人员编制不足、年龄结构偏大和人才流失严重，基层农技推广工作面临断层危机

当前，枣庄市乡镇农技推广机构的人员编制严重不足，现有农技人员年龄结构又趋于老年化，且由于待遇偏低导致大量人才流失，致使目前我国基层农技推广人才队伍建设面临严重挑战，甚至存在严重的断层危险。

3. 基层农技推广经费不足，影响了业务工作的正常开展

实际调研情况显示，目前，枣庄市、县二级农业科研和推广机构均被纳入财政预算，属于财政全额拨款的公益性事业单位，其人员工资和业务经费均能得到保障。而乡镇一级由于经济实力有限，财政只能保障农技人员的基本工资，对于日常办公经费和业务工作经费基本上都没有纳入财政保障范围。

4. 基层农技推广人才知识结构和队伍结构不合理，服务能力不足

当前枣庄市基层农技人员普遍存在知识陈旧老化、技术更新滞后，业务能力难以适应现代农业发展的新需求。造成这种情况的主要原因在于：一是乡镇农技人员学历偏低、知识老化，且缺乏培训和接受再教育的机会，致使技术更新滞后。二是乡镇农技人员职称评审困难，致使农技人员失去了进一步学习和提升的机会。

5. 基层农技推广机构的基础条件建设严重滞后

一是办公场所建设。实地调研情况显示，各乡镇农技推广机构办公设施和推广条件非常滞后，严重影响了基层农业技术推广服务工作的开展。二是试验示范基地建设。实地调查数据显示，整个枣庄市没有一个市、区的乡镇农技站拥有自己独立的农业生产和新品种、新技术试验示范基地，大部分乡镇都是租用或者根本没有试验示范基地。三是下乡交通工具制备。调研统计数据显示，各市、区拥有下乡交通工具的乡镇农技推广站数量非常少，仅有滕州市有2个乡镇和薛城区1个乡镇农技推广站配备了简单的交通工具，以备农技人员下乡开展业务工作时使用（见表1-20）；大部分乡镇都没有购置必备的下乡交通工具，如摩托车、面包车等。四是

推广和办公仪器设备。开展农业技术推广服务和进行信息收集与发布需要一些必要的仪器和设备，如一些检测仪器、办公电脑等。实地调查发现，在一些乡镇农技推广站非常缺乏必要的仪器和办公设备，许多乡镇农技人员进行农业技术推广工作“宣传基本上靠嘴、交通基本上靠腿、信息基本上靠耳、病虫害检测基本上靠眼”。

表 1－20　2009 年枣庄市基层种植业乡镇农技推广机构基础条件情况统计表

单位：个

地区	拥有办公用房机构数			拥有试验示范基地机构数			拥有交通工具机构数		拥有推广及办公必备仪器设备的机构数	
	有所有权	乡镇政府安排	出资租用	有所有权	租用	无基地	有	无	有	无
台儿庄		12			6	6		12		12
滕州市		20	1		1	20	2	19	13	8
峄城区		7			7			7	7	
山亭区		10			10			10	10	
市中区		6			6			6	6	
薛城区	1	7			8		1	7	8	

资料来源：根据地方调查统计数据所得。

二、农村合作经济组织在基层农技推广体系中发挥着重要的桥梁纽带作用

（一）农村合作经济组织参与基层农技推广服务是现代农业发展的客观需求

1. 合作组织通过强化农村人力资源开发，为现代农业发展提供了人才储备

实地调研发现，由于发起人和农村能人的大胆尝试和探索，不但使得农村合作经济组织成为农业新品种和新技术的有效扩散渠道，而且培养和造就了一大批生产经验丰富、市场开拓意识强、管理理念先进的农村新型人才，为现代农业的发展提前做好了人才储备。如峄城区群利木耳种植专

业合作社发起人费红磊，通过自费在山东农业大学学习掌握了食用菌母菌培育技术和食用菌种植技术，2006 年 8 月回到枣庄市峄城区带动周边农户一起开展黑木耳种植。在费红磊的带动下，合作社积极引导社员进行科学种植，不但培养了 21 个专职技术人员，而且还自主研制出了黄耳 10 号、黄背木耳等优良品种。

2. 合作组织通过技术的集成应用，为现代农业发展提供了科技支撑

分散的小农经济由于经营规模小、技术采用费用高、承受风险弱等原因，很难实现技术的综合集成。而各类农村合作经济组织由于具备了一定的经营规模和风险抵御能力以及市场运作能力，能有效降低各种生产技术的采用成本，使农业发展对科技成果的集成应用成为可能。一方面，合作组织通过规模经营，促进了多种技术的集成示范和推广应用，提高了农业生产的科技含量；另一方面，合作组织通过统一技术管理和技术操作规程，实现了农业生产的标准化和规范化，提高了农产品的品质和效益。此外，合作组织内部的技术外溢效应，能有效地提高内部成员的劳动生产率。

3. 合作组织通过创新农业发展模式，实现了现代农业的资源节约和环境友好

以家庭经营为主的小农经济对现代科技虽然存在潜在的需求，但受经营规模和风险规避等因素的影响，他们对先进农业科技成果的采用率比较低下。合作组织由于生产规模较大，形成了一套自循环的产业体系，在此基础上便可根据市场需要发展设施农业、生态有机农业和立体循环农业等多种现代农业经营模式，进而依靠科技手段，在农业发展过程中实现资源节约和环境友好。如天瑞牧业养殖专业合作社 2007 年投资 73 万元修建了一座 1000 立方米的大型沼气池，建立了种养殖业相结合的“猪—沼—菜”循环农业发展模式。即首先通过将废弃的农作物秸秆进行低价回收，搅拌粉碎后作为猪饲料使用；而猪的排泄物通过专门铺设的封闭式排泄管道流进沼气池，然后在沼气池内进行自动搅拌、沉淀和厌氧发酵。产生的沼气可供给周边 120 多家农户照明做饭，年节约用电 13.1 万度，节省电费 7.2 万元，节约煤炭 260 余吨，减少二氧化硫排放 5.2 吨；同时，还可满足猪舍冬季的供暖需求，年节约饲料 1.2

万元；厌氧发酵后的沼液一部分直接通过管道流进农田施肥，另一部分则与农药以一定比例配制成施肥和杀菌二合一的新型农药，而留在沼气池的沼渣则可低价卖给周边农户做肥料。这种立体循环农业模式，既减少了化肥、农药等的使用量，节约了农业生产成本，又提高了废弃资源的高效利用，减少了环境污染。

4. 合作组织通过纵向和横向拓展服务职能，能为现代农业发展保留更多利润

传统农业在分散状态下以家庭为单元从事农业生产经营活动的模式，已无力应对以产供销一体化经营为特征的现代农业生产。农村合作经济组织能将弱小的农户组织起来，使分散的家庭经营联合起来形成规模，降低各种生产要素的成本，并在与公司的交易中获得一个相对均衡的谈判地位；同时，合作组织能够将服务职能扩展到农产品加工、营销等行业，把农产品进入第二、第三产业后增值的利润都保留在农民手里。一是合作组织通过联合农户进行购销合作，获取“合作剩余”和降低生产成本；二是农村合作经济组织通过延长农业产业链，提高农业产业的效益。

5. 合作组织能通过提高农户的组织化程度，可降低分散经营所面对的各种风险

相对于传统农业，以市场为导向的现代农业所包含的不稳定因素更多。除了自然风险外，农业生产者还要面对市场风险和政策风险，承受着市场失灵或者政策调整时可能导致的生产资料价格和农产品价格波动所带来的对生产成本和经营效益的消极影响，使农业生产安全的脆弱性进一步增大。而合作组织则可通过提高农民的组织化程度、降低交易成本和简化市场手续等手段来规避和降低风险，同时，将分散农户联结起来形成一个强势集团，使个体农户的利益融合成农业生产者集团的利益，争取到与政府对话的可能，从而降低政策风险带来的损失。如国盛肉鸭养殖合作社在社员遇到病疫和雪灾等重大亏损事故时，采取向合作社中未受灾社员进行资金募集的形式，来扶助受灾者，从而帮助受灾社员度过难过，在一定程度上通过“集体行动”减轻了单个农户面临的风险。

（二）农村合作经济组织在多元农技推广体系中的特殊性与不可替代性

农村合作经济组织是政府公益性农技推广机构、农业教育与科研以及涉农企业同广大农民之间的联结点，在基层农技推广服务体系中起着承上启下的重要桥梁纽带作用。同其他多元化农技推广服务主体相比较，农村合作经济组织在基层农技推广体系中具有不可替代的重要作用。原因在于：同政府公益性的技术推广相比，基于农民自身逐利动机驱使下所产生的“诱致性技术需求”更能获得农户的认同与接受；较之单个分散的小农经营模式，合作化经营模式对先进农业科技成果的采用率更高，也更能释放出现代科技对农业的“第一生产力”作用；较之涉农企业，合作组织作为农民利益的代言人，由它来组织广大农户开展技术引进、推广和应用，更能体现农户的现实需求；同农业科研和教育机构相比，合作组织一头联结生产、一头联结市场，能更有效地将农业科技成果转化为现实生产力。因此，农村合作经济组织是政府公益性农技推广机构、农业教育与科研以及涉农企业同广大农民之间的联结点，在基层农技推广服务体系中起着承上启下的重要桥梁纽带作用。

三、农业科研机构与地方政府开展农业技术推广与服务合作，是一种促进基层农技推广体系建设的有效模式

近年来，湖北省农科院为了把成果转化作为科技创新的出发点和落脚点，转变办院思路，创新工作模式，自 2006 年起先后与省内的曾都、广水、襄阳、安陆、英山、鹤峰、潜江、恩施和利川等 15 个县（市、区）政府签订了“院县科技合作共建”协议。通过合作共建“农业科技专家大院”（以下简称专家大院）、创办“示范基地”、实施一系列科技示范项目、开展科技服务和培训等方式，在促进农业科技成果快速转化、构建新型农技推广服务体系等方面进行了富有成效的探索，并取得了较好成效。

“院县科技共建”是对政府主导的农技推广体系的创新，是对农业科技成果转化模式的深入探索，改变了科研院所长期游离于农技推广体系之外的局面，拓宽了技术推广覆盖面，实现了技术供给与需求之间的直接对接。其具体表现在：

（一）“院县科技共建”是一种高效的农技推广组织体系，加快了农业科技成果的推广应用

“院县共建”农技推广模式，能直接将科研项目和技术专家下沉到基层，把科技成果送到千家万户，促进了农业科技成果向现实生产力的转化。同时，通过设置成果转化岗位津贴，增加了基层农技推广人员的收入，也保证了他们的工作经费，解决了基层农技推广经费不足的问题，调动起地方政府和农技推广部门的积极性，增强了科技服务“三农”的效果。通过少量的经费投入，达到了“结网、连线、聚人”的效果，将基层农技推广的网络联结起来，促进了农业科技成果的转化与应用。2009年，湖北省农科院共组织400多名专家，携带49项成熟技术，在全省实施了49个重点项目，建立了49个示范基地；在全省的农作物新品种及先进实用技术示范推广面积达到76万亩，辐射面积3200万亩；生产种畜（禽）及商品畜（禽）172.9万头（只），生产食用菌2000万袋，提升了地方农业发展的科技水平。

（二）“院县科技共建”增强了农技推广的集成创新能力，有利于提升农业科技成果的规模效应

“院县科技共建”以地方特色作物或主导产业为主线，组装配套相关技术和品种，经过试验与综合评估后，进行示范、展示与推广应用，促使成果转化由单项、分散的推广应用模式向增产、节本、增效的多学科、重大关键技术集成与集中运用的模式转变。2009年，“院地”双方通过调研，结合生产实际需要，组织农科院下属的9个研究所（中心）、4个综合试验站和15个专家大院、10多家企业以多种形式整合起来，将不同领域、不同学科及不同专业的科技人员以项目为单位整合成团队，并从大量的科技成果中遴选出技术成熟、附加值高、推广面大、节本增效、生态环保的30项重点技术汇编成册，内容涉及粮食作物、经济作物、畜禽，以及优势特色农产品的种养、加工、检测乃至销售等，形成技术集成效应；并以核心示范基地为平台，将技术、服务、信息等要素集成打包导入农业、传到农村、交给农民，扩大了成果推广的规模和影响力，有效地提升了农业科技成果的集成效应，促进了所在地区农业农村经济发展和农民增收。

（三）“院县科技共建”搭建了农业技术展示和交流平台，有利于推动科技人才培养，提升农民科技文化素质

“院县科技共建”创办之初，就一直把“锤炼科技人才队伍、帮助地方培养实用技术人才、提升农民科技文化素质”作为工作重点来积极推进。一方面，湖北省农科院把德才兼备的农业技术专家派驻到地方与当地成果转化岗位的农技人员结成对子，通过举办培训班、开设农业技术业务培训，对基层农技人员传、帮、带，解除了基层农技人员在业务培训和知识更新上的“真空”，为农技推广战线培养了大批实用技术骨干；另一方面，通过专家大院这个平台，利用电视、互联网、“农技110”专家热线、手机短信等现代方式，开辟“空中课堂”、“在线诊所”，采取集中培训与分散指导、共性技术与个性化需求相结合的手段，为农民讲解和传授先进实用技术，有效提升了当地农户的科技文化素质。

四、涉农企业在多元化农技推广体系中扮演着市场驱动的作用和角色

（一）涉农企业在基层农技推广服务体系中的基本职能剖析

农业产业化是一种现代化的经营方式和产业组织形式，是推动现代农业发展的有效途径。它强调以市场为导向，以经济效益为中心，通过优化组合各种生产要素，实行区域化布局、专业化生产、规模化建设、系列化加工、社会化服务、企业化管理，形成种养加、产供销、贸工农、农工商、农科教一体化经营体系，它的实质是通过对传统农业进行技术改造，推动农业科技进步和生产方式的转变，从而在整体上推进传统农业向现代农业的转变。发展农业产业化经营，关键要有技术含量高、市场竞争力强的产品，在这其中，涉农企业尤其是龙头企业发挥着关键作用，它能以市场为导向，将农产品的生产、加工、销售各个环节，用利益机制连接起来实施一体化经营，提高分散农户的经营规模和农民组织化程度，并将农业科技创新与其成果转化应用有机地结合起来，从而刺激和扩大农民对农业科技创新成果技术的有效需求。

涉农企业在基层农技推广服务体系中的作用主要表现在：涉农企业通过为农户提供配套技术，推动传统农业向以一体化经营为特征的产业化发展方式转变；通过整合土地实行区域化生产布局，推动传统农业向规模化和集约化经营转变；通过对先进技术的引进和开发，为现代农业发展构建起有效的技术支撑体系；通过整合农技推广资源、提高技术创新能力，可实现从源头上带动农业产业升级。

（二）涉农企业开展农业技术推广服务的市场带动效应分析

1. 涉农企业能凭借与市场最直接的接触，为农户提供符合市场需求的技术成果

长期以来，我国政府部门所实施的一系列农技推广活动只是将农民定义在对农业技术低层次的需求上，并且是以农技推广者作为主体，自上而下地安排实施，而政府农技推广部门经费又始终处于短缺状态，从而很大程度上阻碍了农业技术的有效供给。涉农企业则可以弥补传统推广模式的不足，不仅根据产品市场的状况安排自身经营计划，而且能够运用经济杠杆带动、引导农民依据市场需求和企业生产要求，开展规范化的种植养殖，并提供各种类型的科技服务。

2. 涉农企业能凭借连接研发和推广的独特优势，根据市场需要创新农业生产模式

比起科研机构，涉农企业更接近市场，因此能够贴近农户的生产技术需求；比起合作组织，涉农企业的资金实力更强，更接近创新源头。市场经济条件下，涉农企业不仅是农产品的生产者，更是农业的经营者，它们能够凭借市场主体的优势更直观的获取市场信息、判断市场对农产品品种和技术的需求，并根据自身的资源特点，组织以经济效益为目标的生产经营和技术创新活动。

3. 涉农企业能够与农户建立市场化的合作机制，从而将外部多级交易转化成内部经营行为

我国当前的农产品市场化仍然停留在较低的水平，市场主体仍是单个农户。从交易成本的角度看，如果能把分散的农户组织起来，通过农业企业的形式组织起来进入市场，可以使企业与农户的外部交易关系转化为内

部经营管理关系，把农户分散的经营活动转化为在企业统一协调下企业内部的生产经营活动，有利于在根本上减少交易次数和交易摩擦，节省产品生产和流通的成本，从而实现利润的最大化。

五、关于探索实施农技推广补贴的思考

制约我国农技推广体系建设的一个关键问题在于农业技术投资过低。目前，单一的政府投入已难以适应我国基层农技推广发展的需要。在这种情况下，改革基层农技推广资金筹集机制，建立多元化、多渠道的投融资体系，是解决资金难题的当务之急。当前，一方面要加大政府投入力度，特别是中央和省级财政对农技推广体系建设的投入力度，探讨和试点利用适当的财政补贴手段，建立符合我国国情、有效提高农技推广效率的农技推广财政补贴投入机制；另一方面，通过政策引导、税收优惠以及项目承接等举措，鼓励和引导科研单位、当地企业、科技中介及其他技术服务组织进入农技推广领域，使成果转化模式从过去与基层技术推广机构相结合为主，转变为与农业产业化组织相结合为主。

（一）农技推广补贴的目标

当前，探索实施农技推广补贴的主要目标：一是通过强化基层农技推广投入，提高基层农业技术推广服务能力和农业生产技术水平；二是通过整合农技推广资源，提高资金使用效率。

（二）农技推广补贴的投入主体

农技推广作为一项公益性服务事业，应主要依靠政府投入。当前，农技推广补贴的投入应包括三个层面的主体：一是县级财政根据一定的比例进行资金配套投入，以“养人”为主，即主要负责人员工资和养老保险及医疗保险、技术培训、职称评审等日常开支。二是省级财政投入以“养事”为主，即主要负责农作物新技术、新品种的示范和推广；植物病虫害和检疫性病害的检测、预报、防治和处置；农产品生产过程中质量安全的检测；农民的公共培训教育及农业公共信息服务；农业生态环境和农业投入品使用检测，农业试验示范板块基地建设，抗灾救灾以及其他一些

突发性工作等，具体内容因各个地方的情况不同而有所变动。三是中央财政的投入主要以科技研发和成果转化推广项目为主，对于一些关系到国家粮食安全及农产品质量安全，或者是涉及跨区域农业技术合作等方面的技术攻关难题，由农业部通过“科技入户工程”、“阳光培训工程”、“农业科技推广示范县建设”等项目形式，下达到各农业主产区，由地方农业科研单位、大专院校、农村合作经济组织、县级农业主管部门或科技特派员等技术中介承担，依托乡镇或区域农业技术推广服务中心具体执行。省级农业主管部门负责项目的管理与监管，将农业技术人力资源、物力资源、财力资源进行整合集成和推广应用，进而提升整个农业产业链的技术水平。

（三）农技推广补贴的内容

农技推广补贴的内容具体包括：

1. 公益性农技人员基本工资、养老保险、医疗保险支出

这一部分经费由县级财政作为事业单位基本事业费支付。

2. 农技推广技术教育和培训补贴

这一部分资金由省级财政以专项经费下拨到县级农业主管部门，要通过强化经费监管，保证专款专用。

3. 基层农技推广服务机构条件建设补贴

由省级财政以专项经费下拨到县级农业主管部门。主要用于基层农技推广服务机构办公场所建设，办公设施如电脑、摄像、投影等办公和培训设施购置和维护，下乡交通工具购置、维护和燃油补贴。

4. 科技成果到户补贴和示范基地建设补贴

由省级财政以专项经费直接下拨到基层农业技术推广服务机构，保证专款专用。

5. 中央农业技术推广项目和研究开发及试验示范项目补贴

主要由农业部根据每年国家农业、农村经济发展形势，以及一些关系到国家粮食安全及农产品质量安全或者是涉及跨区域农业技术合作等方面的技术攻关难题，设立一批农业研发和推广项目，下达到各农业主产区，由地方农业科研单位、大专院校、农村合作经济组织、县级农业主管部门

或科技特派员等技术中介承担，但必须依托乡镇或区域农业技术推广服务中心具体执行。借此建立地方农业科研单位、大专院校或农村合作经济组织等与基层农业技术推广机构的长期合作关系，充分利用农业科研单位、大专院校和涉农企业等的品种、技术、信息和人才资源优势，配合基层农技推广机构的人力与设施，建立起“科研（教学）—中试—应用”一体化的新型农技推广服务组织体系，提升农技推广的整体功能。

（四）农技推广的补贴方式和标准

1. 补贴的方式

公益性农业技术推广服务补贴实行合同管理，由省级财政对公益性农业技术服务按政府采购、项目招标等办法，直接拨付到公益性服务项目。

2. 补贴标准

统一制定基层农技推广服务中心办公场所和农技推广培训教室必要设施配置标准，以及示范基地必要设施配置标准，在农技推广培训补贴实施的第一年和折旧年限最后一年一次性发放所需的设施购置资金，每年统一发放一定金额的设施维护费用，统一确定设施折旧年限。农技推广人员的基本工资和养老保险及医疗保险费用参照国家统一规定执行；农技人员的培训补贴标准，参照国家相关标准执行，或者根据每个县（市、区）在岗农技推广人员数量每年发放相应的农技推广培训补贴。科技成果到户补贴和试验示范标准，根据各个地区的耕地面积或农村人口数量来执行，每亩耕地面积的补贴标准不低于 1 元；每个农业人口的补贴费用不低于 5 元。具体金额由各省农业厅根据当地的状况，核算出当地不同作物每亩农业种植的成本，统一确定出一个本省不同农作物每亩种植成本的标准；对于采用新品种的农户，根据该品种的每亩种植成本给予一定比例的种植补贴，由农户的种植新品种的亩数进行发放；对于农户由于种植新品种造成减产带来的损失，根据农户种植新品种作物与去年种植作物的每亩产量的差额，乘以当年该作物市场价格，再乘以种植亩数所得到的金额作为减产损失的补贴金额。

（五）农技推广补贴的对象

农技推广补贴的对象应按照“一主多元”的目标来界定，即以基层公益性农业技术推广服务机构为主，但可探索将农村合作经济组织、科技特派员、农业科研和教育单位以及涉农企业等纳入进来。实行政府采购、公开招标，推动农业技术推广公益服务主体多元化；要坚持强化公益性职能和放活经营性服务的要求，切实强化公益性服务，调动社会力量参与农村社会服务，提高服务质量，不断满足农民群众日益增长的公共服务需求。

（六）农技推广补贴的监督和考核

农技推广补贴的监督考核由省级农业主管部门负责，省级农业主管部门应当成立一个小组专门负责定期和不定期对农技推广补贴实施状况进行监督和考核。农技推广补贴的使用必须做到专款专用，每笔资金的使用都应当做好相应的记录，并保留原始凭证。

第四节 完善牧区农业补贴制度①

我国牧区总面积 31864 万公顷，分布在内蒙古、青海、甘肃、新疆、西藏和四川等省区，约占国土面积的 41%，是我国西部和东北部边疆重要的生态屏障，也是农牧民赖以生存的基础。长期以来，牧区为丰富人民的物质和精神生活起到了积极的作用，牧区所生产的肉、乳、毛、皮等产品满足了广大消费者的许多需求。在我国，人民膳食结构中将近 40% 的

① 本节内容选自农业部软科学课题（201021）《完善牧区农业补贴制度调查》报告。课题主持人：王欧。

蛋白质由牧区提供，牧区为建设国家畜产品生产供应基地，发展民族轻工业做出了重大贡献，而且我国牧区基本上处于国家的西部和北部边陲地区，对促进我国边疆地区的稳定、推动我国与周边国家外交关系的健康发展，维护边疆地区的长治久安具有重要的战略意义。

近几年，我国出台了以“四补贴”为代表的一系列激励性的农业补贴制度，基本形成了新时期农业补贴政策框架，但与粮食主产区相比，牧区的补贴项目少、政策扶持力度小，覆盖不均衡，“三牧”与“三农”补贴反差大，而且多数补贴是属于被动性补偿性补贴，影响了畜牧业稳定发展和牧民持续增收。要解决目前我国牧区存在的农业补贴不足、牧民收入增长缓慢、牧区生态环境趋于恶化的现象，一个迫切的问题就是国家要加大对牧区的支持保护力度、建立健全牧区补贴政策体系，将广大牧区、牧民纳入到国家支农惠农的体系中来，促进社会和谐发展。

本项研究以典型调查与实证分析为切入点，在对我国主要牧区进行科学考察的基础上，通过评析牧区现行农业补贴政策，为建立健全我国牧区农业补贴制度体系提供政策建议。

一、牧区草原畜牧业发展现状

牧户经济是建立在草原资源基础之上的，草原资源的状况影响着牧户经济的发展方向、发展速度和发展规模。草原是一种生产力，又是一种可再生资源，科学利用草原资源，可增加资源总产量，促进牧区经济的发展。如果利用不当或长期超负荷利用，则会导致草原资源破坏，草地质量和生产力下降，可食牧草减少、有毒有害植物大量增加，最终使草原成为阻碍牧户经济发展的瓶颈，更为严重的是威胁牧户的生存。在过去的几十年间，伴随着牧户经济的增长，我国主要牧区草原生态环境出现了严重的逆向演化，草原大面积沙化、退化、荒漠化，可利用的草原面积总体呈下降趋势。据农村固定观察点牧区调查系统的数据分析，从草原可利用的资源量来看，牧户户均经营草原面积从2000年的2895亩降至2009年的2580.21亩，10年下降了314.79亩，下降了10.87%。尤其是近三年来，牧区草地沙化、退化日益严重，退化、沙化、盐碱化面积占总经营面积比重逐年升高，由2007年的34.61%升至2009年的

65.87%，增长了31.25个百分点。而且草地质量、生产力和草原承载力也在下降，草原平均载畜量由2000年的平均8.31亩草场承载一个羊单位提高到2009年10亩草场承载一个羊单位，草场的退化导致承载能力大幅降低。

二、我国现行的牧区农业补贴政策实施的宏观分析与总体评价

（一）我国牧区补贴政策的演变过程

在草原牧区国家除草原生态建设外，对“三牧”问题的相关扶持政策、规划、法律法规较少，退牧还草工程是在草原牧区最早实施的覆盖面较为广泛的草原保护补偿项目，于2003年在8省区及新疆生产建设兵团全面启动，这是继退耕还林还草政策之后，国家在生态环境建设方面出台的又一重大战略举措。近年来，国家支农惠农力度明显加大，陆续出台了农机购置补贴、农资综合补贴、家电下乡、摩托车汽车下乡、农村沼气建设补贴、农村抗震安居住房补贴、游牧民定居等支农惠农政策，这些政策逐步惠及到广大牧区牧民群众。

随着国家对草原生态治理投入力度不断加大的同时，中央及地方各级政府也逐步关注牧民的民生问题，采取措施逐步改善牧民的生产生活条件。游牧民定居工程就是为改变牧民逐水草而居、四季游牧的传统习惯，改善牧区生产生活条件。近年来国家在牧区启动的重要民生工程，包括重点建设游牧民定居住房、牲畜棚圈、贮草棚等项目。畜牧业良种补助也是国家出台扶持畜牧业发展的重要举措。肉牛肉羊产业是草原牧区主导产业，也是牧民主要收入来源，年产值约占牧区畜牧业产值的80%以上。2009年，国家在对奶牛和生猪进行补贴的基础上新增肉牛及绵羊良种补贴。畜牧业是弱势产业，保护弱势产业是国际惯例。鉴于草原牧区的资源特点、农牧民生产生活状况以及草原生态状况的现实，国家应对生态移民、禁牧休牧、畜牧业基础设施建设、基层畜牧业服务组织的运作以及畜产品价格等设置补贴，同时要注意政策导向问题，即在提高牧民收入的同时促进草原生态保护和建设，从而达到经济、生态和社会效益的“三效”统一。

（二）现行牧区补贴政策的实施效果与问题分析

近年来牧区补贴政策的实施对恢复草原生态环境、促进牧区经济发展、改善牧区生产生活条件、增加牧民收入都有一定的促进作用。根据对国内几大牧区的实地调研和相关数据分析，内蒙古自治区自退牧还草政策实施以来，草原质量有了明显改变，禁牧区草场七月初比前三年同期平均密度提高35%以上，牧草生长高度达25—35厘米，平均增高35%—50%左右；牧草花期普遍提高，花率提高50%以上，产草量提高30%以上。新疆维吾尔自治区禁牧、休牧政策实施以来，草原得到了有效地休养生息。据相关部门监测，荒漠草原区草地植被盖度由禁牧休牧前的5%—10%提高到15%—20%；河谷平原区草地植被盖度由20%—30%提高到40%—50%，草原保护取得明显成效。牧民的生产生活也得到有效改善。

虽然草原牧区近年来得到了国家一系列的政策扶持，但与广大农区相比，牧区补贴政策还存在着诸多问题。第一，牧区补贴额度小、种类少。国家出台了一系列鼓励农业生产的强农惠农政策，力度不断加大，投入资金总量快速增长，而从事草原畜牧业生产的牧民所得到的政策实惠明显偏少。国家直接补到从事草原畜牧业牧民身上的资金少，涵盖面十分有限。第二，国家支农惠农政策在牧区覆盖面相对窄。现行支农惠民农政策，主要针对“三农”制定，特别是粮食直补、农作物良种推广、农资综合补贴等针对农业制定的政策，难以惠及到广大牧民。据测算，目前农户每年种植小麦每亩可享受各类种植补贴140—160元以上，而国家针对牧民建设人工草场和草料地的相关补贴政策尚未出台。据统计，2009年享受国家支农惠农政策的牧户仅为15%—20%，而农民享受比例已达到45%—60%以上。第三，相对基本农田和生态林而言，国家针对草原保护与建设补助标准较低，在草原虫鼠害防治方面，目前实际防治成本5—6元/亩，而国家现有防治补贴标准仅为1元。在草原禁、休牧补助方面，现行补助标准为禁牧4.95元/每亩，按照牧区12亩草场养1个标准畜计算，牧区退出1个标准畜可获得补助60元，仅能解决牲畜1个月圈养补饲需要，没有从根本上解决草原禁牧、休牧转移出来牲畜的去向问题和牧民今后生产生活问题。

三、国内主要牧区补贴政策实施情况的典型调查与实证分析

（一）牧户家庭经营总体状况

本项调查选取内蒙古、青海、甘肃、新疆等主要牧区省份的10个牧业旗（县）、200户牧户作为标本，根据2009年家庭生产经营与得到补贴情况的调查数据，对牧区补贴政策实施现状、存在问题、改进方向进行了系统梳理与深入探讨。调查样本覆盖了不同类型和不同发展水平的草原牧区，样本的人均纯收入为5581.65元。由表1－21可得，四省牧区调查户的户均家庭人口为5人，户均经营草原面积为6420.64亩，户均养殖规模为500个羊单位，户均生产经营费用为59818.98元。其中，饲草料费为26944元，占总经营费用的45.04%，户均草场租赁费为7197元，占总经营费用的12.03%，牲畜购置费为6113元，占总经营费用的10.22%。户均经营总收入为74481.54元，户均经营纯收入为14662.56元。

表1－21　　牧户的家庭经营状况

项　目	单　位	数　值
户均家庭人口	人	5
户均经营草原面积	亩	6420.64
户均养殖规模	羊单位	500
户均经营费用	元	59818.98
（1）饲草料费	元	26944
（2）饲盐费	元	574.4
（3）牲畜购置费	元	6113
（4）兽药费支出	元	1208
（5）配种费	元	95.06
（6）放牧用具费（除燃油以外的费用）	元	863.2
（7）转场搬家费（除燃油以外的费用）	元	525.2
（8）雇工费	元	2614
（9）草场租赁费	元	7197
（10）草场管理建设费	元	2108

续表

项　　目	单　位	数　　值
(11) 棚圈建设费	元	407
(12) 修理维护费	元	2156
(13) 机械购置费	元	172.1
(14) 当年其他固定资产投入	元	143
(15) 保险费	元	62.48
(16) 运输费	元	3855
(17) 燃油费	元	811.3
(18) 畜牧业生产的固定资产折旧	元	2671
(19) 其他费用（请注明）	元	1299
户均经营收入	元	74481.54
户均经营纯收入	元	14662.56

资料来源：根据调查数据整理而来。

（二）内蒙古自治区牧业补贴实施状况

内蒙古牧区自2002年起实施天然草原退牧还草工程，对禁牧牧民给予禁牧补贴饲料粮补助，其后又增加了多项补贴种类。截至2009年，涉及生产方面的补助主要包括畜牧业良种补贴、牧业机械补贴、疫病防治补贴；生活方面的补助主要包括：家电下乡补贴、汽车摩托车下乡补贴、牧民定居补贴、退牧还草补助、退耕还林补助、禁亩舍饲补助、划区轮牧补助、国家公益林补贴、牧民子女义务教育补助，医疗卫生补助、养老保险、最低生活补助、五保补助、计划生育家庭奖励扶助等；基础设施建设补贴主要包括安全饮水工程对机井的补贴、饲草料基地灌溉补助、标准化棚圈补助以及围栏封育补助等。其中，家电下乡补贴、汽车摩托车下乡补贴、医疗卫生补助、养老保险、最低生活补助、五保补助的补贴标准与农区相同。

2010年，内蒙古自治区先后出台了《内蒙古自治区人民政府关于促进牧民增加收入的实施意见》和《内蒙古自治区人民政府办公厅关于完善和落实促进牧民增收政策的通知》，对牧区加大了补贴力度。一是加大了对禁牧、休牧、轮牧的补偿力度，在保持原有项目补偿的基础上，对国家和自治区已经实施的项目区之外、草场生态严重退化的区域，有计划的实行阶段性禁牧。对阶段性禁牧区域内的牧民给予每年5元/亩的补偿，每年每人补偿金额不低于3000元最高不超过5000元，连续补贴5年；对水土条件好的牧区，建设节水灌溉饲草料基地和人工草场，对牧民合作组织的节水灌溉设备给予补贴；对草甸草原、典型草原等草场资源状况好的地区，实行划区轮牧试点，对牧民合作组织实行划区轮牧的按照每年0.5元/亩的标准给予补贴，每人每年补贴金额不低于500元，最高不超过1000元。二是在畜牧业良种方面，对牧民购买区内的具备旗县以上生产经营与可证种羊场的特级、一级种公羊予以补贴，每只补贴800元。牧户使用良种肉牛冻精，每头基础母牛每年补贴10元。对牧户养殖良种基础肉用母牛，每年每头给予50元的补贴。三是提高牧民购置牧机具补贴标准，在中央财政补贴30%的基础上，累加补贴比例提高到50%，对牧民合作组织单机最高补贴额度提高到20万元。对具有牧区户口并从事牧业生产的牧民实行燃油补贴，每人每年补贴200元。四是加强基础设施建设，着力解决牧区人畜饮水问题，在国家安全饮水工程人均补助标准的基础上，对工程成本高的牧区提高地方配套投资，自治区和盟市按照6∶4的比例增加投入，将人均配套补助标准提高到895元。

1. 牧民补贴现状

根据问卷调查，截至2009年，牧民享受到的补贴种类主要有：生活方面的禁牧舍饲补贴（补贴标准为禁牧4.97元/亩，休牧0.62元/亩）、救灾补助（标准为1000元/户）；基础设施方面的暖棚补助（补助标准为120平方米补助2000元，160平方米补助3000元），标准化棚圈建设补贴（补贴标准为1个80平方米的标准化棚圈政府补贴13000元，自筹7000元），机井建设补贴（自筹2000元，补贴4000元），饲草料灌溉等设施补助以及风光互补设备补贴（补助1.3万元）；生产方面的包括公羊良种补贴和西门塔尔牛良种补贴（每只公羊补贴的额度为3000—3500元，牛的补贴标准为1000元/头）和疫苗费全免（平均1只羊节省2元，1头牛节省10元）；除此之外还包括与农区政策相同的家电下乡补贴、汽车摩托车下乡补贴、农牧民子女义务教育补助、医疗卫生、养老保险、五保低保等方面的补助。

在专门针对牧区的补贴中，除具有普惠性质的疫苗补助、救灾补助以及涉及范围较广的禁牧舍饲补贴外，其他补贴享受到的牧户比例非常低。86户牧户中享受过畜牧良种补贴的只有11户，占总数的12.8%；享受过暖棚或标准化棚圈补贴的只有18户，占总数的20.9%；而享受过风光互补设备补贴、机井补贴和饲草料灌溉等设施补助的更少，分别只有2户、2户和4户。

从2009年牧户享受到的补贴情况来看，在已有的20多项补贴中，将近一半的牧户只享受到一种补贴，且是具有普惠性质的疫苗费全免，其他牧户享受的补贴种类数最多不超过6种，且大多数牧户只享受到2—4种补贴类型。而从2009年各项补贴已享户数占总样本量的比重同样可以看出，专门针对牧区和畜牧业补贴种类的补贴范围很小，大部分都在10%以下。

2. 补贴评价

牧区补贴政策给家庭生产生活带来了实惠，例如，“某户通过子女义务教育补贴、计生奖励补贴使家里有钱供子女上学，减轻了家庭负担；某户通过享受牧业机械补贴用上了打草机，打草时间比以前节省了20多天，极大地节省了劳力；某户通过国家的机井补贴有条件打了机井，使每年的拉水支出减少了15000元；某户通过享受良种补贴改良品种后，每头牛的销售收入增加1500元”等。

但是，就补贴政策整体而言，还存在诸多问题。86户牧户中有78户对现有补贴状况进行了评价，在78户作出评价的牧户中，认为现行补贴种类少，应增加相关类别补助的有76户，占全部评价农户的97.4%；认为现行补贴标准低，应提高补贴标准的有66户，占全部评价农户的84.6%；认为补贴政策不完善，补贴不到位或没有补贴的有46户，占全部评价农户的59.0%；认为补贴方式还需进一步改进的有17户，占全部评价农户的21.8%。

表1－22　　内蒙古牧户畜牧业生产经营费用　　单位：元/羊单位

名　称	金　额	比　重（%）
饲料费	28.9	20.5
饲草费	42.4	30.1
饲盐费	1.5	1.1
饲草料加工	0.0	0.0
种畜购置费	3.9	2.8
幼畜购进	0.0	0.0
防疫费	9.6	6.8
兽药费	0.0	0.0
配种费	3.0	2.1
放牧用具费	0.1	0.1
转场搬家费	1.7	1.2
雇工费	0.6	0.5
草场租赁费	6.7	4.7
草场管理建设费	15.1	10.7
棚圈建设费	4.8	3.4
修理维护费	0.1	0.0
保险费	5.2	3.7
运输费和燃油费	0.0	0.0
畜牧业生产的固定资产折旧	0.1	0.1
其他费用（请注明）	10.5	7.5

资料来源：根据牧区调研的数据整理而来。

表 1-23　　内蒙古自治区牧户补贴基本状况

补贴类别	单　位	数　值
一、生产方面		
1. 畜牧业良种补贴（下列填入良种类别）	元/户	1628
2. 农牧业机械补贴	元/户	3000
3. 动物疫病防治补贴（扑杀与疫苗补助等）	元/户	1409
4. 银行、信用社等贷款贴息补助	元/户	166.4
二. 生活类补贴	元/户	
1. 家电下乡补贴	元/户	199
2. 牧民定居补贴	元/户	25000
3. 退牧还草补助	元/户	463.8
5. 其他草地保护项目补助	元/户	1242
6. 农牧民子女义务教育补助	元/户	1684
7. 医疗卫生补助	元/户	931.8
8. 养老保险补贴	元/户	1009
9. 最低生活补助	元/户	960
10. 救灾补助	元/户	1595
三、基础设施建设补贴	元/户	300

资料来源：根据牧区调研的数据整理而来。

（三）青海省牧业补贴实施状况

青海省早在1998年就对种畜、良种、化肥等进行补贴，如从牧区引进优良种畜到东部农业区饲养（西繁东育），每头（只）种畜由1998年的50元增加到2002年的150元。如受市场影响，油菜、马铃薯良种、化肥价格高于市场预期价格，则对良种和化肥进行相应补贴。如2006年受国际国内化肥市场价格上扬的影响，化肥价格居高不下，对备耕春播带来严重影响，青海省决定对化肥供应企业补贴500万元。青海省大规模的农牧业补贴始于2000年国家出台有关对动物防疫工作财政补助政策，退耕还林（试点）补助政策。

1. 生产类补贴

（1）种植业良种补贴。2009年国家预拨补贴资金2345万元，青海省实际种植小麦134.51万亩，玉米7.88万亩，共兑现补贴1423.9万元，其中牧区384.3万元，占27%。2010年新增青稞良种补贴，小麦、青稞、玉米3种作物补贴面积215.8万亩，其中小麦134.5万亩、青稞73.4万亩、玉米7.9万亩，国家预拨全省补贴资金2158万元，其中牧区1016.6万元，占47.1%。

（2）畜牧业良种补贴。牧区的畜牧良种补助有牦牛良种补助和绵羊良种补助。牦牛良种补贴范围扩大到刚察、祁连、曲麻莱、共和4个县。2009年共补助资金490万元。绵羊良种补贴：国家从2009年启动实施，补贴标准为每只绵羊种公羊每年800元。项目涉及互助、湟源、祁连、共和、河南、天峻、曲玛莱、玛沁、门源等9县。共补贴绵羊养殖户4660户，采购优质种公羊0.7万只，完成绵羊改良21万只。2009年共补贴560万元。绵羊良种补贴项目实施后，使青海省良种覆盖率提高1个百分点，羊只生产性能提高2个百分点，每只羊增加经济收入35—50元。

（3）农机购置补贴。青海省实施范围由2005年的6县扩大到2009年全省，受惠面由2005年3321户提高到2009年43922户，补贴总额由2005年400万元提高到2009年8037万元。2009年农区2139万元，牧区5898万元；2010年补贴总额为6800万元，其中农区3027万元，牧区3773万元。通过政策实施，全省农机呈现大中型动力机械、配套农具增幅较快的特点。2004—2009年，新增农机总动力60万千瓦，农机具配套比由2004年的1∶0.74提高到2009年的1∶0.85，有力改善了农机装备结构，提高了农牧业机械化装备水平。

（4）牲畜疫病防治补贴。扑杀补贴，国家对高致病性禽流感、口蹄疫、高致病性猪蓝耳病、小反刍兽疫发病畜禽和布病、结核病检测阳性奶牛实施强制扑杀。补助标准为：奶牛1500—3000元每头、其他牛1000—1500元每头、羊100—300元每只、猪100—600元每头。其中中央财政补助60%、省级财政补助20%、饲养者承担20%。2009年下达资金87.7万元，其中中央补助68万元，地方补助19.7万元。疫苗经费补贴，重点用于牲畜疫病疫苗的购置，对高致病性禽流感、口蹄疫、高致病性猪蓝耳病、猪瘟等重大动物疫病实行强制免疫补助。补助比例为中央财政80%，地方财政20%。2009年，青海省共购置使用牛羊用O型—亚洲I型二价苗、A型口蹄疫等疫苗8207.4万毫升（头份），购置资金共计3737万元。

2. 生活类补贴

（1）家电、汽车下乡补贴。2009年、2010年，国家累计下达青海省家电下乡、汽车下乡补贴资金17792万元。其中：家电下乡资金14109万元，汽车下乡资金3683万元。省财政全部拨付到县。截至2010年6月25日，已兑付补贴家电下乡财政补贴69281台1667万元，汽车下乡补贴13832辆4239万元。其中：截至2009年12月31日，已兑付补贴家电下乡财政补贴30767台732万元，汽车下乡补贴9074辆2875万元。

（2）退牧还草补助。截至2009年年底，共发放饲料粮补助91999.66万元。自2003年退牧还草工程实施以来，青海省累计1.1亿亩草原成功实现退牧还草。项目区畜均占有草场面积48.32亩/羊单位，比工程实施前提高2倍多；草地植被覆盖度平均提高了30%—40%，达到90%；草地平均产草量比工程实施前提高21.06%，草地退化趋势得到明显遏制。

（3）低保、五保补助。2007—2008年，按照农牧区低保对象38万人，年人均补助标准385元给予补助，每年补助14630万元；2009年提高标准至1084元，共计补助41192万元。2007—2009年累计补助70452万元。五保补助，根据《五保户供养条例》和《青海省农村牧区五保户供养工作办法》，供养标准不得低于当地县级政府公布的三年农牧民人均纯收入的70%给予补助，各地区标准不同，从2004年开始实施以来，年平均补助标准由877元提高到目前2272元，为全省21536名五保对象兑现供养资金。

3. 基础设施建设补贴

（1）安全饮水工程。2009年，青海省实施农牧区人畜饮水工程，投入资金合计16452万元。

（2）游牧民定居工程。2009年，青海省实施农牧区游牧民定居工程。中央补助每户25000元，省级财政配套补助16000元。2009年，实际投入资金64600万元。

（3）生态移民工程。2009年，青海省实施农牧区生态移民工程。补助每户40000元（以每户5人计，每人补助8000元）。2009年，实际投入资金11300万元。

4. 牧户补贴现状

根据在青海刚察、贵南、共和等牧业县的入户调研数据分析可得，2009年牧户享受的补贴有畜牧业良种补助，户均补贴2605元，主要用于基础母畜和种畜的补贴；饲草料储备补助，户均补贴40元；畜牧业机械购置补贴，户均504元；畜牧业生产的贷款贴息补助，户均补贴82.61元；疫病防治补贴户均315.65元。生活方面的补贴主要有家电下乡补贴、汽车、摩托车下乡补贴、退牧还草补助等。据初步测算，2009年户均享受的补贴约为家庭全年总收入的28.38%（见表1－24、表1－25）。

表1－24　　青海省牧户畜牧业生产经营费用　　单位：元/羊单位

名　称	金　额	比重（%）
饲料费	10.29	9.68
饲草费	5.96	5.61
饲盐费	0.30	0.28
饲草料加工	0.72	0.68
种畜购置费	1.41	1.33
基础母畜购置	7.24	6.81
幼畜购进	2.53	2.38
兽药费	1.19	1.12
配种费	0.81	0.76
放牧用具费	2.36	2.22
转场搬家费	2.56	2.40
雇工费	2.34	2.21
草场租赁费	14.59	13.73
草场管理建设费	4.45	4.19
棚圈建设费	4.02	3.78
修理维护费	3.97	3.74

续表

名　称	金　额	比重（%）
机械购置费	7.47	7.03
保险费	0.75	0.70
运输费	1.85	1.74
燃油费	5.17	4.87
畜牧业生产的固定资产折旧	1.34	1.26
其他费用（请注明）	10.29	0.92

资料来源：根据牧区调研的数据整理而来。

表1-25　　青海省牧户补贴基本状况　　单位：元/户

补贴类别	补贴数值
畜牧业良种	2605.00
其他良种补贴	1016.33
畜牧业机械	504.00
疫病防治	315.65
饲草料储备补助	40.00
贷款贴息补助	82.61
家电下乡补贴	122.00
汽车摩托车下乡	528.50
退牧还草补助	1613.17
义务教育补助	933.74
医疗卫生	1227.04
最低生活补助	800.00
救灾补贴	200.00
计划生育奖励补贴	2600.00
基础设施建设	3728.26
其他补贴（请注明）	339.13

资料来源：根据入户调查数据整理。

（四）甘肃省牧业补贴实施状况

甘肃是全国重点牧区省份，全省共有20个牧业、半牧业县、市，其中牧业县市8个，半牧业县12个。牧区主要有藏、裕固、蒙古、哈萨克等少数民族。其中，裕固族为甘肃牧区的独有民族。全省牧区总人口373.09万人（牧业县人口51.27万人，半牧业县人口321.82万人），占全省总人口2628.12万人的14.19%；全省牧区农牧民总人口313.83万人，占全省农村总人口2081.76万人的15.08%，占全省牧区总人口的84.12%。牧区大多分布在全省四周边远山区和高寒阴湿地区，属老、少、边、穷地区，自然条件严酷，经济发展较慢。

目前，在牧区开展的补贴主要有退牧还草工程、奶牛良种补贴、绵羊良种补贴等。2009年度，农牧系统在全省牧区落实退牧还草工程、奶牛良种补贴、绵羊良种补贴等中央财政补贴1.8304亿元。2010年，在其他补贴资金不变的情况下，新增藏区青稞良种补贴412万元。

1. 退牧还草工程

2009年度，国家下达甘肃省退牧还草工程围栏建设任务945万亩，其中禁牧围栏485万亩，休牧围栏460万亩。严重退化草原区补播改良任务283万亩。总投资24406万元，其中中央投资17978万元，地方配套6428万元。工程实施范围为青藏高原区的卓尼、迭部、临潭、合作、肃南、天祝6县（市）；西部荒漠区的肃北、阿克塞、山丹（山丹马场）、永昌、民勤、漳县、环县7县。补贴标准：2009年退牧还草工程围栏投资标准为：青藏高原区25元/亩，西部荒漠区20元/亩。其中，中央补助70%，地方配套及群众自筹30%。

饲料粮补助标准：青藏高原区，禁牧每亩每年补助5.5斤，休牧每亩每年补助1.38斤。补助年限10年。西部荒漠区，禁牧每亩每年补助11斤，休牧每亩每年补助2.75斤。补助年限5年。饲料粮补助按每斤0.45元计算补助费。草场补播改良补助标准，每亩中央补助草种费10元。

2. 良种补贴

（1）牲畜良种补贴。2009年，甘肃省落实中央财政下拨的奶牛良种补贴项目共1036.1万元，其中牧区落实补贴165.2万元。补贴范围，全省共补贴 34.54 万头能繁母牛（其中牧区 5.51 万头），每头补贴 30 元。补贴方式，能繁母牛每头补贴 2 支冻精，合计补贴 69.08 万支，每支单价 15 元，每头合计补贴 30 元。绵羊良种补贴，2009 年，全省落实中央财政下拨的绵羊良种补贴资金 560 万元，其中牧区落实补贴 160.4 万元。在 22 个县补贴 7000 只种公羊，每只补贴 800 元。

（2）农作物良种补贴。补贴范围及金额，2010 年，甘肃省小麦、玉米、水稻、棉花 4 种作物实现了全覆盖，新增藏区青稞全覆盖。合计补贴资金 29888 万元，均为中央财政资金。其中，小麦补贴 16200 万元，玉米补贴 11403 万元，水稻补贴 162 万元，棉花补贴 1711 万元，青稞 412 万元。补贴标准及方法，小麦每亩 10 元，玉米每亩 10 元，水稻每亩 15 元，棉花每亩 15 元，青稞每亩 10 元。补贴方法是全部以现金方式通过“一册明、一折统”直接将补贴资金全额发放到户。

四、完善我国牧区农业补贴的政策建议

（一）加大财政向牧区的倾斜力度，加强对牧区的补贴力度

建议根据畜牧业生产的特点、面临的形势，采取多种财政投入支持形式，逐步建立包括直接补贴、良种补贴、保险补贴等相互配套的支持体系，进一步完善牧区补贴政策。

第一，参照种植业补贴中的“种粮直补”政策，对牧区传统牧业旗县的一家一户牧民进行“养畜”直接补贴，这种补贴是在“草畜平衡”政策核定出来的牲畜头数前提下进行的一种补贴。其宗旨在于使牧民积极主动执行“草畜平衡”政策，从根本上实现保护草原的目的。此外，参照国家现有的能繁母猪饲养补贴政策，对草原牧区能繁母畜实施饲养补贴。按照能繁母羊 50 元/只，能繁母牛 150 元/头的标准进行补贴。参照国家蛋鸡以奖代补，和奶牛、生猪标准化养殖小区建设补助标准，对牧区肉牛肉羊规模家庭牧场标准化建设进行补助。

第二，全面解决牧区牧民缺少基本口粮的实际问题，制定出台对牧区牧民口粮补助的长期扶持政策，对牧区边境居民实行永久性补助。

第三，建立针对畜产品生产者的生产性补贴制度，借鉴国际经验，严格界定补贴对象和范围，根据生产者在自然灾害、市场、疫病等方面的实

际损失的80%左右给予补贴，以保证草原上的牧民可以拥有一个较为稳定的抵抗自然风险和市场风险的能力，在草原牧民较好的生产和生活的同时能够主动对草原实行保护，从而达到从“透支”生态向“储蓄”生态的转变，以及传统生产方式的回归。

（二）建立完善草原生态保护机制、逐步提高草原生产力

根据“禁牧舍饲”和实施“退牧还草”政策后牧户生产、生活开支大量增加的状况，在深入贯彻草原法的基础上适时出台《草原生态补偿法》，明确生态投入主体、受益主体和补偿标准，在以政府为投入主体的基础上拓宽生态补偿资金来源渠道，通过CDM碳汇交易等形成投入主体多元化。建立草原完善的生态补偿机制，弥补牧民因保护草原而损失的收入；同时建立草原建设补贴，对草原建设投入的数额以及草原生态恢复的程度给予一定的补贴，其目的在于激发草原原著牧民建设和保护草原的积极性。

1. 延长禁牧、休牧补贴年限、提高补助金额

根据“以失定补”的原则，禁牧区应由每年每亩4.95元提高到每年每亩10元；休牧区由每年每亩1.24元提高到每年每亩2.5元；补助期由5年延长到10年。鼓励减牧或禁牧牧民发展饲草料生产，建议国家对种草户参照国家粮食生产良种补贴和生产资料综合补贴的标准给予每亩150元种草补助。

2. 提高草原生态保护建设补助标准

提高草地补播改良补助标准，将草原补播补助标准由目前的10元提高到80元。扩大草原生物治理规模计划，将草原鼠虫害每亩防治补助标准由目前的1元，提高到5元。扩大牧区草原毒害草年防除规模至500万亩，按照每亩30元标准给予防除补助。

（三）完善牧区补贴机制，坚持“以失定补”原则

1. 要建立补贴标准和补助水平的动态调整机制，根据不同时期物价水平和经济状况适时调整补贴标准

在调整决策程序上要突出强化民主评议，建立由多方代表参与的民主

评议组织和评议人员库，其中基层工作人员和牧民代表要占有一定比例，并实现民主评议定期化和长期化，建立完善的评议反馈机制，基层政府部门要将基层工作人员和牧民的评议结果及时、如实上报，国家和自治区有关部门要根据上报情况及时安排调研，就共性突出问题适时作出调整。对于补贴标准的制定，各牧业旗县在国家、自治区财政补贴基础上，根据自己所处区域、草原类型、草原面积、牲畜数量、畜牧业发展水平以及牧民人均收入等因素再综合确定本地财政补贴范围及标准。对补偿性质的补贴，要坚持“以失定补”原则，严格按照牧民的损失或付出的成本来计算补偿的标准。

2. 加快推进畜牧业风险保障机制，完善政策性保险补贴

畜牧业是高风险产业，一旦出现灾害，往往损失巨大。在牧区推进政策性畜牧业保险，对保障牧民财产安全、稳步增加牧民收入都具有不可低估的作用。建议在奶牛政策性保险试点的基础上，将肉牛和肉羊列入畜牧业保险范围，主要承保因各种自然灾害和疫病出现死亡而遭受的损失。保费补贴比例按照中央财政补贴40%，自治区财政补贴40%，养殖户承担20%施行。

（四）建立健全牧区社会保障体系

1. 因地制宜建立多层次的牧区社会保障体系

目前牧区的经济发展还不平衡，不同地区农村牧区集体及个人的经济能力相差悬殊，各地应根据自身经济发展的具体状况，因地制宜，循序渐进，建立起符合各地区实际的、层次不同的、标准有别的牧区社会保障体系。对牧区年老、体弱、孤寡、五保、特困等弱势牧民，由各级政府和基层组织筹措资金统一供养，对符合社会养老保险的牧民逐步纳入社会养老保险体系。

2. 逐步壮大村级集体经济实力，拓宽牧区社会保障筹资渠道

牧区社会保障体系构建的核心问题是资金来源问题。因此，一方面要通过发展和壮大农村集体经济来增加村集体养老储蓄；另一方面按照“自保者获资助”的原则，将个人缴费同国家和集体资助部分记入个人名下，归个人所有，以充分调动广大农牧民参加社会保障的积极性。

3. 增加对农村牧区的财政投入

加大对农村牧区的投入力度，增加对水利设施、对农村牧区道路、供电、供水、通信等基础设施的投入，以改善农牧业生产条件，改善农村牧区社区环境，保证农村牧区生产生活状况。

4. 建立农牧业灾后补偿制度

一方面建立自然灾害救济制度，逐步由生活救济为主向扶持灾民发展为主转变，最大限度地支持农牧业生产和增加农牧民收入；另一方面大力发展牧区保险事业，使其由过去单纯人寿保险向财险、生产保障险转变，以增强抵御自然灾害的能力，并成为灾后生产救济的重要资金来源。

第二章

健全财政支农体系

20世纪末期，我国的“三农”问题较为突出，粮食生产多年徘徊，面对国际市场的激烈竞争，国家粮食安全面临严峻挑战，农民负担沉重，农业比较效益处于低位，农民收入增长缓慢等矛盾相互交织，破解“三农”问题成为一项系统性难题。党的十六大提出了全面建设小康社会的宏伟目标，明确指出今后工作的重点难点在农村，各级财政逐年加大了对“三农”的投入，下大力气解决一些长期困扰农业生产和农民生活的体制机制问题。2003—2012年十年间，仅中央财政“三农”投入累计就超过了6万亿元，以此为基础我国粮食产量实现了“九连增”、农民增收“九连快”。虽然我国“三农”发展稳步进入上升通道，但是还应该清醒地认识到新一轮农村改革已经进入了深水区，破解诸多深层次矛盾的难度也在加大，新时期仍然需要把解决好“三农”问题作为各项工作的重中之重，坚持不懈地把增量公共资源优先向农业和农村倾斜。

第一节

构建新时期公共财政支持“三农”政策体系[①]

一、新时期以来公共财政支持“三农”政策回顾

党的十六大以来，以工业反哺农业和城乡一体化为主要政策内涵的公共财政支持“三农”政策体系逐步确立。中央出台了取消农业税、农业特产税等支农惠农政策，确立了农村义务教育经费保障机制，建立了新型农村合作医疗制度，构建了符合国情的农村社会保障网络，强化了对农业基础设施建设的支持政策，逐步形成了新时期保护和支持农业、改善和提高民生的政策体系框架。

（一）农村税费改革

继2000年以安徽省为单位实施农村税费改革后，2002年在全国范围推行农村税费改革，大幅度降低农民负担。通过正税清费、降低税率，2006年最终在全国取消农业税，至此，在我国延续了2600年的皇粮国税退出历史舞台。农村税费改革重新调整了国家、集体与农民的利益分配关系。通过中央财政和省级财政的财力性转移支付弥补基层收支缺口，由此全国农民每年减轻负担1335亿元。农村税费改革前的4年（1996—1999年）农民直接承担的各种税费等政策性负担年均超过1200亿元，占同期农民年人均纯收入的比重为6.5%，而农村税费改革后的5年（2006—2010年）农民直接承担的各种费用总额年均317.2亿元，占同期农民年人均纯收入的比重为0.75%，且仍呈现逐年下降的态势（见图2－1）。

---

① 本节内容选自农业部软科学课题（Z201207）《新时期公共财政支持“三农”政策研究》报告。课题主持人：苏明。

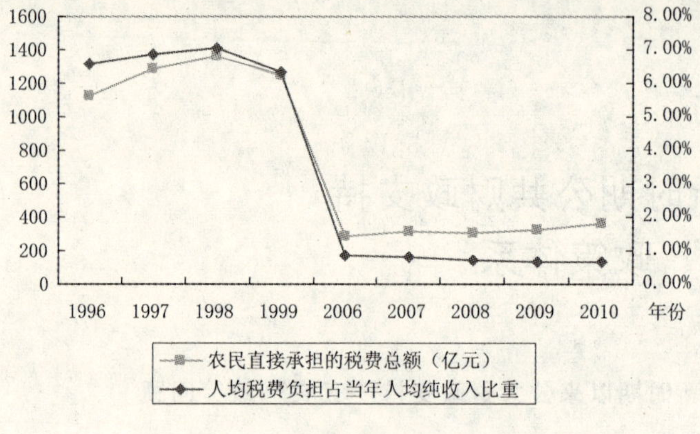

图 2－1　村税费改革前后农民负担变化情况

（二）农村义务教育经费保障机制

从2006年国家按照“明确各级责任、中央地方共担、加大财政投入、提高保障水平、分步组织实施”的总体思路，将农村义务教育全面纳入公共财政保障范围，稳步增加财政投入，逐步建立中央和地方分项目、按比例分担经费的农村义务教育长效经费保障机制。从2006年春季开学起，西部的12个省份、新疆建设兵团和中部地区享受西部政策的部分县市全面建立了农村义务教育经费保障机制，西部农村地区义务教育阶段学生免除学杂费，还补助学校公用经费、免费提供教科书、补助寄宿生生活费，建立了改造维修校舍长效机制。2006年秋季中部的各省相继建立经费保障机制，并于2007年把“免杂费、免书本费、逐步补助寄宿生生活费”的惠民政策，全面推广到中东部地区40万所农村中小学的近1.5亿名学生，实现了全国范围全面建立农村义务教育经费保障机制。2011年10月，国务院启动农村义务教育学生营养改善计划，中央财政每年安排160多亿元专项资金，为680个国家试点县的2600多万农村义务教育学生提供每天3元的营养膳食补助。利用六年的时间，各级财政从教师工资、学校公用经费、学生营养等多个方面为促进农村义务教育均衡发展逐步建立完善了全方位的经费保障机制。

（三）新型农村合作医疗制度

新型农村合作医疗是指由政府组织、引导、支持，农民自愿参加，个人、集体和政府多方筹资，以大病统筹为主的农民医疗互助共济制度。2003年以前，农村合作医疗制度一直在部分地区运行，但是受多方面因素的影响，开展合作医疗地区的筹资主要是集中在农民互助，没有政府的参与。许多地方没能有效坚持下来，时断时续，保障的效果不尽理想，农民对参与这一制度的积极性也不高。在市场化改革的冲击下，原有的农村三级医疗卫生网络难以有效承担起农村基础医疗保障职责。从2003年起开始试点实行新型农村合作医疗制度，着力解决农民看病难看病贵问题，实现“病有所医”。2003—2011年，全国财政共安排新型农村合作医疗补助资金4724亿元，实现了新型农村合作医疗制度全覆盖。2011年新型农村合作医疗制度覆盖全国2637个县（区、市），参合人数8.32亿人，新农合筹资总额达到2047.6亿元，人均筹资246.2元，补偿受益人次13.15亿。新型农村合作医疗资金来源中财政补助占比逐年提高，2003年启动之初，人均筹资30元标准中各级财政人均补助20元，到2011年人均筹资246.2元中各级财政人均补助200元，补助占比提高了15个百分点。2012年，各级财政对新农合的补助标准进一步从2011年每人每年200元提高到每人每年240元，各级财政增加投入超过33亿元。

表2-1　2004年与2011年新型农村合作医疗制度实施状况

	2004年	2011年	增长（倍数）
参加新农合县（区、市）数	310	2637	7.51
参合人数（亿人）	0.69	8.32	11.1
参合率（%）	72.6	97.5	0.3
筹资总额（亿元）	30.2	2047.6	66.8
人均筹资标准（元）	30	246.2	7.2
财政补助占比（%）	66.7	81.2	—

（四）农业直接补贴政策

近年来，各级财政突出以促进农民增收为核心，逐步加大了对农业的支持保护力度，充分调动农民积极性。从2003年开始，中央财政针对种粮、农资、良种和农机出台了种粮直补、农资综合补贴、良种补贴和农机购置补贴四项补贴政策。补贴资金规模从2003年的3.3亿元增长到2011年的1406亿元。在完善四项直接补贴政策的基础上，补贴范围从农业逐步拓展到畜牧业、林业、草原等其他领域，并对产粮（油）大县、生猪调出大县等实施奖励，逐步构建了全方位的涉农直接补贴政策体系。

（五）以农村低保、养老、救助为重点的农村社会保障制度

近年来，随着公共财政支持力度的不断加大，我国初步构建了以农村低保、养老、救助为重点的农村社会保障制度。建立农村最低生活保障制度，为农村生活困难人口提供兜底的基本保障，实现“困有所济”。2007—2011年，全国财政共安排资金1813.5亿元，支持建立健全农村最低生活保障制度。截至2011年年底，我国农村最低生活保障制度覆盖了5313.5万人和2662.6万农户，比2007年农村最低生活保障制度建立之初分别增长53.9%和69.3%；月人均最低生活保障平均标准和月人均支出水平分别为143.2元和96.4元，比2007年分别增长1倍和1.6倍。推动新型农村社会养老保险，促进农民养老方式实现重大转变，实现“老有所养”。2009年，我国开始推行新型农村社会养老保险制度的试点，当年推出时覆盖面占15%，到2011年全国有27个省、自治区的1914个县（市、区、旗）和4个直辖市部分区县开展国家新型农村社会养老保险试点，新型农村社会养老保险试点覆盖60%的县市。2009—2011年，全国财政共安排城乡居民社会养老保险补助资金1047亿元。在新型农村合作医疗平台上，我国逐步构建农村贫困居民医疗救助制度，实现“难有所助”。2003—2011年，全国财政共安排农村医疗救助补助资金434亿元，建立了农村医疗救助制度。2011年全年累计救助贫困农村居民6297.1万人次，其中：民政部门资助参加新型农村合作医疗4825.3万人次，人均资助参合水平45.6元；民政部门直接救助农村居民1471.8万人次，人均

救助规模达到635.8元。

（六）农村基础设施建设

近年来，随着国家将政府公共投资的重点转移到农村，农村的水利、道路等基础设施建设明显提速，既有效改善农村民生需要，又催生出更大的投资和消费需求。“十一五”时期中央对农村公路建设投入资金达1978亿元，年均递增30%。中央投资极大地带动了地方对农村公路建设的投入，五年间全社会共计完成投资9500亿元，新改建农村公路186.8万公里，其中新增农村公路52.7万公里，农村公路总里程达到345万公里。截至2011年年底，全国农村公路（含县道、乡道、村道）里程达356.4万公里，比十年前的2002年增长了1.7倍，年均增长幅度为11.5%；全国通公路的乡（镇）占全国乡（镇）总数的99.97%，通公路的建制村占全国建制村总数的99.38%。为加大农田水利建设投入力度，加速改善农田水利的薄弱环节，2011年中央“1号文件”明确提出了从土地出让收益中提取10%用于农田水利建设，仅政策颁布实施的当年就为农田水利建设筹集资金270亿元。从2012年1月起，中央财政按20%的比例统筹使用各地区从土地出让收益中计提的农田水利建设资金，重点支持粮食主产区、中西部地区和革命老区、少数民族地区、边疆地区、贫困地区的农田水利建设，更有针对性地集中改善农田水利建设的薄弱环节。2012年，中央财政各种渠道用于农田水利建设投入1100多亿元，同比增长22%，保持了农田水利建设公共投资较快增长的良好势头。

二、新时期财政支农面临的新形势

（一）建设现代农业，跨越中等收入陷阱，公共财政面临巨大挑战

改革开放以来，我国经济经历了30多年的高速增长，经济总量已经超越日本成为世界第二大经济体，在2010年我国人均GDP就已经达到4382美元，超过4000美元的门槛，进入了国际公认的“中等收入”发展阶段。在经济快速增长过程中各类要素，诸如土地、资源、能源、劳动力等成本都不可避免地迅速上升，低成本优势相对更多的发展中国家而言逐步消失，同时产品的高科技含量无法与发达国家形成有效竞争，出现了人均收入长

期徘徊在3000—5000美元的局面，所谓“中等收入陷阱”。就我国而言，成功跨越中等收入陷阱，最大的挑战来自农业和农村。根据其他国家从中等收入向高收入迈进过程的经验和教训，这些国家原有传统农业的比较优势将比工业和以服务业为代表的第三产业下降的更快，留给这些国家传统农业向现代农业升级的时间非常有限。如何把握好战略机遇期，建立有竞争力的现代农业是能否成功跨越中等收入陷阱的关键节点。与其他中小国家发展不同，对我们这样一个人口众多的大国来说，立足国内解决粮食和主要农产品供给问题，始终是治国安邦的头等大事。但是由于众所周知的原因，我国长期二元经济结构下的农业和农村始终是我国国民经济协调健康发展的短板，农业基础薄弱、基本公共服务城乡差异较大都是包袱沉重的“历史欠账”。面对这些深层次的矛盾和问题，公共财政责无旁贷，但是短时期完全承接下来又不堪重负。如何做好顶层设计，统筹规划使用好有限的公共财政资源，是今后一个时期财政支农的一个巨大挑战。

（二）资源环境约束与需求变化双重压力加剧，要求财政支农力度进一步加强，支农政策判断更具有前瞻性和预见性

未来我国农业面临来自农业生产资源环境约束和农产品需求变化两个方面的压力。从2004年开始，我国粮食产粮实现了历史罕见的“九连增”，2012年达到5895.5亿公斤，比2003年增加1588.5亿公斤，年均增长3.5%，与之相伴的是农民纯收入增长也实现了“九连快”。但是，长时期连续的高增长使得农业生产面临的资源环境约束越来越突出。耕地和水资源紧缺、农业生产成本上涨、青壮年劳动力减少、环境污染和生态退化等问题突出，农业稳定发展的难度越来越大。加快推进现代农业建设，不断提高农业综合生产能力是我国农业发展的必然选择。农业基础设施的改善、农业科技水平的提升都有赖于公共财政加大投入。

从目前我国粮食安全战略的实施情况来看，我国粮食综合生产能力已历史性地站稳了1万亿斤大台阶，主要农产品供给充足，从中短期来看我国水稻和小麦等主要粮食作物安全并不是大问题，一个重要矛盾是传统农业生产结构与需求结构变化的不适应。随着城乡居民生活水平的提高，粮食作物需求相对稳定的同时，需求增长较快的是蔬菜、畜产品和水产品，这一点在“十一五”时期生猪、蔬菜等产品价格大幅波动已经鲜明地体现出来。“十二五”时期，财政支农政策应该对这类潜在的深层次矛盾有所预见，在加大对粮食生产扶持力度的同时兼顾需求结构变化，增强支农政策的前瞻性，形成政策储备和调控预案。

（三）农业发展更加依赖财政支农政策创新

改革开放以来，我国农业以每年 4.4% 的增长速度发展，取得的成就举世瞩目，这主要得益于制度创新、市场改革以及政府投入三个方面的原因。一些研究表明我国改革开放初期农业增长的 90% 左右都来自家庭联产承包责任制的贡献，也就是说，制度创新是早期我国农业发展的主要推动力。20 世纪 90 年代市场化改革将国内农产品市场高度整合，国内市场与国际市场基本接轨，使农民根据市场价格变动更加合理地配置劳动力、土地、资本等农业生产要素，微观层面的农业生产效率提升最终形成合力，显著提高了农业劳动生产率。市场化改革是继家庭联产承包责任制之后推动农业增长的又一个重要新生力量。进入 21 世纪以来，我国已经连续出台了 10 个涉农中央 1 号文件，内容涉及粮食生产、农业科技、农田水利、新农村建设等多个方面，从政策、资金两个方面全力推动农业增产、农民增收。可以说，这一阶段农业平稳增长的主要推动力来自于政策和投入。结合上面对财政支农面临的新形势的综合判断，中长期来看公共财政用于“三农”支出还需要持续增加投入，用以弥补历史欠账。随着我国农业产量潜能被不断挖掘出来，进一步增加产量不仅仅面临着土地、水资源、生态环境等资源环境的严重约束，而且较长时期大幅度增加财政投入也面临着边际报酬递减的态势，增加投入的效果在逐步消退。在传统的支农政策体系和政策工具组合下，一味地靠财政投入的堆积来推动农业发展越来越不经济。这就需要财政支农不断探索政策创新，以政策创新提升政策绩效。事实上，近年来我国农业发展更加依赖政策创新，特别是财政支农政策创新，支农政策也适应形势变化进行了有益的创新探索，但是新时期更大规模财政支农资金投入对财政支农管理的科学化、精细化提出了更高的要求。

三、当前公共财政支持“三农”存在的问题

（一）支农政策整合缺乏统筹规划

近年来，支农资金整合逐年加大工作力度，不断扩大县级支农资金整合范围，并开展了省级财政支农资金整合试点，归并了中央农业部门预算部分专项，取得了改革的阶段性成效。但是，这种自上而下与自下而上双向融合的改革大都属于捆绑式、外延式，有量的扩张，但质的飞跃仍显不足。涉农资金的交叉重复仍没有得到根本扭转，涉农资金渠道也没有彻底理顺，基层涉农资金整合还停留在被动整合状态，从中央到地方自上而下的整合机制尚未建立。当前一些地方开展的涉农资金整合并没有严格按照设立依据、来源渠道、投入规模、执行期限、支持对象、支出用途和使用管理方式等对涉农资金进行认真梳理，由此导致一些涉农项目该撤销的没有撤销，该压缩的没有压缩。在一些涉农资金整合取得了初步成效的地方，虽然对性质相同、用途相近、使用分散的涉农资金进行了必要归并，但是由于缺乏自上而下整合机制的有效支撑，把清理、归并涉农资金提升到预算编制环节进行统筹安排仍面临相当大的困难。这使得已经取得的整合成效在缺少科学规范的体制机制支撑下很难进一步提升政策绩效，资金整合只是“治标”而没有“治本”。就财政支农的规划而言，目前一些中西部地区的资金整合县并没有明确重点发展方向和领域，对现代农业仍然没有一个清晰的发展规划。资金整合后“钱要投到哪里去”，“投到哪里去效益才最大”，“投完这一年度，下一年度又该投到哪里”，这些关乎资金整合投向的重大问题普遍没有规划好。一些地方整合出来的财政资金在投向上没有连续性和逻辑性，整合仍然停留在“为了整合而整合”，而不是“整合后要干成事”，缺乏长远性规划的财政投资多是集中在某一个财政年度内部，年度间并没有必要的衔接。这就导致整合后的资金使用起来仍然显得没有章法。

（二）财政支农资金管理效率不高

管理能否跟上是制约支农政策效果的关键因素之一。目前涉农资金“重分配、轻管理”是普遍存在的问题，这既有管理理念粗放的问题，也有管理制度不健全的问题。原本存在于专项资金管理中的一些问题并没有

在资金整合过程中给予彻底解决。“资金跟着项目走”是涉农资金安排的通行模式。现阶段，财政支农资金在事前、事中、事后三方面的项目管理都显得相对薄弱。

第一，财政涉农资金使用普遍缺乏必要的事前论证。由于没有在立项上实行专家匿名评审制度，财政支农资金的公开、公正、公平性难以有效保障，即便是涉农资金整合后通过激烈的竞争立项，也难以服人。

第二，项目实施尚没有建立起一套完整的事中监督制度，尽管许多地方自上而下实施了涉农资金项目县级报账制，按照项目实施进度拨付资金，但是在具体实施中一些项目对监督整改意见不予理睬，限期整改令形同虚设，没有约束力的事中管理难以确保项目顺利实施。

第三，一些地区项目的事后绩效考评机制仍为空白。在县级层面涉农项目规模和影响范围都还十分有限，认为“项目小”就放松对项目的事后评估是当前许多地方普遍存在的问题。有些地方尽管设置了事后绩效考评环节，但考评流程不规范、不科学，考评结果未公开，也使得考评效果大打折扣。

（三）财政支农政策难以及时有效落实

近年来，我国各级财政相继出台了一系列扶农、惠农、强农政策，整体取得了良好成效，但是部分地区，特别是西部一些偏远贫困地区的基层财政难以及时有效落实政策。这突出表现在两个方面：

第一，地方财政对“三农”投入总量达不到法定支出增长要求。按照《中华人民共和国农业法》第五章第三十八条规定：“国家逐步提高农业投入的总体水平。中央和县级以上地方财政每年对农业总投入的总投入的增长幅度应当高于其财政经常性收入的增长幅度。”具体执行起来并非不折不扣，许多地方受制于财力增长限制，还没有建立起有效的财政农业投入的稳定增长机制。根据农业部农村经济研究中心 2011 年对全国 13 个省（区、市）的 111 个县调查，当年平均每县农林水事务支出预算额占财政支出预算额的比重为 12.2%，比上年下降 4.7 个百分点。有 9 个省份的调查县平均比重低于上一年度。

第二，中央已经出台的惠农政策在基层并没有及时执行。同样根据上述农业部农研中心的调研，在中央财政明确取消主产区粮食风险金地方配套政策下只有55.9%的调查县取消了粮食风险金地方配套政策。在调查的60个国家认定的产粮大县中，也只有29个县取消了粮食风险金地方配套政策，只占所调查产粮大县的48.3%，超过一半的产粮大县没有完全落实中央政策。在针对“全部取消病险水库除险加固、生态建设、农村饮水安全、大中型水库配套设施建设项目等县及县以下资金配套”政策调查中发现，这项政策的落实进展也十分缓慢，还有75.5%的调查县没有彻底取消配套。国家支农政策没有彻底执行到位有多方面原因，越是困难地区越是对支农政策执行的不到位，这一方面需要从决策层面考虑不同地区适用政策要区别对待；另一方面对已经出台的政策应该加强监督，确保政策落到实处。

（四）“最后一公里”问题

长期以来在“三农”领域一直存在“最后一公里”问题。比如，近年来村图书室建设使得村里有了图书室和电脑，但是网络却连不进来，农民无法通过网络获得必要的科技知识；农民有了高科技培育的种子，但是缺少农技推广网络支持，还是实现不了高产；再向前推几年，乡村道路、广播电视、农田灌溉等都存在“最后一公里”现象。也正是因为“最后一公里”的阻隔制约了许多涉农服务进村入户、进场到田，无法形成有效的农村生产力。为什么主要的涉农服务工程建成完工了，可是农民却享受不到服务改善带来的好处？究其根源，主要是体制机制方面的原因。近年来我国在农业生产、经营等环节上，强农、惠农、富农政策的力度不断加大，而在涉及农业和农村事业发展方面的体制、体系和机制上的强农、惠农、富农政策还是个薄弱环节。涉农服务体制和体系一直到县级政府序列和功能基本还是健全的，但是到了乡和村就出现了断档，涉农服务的入户衔接出了问题。这说明不完全是“养分”不足，而是输送养分的“毛细血管”不健全。从财政体制的视角来看，涉农服务基本都是以专项转移支付的形式拨付下来的，乡和村只有执行的责任，而没有根据自身的实际情况调整的权利。基层政府和组织没有能力按照自身的需要完成涉农服务进村入户的衔接任务。而在专项预算设计过程中，很多项目都忽视了

"最后一公里"问题，最后导致主要工程按照高标准建设，而末端连接环节却没有资金建设。我们认为，农村税费改革后，还给一些地方乡镇政府和村级组织的自主决策能力十分必要，让基层政府根据实际需要和"现实短板"安排投资，这有益于从根本上解决"最后一公里"问题。

四、政策建议

当前一段时期是我国农业和农村发展的最好时期，农业增产和农民增收都处在相对稳定的上升通道，国家财政对"三农"的投入也达到了前所未有的力度。在大好形势下，我们也必需清醒地认识到一些在"三农"领域长期存在的深层次矛盾还没有完全解决，外部环境的变换和一系列长期制约因素在新时期还会引发一些新的问题，两者相互交织无疑会增加我们解决"三农"问题的难度。新时期的财政支农应该把这些"老问题"和"新矛盾"在发展中加以综合解决。

（一）做好新时期公共财政支持"三农"政策体系的顶层设计

顶层设计是统筹考虑各层次和各要素，追根溯源，统揽全局，在最高层次上寻求问题的解决之道。做好顶层设计是当今中国社会经济转型的必要性和必然性所决定的。在"三农"改革往深水区迈进时，总是遇到种种困难，有些困难又是中下层无法靠自身力量解决的，需要顶层推动和支持。新时期公共财政支持"三农"政策体系应该着力把握好以下六点：

第一，稳步提高对农民的补贴水平，防范和化解因农资涨价带来的补贴政策效应递减。

第二，稳步提高粮食等主要农产品收购价格，在粮食价格总体稳定的基础上推动完善主要农产品价格形成机制。

第三，着力加大对农业基础设施的支持力度，围绕"田、路、水"三个关键环节切实改变农业基础设施建设严重滞后的局面。

第四，着力加大对农业科技和农业服务体系的支持力度，重点解决制约现代农业发展的重大技术问题，在财力有限的前提下加大对农业技术推广、动植物疫病防控、农产品质量监管、农业气象服务等四项农业公益性科技服务体系建设，增强农业公共服务能力。

第五，着力加大对农村公共福利体系建设的支持力度，让广大农民群体共享经济增长成果。

第六，统筹解决好进城务工人员的就医、子女就学等基本公共服务保障问题，推动城镇化健康有序发展。

（二）持续加大公共财政对“三农”的投入力度

目前《农业法》中对财政农业投入稳定增长有明确规定，但考虑到我国各级财政的运行实际，应该以更大的视角、更高的层次、更多的渠道统筹安排支持“三农”财政资金。建议从土地出让净收益、国有资本经营预算收入、年度预算超收部分等渠道筹措资金，提升财政对“三农”的投入力度。2011 年，中央已经明确从土地出让净收益中提取 10% 用于农田水利建设，建议进一步提高统筹比例到 15%，将土地治理纳入专项支持范畴。建议从中央和省级国有资本经营预算收入中安排固定比例专项用于“三农”，弥补公共预算投入不足。就公共预算而言，建议在《预算法》修订过程中，将预算超收部分安排固定比例用于“三农”，以确保公共预算对农业支出的法定增长。

（三）建议配合政府间财政关系调整，增加对基层财力性转移支付比重

我国对农业的财政投入多是以专项的形式安排。按照专项资金的管理办法，项目的立项、审批、验收等权利主要是集中在中央财政或省级财政。基层财政只能按照上级安排好的项目去申报，项目建设的规模和质量也要与上级的要求相匹配，获批后项目的实施方（基层政府）也要按照审批的项目不折不扣地完成建设。但是，较高层级的政府所设立的农业专项资金并非与基层的实际发展需要完全吻合，多数情况两者的差异还较大，由此导致有限的财政支农资金实际支出绩效并不高。建议顺应新时期政府间财政关系调整的要求，增加对基层一般性转移支付的比重，让县级政府来设立更符合当地农业发展需要的农业和农村项目，把花钱的权利留给信息掌握更为充分的基层政府，让基层自行修补相对欠缺的“毛细血管”，在县级预算分配环节有效解决“最后一公里”问题，而不是把“最后一公里”问题再拿到中央财政加以解决。在此基础上，加大执法监督，

确保基层政府"会立项"、"立好项"。

（四）加大财政奖补力度，规范引导农民参加"一事一议"筹资筹劳

零税负不等于零负担，低负担不等于不搞公益事业。全面取消农业税后，引导农民通过"一事一议"筹资筹劳形式建设村级公益事业一方面可以解决那些外溢性很小，但又有公共属性的公共服务供给问题；另一方面受财政预算约束，农田水利建设和道路建设等集体生产生活公益事业也确实需要发挥农民的主观能动性。新时期应该在政策导向上顺应农民改善农业和农村基础设施条件的迫切需要，进一步加大财政对农村"一事一议"筹资筹劳的奖补力度。首先是要在规范的前提下开展"一事一议"筹资筹劳，坚持以人为本、尊重农民权利，着力解决偏远地区、民族地区、边境地区、高寒地区、贫困地区等区域农民最急需、最直接的民生问题。其次是农民要在量力的基础上，加大财政奖补力度，鼓励农民自愿多出资出劳，多筹多补、多干多补、多补多办，引导企业和社会捐资赞助，努力健全村级公益事业建设多元投入机制。

（五）从财政体制的视角解决农村进城流动人口的基本公共服务问题

2011年，我国城镇常住人口首次超过农村，城市化率首次突破50%，但是6.9亿城镇常住人口中至少有2亿人是没有当地户籍的流动人口，这其中又以农村进城务工人员为主。这部分人群能否获得公平的城市基本公共服务保障是其在城市稳定就业的一个基本前提。党的十八大明确提出，有序推进农业转移人口市民化，努力实现城镇基本公共服务常住人口全覆盖。我们认为解决这么大一个群体的基本公共服务问题需要巨额财政投入，远不是就事论事的设立几个专项就能彻底解决问题的。我们建议调整财政体制，分步实现农村进城人员的基本公共服务财力保障。短期来看，农民工的公共服务没有在现有的财政体制中固定为常态化的财政支出，更多地停留在一年一拨的专项补助形式，短期的改革目标就是争取更多种类、更大规模的专项补助，尽可能提高农民工公共服务的涵盖内容、服务质量以及覆盖人群。中期来看，需要将农民工基本公共服务固化入城市财政支出，做成"基数"，技术上参照农村税费改革转移支付形成具有专项性质的财力性转移支付，规范和约束城市财政足额安排预算支出。长期目标是将农民工的基本公共服务列入中央财政一般性转移支付的计算公式，成为一般性转移支付资金分配的影响因素，在财政体制上保障农民工的基本公共服务均等化。

第二节

小型农田水利设施建设一事一议财政补助政策落实情况①

水是农业生产不可或缺的资源，主要是种植业、养殖业和水产业等赖以依存的。随着中国国民经济的不断发展和人口的逐年增加，对粮食和农产品的需求量也不断提高，农业生产高效利用水资源对保证粮食安全和农业可持续发展具有重要意义。最近，中央提出到 2020 年增加 500 亿公斤粮食生产能力。国家已经确定，农业用水零增长，新开发的水源主要用于城市用水。很显然，灌溉“蓝水”不太可能大幅度增加。因此，今后应该在发展节水农业，减少无效灌水，提高旱涝保收面积比例，提高粮食作物单位耗水量的同时，大力加强小型农田水利设施②建设。

一、近年来小型农田水利设施建设基本现状

（一）小型农田水利设施建设现状

中国各级政府一直高度重视小型农田水利设施建设，近些年投入不断增加，取了辉煌成就。但是，随着极端气候的不断增多，中国农业生产呈

① 本节内容选自农业部软科学课题（201025）《小型农田水利设施建设一事一议、财政补助政策落实情况调查》报告。课题主持人：胡振虎。

② 小型农田水利设施主要指为解决灌溉、除涝、水土保持和人畜饮水而修建的，包括小型灌溉排涝、小型灌溉排水泵站、小型水库、小型河道整治、小型引调水、小型防洪、小型拦河水闸、小型水利发电、水土保持生态、灌区抗旱水源、人畜饮水等工程。

现水供给不均衡，丰水区在农业生产用水季节供应过量，而缺水区则供应严重不足，规模不大和结构不合理的小型农田水利设施没有发挥重要作用，甚至出现了2010年初西南地区的重大干旱，严重影响了当地的农业生产和农民生活。无论对农业生产还是农民生活而言，加快小型农田水利设施建设进度都具有非常重要的现实意义。

以小型农田水利重点县为例[①]，我们可以透视整个小型农田水利设施建设的整体情况。2009年，中央财政安排了32亿元，实施第一批400个小型农田水利重点县建设。据初步统计，各级财政共安排重点县建设专项资金64.1亿元，带动农民筹资筹劳17.3亿元，平均每个县投入达到2035万元，投入力度前所未有。2010年，中央财政安排小农水专项资金比2009年增加73%[②]。2010年，新增450个小型农田水利重点县建设，并且启动第二轮重点小型病险水库除险加固，全面完成大中型水库除险加固任务，加强大中型灌区续建配套节水改造以及中小河流治理[③]。重点县建设抓住了农业和农村发展最关键的环节，解决了农民群众最关心的问题。两年多的建设取得了明显成效，小型农田水利重点县初步实现了由分散投入向集中投入转变、由面上建设向重点建设转变、由单项突破向整体推进转变、由重建轻管向建管并重转变。

1. 重点县小型农田水利设施状况有了积极改善

2009年重点县建设共维修改造塘坝1万多处，整治渠道4万多公里、改造机井6万多眼，新建雨水集蓄利用工程近2万处，使一大批农田水利设施得到了更新、修复和改造。

2. 项目区农业综合生产能力有了稳定提高

通过重点县建设，提高了灌溉效率，增强了抗灾能力，增加了粮食产量。2009年，重点县建设共发展高效节水灌溉面积450万亩，改善灌溉面积1592万亩，新增和改善排涝面积975万亩，新增粮食综合生产能力

---

① 通过收集现有文献，笔者很难发现系统、全面介绍小型农田水利设施建设的资料，这也应该是它未受到重视的佐证。

② 赵鸣骥："关于加快推进小型农田水利重点县建设问题"，《农村财政与财务》2010年第5期，第11—13页。

③ 夏祖军："2010年财政工作取得新成绩"，《中国财经报》2010年12月30日，第1版。

385万吨，增产效益十分明显。

3. 节本增效提高了项目区农民的收入水平

一方面，各地大力推广节水灌溉技术，节约了农业用水，降低了农民水费支出；另一方面，重点县建设改善了灌排条件，提高了复种指数，有的粮食主产区水稻单产提高10%。水源条件的改善也促进了农业种植结构调整，有的项目区农民亩均增收超过600元。大规模的重点县建设还为农民提供了大量就近就业机会，增加了农民收入。

4. 探索建立了财政支持农田水利建设的新模式

重点县建设实行“依据规划、连片治理、整县推进”的模式，改变了过去零星分散的建设方式，初步形成了中央和地方共同投入的局面，打造了农田水利资金整合的平台，创新了支农项目立项方式，建立了绩效考评制度，强化了资金监管，形成了有效的激励和约束机制[①]。

（二）小型农田水利设施建设存在的问题

湖北省和陕西省的调查显示，小型农田水利基础设施建设既有新建的，也有改建和扩建的。从投入方式看，既有以投资为主的，也有些以投劳为主的。据当地干部反映，虽然中央推行了县乡财力保障能力建设，但是基层财政困难、吃饭财政的问题没有根本改观。另一方面，一事一议、财政补助虽然也在一定程度上增强了小型农田水利设建设，但是也尚未从根本上解决农民集体意识淡薄、组织能力差的问题，小农水建设仍然存在“三不管”——“农民管不了、集体管不好、国家管不到”的尴尬境况。总体来讲，由于财力、劳力和组织力的缺乏，小农水建设、维护和管理仍然存在许多没有解决的问题，农业综合生产能力的提高值得担忧。突出表现：

1. 年久失修，带病运行

我国现有的小农水设施大都是农村改革开放以前兴建的，除了少数地方新修了一些外，一般只进行修修补补，勉强维持运转。因此，“跑、

① 赵鸣骥：“加大投入　完善政策　全面推进小型农田水利重点县建设”，《中国财政》2010年第24期，第13—15页。

冒、漏、滴”问题非常严重，损失巨大，既不利于排涝又不利于灌溉。据陕西省的干部讲，当地现有的农田水利设施建于20世纪七八十年代，设施有的老化、有的毁损，已铺设的渠道不畅通，农民种地靠天吃饭。

2. 配套的农村小型水利设施老化严重，小农水运行环境差

一是工程蓄水能力大幅下降；二是渠道灌溉能力大幅萎缩；三是泵站排涝能力日益衰减。以湖北省为例，该省泵站大都建于20世纪60—70年代，由于长期运行而又无钱维修养护，加之生产设备的厂家早已更新换代，无配件可换，设施老化、损毁严重，每年只能勉强维持运行，效益退化日益突出。

3. 政府动员机制运行不畅，社会机制尚未建立

发端于农村的承包经营改革，实现了农村耕地的公有私用，极大地释放了农民生产积极性，但是作为共同生产条件的小农水基础设施基本上仍然是公有公营。同时，作为公有公营的基础，政府财政、集体经济、农民投资意愿与能力、政府与集体的组织动员能力等又非常薄弱：一是产权改革不到位，激励作用尚未完全发挥；二是管理体制和机制运行效率低下，多头管理、人浮于事的问题没有根本解决。

4. 农业生产用水无保障，农民生活用水短缺

一是农业生产用水得不到保障。目前，很多的小农水设施建于20世纪60—70年代，设施有的老化、有的毁损，已铺设的渠道不畅通，农民种地靠大吃饭的现状没有得到根本改变。二是山区村民的饮水问题得不到有效的解决。目前，较发达的平原地区农民基本用上干净卫生的自来水，而在偏远的山区，村民的吃水仍然是一个很严重的问题。比如，陕西省汉中市的镇巴山区，许多村未通自来水，吃水仍然靠的是肩挑，饮水安全问题更无从谈起。

（三）小型农田水利设施建设滞后的原因

1. 各种投入严重不足，资金没有保障

一是县级财政无力投入；二是省级财政投入有限；三是中央财政投入杯水车薪；四是农民投工投劳难以组织；五是其他社会资金无动力投入。以农民投工投劳为例，湖北省农田水利工程建设资金除国家、集体少量补

助外，主要靠受益区农民投工投劳。农村税费改革取消“两工”，失去了农村水利建设投工投劳的支点。据不完全统计，湖北省用于水利建设投工投劳数量从2002年以前的每年10亿个左右呈直线下降趋势，近5年勉强维持在2亿个左右，且大都作为国家重点项目配套，用于农田水利工程的数量微乎其微。

2. 产权制度缺乏激励作用，体制机制运转不畅

一方面管理主体缺位。除大中型水利工程有专门的管理机构和人员外，大部分农村小型水利工程基本上是有人用无人管，特别是农村体制改革后，农村土地由集体经营转变为农民分散经营，已建成的农村小型水利工程由于管理体制没有理顺，产权归属不明确，国家、集体、受益户三者的职责和义务没有明确的界定，导致这些工程建、管、用三位脱节，管理、维护主体缺位。另一方面运行机制不活。大多数水管单位性质不明，公益性工程缺乏财政支持，经营性部分又难以实现良性发展，造成工程维修资金难落实，工程管理基础薄弱，效益难以正常发挥，服务质量难以保证。加之各地长期存在重建轻管、重大轻小、重枢纽轻配套的意识，致使农村小型水利工程成为“弃儿”，形成“国家管不到、集体管不好、农民管不了”的局面。同时，长期以来农村小型水利工程管理、维护费用渠道不畅，受益区农民又无钱维修，加剧了工程老损程度。

3. 资金投入渠道分散，结构性不合理

目前，国家投入农村小型水利工程的资金渠道很多，除了水利口外，还有国土综合整治、农业综合开发等。但由于各自为政，工程规划及布局上缺乏整体考虑，建设投资标准也很不一致，造成农村小型水利工程规划内容难以形成合力，整体推进难度大。即便是水利口投资，国家投资也是主要用于骨干工程、“卡脖子”工程，而田间工程则没有投资渠道，使得骨干工程与田间工程建设不同步，造成骨干工程改造效果十分显著，而田间工程建设明显滞后，制约了建设效益的充分发挥。

4. “一事一议”难议、难决、难行

一方面部分干部群众对“一事一议”政策不了解、不熟悉，更不会应用。有的农民认为“一事一议”和“投工投劳”就是变向收费。有的基层干部觉得多一事不如少一事，尽量不去主动找“麻烦”。另一方面

"一事一议"规范操作难，集中表现为难议、难决、难行，具体主要表现在"四难"：一是开会议事难，农村70%以上劳力外出务工，留守村民对村内公益事业也缺乏必要的关心和热情，导致坐在一起开会难；二是意见统一难，一些农村水利设施农户受益不均导致议事很难达成共识，形成决议；三是资金收取难，往往议事成功，资金也很难收取到位；四是规范管理难，由于制度不健全，少数村对收取的"一事一议"资金没有做到专款专用，改变资金用途的现象时有发生。由于此种种原因，导致"一事一议"成功率极低。

二、小型农田水利设施建设一事一议财政奖补发展现状

（一）小型农田水利设施建设一事一议财政奖补的基本格局

1. 一事一议财政奖补的提出

所谓"一事一议"，是指在农村税费改革这项系统工程中，取消乡统筹和改革村提留后，原由乡统筹和村提留中开支的农田水利基本建设、道路修建、植树造林、农业综合开发有关的土地治理项目和村民认为需要兴办的集体生产生活等其他公益事业项目所需资金，不再固定向农民收取，采取一事一议筹集办法。"一事一议"制度首创于2000年《安徽省农村税费改革试点方案》。2001年7月10日，安徽省和县城南乡大邢村村民代表用投放蚕豆的方式，表决通过了该村抗旱站维修议题，成为农村税费改革以来首个"一事一议"项目。"一事一议"制度实施近十年来，有力推动了农村公益事业多元投入主体格局的形成，为新时期农村公共物品建设提供了新的路径选择。

农村"一事一议"制度执行后相当长时期内，主要依靠农民筹资筹劳进行村级小型农田水利设施建设，各级财政虽通过各种形式予以不同程度支持，但并未建立规范化的制度安排。2008年，根据党的十七届三中全会"坚持和完善一事一议制度，健全公益事业建设机制"和2008年中央"1号文件"，"探索建立农村公益事业建设新机制，支持建立村级公益事业一事一议财政奖补制度试点"的指导精神，国务院决定在农村逐步开展村级公益事业建设一事一议财政奖补试点。立足于农民自愿筹资筹劳，以财政奖补为切入点探索政府引导、群众参与、多方投入、筹补结

合，共同推进的村级公益事业建设新机制，促进社会主义新农村建设。2008 年，国务院综改办确定在黑龙江、河北、云南 3 个省先行试点，2009 年试点范围扩大到包括陕西省在内的 17 个省份，2010 年，进一步扩大到涵盖新疆、海南、河南在内的 27 个省份。以 2009 年为例，中央和地方财政共投入村级公益事业财政奖补资金 184.68 亿元（包括整合支农资金 39 亿元），农民筹资筹劳和社会资助村级公益事业投入 628 亿元，已建成或在建项目 25 万余个，硬化村内道路 47 万公里，修建村内小型水利设施 24 万处，村内环卫设施 100 多万平方米，建成一大批村级公益项目，全国约 2.6 亿农民直接或间接受益。

2. 丰水区小型农田水利设施建设一事一议财政奖补现状分析：以湖北省为例

湖北省自古就有“湖广熟、天下足”之称，当前仍是全国粮食主产区之一。全省以占全国 2.4% 的耕地面积、3.6% 的有效灌溉面积，生产了全国 4.6% 的粮食，为国家粮食安全作出重要贡献。然而，由于水资源时空分布不均，水土资源分布不尽协调等原因，全省呈现平原湖区水袋子、鄂北岗地旱包子的水资源布局，严重影响了农业生产。与此同时，水利设施保障程度不高的事实也加剧了该局面的恶化，直接影响全省农业灌溉率。据历年《湖北统计年鉴》统计，湖北省近年灌溉率为 65% 左右，旱涝保收率 55% 左右（见表 2 - 2）。

表 2 - 2　　湖北省灌溉率和旱涝保收率

年　份	1990	1995	2000	2001	2002	2007
有效灌溉率（%）	66.80	64.70	63.10	62.54	64.85	64.90
旱涝保收率（%）	56.40	54.10	53.30	52.79	53.32	55.30

数据来源：《湖北统计年鉴》1991—2008 年。

2009 年，根据《国务院农村综合改革工作小组、财政部、农业部关于扩大村级公益事业建设一事一议财政奖补试点的通知》（国农改［2009］3 号）精神，湖北省被确定为当年全国村级公益事业建设一事一议财政奖补局部扩大试点的 7 个省份之一，并于 2010 年被批准在全省

（区）范围内进行试点。据此，湖北省认真总结相关经验，结合省情，修改并下发了《湖北省村级公益事业建设一事一议财政奖补试点方案》，对一事一议财政奖补的对象、范围、工作程序、奖补标准和配套措施等进行了补充完善，建立起一套比较完整的一事一议财政奖补制度。在局部试点期，湖北省坚持以“省委、省政府确定的各类农村改革试验区（点）为重点，优先考虑工作基础好，试点积极性高的县（市、区），同时适当兼顾地区平衡”为原则，将试点范围界定为包括仙洪试验区、脱贫致富奔小康试点县和鄂州城乡一体化试验区在内的27个县（市、区），同时规定其他县（市、区）可选择部分乡镇或村组自行试点，并于2010年将试点扩大到全省所有县（市、区）。

湖北省小型农田水利设施建设一事一议财政奖补的主要经验有以下几点：

（1）加强组织领导，完善工作机制。为加强对一事一议财政奖补试点工作的组织领导，将好事办好，实事办实，湖北省各试点县（市、区）都成立了以政府主要领导为组长，综改、财政、农业、林业、交通、水利等部门主要负责同志为成员的领导小组，并从相关部门抽调专人组成工作专班，负责一事一议财政奖补的组织实施。工作机制上，各试点县（市、区）都明确规定一事一议财政奖补试点工作由综改部门牵头，主要负责组织和协调；农业部门负责审查一事一议筹资筹劳程序和标准的规范性、有效性；财政部门负责一事一议筹集资金和财政奖补资金的拨付和监管，各部门间既各有分工，又共同协作，形成较强的工作合力。

（2）及时部署工作，抓好政策培训。为迅速启动一事一议财政奖补试点工作，2009年7月，湖北省召开了全省村级公益事业建设一事一议财政奖补试点工作会议，全省各市州及27个试点县（市、区）综改办、农业局（减负办）负责人参加。国务院综改办主任王卫星同志亲自到会并作重要讲话，省财政厅副厅长、省综改办主任王华新同志作报告。通过此次会议，统一了全省综改、减负部门对一事一议财政奖补工作的思想认识，坚定了开展一事一议财政奖补工作的信心和决心。

（3）积极筹措资金，改革奖补方式。根据《财政部关于村级公益事业一事一议中央财政奖补事项的通知》精神，在财政奖补方式上，湖北省规定政府对试点县（市、区）农民通过一事一议筹资筹劳开展村级公益事业建设按照1/3的比例予以补助，试点县（市、区）所需政府补助资金原则上由省和中央财政承担2/3，试点县（市、区）财政承担1/3。为积极推动试点县（市、区）做好项目验收和资金结算工作，根据试点县（市、区）一事一议筹资筹劳情况，湖北省对各试点县（市、区）奖补资金进行了严格测算，并采取预拨方式以《省综改办关于拨付一事一议财政奖补试点调度资金的通知》和《省财政厅关于预拨2009年村级公益事业建设一事一议财政奖补资金的通知》，向27个试点县（市、区）下拨一事一议财政奖补中央和省级补助资金2.8亿元。

（4）推进工作创新，优化奖补效果。为充分发挥一事一议财政奖补的政策效果，湖北省积极在奖补工作程序、资金管理、项目建设等方面进行创新和突破。一是实行资金预拨和清算制。为加快一事一议财政奖补项目建设进度，规定县、乡两级财政在条件允许情况下，可提前调度财力预拨部分奖补资金，实行建设和奖补并行，在项目竣工验收合格后再进行清算，多退少补。二是推动支农资金整合。鼓励有条件地方结合实际，按照"渠道不乱、用途不变、各记其功"原则，将现有新农村建设资金、村容村貌整治资金、扶贫开发整村推进资金等与一事一议财政奖补资金捆绑使用，充分发挥财政资金使用效益。据统计，2009年27个试点县（市、区）共整合资金1.98亿元。三是实行项目资金报账制。湖北省规定一事一议财政奖补项目必须坚持乡镇报账制，原则上只有在村民筹资、村集体投入、社会捐赠资金到账，具备项目开工条件后，才能由村级提出申请，由乡镇财政部门按工程进度拨付资金。四是坚持实行建管结合制。按照"谁投资、谁受益，谁所有、谁养护"原则，明确一事一议公益设施所有权，落实养护责任主体，防止因管理不当、养护不力，造成公益设施受到损害和破坏，挫伤村民积极性。

（5）切实加强监管，确保政策落实。为确保一事一议财政奖补政策落实到位，湖北省制定了多项配套措施，各试点县（市、区）也积极进行探索。一是加强奖补资金管理。试点县（市、区）一事一议财政奖补资金全部设立专用科目，实行专户存储，单独核算。二是加大监督检查力度。试点县（市、区）综改、财政、农业部门定期对奖补项目及资金使用合规性、规范性和有效性开展检查，对违反政策规定截留、挪用一事一议筹资筹劳资金和奖补资金的行为，进行严肃处理，并追究相关当事人责任。三是坚持财务公开制度。将一事一议财政奖补项目的建设内容、筹资筹劳数量、奖补金额等纳入村务财务公开内容，及时向村民公布，接受群众监督。四是建立档案管理制度。试点县（市、区）普遍建立一事一议奖补项目档案或数据库，将村民一事一议筹资筹劳的会议记录、村民签字、筹资筹劳方案、奖补项目申请表等相关原始材料汇总归档，规范管理。五是严格实行项目验收。一事一议财政奖补项目建设完成后，由县级农村综合改革领导小组办公室组织财政、农业（减负）等相关部门进行验收。验收过程中必须有村干部、村民代表和受益群众参与。验收结束后，由验收单位出具有3—5名村民代表签字同意的验收报告。

3. 缺水区小型农田水利设施建设一事一议财政奖补现状分析：以陕西省为例

陕西省于2009年被确定为当年全国村级公益事业建设一事一议财政奖补局部扩大试点的7个省份之一，并于2010年被批准在全省（区）范围内进行试点。根据《试点方案》“先行试点，逐步推开”思路，陕西省确定2009年在铜川全市及其余市各选择2到3个县区先行试点，之后用1到2年时间在全省范围全面推开。依据“村民自治基础较好，村级‘两委’工作得力，县乡村试点愿望比较强烈，已以个别项目或部分村开展筹资筹劳财政奖补”等条件，在市级推荐基础上，选定30个县区为2009年一事一议财政奖补试点县。为扩大财政奖补政策覆盖面，使试点更具代表性，陕西省要求各试点县区按行政村总数30%的面开展试点工作。

2009年，陕西省30个试点县区共实施村级公益事业建设项目2587个，覆盖396个乡镇、2310个行政村，371.45万农村人口受益，筹资筹劳5.15亿元，申请财政奖补1.7亿元，拉动社会投资2.99亿元。截至2009年年底，共完工验收项目1038个，完工项目970个，在建项目550个，待建项目29个，共硬化道路3726公里，修建灌溉渠530公里、自来水管道999公里，建设小型水利设施207处，整治环境10.69万平方米，建设文化活动广场9.26万平方米，植树10万余株。村级公益事业建设一事一议财政奖补工作的开展，有效调动了基层和农民群众大办公益事业的积极性和主动性，一事一议财政奖补政策成为陕西新农村建设的一大亮点。

陕西省小型农田水利设施建设一事一议财政奖补的主要经验有以下几点：

（1）积极动员部署，建立工作机制。一是搞好发动，召开全省村级公益事业建设一事一议财政奖补试点工作座谈会，要求市、县区一定要充分认识开展试点工作的重要意义，增强使命感，扎实做好试点工作；二是成立组织，试点县区及时成立由县区政府领导任组长，相关部门领导为成员的试点工作领导小组，试点乡镇也成立了相应的领导机构，明确乡镇领导为试点第一责任人，村“两委”领导为项目直接责任人；三是建立工作机制，明确由综改办负责试点工作的组织实施和督促协调，农业部门负责监督一事一议规范操作和筹资筹劳的限额控制，相关部门按业务负责指导监督项目的实施。县乡村三级层层签订了责任书，严格按照《村民委员会组织法》和村级公益事业建设一事一议的有关要求组织实施。

（2）健全工作制度，细化工作程序。在深入调查研究充分征求意见的基础上，制定下发《陕西省村级公益事业建设一事一议财政奖补资金管理暂行办法》，进一步明确项目申报审批、奖补资金的拨付程序，对项目实施验收和奖补资金兑付管理提出明确要求。对一事一议财政奖补项目实行计划控制、先批后建，并按财政奖补资金规模，分级审批。奖补资金在20万元以下项目由县级审批，20万元以上项目由市级审批，重大项目由省级审批。省综改办会同省农民负担监管部门依据各市、县区农村人口、农村劳动力、筹资筹劳上限限额、财政奖补标准等因素，测算下达财政奖补资金和筹资筹劳总额计划控制指标。市县在控制指标内组织村级公益事业一事一议筹资筹劳建设项目，试点村通过乡镇政府向县综改办提出项目申请，综改办会同财政、减负办，按职责分工对所申报项目进行审核，市综改办将各市、县区拟建项目计划及相关资料连同市、县区（含省管县）两级财政安排的奖补资金预算说明上报省综改办审核备案。项目竣工后，由县综改办会同财政局和农民负担监管部门组织相关部门进行验收，对合格项目出具验收报告。村民委员会可附项目建设方案等相关材料，通过乡镇向县综改办和财政局提出财政奖补申请，县综改办和财政局审核汇总后上报市综改办和财政局。

（3）广泛宣传培训，公开政策程序。利用陕西财政网、陕西农村综合改革网、陕西农村综合改革工作简报和西部财会杂志等平台，大力宣传一事一议财政奖补政策和试点工作动态，引导督促试点县区做好试点工作。举办全省村级公益事业建设一事一议财政奖补政策业务培训班，印发《陕西省村级公益事业建设一事一议财政奖补政策汇编》，对陕西省村级公益事业建设一事一议财政奖补工作方案和财政奖补资金管理办法及其相关措施进行详细讲解。各试点县区利用电视、广播、报纸、简报、宣传栏、公示栏等多种载体，采取培训会、动员会、印发宣传手册、知识问答宣传单等多种形式，对一事一议政策、工作程序进行广泛宣传。

（4）严把政策关口，确保规范操作。全省要求在具体筹资筹劳工作中认真把握政策，严把议事范围、议事程序、申报程序、征缴管理、公布公示等关口，做到三个确保：确保一事一议财政奖补项目建设尊重农民意愿、民主决策；确保筹资筹劳上限控制标准，不加重农民负担；确保量力而行，不举债搞建设，切实把这项惠及老百姓的好事办好。

（5）落实奖补资金，支持项目建设。陕西省《试点方案》和《资金管理办法》明确规定"政府对农民通过一事一议筹资筹劳开展村级公益事业建设，在筹资筹劳限额内按照筹资筹劳总额的1/3予以补助。奖补资金由中央、省和市县财政共同负担，中央、省财政通过奖补的方式承担政府补助资金的2/3，市县财政共同承担1/3。市县财政要按照应承担的补助比例足额安排奖补资金。"2009年年初，省财政安排7500万元专项用于一事一议财政奖补。与此同时，积极督促市、县区落实奖补资金。为推动全省试点工作开展，中央财政预拨全省奖补试点调度资金1.3亿元，省综改办、省财政厅分三次及时下拨。同时省上下拨30个试点县区工作经费900万元，专项用于保障村级公益事业建设一事一议财政奖补工作。

（6）加强督促检查，促进工作开展。2009年，陕西省综改办先后到18个县区开展调研督促活动。多次召开专题座谈会，了解试点工作进展情况，分析存在问题，研究解决措施，督促市县落实相关政策，加快工作进度。各市、县区通过召开座谈会、走访村组农户、查看项目实施现场等方式，普遍加大检查监督力度。

(二) 小型农田水利设施建设一事一议财政奖补的问题透视

自2000年“一事一议”制度出台，及2008年财政奖补政策颁布后，一事一议、财政奖补已成为当前中国包括小型农田水利设施在内的村级公益事业建设的主渠道，并取得显著成效。然而，通过文献梳理与实地调研可知，由于制度设计自身缺陷与外部运行环境束缚，“一事一议”也存在“事难议、议难决、决难行”的执行困境及“小事能凑合，大事没办法”的效用窘境，而财政奖补所起到的激励效用亦存在局限性，这表明依靠一事一议财政奖补来破解中国小型农田水利设施建设难题尚需时日，有待相关制度创新与政策调整。

1. “一事一议”制度的实践困惑

“一事一议”制度的执行实现了村级公益事业建设“由上至下”到“由下至上”模式的变更，凸显了农民利益诉求意愿，强化了农业投入多元主体，完善了农村生产生活条件，促进了村级民主建设。据此，“一事一议”指明了21世纪国家强农惠农大背景下村级公益事业建设的主导方向，并为后续“三农”政策的探索搭建了实践平台。但是，基于中国村级公益事业建设所固有的历史欠账、意识惯性、体制依赖等积弊，政府的定位认知存在渐进性，改革并没有能力实现“一蹴而就”。尤其是近年来“一事一议”在运行中问题频生，更加昭示中国村级公益事业建设新机制仍处于摸索阶段，亟待有关主体调整相关制度供给。据国家统计局农村社会经济调查总队2005年对全国31个省（自治区、直辖市）6.8万农村住户的抽样调查显示，采取一事一议办法筹资人均仅1.6元，且由于操作层面困难，只有10%多一点的行政村实施了一事一议（刘鸿渊等，2008）[①]。陈俊亚（2007）针对陕西省25个县1000个农村住户的调查表明，2004年与2005年“一事一议”人均筹资额分别为1.6元与1.4元。其中，67%的农户认为“一事一议”议不起来，也议不成事；22.6%的人认为只要做好工作，筹资数额不大，真正为村民办好事还是能议起来的；

---

① 刘鸿渊、闫泓：“农村村级公共产品‘一事一议’难题与破解”，《求实》2008年第8期，第89—92页。

10.4%的人认为无所谓[①]。

理论界对“一事一议”的讨论主要聚焦在制度效用上。一是“肯定”论，认为推行“一事一议”可促进村庄公共物品有效供给（黄辉祥，2003）[②]。二是“抛弃”论，指出“一事一议”存在交易成本高、不确定性大等刚性制约，应予以取消（李琴等，2005[③]；赵云旗，2008[④]）。三是“完善”论，也是当前意见较为集中的领域，强调由于议事对象多元化、制度框架设计缺陷、政策目标定位有误等障碍，“一事一议”制度仍需进一步完善（林万龙，2007[⑤]；杨卫军等，2005[⑥]；陈定洋等，2008[⑦]；周密等，2009[⑧]）。

当前“一事一议”实施困难，多数情况下流于形式，并没有达到农民自主提供公共品的制度目标，出现“制度失灵”的典型症候。究其根源，主因在于对中国农村发展基本格局的判断模糊，导致制度安排与运行环境相脱节，极大约束制度功效发挥。改革开放后，中国农村呈前所未有剧变，农业产业结构调整突出，村集体职能逐年弱化，农民阶层分化愈发显著，农村剩余劳动力大规模转移，农村公共品供需缺口日益拉大，造成农业政策环境面临极大不确定性，导致相关农业支持制度不断凸显无所适从的实践困惑。“一事一议”具有既定执行目标、方式、范围，但中国

---

① 陈俊亚：“关于村级‘一事一议’制度的几点思考”，《理论导刊》2007年第5期，第80—82页。

② 黄辉祥：《“一事一议”：民主化的村庄公共产品供给机制》，华中师范大学硕士学位论文2003年。

③ 李琴、熊启泉、孙良媛：“利益主体博弈与农村公共产品供给的困境”，《农业经济问题》2005年第4期，第34—37页。

④ 赵云旗：“农村‘一事一议’制度思考”，《经济研究参考》2008年第65期，第15—20页。

⑤ 林万龙：“中国农村公共服务供求的结构性失衡：表现及成因”，《管理世界》2007年第9期，第62—68页。

⑥ 杨卫军、王永莲：“农村公共产品提供的‘一事一议’制度”，《财政科学》2005年第1期，第181—187页。

⑦ 陈定洋、王泽强：“从非合作博弈到合作博弈”，《商业研究》，2008年第3期，第52—56页。

⑧ 周密、张广胜：“‘一事一议’制度与村级公共投资：基于118个村书记调查的经验分析”，《农业技术经济》2009年第1期，第88—92页。

“三农”复杂环境中的多元化、动态性、内生型等特征决定了“一事一议”制度的完备性在制定上存在先天性不足，并直接导致执行可行性欠缺，严重阻碍制度设计初衷的有效实现，且非政策协调可克服。

（1）运行平台缺失。“一事一议”制度寄望发挥支农、补农、建农“乘数”作用，从而有效撬动农村公共品建设供需的“双弱”僵局，但鉴于对外部实施条件的准确性把握缺乏，导致效率丧失问题扩大化，局限了制度实施空间。

第一，议事单位范围冲突。中国农村区域广阔，地形多样，农业分散经营与农民分散居住问题并存，行政村设置基础上又存在以地理集聚为特征的自然村现象，农业政策规划单位多有异议①。“一事一议”规定行政村为议事单位，但考虑到区域差异性，加之实施于21世纪初的村庄撤并政策引发行政村范围不断扩大，自然村也体现出作为议事单位的必要性与可行性，从而带来实践障碍。一方面以行政村为单位议事易引发村民受益不均难题。“一事一议”筹资筹劳具有统一性，即村级范围内农户均摊建设成本，而公益事业“建设跟着规划走、项目强调落脚点、管护注重补缺漏”的客观事实又决定了源于地理区位、经济水平、实际需求迥异的不同效用人群在“事”的受益程度上存在结构性失衡，权责分担机制缺失。另一方面以自然村为单位议事又存在人少量少难以满足公益事业建设需求的矛盾。“一事一议”注重化解村级公益事业建设信息不对称问题，自然村成为议事单位的逻辑选择。然而，自然村天然具有人数劣势，加之筹资筹劳限额控制，一旦存在需“议”之“事”，资金缺口明显，难以单一承担本区域公益事业建设重任，利益诉求路径不畅。

第二，议事组织职能弱化。在当前劳动力流动市场开放及市场经济体制改革深化背景下，村干部人选存在“降格选拔”现象，有能力的村民多外出务工或从事非农产业，实质上不断收缩村干部选拔范围，选拔标准由“具备威望”转化为“长期在家”，选拔原则由“带领村民奔小康”演变为“维持村集体正常运转”。据此，现有村干部在责任心、执行力上

---

① 如林毅夫曾指出新农村建设的对象应是自然村。——林毅夫：“落实社会主义新农村建设的五点建议”，《金融经济》2006年第7期，第15—16页。

多属次优选择，在人民群众中缺乏足够的凝聚力、向心力、号召力，加之乡镇改革、村民自治制度推行、农户素质提升等因素，加剧了村级组织的信任危机和权力弱化，面对诸如“一事一议”筹资筹劳之类麻烦事，既在主观上躲闪逃避，又在客观上有心无力，难以胜任议事组织职责。

第三，议事交易成本高涨。当前农村事务管理所呈现的“散、杂、碎”局面决定了“一事一议”制度实施存在高交易成本。一方面议事过程组织成本居高不下，议案提交、民主表决所涉及的村民会议及村民代表会议均不同程度存在人员召集、会场安排、信息传达等困难，需组织者耗费大量物化及非物化成本；另一方面决议实施保障成本持续增加，表决即便通过也仅意味着原则性达成共识，并不表示项目建设即时开展，既衍生出对持有不同意见农户的后续说服工作，又伴随着非延续性的筹资筹劳过程，其间耗损的时间、精力等成本不言而喻。

（2）议事效果低下。“一事一议”制度创新在于强调村民自议，由此改变了村级公益事业建设决策程序，但鉴于对农村社会结构的理解偏差，新制度无法通过有效贯彻民主意图来提高村级公益事业建设强度，强烈影响议事效果。

第一，民主程度难如人意。民主化的主体性基础薄弱严重制约“一事一议”的有效实施。一是议事主体集结困扰。当前农村居住人口的系统性流动极大动摇了“一事一议”运行机制的稳定性，直接导致“事难议”成为普遍现象①。计划经济时期，农民被严格限制在农村，以组为单位来统一安排生产生活，较易集中。随着市场经济对农村禁锢的解放，农村劳动力大量外流，青壮年普遍外出务工，“一事一议”所要求的全体村民大会及村民代表会议均难以有效召开②。多数村干部为满足相关政策规定，只能通过各种方式与当事人进行远程联系，甚至不少地区选择在春节等人流密集时段开展议事活动。二是议事主体民主参与度有限。一方面大

① 据笔者在河南、湖北等地实地调研，多数村庄“一事一议”活动一年最多仅能开展一次。

② 根据《村民一事一议筹资筹劳管理办法》（国发办［2007］4号）有关规定，召开村民会议，应当有本村18周岁以上的村民过半数参加，或者有本村2/3以上的农户代表参加。召开村民代表会议，应当有代表2/3以上农户的村民代表参加。

量务工人员外出导致全体村民大会难以召开，勉强召开的村民代表会议实际就是“留守农民”大会，既易存在源于实用主义的道德风险与逆向选择，又可能因委托投票失范而难以引起全体村民共鸣。另一方面以个体家庭为生产单元的小农经济具有分散化特征，加之人力资本匮乏，广大农民一定程度存在“集体行动困境”，长期沦为社会弱势群体的同时也造成参与意识薄弱，特别是当前农村剩余人口多为老弱病残人员。此外，全体村民大会难以有效开展时常造成局部村干部及党员商定决议，没有经过正常组织程序，不具有代表性。

第二，村民议事有限理性。随着新时期国家加大农业支持力度，“三农”发展迎来新契机的同时也改变了农民对惠农政策的心理预期。“减轻农民负担，尊重农民意愿”成为多数农民对国家支农行为的直观理解，并引发其积极争取发展主导权，尤其因配套出资而愈发重视参与式管理，但农民固有的有限理性极大地干扰正常项目建设。就“一事一议”而言，村级公益事业的公共品外部性及筹资筹劳的敏感性导致农户过度进行经济估算与利弊权衡，进而影响议事效率，主要表现在议事过程多发博弈纷争，一旦遇到“非议不可”之事，屡见决议延误。农民是理性经济人，“议难决”看似因为不同类型农户的项目建设态度有别，实际上是农户立足自身做出的理性选择，归根结底是没有满足部分农户“成本—收益”评估的均衡点，是农户对“划不划算”问题的考虑结果，权益紧密性与参与积极性高度正相关。议事农户基本对筹资筹劳“一刀切”的政策规定不予思辨，完全依靠主观对农村公共品的理解及项目受益度来择定行为，“本位主义”与“利己主义”强烈，内部争议常体现为相互推诿责任及存有“搭便车”心理，难以实现激励相容，项目区农户合作意图明显，而非项目区农户则具有投资趋紧倾向。

（3）筹资能力不足。“一事一议”制度的理论根基在于健全农村公共品建设的社会资源动员机制，实践依据在于激发投入主体积极性，但鉴于对制度影响因素的基本评估不准，资金筹措方案背离于农村客观实际，制约了项目建设进程。

第一，筹资难度居高不下。“一事一议”具有制度软约束特征，农户存在履行职责的非主动性，时常引发筹资乏力的“决难行”尴尬局面，促成后决议时期的执行监督成为关键环节。一是持异议村民的消极行为。“一事一议”很难真正获得全体村民一致同意，多以少数服从多数为议事原则，而不同意者动辄以种种借口不肯出资，此“谁同意谁掏腰包”现象极大破坏了决议严肃性。二是非合作村民的对抗举动。考虑到个体异质性，高觉悟及善于学习的农户大多能够合理定位“一事一议”制度功能，有效识别村级公益事业建设的农村发展目标。但长期生活于封闭式农村环境且与外界信息沟通不畅的农户往往对村级公益事业建设的必要性持怀疑态度，既回避议事议案，又漠视议事决议，一旦筹资筹劳，认定其为“变相摊派”且拒不缴纳①，基层组织因束手无策而只能默认接受，但其催生的“多米诺骨牌”效应严重助长了农村攀比之风，并成为“一事一议”实施的最大隐忧。三是贫困村民的筹资困境。尽管相关文件对“一事一议”筹资筹劳对象已有界定②，但全国范围内出资能力相当有限的农村低收入人口仍具较大比重，尤见于生产生活脆弱性更明显的贫困人群，针对此类群体实难兼顾公平与效率。

第二，筹资规模量少有限。事实上，多数地区反映仅靠农户集资难以解决生产生活中的急事和大事，这也成为公众质疑“一事一议”制度适用性的焦点所在。一是筹资额度上限约束。“一事一议”制度的出台背景源于农村税费改革，具有村级公益事业供给与减轻农民负担的二元目标定位，故多数地区对农户年均筹资上限有具体要求③（见表 2－3），这在保证农民建设出资制度化与规范化的同时也束缚了筹资总规模，从而决定了“一事一议”仅能处理小金额之事，一旦面对路、水、气、电、网等投资大、工期长项目便无能为力，实践中暴露出“修修补补还好说，一动真格便没辙”的问题④。二是以资抵劳执行悖论。当前农村劳动力报酬水平

① 事实上，此类“钉子户”在农村大量存在，受限于生存环境与自身素质，其对抗行为并非仅针对“一事一议”制度，而是涵盖大多数农村发展事务。

② 根据《村民一事一议筹资筹劳管理办法》（国发办［2007］4 号）有关规定，五保户、现役军人不承担筹资筹劳任务，退出现役的伤残军人、在线就读的学生、孕妇或者分娩未满一年的妇女不承担筹劳任务。

③ 部分地区政策放宽为在限额内可一次性筹集两年资金，但仍相当有限。

④ 以陕西省镇巴县开展“交通建设年”活动为例，建设通村水泥路 73 条 428.5 公里，按照政策规定，每公里需群众集资 20 万元，人均筹资 300 元以上，大大高于年度人均筹资上限。

远高于筹劳折资标准[①]，农户普遍倾向于以资抵劳，继而产生劳资差价，变相形成源于制度漏洞的筹集资金损失。此外，农村“钉子户”、贫困农户资金收缴不易也进一步压缩筹资空间。

2. 职责划分中的“制度陷阱”

实践表明，“一事一议”难以彻底担当村级公益事业建设重任，如上所述可部分归制度运行环境，但毕竟是职责划分不清使然。中国村级公益事业建设低下并非主要表现为增量有限，而是存量不够，是历史欠账过重的产物。

表2-3　　各省“一事一议”筹资筹劳上限简况

省份	村民筹资上限	村民筹劳上限
安徽	15元	10个标准工日
福建	上年农民人均纯收入的1%	3个标准工日
甘肃	1997年人均纯收入在2000元以上的县（市、区）为15元；1000—2000元（含1000元）的10元；1000元以下的6元	10个标准工日
广东	15元	10个标准工日
贵州	上年农民人均纯收入的1%	10个标准工日
海南	各市、县农民负担监督管理部门根据当地经济发展水平和村民承受能力确定	
河北	20元	5个标准工日
河南	20元	5个标准工日
黑龙江	12元	8个标准工日
湖北	15元	10个标准工日
湖南	15元	10个标准工日
吉林	15元	10个标准工日
江苏	20元，苏南等经济发达地区在农民自愿基础上可适当增加至25元。筹资实行公平负担方法，收入高的多负担，收入低的少负担，高收入农户可在平均额3倍内，不同收入水平相应多承担筹资	5个标准工日

① 当前政策的筹劳折资标准一般按每工日20元折算，而实际上农村普通小工劳动报酬每天在60元，技术工在100元左右。

续表

省份	村民筹资上限	村民筹劳上限
江西	15 元	10 个标准工日
辽宁	上年农民人均纯收入的 1%	10 个标准工日
内蒙古	15 元	10 个标准工日
宁夏	上年农民人均纯收入的 1%	灌区 15 个标准工日，中部干旱带与南部山区 10 个标准工日
青海	15 元	10 个标准工日
山东	15 元	10 个标准工日
山西	15 元	5 个标准工日
陕西	上年农民人均纯收入的 2%	10 个标准工日
上海	35 元	5 个标准工日
四川	15 元	10 个标准工日
新疆	15 元	男劳动力 10 天，女劳动力 5 天
云南	上年农民人均纯收入的 1%	10 个标准工日
浙江	1 工的要求	3 个标准工日
重庆	15 元	5 个标准工日

资料来源：根据各省份“一事一议”筹资筹劳管理办法整理而得。

根据公共经济学理论，村级公益事业具有公共物品特征，理应政府出资兴建，至少是主要投入方。然而，纵观新中国村级公益事业发展史，政府在合作化、人民公社、家庭联产承包责任制等不同时期均试图通过乡统筹、村提留、“两工”等方式来安排农民充当投入主体，这固然可归结于同期综合国力、财政实力等约束条件，但难以掩盖政府因力有不逮而逃避职责的客观事实，直至改革开放后“村民自治”治理形式的行使引发农村公共品建设供给主体出现真空①，导致以往农村内部化解决方案再无实

① 家庭联产承包责任制虽然极大刺激了农户生产积极性，却造成集体资金积累机制弱化。

施空间，村级公益事业建设日益陷入困境。尽管自20世纪90年代起，国家对农村基础设施投资逐年增多，但亦伴随总量不足、区域不平衡、资金来源渠道窄、项目建设重大轻小等症状，积重难返的村级公益事业局面难以彻底扭转。据此，长期以来中国村级公益事业一直缺乏系统有效的制度安排，尤其是政府投入支持“缺位”明显，此乃建设乏力主因。通过解读“一事一议”政策内涵可知，重大突破是完善了项目建设决策程序及强调了科学化、精细化筹资筹劳原则，主要成就在于管理层面，资金供给格局依然没有变化，农户仍旧担任主要投入方，本质上是沿袭了政府传统的农村内部治理思维。从历史与现实的二维视野出发，村级公益事业实际上就是政府该管但管不了的大摊子，新时期通过“一事一议”制度来积极塑造多元供给新机制在客观意愿上还是企求发动农村参与，从而以维稳为目标来缓解建设滞后局面，仍属政府为推卸责任而在现行体制框架内进行有限调整，并没有触及公共财政提供农村公共品的本质，实为职责界定中的“制度陷阱”。

3. 财政奖补政策的执行弊端

“一事一议”与财政奖补互为表里，两者构成了完整的村级公益事业建设支持体系，前者是后者的运行载体，后者是前者的逻辑延伸。财政奖补政策的出台昭示政府正式为“一事一议”提供财力保障，标志着政府主导功能的回归，而非以往象征性介入，这既是各级政府加大投入力度的积极信号，亦进一步助推了“一事一议”深化实施。然而，基于执行时日尚短，加之资金分配与管理上的漏洞，一事一议财政奖补的激励效应尚未充分发挥。

（1）奖补标准脱离客观实际。财政奖补丰富了“一事一议”资金来源渠道，增加了村级公益事业建设资金总量，但实践中亦多对奖补金额存有过低疑问。一是奖补比例偏低。根据《财政部关于村级公益事业“一事一议”中央财政奖补事项的通知》（财预［2009］5号）有关规定，政府对农民通过“一事一议”筹资筹劳开展村级公益事业建设按照1/3的比例予以补助，各省在具体实施中也基本以此为准（见表2-4）。如此尚不及半数的奖补标准虽体现出政府支持意愿，但亦反映出决心不够彻底，忽视了农村建设的客观困难，实难有效调动农户投入积极性，“国家政策倒是好，就是给得有点少，不痛不痒难办事，群众急盼奖补高”便是政策处境尴尬的真实写照。二是奖补基数有误。财政奖补实行比例制，以农民筹资筹劳总额为基数。这实际上将“一事一议”可支配资金囿于农民筹资筹劳总额×（1+奖补比例）之内，多筹多得、少筹少得看似合理，但在筹资筹劳普遍乏力及上限约束的背景下，基数小必然导致奖补少，直接限制了奖补资金数量，政策效应严重弱化。同时，不以工程建设金额为基数进行奖补将扩大资金缺口，压缩“一事一议”适用范围，项目若是民之所需则无力开展，强行实施只能是变相增加村民负担。

表2-4　各试点省份“一事一议”、财政奖补标准简况

省份	财政奖补标准
安徽	政府按筹资筹劳总额的1/3予以补助，其中，中央、省财政负责2/3，市县财政负责1/3
福建	财政按筹资筹劳总额的1/3予以补助，其中，一般转移支付县或相当于转移支付县，省级以上财政承担80%，市县财政承担20%；对非转移支付县，省级以上财政承担2/3，市县财政承担1/3
贵州	政府按筹资筹劳总额的1/3予以补助，其中，中央、省财政负责2/3，市县财政负责1/3
河北	重点项目，中央和省财政按筹资总额1:3给予补助；一般项目，按筹资总额1:1给予补助；市、县财政配套安排奖补资金的再按配套额的10%增加奖补
河南	政府按筹资筹劳总额的1/3予以补助，其中，中央、省财政负责2/3，市县财政负责1/3；成效显著的村与项目再予以奖励
黑龙江	财政人均每年补助10元，外加先进村与示范村奖金
湖北	政府按筹资筹劳总额的1/3予以补助，其中，中央、省财政负责2/3，县（市、区）财政负责1/3
湖南	政府按筹资筹劳总额的1/3予以补助，对老少边穷及投入大、工作扎实、效果好的地区倾斜，所需资金由省财政及县（市、区）财政各负责1/3
江苏	基本奖补资金，苏北地区按筹资总额1:1予以补助，苏中地区及苏南村级经济相对薄弱地区按1:0.5予以补助；专项奖补资金，全省统一部署，从支农资金专项拨出
江西	政府按筹资筹劳总额的1/3予以补助，其中，中央、省、市县财政各负担1/3

续表

省份	财政奖补标准
辽宁	政府按筹资筹劳总额的1/3予以补助，其中，省和市县财政各负担50%
内蒙古	视具体情况而定，多投多筹多奖，少投少筹少奖，不投不筹不奖，但农牧民筹资筹劳及其他非政府投入不能低于项目建设总额的1/3
宁夏	视具体情况而定
山东	政府按筹资筹劳总额的40%补助，其中，省财政对东、中、西部地区按40%、50%、60%予以补助，市县级财政补助比例自行确定
山西	政府按筹资筹劳总额的1/3予以补助，其中，中央财政负责1/3，地方财政负责2/3
陕西	政府按筹资筹劳总额的1/3予以补助，其中，中央、省财政负责2/3，市县财政负责1/3
四川	各级政府按筹资筹劳总额的50%予以奖补
新疆	自治区政府按筹资筹劳总额的1/3予以奖补，地（州、市、县、区）财政自行确定
云南	省财政按中央财政补助1∶1配套，具体补助标准视情况而定
重庆	区县财政按筹资总额给予“不低于1∶1，不高于2∶1”的奖补

资料来源：根据各省份“一事一议”、财政奖补管理办法整理而得。

（2）奖补配套体制不完备。当前“一事一议”财政奖补资金来源多元化，表现为各级财政共同承担政府补助资金①，然而，在“联动效应”明显的背后亦引发源于资金配套体制不完备的种种弊端，导致政策执行走样。一是基层财政困难，无法提供稳定的配套资金来源。据有关研究，现今中国地方财政困境突出，“吃饭财政”和“负债财政”成为普遍现象，区域上偏向中西部地区，层次上侧重县乡财政（周飞舟等，2003）②。改革开放后，尤其是1994年分税制改革后，中国财政分权趋势明显与各级财政比例失调现象并存，有形容“中央财政喜气洋洋，省级财政蒸蒸日上，市级财政勉勉强强，县级财政哭爹喊娘，乡级财政没爹没娘”。以市

① 根据《财政部关于村级公益事业一事一议中央财政奖补事项的通知》（财预［2009］5号）有关规定，一事一议政府补助资金由地方政府承担2/3，中央财政通过奖补方式承担政府补助资金的1/3，并考虑地方财政困难程度调整确定各地奖补系数。

② 周飞舟、赵阳：“剖析农村公共财政：乡镇财政的困境和成因——对中西部地区乡镇财政的案例研究”，《中国农村观察》2003年第4期。

县财政为代表的基层财政愈发面临支农支出乏力难题，加之上级财政支农资金拨付环节的“跑、冒、滴、漏”现象，极大影响农业支持落到实处。就“一事一议”财政奖补而言，各地基层财政大体均要承担补助资金的1/3，财力有限往往使其苦不堪言，时常影响奖补资金预算的落实和拨付，极大困扰建设正常进程。二是基层主体存在越轨行为，合谋套取上级财政资金。财政奖补的分层配套制存在监管漏洞，易引发基层组织的道德风险与逆向选择，继而频繁产生“钓鱼现象”。一般而言，县级政府在争取中央及省级财政奖补资金的过程中通过作伪账、寻租等方式来掩盖其未按要求进行资金配套的事实，市级财政在掌握资金部分截留权的情况下也采取与之合作态度，而村组织在“聊胜于无”的心理暗示及政府无良的无奈下多数默认奖补资金不齐的结果。即便如此，所获资金也并非总是可用于正常建设活动，或是政府以项目为幌子争取后挪用，或是似“漏斗”形态被各级财政层层克扣，或是被村组织利用信息不对称来利用重复项目予以转移。

（3）奖补资金供给机制错位。当前“一事一议”财政奖补已初步形成中央主导，地方参与的“共建”格局，但亦在一定程度上造成内生于地方政府财力不一的奖补“累退效应”，难以兼顾“公平”与“效率”。一是地方政府财力决定财政奖补能力。一方面愈是地方财力强和经济发展水平高的省份，愈能满足资金配套要求而越早、越好、越多地实现中央财政奖补资金在属地投放；愈是亟待获得财政支持的农业大省和落后地区，愈发难以进行资金配套而无法获取中央财政奖补资金，从而造成相当比例中央财政奖补资金实际上以地方政府“配合能力”为投放依据，难以实现区域效应最优化。另一方面省内不同地区间也存在经济发展差异，多数省份对市县级财政奖补配套采取“一刀切”方式，继而激化各地建设“马太效应”。简言之，弱势地区存在因配套不力而在政策享受上滞后于发达地区，甚至是缺失的“政策失灵”窘境，既难以达成支农政策初衷，又不利于区域协调发展。二是农村发展现状决定地方政府财政奖补规模。一方面愈是农村发展落后地区愈要加强财政奖补力度，同时也愈需加大地方财政配套额度，很多基层干部抱怨申请项目越多，所需配套资金也越多，虽能“利民支农”，但亦造成地方财政“左支右绌”。另一方面愈是地方财力强地区愈属村级公益设施较为完善，既在财政奖补上易于配合中央政策，又不会构成地方财政负担，还可结合自身财力状况自发提高奖补标准，间接又拉开不同区域奖补差距①。据此，不同区域财政奖补受益面具有非一致性，总量有限的奖补资金存在区域分配失衡，一定程度上打击不少亟待发展地区村级公益事业建设积极性。

三、完善小型农田水利设施建设一事一议财政奖补政策的基本思路

作为农村公共品供给的重要组成部分，小型农田水利设施建设是一项系统工程，涉及的利益主体和环节比较多，必须审慎处理。小型农田水利设施建设要立足发展中农业大国的现实国情，不能单步独方，应该依靠政府廓清职责并不断加大投入力度，进而实现全国范围内渐进式化解。考虑到小型农田水利设施建设投入选择机制的进步性、复杂性和政府资金扶持的必然性，“一事一议”财政奖补可被视为长久性制度安排予以保留，而非过渡型制度形式，但要在现实情境中不断调试以符合现实需求。

（一）瞄准“一事一议”制度运行职责

“一事一议”机制运行较为困难，与运行环境不相适应成为主要症结。细而审之，皆因疏忽农村公共物品建设的多样性，注重制度行使范围覆盖小型农田水利设施建设整体，人为放大预期职责而导致效果差强人意。据此，下一步应在认清“一事一议”固有功效的背景下，依托合理定位职责来提高其适用性。通过解读小型农田水利设施建设内涵可知，各项固定资产投资均存在使用风险与运行周期，内含前期施工与后期管护的双重建设任务。碍于基层条件恶劣、农民素质有限、监督制度缺失等因素，小型农田水利设施折旧现象严重，增加了后期管护难度。然而，资金分配的博弈过程中，相关责任主体在金额有限情况下考虑到地方 GDP、政府绩效等正向效应，热衷短期效应目标达成，倾向于“建设过程”中“增量投入”，而漠视长期延续性目标实现，罔顾“建设既成”后“存量

① 如江苏省在发放基本奖补资金的同时还设立了从支农资金专项拨出的专项奖补资金，山东省则按筹资筹劳总额的 40% 予以补助。

巩固”。事实上，小型农田水利设施后期管护困境已成为多数地区的客观事实，既难以充分利用设施功能，又浪费前期投入资源。反观“一事一议”缺乏专门的强制或补偿措施来解决设施管护问题，可将其从沉重的建设负担中解放出来，借助自身机动灵活性将职责锁定在管护范畴内，并与由政府主导的建设活动互补。如此，既可明确政府建设与农户管护的责任分工，又可缩小议事范围来提高针对性，还能整合现有资源以提高利用率。

（二）创新投入机制，提高政策效应

新中国成立后的中国农村公共品建设规律、近些年来西南地区干旱和部分地区洪涝灾害，都说明了工程性缺水的严重性，验证了政府投入小型农田水利设施建设的必要性，而新时期“三农”发展现状及国家支农决心也决定了财政补贴成为推动小型农田水利设施建设的必然选择。财政奖补政策意义重大，但亦应正视其支持力度不够的事实。新时期，财政奖补作为关键的政策工具务必要表达出政府加大投入的战略意图，体现出公共财政本质功能，一是加大政府投入力度，完善多元筹资机制；二是增加“一事一议”财政奖补转移支付因素法中的参考因素，提高科学性和合理性；三是加强管理，提高财政支持小型农田水利设施建设效率。

（三）侧重对农业基地与弱势地区（缺水地区）的财政倾斜

中国小型农田水利设施建设政府投入的“联动奖补”制度某种意义上是对地方财政和农户配套能力的考验。考虑到多数省份间及省内各区域间经济协调发展的局面尚未形成，各区域享受中央财政奖补资金存在时空上优先序。为扭转资金供给机制的奖补“累退效应”，避免各地小型农田水利设施建设差距扩大化，体现对弱势地区（缺水地区）的帮扶，下阶段有必要通过加大中央财政奖补比例、上级财政增设奖补专项、建立省内再分配机制等对相关地区进行政策倾斜。简言之，财政要坚决履行公共服务均等化理念，正视区域间发展差异，致力于全国范围内小型农田水利设施建设均衡发展，让公共财政阳光普照农村，这将是一个长期而又艰巨的任务。

（四）整合（统筹）支农投入，形成规模效应

国家支农投入重点在于引导和激励，应对目前的各项小型农田水利设施建设项目进行一次全面的清理论证。一是结构调整，对引导和激励效果不明显的项目不再保留，将这部分资金交由各地自行安排支农建设；二是整合归并，将内容相近、作用相同、分配使用分散的项目进行归并整合，对确需保留的项目（如惠农补贴）实行统一归口管理使用，对其他一般建设性的项目（小型农田水利设施建设等）进行归并整合打包下达给地方，集中财力办大事，由地方按照统一规划统筹安排支农建设；三是双轨运行，支农投入应该区分不同对象，研究制定无偿化投入和资本化投入的双轨运行机制。对惠农补贴、农村农业基础设施和公共设施投入实行无偿化；对民营企业和个体老板应该以资本注入的形式进行帮扶。积极着手改变目前支农项目多，额度小，使用分散，管理杂乱，效果不优的局面。切实解决分散实施后效益不佳的问题和地方财力困难、解决配套资金难的问题，使有限的财政资金真正起到“四两拨千斤”的作用，提高支农绩效。

（五）完善绩效考核机制，提高财政支持小型农田水利设施建设绩效

小型农田水利设施建设项目兼有激励、引导和扶持作用，同时也兼有社会、经济、环保效益和长期效益等多重效益因素，由于项目作用的多重性和项目建设内容的多样性使其绩效评价很难量化。因此，课题组建议：一是针对小型农田水利设施建设项目多样性的特点，按照专项资金使用性质和作用，分别建立相应的项目资金绩效管理模式，针对不同水量分布区，开展分类评价试点，把资金绩效管理工作作为一项对项目进行监督检查的重要工作，分门别项逐步建立起一套比较科学、合理的支农资金量化指标及评价体系。二是针对小型农田水利设施建设中基础性支农项目建设周期长的特点，从项目立项到竣工验收，牢牢把握项目库建设、计划编报、项目公示、项目实施、竣工验收等各个环节，及时组织专业人员到项目区进行实地调查检测，把绩效考评工作做到日常化、精细化、准确化，对以前已经验收的项目，在使用周期内，也要定期进行评估，这样既能真正全面地反映出一个项目建设前、建设中、建成后各个时间段的指标完成

情况。三是推行小型农田水利设施建设的多元化评价主体，力求考评结果客观公正。支农资金绩效考评是一项专业性较强的系统工作，评价主体应多元化，不能仅限于财政部门一家，应该组建专家组和受益对象来开展这项工作，这样才能力求绩效评价结果客观、公正。四是做好小型农田水利设施建设评价结果的运用，确立支农资金绩效考评的权威性。评价结果是反映出项目成功与否的标志，因此，项目绩效考评结果一旦评定，必须维护评价结果的严肃性和权威化，评价结果应该运用到工作业绩（干部政绩）考核、评先表优和下年度支农指标分配上，使支农资金使用效益得到不断提高。

第三节

建立健全粮食主产区利益补偿机制[①]

粮食主产区作为我国保障粮食安全的战略性区域，其总人口7.8亿人，占全国总人口的60.4%，是我国农业生产特别是粮食生产的主体；其耕地面积78509.3千公顷，占全国耕地面积的63.6%，粮食总产量占全国粮食总产的70%左右，粮食商品量占全国的95%以上，农业总产值占全国的60%以上。粮食主产区是我国农业和农村经济发展的重点地区，是我国粮食生产及商品粮供给的核心地区，肩负着保障国家粮食安全的重大责任，在我国农业和整个国民经济发展中发挥了重要作用，做出了历史性的贡献。研究粮食主产区利益补偿问题对于提高农民和地区发展粮食产业的积极性，提高粮食的综合生产能力，保证粮食生产进而保障粮食安全具有重要的现实意义。

---

① 本节内容选自农业部软科学课题（Z201124）《粮食主产区利益补偿问题研究》报告。课题主持人：王秀清。

一、粮食主产区的划分、特征及粮食主产区利益补偿的界定

（一）粮食主产区的划分范围

2004 年，《中共中央、国务院关于促进农民增加收入若干政策意见》中提出按照播种面积、粮食总产量及提供的商品粮数量等标准，将黑龙江、吉林、辽宁、内蒙古、河北、河南、山东、江苏、安徽、江西、湖北、湖南和四川等 13 个省（区）确定为我国的粮食主产区。

2008 年，《国家粮食安全中长期规划纲要（2008—2020 年）》中明确提到我国有 13 个粮食主产区和 7 个主销区。13 个粮食主产区包括河北、内蒙古、辽宁、吉林、黑龙江、山东、河南、江苏、安徽、江西、湖北、湖南、四川。7 个主销区包括北京、天津、上海、浙江、福建、广东和海南。粮食非主产区是指除 13 个粮食主产省（自治区）外的北京、天津、山西、上海、浙江、福建、广东、广西、海南、重庆、贵州、云南、西藏、陕西、甘肃、青海、宁夏、新疆 18 个省（自治区）。

本书依据中央文件的划分标准，选择河北、内蒙古、辽宁、吉林、黑龙江、山东、河南 7 个北方主产区和江苏、安徽、江西、湖北、湖南、四川 6 个南方主产区作为研究范围。

一般来说，按照各省粮食生产优势和农作物生产布局，我国粮食生产区域主要是三大区域：一是东北地区，包括吉、辽、黑 3 省，是我国主要的玉米产地；二是黄淮平原，包括冀、豫、鲁 3 省，是我国小麦的主要产地；三是长江中下游地区，包括四川、湖北、湖南、江西、安徽、江苏等省，是我国水稻的主要产地。

（二）粮食主产区的特征

1. 自然环境优势良好，适合农作物生长

我国的粮食主产区主要位于平原或浅丘，湿润或半湿润地区，光、热、水等自然资源条件良好，雨量丰沛，土壤中富含有机质，易于田间耕作和水土保持，容易积聚肥力，适合各种粮食作物的生长。由这些可以看出，相对于非主产区，在自然环境优势方面，粮食主产区的地形、气候、土壤更适合于农作物的生长。

2. 粮食生产资源优势突出

从表2－5可知，粮食主产区的农业从业人数占全国农业从业人数比重的58%，超过全国一半水平的农业从业人员集中在粮食主产区；耕地面积占全国耕地面积的64%，其人均耕地面积也超过非粮食主产区，2009年，粮食主产区的农业从业人员人均耕地面积为6.8亩，而非粮食主产区的农业从业人员人均耕地面积为5.2亩，且粮食主产区耕地面积相对集中，便于机械化作业。2009年，我国粮食主产区耕地面积占全国的64%，而农作物的播种面积占到全国的69%，粮食播种面积占全国粮食播种面积的72%，粮食总产量达到全国粮食总产量的75%，远远超出非粮食主产区。从灌溉条件来看，粮食主产区耕地面积只占到全国耕地面积的64%，而其有效灌溉面积则占全国的69%，说明粮食主产区耕地的灌溉条件良好，优于非粮食主产区。由此可见，粮食主产区与非粮食主产区相比，基本资源优势突出。

表2－5　　2009年粮食主产区粮食生产基本资源情况

	单位	全国	粮食主产区	粮食主产区占全国比重（%）
农业从业人员数	万人	29708	17176.5	58
耕地面积	千公顷	121715.9	78078.2	64
农作物总播种面积	千公顷	158639	108690.1	69
粮食播种面积	千公顷	108986	78010.3	72
粮食总产量	万吨	53082.1	39710.1	75
有效灌溉面积	千公顷	59261.4	40765.5	69

资料来源：根据《2010中国统计年鉴》计算整理。其中2009年《第二次全国土地调查数据》正在处理中，耕地面积数据暂缺，使用2008年年底数据。

3. 农业科技优势明显

粮食主产区在农技推广和应用方面，土地集中连片，且多为平原地区，交通条件优越，信息传播迅速，有利于新技术推广。粮食主产区农业科技实力相对雄厚，近年来农业科技进步步伐加快，在新品种应用、新技术推广、农民培训等方面成效显著，粮食生产的科技含量日益提高。随着科教兴农战略的实行，以及高技术产业发展规划、全国粮油加工业发展规划、全国新增1000亿斤粮食生产能力规划等专项规划和行业规划的实施，粮食主产区科技优势日显。

4. 粮食生产经验丰富

我国在农耕方面历来以精耕细作闻名，13个主产省（区）历史上皆为农业较为发达的地区，有着农耕传统，精耕细作多数源于这些地区。在长期的农业生产实践中，积累了农艺、植保、粮食加工等方面的丰富经验。随着国家先后实施的优质粮食产业工程和商品粮基地、农业综合开发等项目建设，进一步积累了粮田工程建设和项目管理经验，为新增粮食综合生产能力提供了支撑条件。

5. 粮食产业发展空间广阔

近年来，国家扶持农业的政策逐步向粮食主产区倾斜，不仅加强了粮食主产区的建设，在一定程度上也吸引了各类生产要素向主产区聚集。粮食产业在主产区的崛起，一些粮食龙头企业纷纷进入粮食主产区，促进了粮食产加销、贸工农一体化经营。随着我国粮食主产区综合生产能力的巩固和提高，必将为粮食的产业化集聚提供优势条件，推动粮食产业的发展，最终为保证我国的粮食安全提供保障。

（三）粮食主产区利益补偿的界定

一般意义上讲，对粮食主产区的利益补偿主要强调的是国家为实现工业化，长期实施“以农哺工”的发展战略而对粮食主产区进行的补偿，旨在解决历史问题。但是，从粮食主产区的角度而言，还应包括以下补偿：一是国家作为粮食生产以及粮食安全的最终受益人，对粮食主产区为最大限度支持国家工业化而形成畸形农业经济结构、体制成本、社会成本的补偿（这些补偿很难具体界定，应在发展目标下以地区援助的形式实现补偿），对地方政府权益的补偿；二是粮食生产的受益地区（主要是主销区）对粮食主产区的横向利益补偿，其主要形式为建立“利益共享、责任共担”的产销区利益协调机制。

粮食主产区利益补偿的主要内容包含两个方面：一方面是国家为了弥补主产区生产者（主要是种粮农民）为了生产粮食而付出的过高生产成

本和机会成本，而对生产者进行的物质或政策方面的补偿，常见的形式有农业补贴制度和保护价收购制度等；另一方面是国家对粮食生产地区为了进行粮食生产而牺牲地区发展利益进行的补偿，这种补偿既包括国家对粮食主产区农业基础设施建设的投资和加大对主产区的转移支付力度，也包括了国家对主产区粮食产业发展的政策倾斜。

二、粮食主产区农业经济发展现状

（一）粮食主产区粮食产量情况分析

如图 2－2 所示，30 年间全国的粮食产量与粮食主产区呈现出大致相同的变化趋势，1999—2008 年粮食主产区的粮食产量处于一个波动明显时期，在图上呈现出明显的“V”型，这与全国粮食总产量的变动规律是一致的。但是略有不同的是 1998 年的全国粮食总产量是改革开放后第一个生产高峰，而粮食主产区的粮食产量 1999 年比上年仍有增长。现在考量一下粮食主产区占全国粮食产量百分比的变化趋势，如图 2－3 大致可以分为三个阶段：第一阶段，1980—1985 年，粮食主产区占全国粮食产量百分比逐步上升，除了 1982 年出现下滑只有 66.7%，粮食主产区占全国粮食产量百分比从 1980 年的 66.6% 上升到 1985 年的 69.9%；第二阶段，1986—2003 年，粮食主产区占全国粮食产量百分比除了 1989 年和

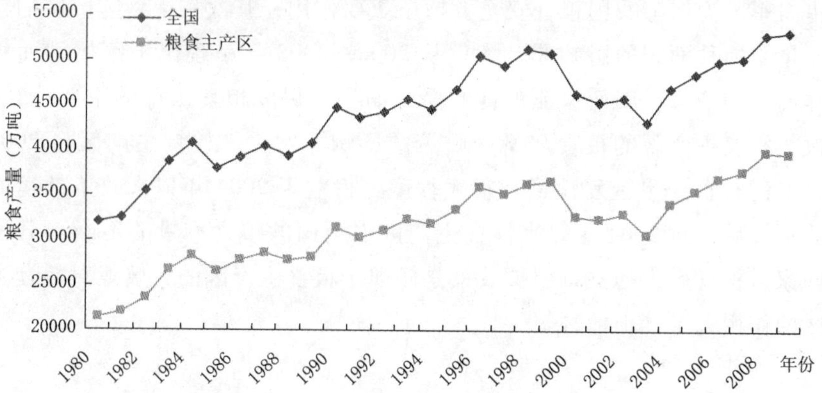

图 2－2　全国和粮食主产区粮食产量变化图

资料来源：根据《1981—2010 中国统计年鉴》计算整理。

1991年之外，其余各年均超过70%，处于较平稳状态，年际变化不超过1%；第三阶段，2004—2009年，粮食主产区占全国粮食产量百分比大幅攀升，从2004年的72.7%上升到2009年的74.8%，其中2008年粮食主产区占全国粮食产量百分比为75.5%，达到近30年来的峰值。

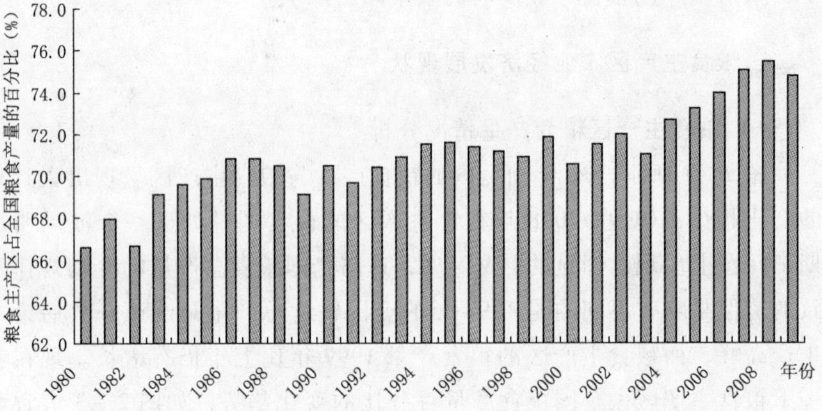

图2-3　粮食主产区粮食产量占全国粮食产量比例的变化图

资料来源：根据《1981—2010中国统计年鉴》计算整理。

从粮食主产区的粮食产量变动情况来看，可以得到如下几个结论：首先，粮食主产区的粮食产量占全国粮食产量的2/3以上，是我国粮食生产的主力军，为保障我国粮食安全发挥了重要作用；其次，粮食主产区的粮食产量受播种面积的影响非常大，从2000—2008年呈现出了跟播种面积同样的变动趋势，因而保证粮食的播种面积是保障粮食生产的重要途径；再次，粮食主产区的粮食产量受政策的影响非常大，粮食主产区自2004年以来的粮食产量恢复性增长很大程度上得益于2004年以来政策环境的改善；最后，自2004年以来粮食主产区占全国的粮食产量的不断上升说明国家对粮食生产的支持保护政策是倾向于粮食主产区的，政策对粮食主产区的作用大于其他地区。

（二）粮食主产区农民收入情况分析

本文选取了粮食主产区河南省与主销区浙江省的农民人均纯收入做对比。

浙江省在20世纪80年代和90年代初期也是我国的粮食主产区，并有着“鱼米之乡”的美誉，但自20世纪90年代中期之后大力进行产业结构调整，缩小了粮食种植面积，扩大了经济作物种植面积，大力发展第二、第三产业，农民收入水平大幅度攀升，而河南省的粮食种植面积一直比较稳定，并且近年来还有所提高，但目前河南省的农民收入水平远低于浙江省。如图2-4所示，河南省与浙江省的农民人均收入呈现出以下特点：首先，农民人均收入差距很大，2008年河南省农民人均纯收入4806.95元，不到浙江省农民人均纯收入的一半；其次，浙江省农民人均纯收入的年增长水平相对较快，而河南省农民人均纯收入的年增长水平则相对较慢，这就导致了河南省与浙江省的农民人均纯收入差距越来越大，从1980年的58.4元扩大到2009年的5200.36元。这种粮食主产区农民收入低下的情况如果不能得到改善，将会大大挫伤粮食主产区农民种粮的积极性，影响粮食生产进而影响我国的粮食安全。

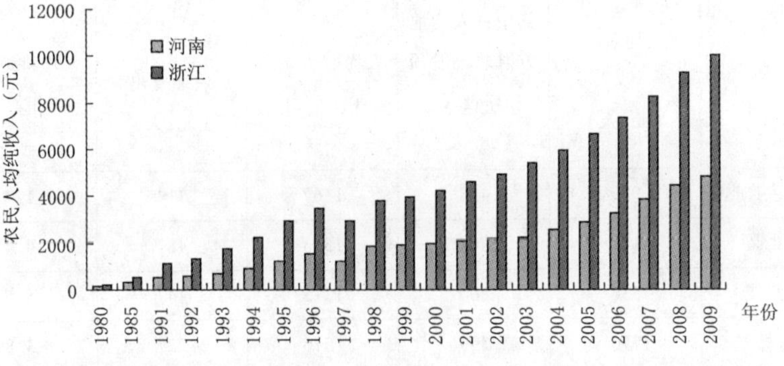

图2-4 河南省与浙江省农民人均纯收入对比图

资料来源：根据《1996—2010中国统计年鉴》整理。

（三）粮食主产区地区发展情况

本文从13个粮食主产省选取了625个产粮大县（市、区、场），以2007年625个产粮大县的数据来研究粮食主产区县级财政情况。

如表2-6所示，13个粮食主产区的县级人均财政收入为979元，仅为同期全国人均财政收入的25%，其中河南省作为粮食生产大省，其主产县的人均财政收入仅为同期全国人均财政收入的11%；13个粮食主产区的县级人均财政支出为979元，仅为同期全国人均财政支出的31%，其中安徽省的主产县人均财政支出仅为同期全国人均水平的23%。从财政收支情况来看，625个产粮大县的财政情况除江苏和山东的部分县之外均为入不敷出，财政收入无力负担财政支出，出现典型的“产粮大县，财政穷县”情况。财政作为地方发展的内生动力，财政投入的不足使得县级政府无法完全履行地区发展的政府职能，同时也导致了财政对农业投入的严重不足，作为“东北粮仓”黑龙江的产粮大县每亩财政投入只有27元，远远不够农业生产的发展需要。这种产业结构比较单一的粮食生产大县总体上基础薄弱、原始积累不足、经济增长滞后、工业化水平低、民营经济缺乏活力、财政实力弱，严重制约和影响了粮食主产区经济社会发展大局，长此以往也会对我国的粮食综合生产能力产生不利影响。

表2-6　25个产粮大县（市、区）财政收支情况

	人均财政总收入（元/人）	其中：人均地方财政一般预算收入（元/人）	人均财政支出（元/人）	其中：人均农业支出（元/人）	人均耕地面积（亩/人）
13个主产区	979	438	1167	114	1.7
东北区	1171	464	1553	181	4.4
黑龙江	536	260	1315	147	5.5
吉林	1770	399	1576	227	3.8
辽宁	1358	687	1521	165	2.4
内蒙古	1304	583	2059	210	6.2
黄淮海	1097	504	1112	97	1.4
安徽	452	260	877	70	1.6
河北	1232	385	1116	83	1.4
河南	439	274	943	71	1.3
江苏	1882	812	1349	161	1.3

续表

	人均财政总收入（元/人）	其中：人均地方财政一般预算收入（元/人）	人均财政支出（元/人）	其中：人均农业支出（元/人）	人均耕地面积（亩/人）
山东	1815	825	1339	112	1.3
长江流域	642	346	1074	120	1.0
湖北	589	244	918	75	1.2
湖南	547	330	1039	100	1.0
江西	902	508	1342	217	1.0
四川	673	203	1000	83	0.8

资料来源：国家统计局。

三、粮食主产区的利益补偿现状及存在的问题

（一）对粮食生产者的补贴

对粮食生产者的补贴主要包括粮食直接补贴、农资综合补贴、良种补贴和农机购置补贴为内容的“四补贴”政策以及最低收购价和临时收储政策等。

2002年，在国家财政部的统筹规划下我国率先在安徽、吉林、湖南、湖北、辽宁和河南等粮食主产省进行了补贴改革方式的试点，探索对种粮农民实行直接补贴；2004年2月8日中央1号文件《中共中央、国务院关于促进农民增加收入若干政策的意见》颁布执行，我国开始大规模实行粮食直接补贴政策，主要内容包括对粮食生产者进行直接补贴、良种补贴和农机购置补贴等，从粮食风险资金中安排约116亿元资金，主要是对粮食主产区农民进行直接补贴；2006年4月，国家财政部发出《关于对种粮农民柴油、化肥等农业生产资料增支实行综合直接补贴的通知》，决定新增125亿元补贴资金，对2006年种粮农民的柴油、化肥等农业生产资料实行综合直接补贴。同时，2006年5月国务院发布《国务院关于完善粮食流通体制改革政策措施的意见》，指出要完善粮食直接补贴和最低

收购价政策。至此，我国的粮食补贴政策经过几年的不断发展完善，初步形成了以粮食直接补贴和农资综合补贴为主要内容的综合性收入补贴、以良种补贴和农机购置补贴为主要内容的专项性生产补贴以及最低价收购政策相结合的粮食补贴政策体系（见表 2－7）。2010 年《中共中央、国务院关于加大统筹城乡发展力度，进一步夯实农业农村发展基础的若干意见》的文件，明确提出进一步完善农业补贴制度，坚持对种粮农民实行直接补贴。增加良种补贴，扩大马铃薯补贴范围，启动青稞良种补贴，实施花生良种补贴试点。进一步增加农机购置补贴，扩大补贴种类，把牧业、林业和抗旱、节水机械设备纳入补贴范围。2011 年全面取消了粮食主产区的粮食风险基金地方配套，粮食主产区粮食风险基金 249 亿元全部由中央财政补助，每年减轻粮食主产区财政负担 98 亿元。

表 2－7　　2009 年 13 个粮食主产区粮食补贴情况

	农机购置补贴（亿元）	良种补贴（亿元）	粮食直补（亿元）	农资综合补贴（亿元）
河北	5.25	4.66	7.8	44.9
内蒙古	4.5	9.5	5.7	31.8
辽宁	4.8	5.3	14.5	63.25
吉林	3.5	2.81	17	54.19
黑龙江	9.5	13.5	22.97	69.86
江苏	5.3	11.12	6	36
安徽	4.5	10.52	8.85	40.34
江西	3.2	3.2	6.02	23.59
山东	6.23	2.01	9.5	47.15
河南	8.8	22.7	14.5	63.25
湖北	5.13	7.5	9.03	24.08
湖南	6.77	10.71	5.57	33.26
四川	5.06	6.09	6.5	42.8

资料来源：各省、市、自治州发布的统计公报，各省、市、自治州的农业局、财政局、粮食局网收集并整理得。

我国现行的粮食补贴体系符合我国增加农民收入，保障粮食安全的任务要求，对提高农民的积极性、发展粮食生产起到了明显的效果，但在实施的过程中也存在着一定的问题，主要包括：

1. 受益对象不够明确

以计税面积和计税常产为补贴依据简化了补贴程序，变“粮补”为“地补”，由此引发一系列问题。粮田撂荒、双季改单季等都能照样领取粮食补贴，由于土地流转等存在土地承包关系的情况下，直补资金往往由原土地承包人获得，流转后实际种粮人没有享受到政府的相关粮食补贴。以这种方式补贴农民，只要有耕地的农户就有资格享受补贴，容易出现享受补贴的农户根本不种粮的情况，难以实现政府粮食直接补贴制度的初衷。补贴不与销售数量挂钩，农民即使在耕地上种植经济效益比较高的经济作物，同样也能领取到直补款，在一定程度上将粮食的补贴扩大为对整个农业的补贴。

2. 粮食补贴激励效果不显著

首先是由于中国种粮面积细碎化，“撒胡椒面”式的直接补贴只占农民种粮收入的很小比例，对确保农民种粮收入的稳定作用不明显，粮食直补增加了农民收入，但市场经济条件下，农民种粮收入主要来源于市场，因而难以完全解决市场稳定和农民收入稳定的问题。其次农业生产成本上升是近一个阶段农业发展的常态，但补贴资金赶不上农资价格上涨的幅度，不足以有效应对农业生产成本的快速上升。种粮比较效益持续走低，在一定程度上抵消了种粮补贴所激发的农民种粮积极性。如2004年农民人均纯收入为2936元，其中人均粮食直补收入为14元，仅占农民人均纯收入0.48%。从粮食补贴支出结构来看，2006年以后各种粮食补贴规模与其范围的经济效应之间存在一种极端的负向相关关系。此外，生产资料涨价抵消了一些粮食补贴效应。2008年粮食补贴资金每亩提高了21.89元，但粮食生产的农药、化肥、种子等农业生产资料价格比上年同期上涨了18%，农膜上涨了8%；复合肥每吨上涨了50%、尿素类每吨上涨了10%；水稻、杂粮种子价格与上年同期比上涨了8%。据统计，生产资料涨价使每亩种粮成本增加30元，从而抵消了补贴政策给农民带来的部分收益。国家虽然将钱补到农民手中，但消费者更多地得到了粮食补贴，因为商品价格由市场关系确定，政府给予农民粮食直接补贴降低了粮食市场均衡价格，政府补贴通过市场价格的降低隐性地流给了消费者。

3. 地区间的补贴标准不一致

现行的粮食直接补贴政策，在补贴方式、补贴标准的确定上，并没有全国统一的模式，地方政府掌握较大的自主权。就补贴形式而言，概括起来是“两种类型、四种方式”。第一种是直接补贴与农民出售粮食数量不挂钩的类型。这种补贴方式又分为按照以往农民出售粮食数量补贴或按照计税常产及计税田亩补贴。第二种是与农民出售数量挂钩的类型。这种方式又可以分成价内补贴和价外补贴两种。如内蒙古、江西、安徽等省区基本上按农业税计税面积和计税常产计算粮食直补；而江苏、山东等省则按农民实际种粮面积，向农民兑付粮食直接补贴；河南等省按照农民的粮食定购量和应缴的农业税额，综合计算粮食直补；四川等省则基本按农民向国有粮食供应购销企业售粮量，实行价差直接补贴。区域间补贴标准畸高畸低，部分粮食主销区的补贴标准远远高于粮食主产区。以2007年数据为例，属于粮食主销区的北京市对小麦的补贴每亩提高40元，对玉米的补贴每亩提高23元，而作为粮食主产区的山东省，补贴标准为14—15元。粮食直补是为了激励农民种粮，尤其是主产区的农民种粮。但由于主销区政府财力充足，给予农民的粮食直接补贴标准往往要比主产区高出数倍，而粮食主产区的粮食直接补贴资金规模仍然很小。这既违背了产业发展比较优势原则，也增大了国家粮食安全成本，损害了主产区农民的利益。

4. 不注重粮食生态安全

在目前的对粮农直接补贴体系中，只有良种补贴意在改善粮食单产，提高粮食品质，因此总体上对粮食生产科技投入重视不够。据测算，我国科技对农业生产的贡献率仅为42%，发达国家为70%—85%。现行的补贴项目忽略了对农地的可持续利用和生态保护。我国农业增产主要靠化肥，农民为了提高农业产量，大量的使用农药、化肥、农用地膜等农用化学物质，这些化学物质给农业生态环境造成了严重的后果，我国粮食主产区的地区土壤肥力在下降，各地相当普遍的存在着种地与养地的矛盾。

5. 粮食补贴成本较高

首先粮食主产区农民土地、人口、粮食产量、价格等统计资料不健全，各个省发放补贴的计算标准、计算方法均有所不同，各地在宣传发动、人员培训、制订方案、组织实施等方面都做了大量工作，支付了大量的费用，发放补贴成本较高，并且这种不同的补贴方式也会影响直接补贴政策的透明度，容易造成补贴资金的流失。同时，粮食直接补贴涉及财政、价格、税务、粮食、银行等主管部门，县、乡、村 3 级干部全体动员，执行粮食直接补贴政策需要花费较高的行政成本，存在明显的“不经济”现象。其次最低收购价政策的执行，直接加重了财政负担。实行最低收购价政策、临时收储政策等产生的相关成本均由中央财政负担，最低收购价水平的刚性使其没有随粮食增产而下调，中储粮公司收购大量粮食后，面临库存大量积压甚至霉变损失以及顺价销售的困难。据估算，2005 年粮食最低收购价政策的执行预案首次启动后至 2007 年，政策执行两年中央财政为之承担了近百亿元人民币的保管费用和利息补贴，而且还要面临销售时的差价亏损以及其他费用的风险。

（二）对粮食生产地区的补贴

对粮食生产地区的补贴主要包括对国家财政对产粮大县的奖励政策。我国从 2005 年开始实施对产粮大县的奖励政策，中央财政拿出 55 亿元人民币对近 800 个产粮大县进行奖励。这 800 个县的粮食产量，占全国粮食总产量的 60%，他们提供的粮食的商品量占全国粮食商品量的 80% 以上。中央财政对产粮大县奖励政策是党中央、国务院为逐步缓解产粮大县财政困难，进一步调动地方政府重农抓粮的积极性，采取的一项重大政策措施。2011 年，中央财政将安排 225 亿元奖励产粮大县，比上年增加 40 亿元。中央财政依据粮食商品量、产量、播种面积各占 50%、25%、25% 的权重，将奖励资金直接“测算到县、拨付到县”，超级产粮大县，实行粮食生产“谁滑坡、谁退出、谁增产、谁进入”的动态调整制，对粮食增产起了关键作用。

产粮大县奖励的实施不仅促进了地方政府发展粮食生产的积极性，同时也有效缓解了县乡的财政困难，促进了农业基础设施建设的加强和农村公共事业的改善。产粮大县多为吃财政饭，支持扩大再生产的能力很差，更谈不上增加对城镇建设的投入，基础设施建设欠账甚多。对产粮大县的奖励多用于弥补财政欠账，用于基础设施建设和公共事业改善等支持再生产的资金比例很低，从这个意义上讲，并未完全实现财政奖励的初衷。据统计，从 2005 年到 2006 年，中央财政共安排奖励产粮大县资金 140 亿元。140 亿元奖励资金中，累计有 72.65 亿元用于弥补干部职工及教师工资等县乡基本支出，只有 55.18 亿元用于农村公共事业建设和农业基础设施建设。另外，产粮大县的奖励相对于地方的财政投入需求来说只是杯水车薪，以河南第一产粮大县滑县为例，全县人均财政支出 606.4 元，仅为全省平均水平的 41.1%，全国平均水平的 26.2%，如果滑县要达到全省的公共财政服务水平，需要上级补助 10.8 亿元，达到全国平均水平需要补助 21.5 亿元。

（三）粮食主产区与主销区间的产销利益协调机制

国家鼓励粮食主产区到粮食销区建立粮食销售基地、发展粮食加工，也鼓励粮食销区到粮食主产区建立粮食生产基地、兴建粮食仓储设施。一是产销区省级政府之间签订长期稳定的粮食供销合作协议，如浙江省与黑龙江省之间从 2000 年以来先后签订了《关于促进两省粮食购销及经营合作的协议》和《关于加强两省粮食与经济合作的协议》。北京、天津、江西、河南、湖南等粮食主产、销省政府也就粮食供销衔接签订了类似的协议。二是产销区联合举办粮油商品展销会或洽谈会，如 2003 年以来，广东、湖南两省先后共同举办了粤、湘两省市县级粮食余缺调剂衔接会和湘、粤两省优质粮油商品交易会等。三是产销区企业通过开展跨省粮食产业化经营，建立稳定的购销渠道，销区企业到产区建立粮食生产基地和收购基地，保证了销区粮源供给，产区企业到销区建立加工、销售网点，促进了产区粮食销售，如浙江省粮食企业自 2000 年以来，已先后在黑龙江、江苏、安徽、江西、湖南、湖北、山东、内蒙古等省（区）建立粮食生产基地近 200 万亩，黑龙江粮油集团、农垦企业分别在杭州、宁波、温州、绍兴等地建立集储、加、销为一体的粮食经营基地，开展粮食的直销业务，降低经营成本。此外，产销区粮食企业还按照“利益共享、风险共担”的原则开展了代收、代储、代销等多种合作方式。

这种产销利益协调机制不仅有利于充分发挥粮食产销区各自比较优

势，协调粮食产销合作关系，对于保障粮食主产区的粮食生产，发展主产区的粮食加工业也起到了重要作用。但这种产销协调机制尚未完善，行政色彩较强，缺乏对粮食加工企业的引导机制，产销区间的利益联结机制并不稳定，同时这种协作关系更多是集中在销售领域，销区对产区粮食生产支持力度不够。

四、完善粮食主产区利益补偿体系的政策建议

（一）建立粮食主产区粮食补贴的长效机制

1. 粮食补贴政策应逐步与“WTO”规则接轨，实现由“黄箱”政策向“绿箱”政策转变

从世界主要发达国家粮食补贴政策的演变来看，大都经历了由价格支持为主到价格支持与直接补贴并存，再到直接补贴成为政府主要支持政策的发展阶段。价格支持属于WTO所限制的“黄箱”补贴措施，直接补贴（脱钩支付）是WTO所支持的“绿箱”补贴措施。随着世界经济一体化趋势的加强，我国与其他国家的贸易往来日益密切，与此同时，我们也应该履行对WTO的承诺，逐步减少容易对粮食生产和贸易产生扭曲作用的价格支持措施。直接补贴（脱钩支付）将是我国粮食生产补贴政策的发展方向。

2. 构建粮食主产区粮食补贴资金科学化、制度化的动态变动机制

建立直补总额同国家财政收入总额互动增长的长效机制，补贴要有一个合理比例，而不应根据粮食丰欠或粮价的高低频繁变动；建立直补水平同农资价格协调联动机制，建立合理的农业生产资料补贴体系，维护农资价格的基本稳定，把成本上升作为一个常规变量纳入补贴政策的目标之中，使补贴数量增长与成本变化联动起来，在国内粮食价格保持稳定的情况下，国家对农业的补贴应基本上能够弥补生产成本的上涨，以确保种粮始终保持稳定的收益水平，在实施国家粮食补贴的同时要考虑农资价格，考虑农户的投入成本，国家给予农资生产厂商优惠政策等其他方面对农业生产资料价格予以有效调控，以此降低农民的生产成本。

3. 发挥粮食补贴政策与其他农业支持政策的配合作用

目前针对粮食生产和流通的补贴有粮食流通领域补贴、种粮农民直接

补贴、最低价收购政策、临时收购政策等。粮食直接补贴政策能够提高种粮农民生产积极性，促进粮食增产，但是在粮食增产下应更加重视粮食价格波动对种粮农民收入的影响。因此，应充分发挥粮食储备补贴、最低价收购政策和粮食直接补贴等政策的合力作用，为实现粮食安全和农民增收提供共同的支持作用。

4. 增加保护粮食生产生态的补贴政策

粮食主产区现行的粮食补贴政策，对粮食生产的生态安全重视不够，不注意保护粮食生产的可持续发展能力。从世界各国的农业国内支持经验来看，把直接补贴和环境保护、农产品质量等联系在一起是一种较为普遍的趋势，而我国粮食直接补贴对环境和农产品质量还没有提出要求，仅仅是针对种粮农民的一种补贴。建议采取发达国家普遍实行的有关保护粮食生产生态安全的措施，比如实行土地休耕补贴，以保护土地肥力、增加科技投入、实行测土施肥，提高肥料的利用效率。

5. 粮食补贴向粮食主产区或种粮大户倾斜，鼓励形成规模经营

种粮大户对粮价上涨、农业补贴反应敏感，可以采取类似累进税制的补贴方式，制定相应的累进补贴标准；粮食补贴政策对种粮大户的需求给予合理的考虑，对现代农业生产方式的推广应用给予适当的补贴，如对达到一定规模的种粮大户按实际面积给予一定的补贴，对农民使用先进的生产耕种方式给予补贴；将现行粮食政策由“普惠制”转变为面向粮食种植大户的“专惠制”，即以粮食种植大户与国有粮食收储企业签约的粮食销售量为依据，核定粮食补贴标准，并同时对种粮农户实行粮食最低收购价政策保护。

（二）完善对主产区的奖补机制，逐渐扭转“产粮大县，财政穷县”的现象

首先在不断扩大产粮大县奖励规模的基础上，优化财政奖补支出的结构，引导资金优先投向农业基础设施建设、农村公共事业改善、粮食标准化和产业化的发展等；其次是利用工业和农业之间比较效益的差异以及二者之间碳排量的不同，在工业发达省份和企业与粮食生产大县和农民之间建立起一个碳交易平台，尽快从全局考虑制定不同地区和企业的碳排量标

准，按照高于粮食价格三倍左右的浮动价格驱使碳排量高发区，根据工业用地不断扩充面积和购买商品粮的数量在交易平台上向产粮大县购买所需的碳排量指标；最后，国家可以通过政策性金融机构和国有商业银行，提高对产粮大县县域经济发展中企业和个人的信贷支持，同时可以积极引导国内外资本进入农村金融市场，缓解县域经济发展资金短缺的制约，尤其对粮食等农产品加工企业给予特殊扶持。

（三）逐步探索国家主导下的产销利益协调机制

建立产销区之间的粮食直补资金转移机制，销区直补资金向产区转移的主要途径是建立合理的财政转移支付制度，包括中央与地方之间的纵向转移支付制度及产区与销区之间的横向转移支付制度。可尝试把我国的粮食直补资金从现行的粮食风险基金中分离出来，建立单独的粮食直补基金或粮食安全基金，吸纳销区向中央财政缴纳的直补资金，然后由中央财政转移到产区财政，最终补贴到产区农民手中。

第四节 调动粮食主产区重农抓粮积极性——以湖南省为典型的调查[①]

粮食主产区是确保国家粮食安全的核心。在市场化、国际化和我国粮食产量连续 6 年增长的大背景下，如何保持和进一步调动主产区重农抓粮积极性值得深入研究。湖南作为全国粮食主产省特别是水稻生产第一大省，有 58 个县市区列入了国家优势产粮大县，全省每年提供商品粮 920

① 本节内容选自农业部软科学课题（201004）《关于调动粮食主产区重农抓粮积极性的调研》报告。课题主持人：田家贵。

万吨左右，商品率达30%，对湖南重农抓粮积极性问题进行研究具有典型意义。2010年7月以来，我们组成课题组深入岳阳湘阴、益阳沅江和大通湖等粮食生产县市区，召开了县市区有关单位、基层干部、种粮大户（公司、专业合作组织）、农民代表和粮食加工购销企业座谈会，并对90户粮农进行了入户调查，掌握了第一手资料。调研情况报告如下：

一、主产区重农抓粮积极性正在稳步上升

湖南一直把粮食生产作为重要工作抓在手上。近几年来，在一系列惠农政策推动下，市县政府重农抓粮、农民务农种粮及社会各界扶农兴粮的积极性正在起步上升。2004—2009年，全省粮食生产连续6年增产，今年在自然灾害影响较大的情况下，依然保持了稳定略增。

（一）主产区政府重农抓粮工作力度逐步加大

1. 目标管理不断强化

湖南省将目标管理作为发展粮食生产的重要举措，建立了粮食生产目标管理考核制度，将粮食生产纳入了各级政府目标考核。省里每年组织专项检查组对粮食生产大县实行考核检查。各粮食生产大县都将粮食生产纳入了县委、县政府文明建设考核范围，将粮食生产任务分解细化到各乡镇，签订了粮食生产目标管理责任状，对完不成目标任务的，与计划生育、安全生产、综合治安一样，实行一票否决，不评先、不评优、不提拔，并进行诫勉谈话甚至就地免职。各地政府在绩效考核中都增加了粮食生产考核分值，衡东、衡阳县过去对乡镇的目标考核中，整个农业的分值只有2分，而今年仅粮食生产一项的考核分值就提高到了8分，仅低于分值最高的计划生育（10分）；醴陵市今年把粮食生产考核分值提高到与计划生育工作相当的分值（6分）。

2. 基础设施进一步改善

国家对主产区农业项目投资力度不断加大，主产区政府也通过各种渠道筹集资金，加强农业基础设施建设，粮食生产条件获得较大改善。2009年，全省财政农林水事务支出262.62亿元，增长23.6%，新增农田有效灌溉面积33.9千公顷，新增节水灌溉面积21.9千公顷，分别增长64%和

36%。湘阴县近年来积极争取专项资金1亿多元，实施了薄弱堤垸改造、病险水库除险加固、大中型泵站改造、燎原水库等重大农田水利建设、基本农田改造重大项目，粮食生产抗灾能力获得较大提升；沅江市财政每年拿出100万元用于粮食生产基地建设，改造中低产田，有效提高了粮食生产综合能力；大通湖保证了农业基础设施投入力度逐年增加，2009年，仅渠道疏浚资金就达200万元，加上自然地理优势，该区基本具备了推进大规模经营、机械化生产的条件。

3. 奖励机制不断健全

在严格落实种粮补贴政策的基础上，湖南出台了一系列粮食生产激励措施。省级财政连续3年安排2000万元奖励20个全省粮食生产先进县，2012年又增加了500万元奖励100个种粮成效明显、技术推广影响大的种粮大户。各主产市县区结合实际，按照种植面积分别制定了奖励办法，奖励金额从数千元到上万元不等，主要奖励粮食生产先进单位和个人、种粮大户和种粮标兵。湘阴县今年安排100万元对2009年粮食生产先进乡镇、先进村及种粮大户进行了奖励，安排150万元作为粮食高产创建奖励资金，奖给高产创建的先进乡镇、行政村、种粮大户、粮食加工企业和农业专业合作社。

（二）主产区农民种粮积极性有所提升

主要表现为三个方面：

1. 粮食生产面积不断扩大

2000年，湖南粮食播种面积为7544.9万亩，2003年下降到6794.8万亩的低谷，2004年开始恢复性增长，全年播种面积为7623万亩，2008年以来稳定在7900万亩左右，比2003年增长16.27%。以沅江市为例，最近的一次粮食播种面积周期性波动是从1999年开始的，2000—2003年期间，水稻生产“双改单”十分普遍，部分农民改变种植结构，或者索性撂荒，致使粮食播种面积大幅下降，2004年之后，播种面积开始回升，并于2012年达到高峰。沅江市农业局提供具体数据为：2003年沅江粮食种植面积仅70万亩，为历史最低水平，比1998年的94万亩减少24万亩，累计减幅为25.5%。2004年以来，全市粮食播种面积开始回升，复种指数高，到2008年粮食播种面积突破100万亩，2009年达到116.49万亩，比2003年增加46.49万亩，增幅为66.4%。2012年初步统计，全市粮食播种面积为122.725万亩。需要说明的是，以上粮食生产面积变化未包括城市化、工业化用地的影响。这说明2004年以来农民种粮积极性有所提升。在湘阴、大通湖区等地的入户调查情况也表明，留守家庭始终把一定面积的粮食生产作为自身生活安全的基础，不管年成好坏、市场波动，他们都认真种好责任田，以保证家庭粮食需求（见图2-5）。

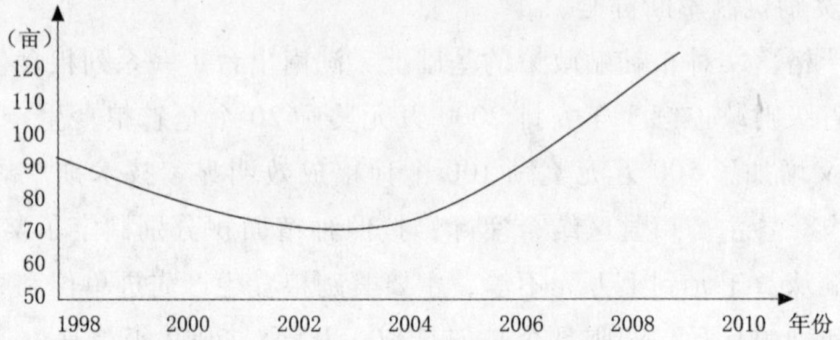

图2-5　1998—2010年沅江市粮食播种面积变化图

2. 种粮大户发展较快

据调查，2008年，全省租赁转包耕地面积在20亩以上的种粮大户75907户，涉及耕地面积230万亩。2012年6月，全省租赁转包耕地面积在30亩以上的种粮大户就达95049户，涉及耕地面积487.2万亩，产粮396.5万吨，分别占全省耕地面积、粮食总产的8.6%、13.2%。其中，100亩以上的种粮大户比2008年增加684户，1000亩以上的种粮大户增加70户，10000亩以上的种粮大户增加2户。大通湖区10000亩以上的种粮大户有3家，其中皮武、郑四海等大户种植水稻都超过了2万亩，种植面积在1000—5000亩的有8户，100—999亩的有129户；沅江市水稻种植面积在1000亩和10000亩以上的大户分别有3家和1家；湘阴县2012年种粮20亩以上的大户达4616户，比2011年增加518户。（具体见图2-6所示）种粮大户已经成了主产区发展粮食生产的生力军，也是主产区粮食生产积极性最高的群体。

3. 农民对粮食生产投入增加

农民种粮投入情况是考量其种粮积极性的重要指标。我们入户调查

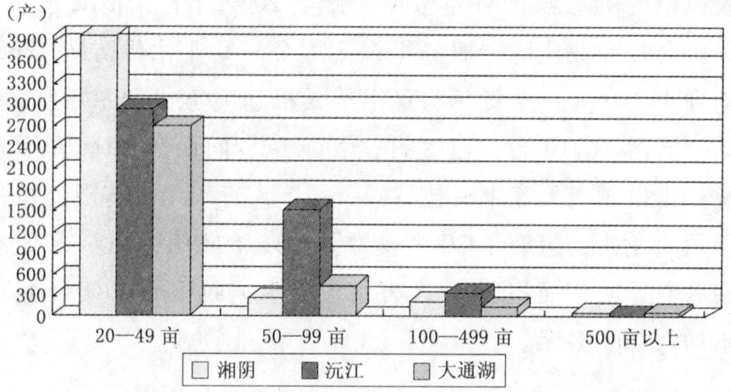

图 2－6　10 年湘阴、沅江、大通湖粮食生产大户数

的 90 户粮农普遍反映，近几年种粮收益有了小幅增长，农民对粮食生产需要的生产资料投入也有了新增加，对提高粮食单产也更加重视了。90 户粮农中，有 20 户购买了耕田机，17 户购买了小型收割机，8 户购买了插秧机，其他大部分农户“雇机”代耕代收。相对于家庭经营户（散户），种粮大户则更注重在土地平整、水利设施、机械购置等“硬件”方面进行投入。种粮大户秦希良在湘阴县新泉镇承包耕地 5000 亩，仅近三年就自筹资金 2700 万元用于修整田间道路、电排和购买机械设备等。另外，农民自发组织对粮食生产投资也逐渐增加，湘阴县新泉镇 2005 年来农民自筹 787 万元用于腰港机埠维改、官路咀机埠和东河坝大电排增容、变电站建设和渠道衬砌、疏洗等粮食生产基础建设，新泉镇杨洪村 500 户农民自筹 100 多万元修缮全村农田机耕道，建成 2300 亩优质稻基地。

（三）主产区各方面重农抓粮的合力开始形成

调查表明，湖南省各部门对中央重农抓粮的战略思想和决策部署有了共识，发改、财政、农业、水利、科技、税务、工商、金融等部门各司其职，协调配合，共同努力，开始形成重农抓粮的合力。特别是粮食生产社会服务组织不断发展壮大，粮食生产专业化合作组织、统防统治组织、农机服务组织等社会服务组织发展迅速，粮食生产新技术得到广泛应用，全社会重农抓粮的社会氛围日益浓厚。截至2009年，湖南省已组建公司、合作社、协会等专业化防治服务组织781个、专业化机防队4268个，从业人员达到47710人；全省新购置担架式机动喷雾机3980台，新购置背负式机动喷雾器16910台；已签订全程承包合同面积501万亩。2008年以来，沅江市以湖南万家丰科技有限公司、卢青年米业有限公司和天隆米业有限公司为龙头，组织了80多支专业化防治队伍，在全市实施水稻专业化防治服务，防治面积达70多万亩，占水稻面积的60%以上，每亩为农民节本增收200多元。

二、制约主产区重农抓粮积极性的因素分析

调查表明，虽然主产区重农抓粮积极性有所提高，但仍然处在起步上升阶段，而且起步上升的势头明显乏力。综合分析，制约主产区重农抓粮积极性进一步提高的因素主要有如下几个方面：

（一）主产区政府权责利失衡

具体表现为：

1. 产粮大县难改财政穷县的窘境

岳阳市近些年全市用于粮食收购、储藏的财政贴息每年都超过2000万元，并且粮食发展面积越大，市财政负担越重。另外，粮食大县的主要精力放在粮食生产上，其他产业相对滞后，以致“粮食大县”成了“财政穷县”的代名词。

2. 粮食生产在政府绩效考核中未占应有位置

在大力推进工业化、城市化进程中，地方政府绩效考核的主要指标仍然是GDP、工业发展、招商引资和税收等方面，对粮食主产区政府的绩效考核指标没有明显的区别对待，未将主抓粮食生产的成绩作为主产区政府绩效考核的主要内容，以至于主产区政府领导干部只有抓粮食生产的义务，却很难将主抓粮食生产的成绩与干部提拔任用挂钩，挫伤了主产区重农抓粮的积极性。

3. 产销区权责分担不合理

粮食主销区往往是经济相对发达的地区，工业发展相对较快，工业产

品附加值高，当地财税收入远远高于粮食主产区。但主销区却并未很好地为因发展粮食生产而作出牺牲的主产区承担起反哺的责任。主产区靠出售低附加值的粮食产品，购买主销区高附加值的工业产品，显然是不对等的。而且，当前粮食储备结构和布局不合理，主产区和主销区关系不协调。特别是当粮食丰收，市场供过于求时，主销区为了减少库存负担，不愿购进，造成主产区粮食积压，农民卖粮难，加剧了粮食市场价格波动，严重挫伤了主产区发展粮食生产的积极性。

（二）粮食生产比较效益仍然偏低

尽管近几年来国家不断出台粮食生产扶持政策，提高粮食保护价，但据基层干部、种粮农民的反映和调研分析，当前种粮比较效益仍然明显偏低，绝大多数农民种粮只赚到工钱，难以在家安心种粮。

1. 粮价涨不赢农资价格

据对90户粮农入户调查，2007年下半年以来，湖南省粮价总体上涨了15%左右。因粮价上涨，农民种植水稻每亩增收150元左右。但是农资价格上涨更快，2008年的尿素价格比2007年上涨了40%，2009年、2010年尿素价格比2008年略有下降，但降幅不明显。钾肥价格自2006年以来更是大幅上扬，2005—2009年钾肥每吨价格分别为1920元、2060元、2300元、3600元、4000元，分别上涨了7.29%、11.65%、13.04%、11.11%，2009年比2005年上涨幅度超过了100%，虽然2012年略有下降，但仍远远高于2007年以前的价格（具体见表2-8）。农药等其他农资产品也不同程度的上涨，仅因农资涨价就导致每亩增加成本200元以上。农民戏称，粮食涨价涨“零头”，农资涨价涨“块头”。

2. 种粮收入比种植经济作物收入低

据对90户粮农的入户调查统计，农民种植不同作物的亩收入过于悬殊。一亩早稻的平均收入为243元（含补贴），种棉花为325元，种烤烟为558.9元，种辣椒为874.8元，种西瓜为1241.51元。种棉花比种早稻的亩收入高1.4倍，种烤烟比种早稻的亩收入高2.3倍，种辣椒比种早稻亩收入高3.6倍，种西瓜比种早稻亩收入高5.1倍。

表 2-8　　2005—2009 年化肥批发价格　　单位：元/吨

年份 项目	2005	2006	2007	2008	2009	2010
尿素	1640	1750	1850	2050	1700	1955
碳铵	450	480	580	660	720	730
磷肥	380	400	480	760	680	685
钾肥	1920	2060	2300	3600	4000	3250
复混肥	1020	1100	1400	2500	2300	2380

3. 农民种粮与外出打工的日收入相差较大

绝大多数农民种粮因没有规模效应，在总体收益上不如外出打工。据对 90 户粮农种粮收入进行折算表明，以洞庭湖区种一亩田共费 7 个工时（含耕、播、插、收及施肥施药等农田管理）计算，农民种粮的每个劳动日净产值平均不到 35 元，而出外打工（包括在当地从事种植业打工），日工资都在 60 元以上，农忙时在 80 元甚至 100 元以上。外出务工人员一天的收入比在家种粮一天的收入平均高出 1—2 倍，明显高于种粮收入。

（三）粮食生产风险频多

湖南 2012 年低温阴雨、强降雨、干旱等极端性灾害天气接连发生，且持续时间长、影响范围广，给农业生产设施和农业生产造成了重大损失。据农业部门农情统计，1—9 月，湖南今年全省农作物累计受灾 6771 万亩、成灾 2894 万亩、绝收 452 万亩，其中干旱受灾 1040 万亩、成灾 374 万亩、绝收 29 万亩，洪涝受灾 5045 万亩、成灾 2275 万亩、绝收 396 万亩，风雹受灾 145 万亩、成灾 66 万亩、绝收 5 万亩，低温冻害受灾 540 万亩、成灾 177 万亩、绝收 22 万亩。在化解种粮风险的有效机制尚未建立的情况下，主产区发展粮食生产的积极性受到较大影响，这对种粮大户表现尤为明显。

沅江市现代农业科技示范园崔剑平先生坦言，当前种粮有“五怕”：一怕良种保证难。种子经营多渠道，难免鱼龙混杂，粮食生产特别是种粮大户发展粮食生产的风险很大，希望对主要农作物特别是水稻种子像烟草、食盐那样实行专营。二怕技术服务到位难。绝大多数乡镇农技站建设滞后，技术服务困难重重，而种粮大户特别是“非转农”大户，渴求技术指导，但总感觉不尽到位。三怕规模经营保障难。种粮大户租种农民土地往往是凭口头协议，缺乏有效的法律约束，规模生产很难保障。四怕收后晒谷难。种粮大户种植面积大，产粮多，一季少的几万斤，多的几十万斤、上百万斤。由于缺少烘干、晒坪、仓储等设备设施，稻谷收获后，如遇阴雨天气，晒谷成了困扰种粮大户的一大难题。很多种粮大户皆有购买稻谷烘干机的想法，但除去国家购机补贴外，至少还要花10万元，大部分中小大户只能望“机”兴叹。“晒谷靠天”的风险广泛存在。五怕亏本还债难。粮食生产保险制度尚未健全，而且存在保费不低、保额不高、农损勘验程序复杂等问题，一旦遭遇自然灾害造成粮食生产亏损，很可能使规模经营者倾家荡产，也使大户对扩大经营规模望而却步。沅江市农业局对当前水稻生产保险算了一笔账：保费为16.8元/亩/季，其中农户、政府财政各付20%和80%。一旦遭遇自然灾害，起赔点为因灾损失的30%以上。最高保额为播种期180元、抽穗期240元、成熟期280元。而一亩水稻生产的物化成本都在400元以上，就算获得最高额赔偿，也难以化解灾害损失。

（四）农田基础设施建设滞后

近些年来，国家对大江、大湖治理和城市防洪非常重视，但对基本农田水利建设的投入相对较少，特别是农村实行家庭承包责任制以后，农民各自为战，村级集体经济财力又非常有限，社会投入也成了薄弱环节，农业基础设施建设欠账太多，严重制约了粮食和农业生产发展。

1. 水利设施严重老化

调研普遍反映，现有的水利工程80%以上是20世纪六七十年代兴建的，因年久失修，塘库淤积，渠道渗漏严重，蓄水灌溉能力大大下降。大部分水库塘坝特别是一些中小型水库蓄水能力不到设计能力的70%，大部分山塘蓄水量不到设计能力的50%，很多成了“碟子塘”，蓄水保水灌溉能力很差；很多排灌沟渠也因革命草、水浮莲和生活垃圾严重淤塞。湘阴、沅江等县市很多20世纪六七十年代旱涝保收的地方，由于水利设施破损、失修，特别是“胃溃疡”、“肠梗阻”使原有电排等设施也无法发挥作用，同样是有雨则渍，无雨则旱。仅湘阴县新泉镇就有147处（10万米）衬砌工程、73条（8万米）渠道疏洗工程、62处（35万方）调蓄湖泊去污工程和外排机埠、抗旱机埠改造工程等待资金建设。

2. 机耕道发展滞后

湖南农村机耕道建设始于20世纪60—70年代，到80年代初湖区和部分丘陵区基本形成了“田成方，树成排，机耕道路与水渠纵横交错”的局面。随着农村实施家庭土地联产承包后，农村机耕道路建设、养护和规划处于放任自流的状态，几十年的风雨侵蚀和人为破坏，路况日益恶化。据统计，湖南省现有农村机耕道路29.4万公里，其中路幅宽5—6米田间机耕道8.6万公里，路幅宽2.4米田间机耕道14.8万公里，但多为泥、砂路面，坑洼不平，坡度大、弯多路窄，车辆机具道路通行能力差，安全系数低，运输周期加长，油料、轮胎等原材料消耗大，大大影响了农机效能的发挥，不利于提高机械特别是大型机械的使用效率，机械化作业覆盖率不高，阻碍了主产区农民规模购置农业机械的积极性。湘阴、沅江农业机械化水平虽然较以前有了很大的提高，但上规模（农机资产在10万元以上的）农机大户、农机专业合作组织还不多。其主要原因之一就是没有适于大农机操作的机耕道，农业机械特别是大型机械无法下田，无用武之地。

3. 洞庭湖区农田灌溉排渍成本增加

三峡大坝对长江中下游防洪抗旱发挥了巨大作用，却增加了洞庭湖区农业生产成本。4—6月份汛期，为减轻长江中下游防洪压力，三峡大坝充分蓄水并匀量排出，虽然降低了长江中下游洪水水位，却延长了洪水流经时间，使洞庭湖区稻田内涝时间比大坝建成前延长了一倍以上，增加了早稻生产排渍成本；下半年干旱季节，洞庭湖主要靠长江水补给，但自三峡大坝建成蓄水后，下半年干旱季节洞庭湖无水可补，水位严重下降，湖区农田远离湖水，一些原来可以靠湖水自然灌溉的农田也成了高岸田，必须增加机埠、延长排灌线，方可保障晚稻生产。沅江市水利局测算，晚稻生产耗电成本由原来的40元/亩增加到现在的60元/亩，增加20元/亩，增幅达50%。

（五）粮食生产政策不完善

这些年来，各地重农抓粮积极性的提高，大多数得益于政策的扶持。但是粮食生产政策还有许多不完善的地方。主要有以下几方面：

1. 耕地保护力度不够

耕地保护特别是基本农田保护缺乏强有力的政策措施，对土壤重金属严重超标地区没有设立主产区土壤改良专项资金，耕地面积减少，耕地质量难以保障。据湖南省土肥站调查结果显示，全省耕地20%缺有机质，35%缺钾，50%缺磷，耕地用养失调、地力衰退情况日趋严重。1997年，全省高产田土占35%，中、低产田土分别占36%、29%。截至2009年，全省有将近一成的高产田土变成了中、低产田土，现在年单产过800公斤的高产田土仅有1568万亩，其余都为中低产田土，制约了发展粮食生产。

2. 粮食生产加工扶持有待改进和加强

一是粮食直补水平偏低，补贴力度不大，难以持续调动粮食生产积极性。同时，农机补贴产品价格高，植保机械补贴额度不高。粮食生产补贴内容还有待拓展，如当前关于发展绿色农业、生态农业、鼓励农机使用效率等方面还没有出台相应的补贴政策。在国家公路税费改革后，养路费摊在了燃油附加费中，增加了农机用油成本，国家没有制定相应平衡措施。二是粮食生产大县的粮食收储设置不科学，如湘阴县没有储备库，仅长沙一分公司在该县收粮，增加粮农卖粮成本。三是粮食加工企业用电政策工业化，不利于降低粮食加工成本。沅江市种粮大户卢青年反映，加工1吨粮食要耗电40度以上，如果按农业用电计算，他的加工厂一年可节省电费60万元。四是对粮食生产规模经营户扶持政策不多，种粮大户很难享受惠农政策，比如难以获得种粮补贴，只能与散户一样享受一台购机补贴，致力于发展双季稻却没有获得相应补贴等等。

3. 粮食生产资金管理分散

2012年，湘阴县对近3年来强农惠农资金进行了全面清理，国家各级部门对湘阴县强农惠农资金项目有100多项，资金高达4亿多元，但资金管理单位分散在几十个对口单位，无法统一使用，亟待整合。

4. 粮食生产科技人才扶持政策缺失

想跳出农门的人多，能安心发展农业科技的人少，国家没有出台留住粮食生产科技人才的特殊政策。调研普遍反映，基层农业部门几年很难进1个农业专业大学生，专业人才断层和流失现象严重，制约了粮食生产科技水平的提高。

三、进一步调动主产区重农抓粮积极性的对策与建议

调研中，我们强烈感到，2012年9月，回良玉副总理在全国粮食主产区农业生产座谈会上强调的："要让努力重农抓粮的地方政府在政治上有荣誉、财政上有实惠，让务农种粮的农民收入年年有增长、生产生活条件年年有改善"这段讲话切中要害。必须综合采取政治的、经济的、法规的措施，才能持续有效地提高主产区种粮的积极性。

（一）建立合理的利益补偿机制，让粮食主产区财政不吃亏

国家要调整和增加粮食主产区粮食风险资金规模。建议取消主产区地方财政粮食风险基金配套部分，全额由中央财政承担；加大对粮食生产大县财政转移的支付力度，使粮食主产区和其他地区之间的财政收入基本相当；主销区按照"拿钱买粮"的原则，建立粮食供应风险基金制度，从土地出让金中拿出一定比例建立粮食风险基金，承担对主产区粮食生产部分支持补偿责任，用于对主产区的财政转移支付；采取以奖代投方式，设立生产目标奖、组织管理奖，确保主产区重农抓粮工作经费。

（二）加大粮食生产补贴力度，让农民种粮能致富

粮价低导致种粮比较效益低，但单纯提高粮食价格的空间十分有限，应当通过增加种粮补贴的途径增加农民收入，使种粮成为农民致富的门路。建议在增加现有补贴额度和范围的基础上，增加以下几项补贴：

1. 种粮大户补贴

对水稻规模种植面积在20亩以上的要分等进行补贴，每亩在现有补贴总额基础上上浮20%以上，采取中央和省共同分担的方式，直接补贴给种粮农户，并通过补贴保费等形式鼓励种粮大户参加农业保险。

2. 粮食生产加工用油用电补贴

为了最大限度地消减开征燃油税对粮食生产的负面影响，建议国家对农业生产机械用油以退税方式进行补贴，先征后返、全额退税、上限控制、直接补偿给机手。粮食生产加工用电按农业用电标准实施补贴。

3. 农业生态补贴

出台绿肥补贴政策，建议对冬种绿肥连片种植30亩以上的大户，每亩补贴不少于100元，其中央财政额定补贴每亩70元，其余由省市自治区财政承担。

4. 南方双季稻种植补贴

在南方稻区，每亩双季稻生产的商品粮是其他水稻生产区的近2倍，生产成本也增加一倍。建议国家增加南方稻区双季稻种植补贴，根据早稻、晚稻实际种植面积，按一季稻补贴的1.5—2倍对双季稻进行补贴。

5. 谷物烘干设备购置补贴

建议将谷物烘干设备纳入农机补贴目录。

（三）加强农业生产基础条件建设，让粮食生产的基本服务和基础设施公益化、国投化

国家应重点在以下三个方面加强建设，确保投入。

1. 农田基础设施建设

建议根据农业生产发展需要，结合新农村建设，制订配套的农田基础设施建设规划，重点抓好灌溉渠道、农机机耕道、农村道路及农村环保设施建设。所有建设费用应当由国家财政负担，地方财政适应补助。农村集体和个人不出钱。

2. 农业服务体系建设

主要是加强农技推广体系建设，实行国家、省、市、县四级财政分比例共同负担，并列入财政预算，稳定农技队伍；国家要制订农业服务组织的扶持政策，培育和发展农资、农技、植保、农机等服务组织，从事良种供应、病虫害防治和机耕、机播、机收、烘干等服务工作。对为农服务的组织，国家给予免税和适当的服务性补贴，确保服务工作有效开展。

3. 粮食生产保险体系建设

建议制订粮食生产自然灾害保险制度。目前我国推行的农业保险制度，主要存在保险额度不高、保险难以到位等问题，建议进一步完善，按照不同作物类别制订保险标准，保费由中央财政承担，地方财政给予补贴。农民按照每亩面积承担的保费，由国家财政设立补贴专项直接付给农民，专款专用，逐步做到农民少出钱甚至不出钱。

（四）建立科学的绩效考核体系，让主产区领导干部安心抓粮

建议粮食主产区特别是全国粮食生产大县的干部绩效考核与产粮挂钩，像抓计划生育工作一样，实行一票否决制。国家要建立完善粮食生产大县政府绩效考核评价体系，在绩效考核评价体系中，主要包括完成上级政府下达的粮食生产目标任务情况、粮食单产情况、粮食生产高产创建活动开展情况、粮食作物（如水稻、小麦）提升行动情况、粮食生产规模经营情况、粮食产业化经营情况、种粮补贴发放情况、粮食收储和信贷发放情况以及粮食生产扶持措施等与粮食发展相关的指标，对于因主观过失，给粮食生产造成不利影响的，明确责任追究具体规定。

（五）在全国设立若干个粮食生产保护区，让其成为国家粮食安全的重要支撑

从全国来看，建议将华北平原、洞庭湖区、鄱阳湖区、江汉平原、成都平原、黄淮平原、东北平原等适合粮食种植的区域，划为国家粮食保护区。同时，建立保护区等级制度，如一般保护区、重点保护区和国家级保护区、省级保护区等，并由国家制定不同的政策措施加以推进。从湖南来看，泛洞庭湖区历来是国家重要的粮食生产区域，具有得天独厚的发展基础和条件，80%的耕地为水田，且绝大多数集中连片，有利于规模化生产和机械化作业。常年早、晚稻种植面积均在1400万亩以上，常年粮食总产1600万吨以上，粮食商品率达46%，常年调出稻谷600万吨左右，保障了区外2500多万人的口粮供应。建议国家在这一区域率先建立国家级粮食生产保护示范试验区。初步构想如下：

1. 明确功能

保护区以提供商品粮为首要任务。在保护区内，严令制止新占耕地和破坏农业基本生产能力，严格控制新占耕地、破坏生态环境的工商项目建设。

2. 建设标准

根据现代农业产业发展需要，突出加强基础建设，改善生产条件，高标准规划保护区的道路交通、农田水利、农业机械、电力通讯、市场信息等建设，安排好社会事业和居民区建设，保护好原生态和防护林，禁止或控制新上工业项目，实现农业经济、社会事业和生态环境协调持续发展。

3. 目标定位

通过加强农业基础设施建设，实施科技兴粮计划，推进粮食规模化生产，产业化经营，努力提高保护区内粮食单产水平和产业化水平，使之成为全国商品粮供给的主要基地。

4. 财政投资

保护区内发展粮食生产的建设资金全部由国家财政承担。县级财政支出，至少要与所在省市自治区范围内中等经济水平的县相一致。

5. 配套措施

对国家级粮食生产保护区，国家要帮助地方建设好保护区内各级农业科技推广队伍和科研队伍，解决行政、事业编制。要大力扶持保护区内的粮食等农产品加工项目的改造升级，提高农产品的附加值，帮助剩余劳动力转移就业，增加农民收入。

（六）制定完善法律制度，让粮食生产和种粮农民利益有保障

建议尽快制定《粮食生产促进法》，规范保护粮食生产所依赖的自然环境条件，确保种粮面积不减少；规范政府及各相关部门在粮食生产中的职责，理顺行政管理关系；规范粮食生产投入保障措施，确保粮食生产基础设施逐步完善；规范主产区种粮农民义务和权益，建立粮食主产区利益补偿机制，确保主产区和种粮农民利益；规范粮食生产补贴、粮食生产保险制度，防患粮食生产风险等等，为确保粮食安全和种粮农民利益提供有力的法律保障。

第三章

建立现代农村金融制度

金融是现代经济的核心，农村金融也是现代农村经济的核心。要促进现代农村经济健康发展，必须建设与之相适应的农村金融制度。近几年的中央“1号文件”指出，要加快制定农村金融整体改革方案，努力形成商业金融、合作金融、政策性金融和小额贷款组织互为补充、功能齐备的农村金融体系，要鼓励有条件的地方在保证资本金充足、严格金融监管和建立合理有效的退出机制的前提下，通过吸引社会资本和外资，积极兴办直接为“三农”服务的多种所有制的金融组织。引导农户发展资金互助组织，规范民间借贷，逐步分层次地解决农村信贷中的风险控制问题。

第一节
发展新型农村金融组织①

一、我国目前农村金融体系概况

改革开放 30 年来，我国农村经济建设取得了长足发展，但城乡差距大、农民收入低等问题依然存在。农村经济的发展离不开农村金融的支持，从某种程度上说，有什么样的农村金融就会有什么样的农村经济。因此，进一步深化我国农村金融改革是发展农村经济的必要前提。

目前，我国农村金融机构主要分为两大类：正规金融机构与非正规金融机构。其中，正规金融机构包括以盈利为主要目的的商业性金融机构，贯彻和配合国家支农政策的政策性金融机构和以互助、自助为主要目的的合作性金融机构。非正规金融机构是指除银行系统、保险系统、农村信用社以外的从事农村融资活动的经济主体。在农村金融市场上，各种主要金融机构的地位、作用以及面临的困难和问题都有所不同。我国农村商业性金融机构中最典型和最主要的是国有大型商业银行，中国农业银行是其中的典型代表。

（一）农村金融体系历史回顾

1. 正规金融机构

（1）中国农业银行。农业银行于 1979 年重建，其初衷是为了支持农业生产和农产品销售，既经营商业性业务，又经营政策性业务。农业银行

① 本节内容选自：农业部软科学课题（L201021）《发展农村小型金融机构问题研究》报告。课题主持人：燕小青；农业部软科学课题（201123）《新型农村合作金融组织建设研究》报告。课题主持人：樊雪志；农业部软科学课题（201212）《发展新型农村金融机构研究》报告。课题主持人：张建峰。

的业务基本与农业农户无直接关系，其贷款的绝大部分都投入了国有农业经营机构（如粮食局和供销社）和乡镇工业企业，且从20世纪80年代起就一直进行着商业化改革。

（2）中国农业发展银行。中国农业发展银行是1994年成立的一家政策性银行，其建立是农村金融体制改革中为实现农村政策性金融与商业相分离的重大举措。农发行的业务也不直接涉及农业农户，其主要任务是承担国家规定的政策性金融业务并代理财政性支农资金的拨付。

（3）农村信用合作社。它是农村正规金融机构中唯一一个与农业农户具有直接业务往来的金融机构，是农村正规金融机构中向农村和农业经济提供金融服务的核心力量。目前，农信社是全国法人机构最多、从业人员最多、城乡分布最为广泛的金融机构。

（4）农村邮政储蓄。农村邮政储蓄机构原来只吸收储蓄，再把储蓄资金转存入中央银行，以转存利率与吸储利率差额作为其收益来源。2003年8月后这一资金运行格局有所改变，直到2007年正式成立邮政储蓄银行，开展存贷业务。

2. 农村非正规金融

农村非正规金融是指农村中非法定的金融机构所提供的间接融资以及农户之间或农户与农村企业主之间的直接融资。我国的非正规金融包括已关闭的农村信用合作基金会和各种民间金融。

我国的民间金融主要有三种形式：一是无组织、无机构的个人借贷和企业融资（如企业相互融资、企业非法集资等）；二是有组织无机构的各种金融会（如标会、摇会、抬会、合会、呈会），国外称作循环储蓄和信贷协会，属于互助资金性质；三是政府没有认可的有组织有机构的各种融资形式，如私人钱庄、典当行、基金会等。

（二）当前我国农村金融存在的问题

1. 现有农村金融组织资源供给不足

农业发展银行作为政策性银行，并不面向一般涉农企业和农户贷款；农业银行虽然有涉农贷款，但主要面向农村基础设施和农产品加工企业，很少向农户贷款。1997年，中央金融工作会议确定“各国有商业银行收缩县（及以下）机构，发展中小金融机构，支持地方经济发展”的基本策略以后，包括农业银行在内的国有商业银行日渐收缩县及县以下机构。四大商业银行的网点陆续从县域撤并，从业人员逐渐精简，部分农村金融机构也将信贷业务转向城市，致使部分农村地区出现了金融服务空白。2007 年年末，县域四大商业银行机构的网点数为 2.6 万个，比 2004 年减少 6743 个；金融从业人员 43.8 万人，比 2004 年减少 3.8 万人。其中农业银行县域网点数为 1.31 万个，比 2004 年减少 3784 个，占县域金融机构网点数的比重为 10.6%，比 2004 年下降了 2 个百分点。

在四大商业银行收缩县域营业网点的同时，其他县域金融机构的网点也在减少。2007 年年末，农村信用社县域网点数为 5.2 万个，分别比 2004 年、2005 年和 2006 年减少 9087 个、4351 个和 487 个。2004—2006 年，除四大商业银行以外的县域金融机构网点数年均下降 3.7%，截至 2007 年年末，全国有 2868 个乡（镇）没有任何金融机构，约占全国乡镇总数的 7%。可见，能够提供信贷服务的金融组织资源短缺，是造成我国农村资金供给不足的一个制度性原因。

2. 农村政策性金融支农力度不足

当前农村政策性金融机构资金来源不足，大多数由政府全部或部分出资，而且在运营中多靠政府扶持。农业发展银行职能单一、实力较弱、服务范围有限、支农力度不够，基本以承担粮棉油收购为主要任务，在支持农业基础设施建设和农业经济活动等方面作用较少，对农户、个体工商户、涉农民营企业支持也有限。截至 2006 年，中国农业发展银行贷款余额为 8844 亿元，相对于农村经济发展需要而言不仅总量太过有限，而且增长缓慢。

3. 农村合作金融组织选择性贷款现象严重

农村信用社的分支机构基本覆盖了广阔的农村，但是由于受到商业因素的考量，农村信用社追求自身的利益最大化，采取选择性贷款。这就决定了其放贷的范围、对象都具有严重的局限性，一般农户获得贷款的可能性不断降低。同国有商业银行相同，在追求利润和加强风险控制的强烈要求下，农村信用社的贷款也存在向城市及大型乡镇企业流动的趋势。作为主要面向农村经济组织和广大农户的正规金融组织，其经营业务“非农化”倾向相当明显，可以说已经基本上抛弃了“合作”这一原则。

4. 农村金融机构不良贷款比例仍然较高

由于农业贷款的高风险、基层金融机构风险管理不够完善、人员素质低下、信用环境差，加上农业保险、信贷抵押担保等发展滞后等原因，不良贷款问题一直困扰着农村金融机构。2007 年年底，全部县域金融机构不良贷款平均占比 13.4%，远高于同期全国四家大型商业银行 8.4% 的不良贷款率平均水平。2007 年年末，东北、中部和西北地区县域金融机构不良贷款率分别为 29.9%、20.4% 和 16.4%，高于全部县域平均水平 16.2 个、7.0 个和 3.0 个百分点。

5. 农村小额信用贷款发放难

在社会主义新农村建设中，小额农户贷款对于急需脱贫致富的农民群众无疑是雪中送炭，但农村金融机构却很难发放。究其原因，一是一些农民信用观念淡薄，出现小额农贷冒名借款、化整为零、逃废债务等违规行为；二是小额农贷业务量超常，放贷成本高，出现小额贷款不想放、大额贷款不敢放的问题；三是清收手段脆弱，致使很难使用依法起诉、强制扣款、变卖资产等手段清收贷款；四是农民风险防范能力弱，受社会、自然、市场条件的影响很大，小额农贷风险很大。

二、农村合作金融组织的理论基础

农村合作金融组织的基础是合作制。合作思想的传播和发展是伴随着合作经济的实践而不断发展变化的。1844 年 12 月 24 日，英国北部罗虚戴尔镇的 28 名纺织工人，创立了名为“罗虚戴尔公平先锋社”的日用品消费合作社，自此现代合作运动开始出现。合作思想是合作经济的逻辑基础。以罗虚戴尔公平先锋合作社在章程中拟定的若干组织和经营方面的条款为基础，合作制的原则得以确立。就本质而言，合作制及其组织形式（各种合作经济组织）的本来面目是弱小的经济参与主体的自救手段，是经济上的联合与合作，实质是一种“人本”回归，是减小贫富差距，促使经济上的弱者联合起来共谋发展的良策，其共同规则是罗虚戴尔原则——西方合作经济发展的基本准则。

合作金融组织是合作经济组织的一种，也遵循着合作制的原则。同时，合作金融也是一种复合产权制度。合作金融是以资金的联合或合作为基础的。每个社员必须交纳一定的入社费，形成合作金融的原始投资。合作金融的产权是一定范围内直接结合的个人对同一范围内金融资源的大体均等的个人所有。为克服其存在的经济弱小者联合所带来的企业规模不经济、“自愿进出”原则所可能引致的潜在危机等制度缺陷，建立了提取公积金制度。这样，合作金融的产权框架就演化成了股金制度和公积金制度的结合，即复合产权制度，由此决定了合作金融特有的以一人一票为基础的自我管理制度。

农村合作金融组织有着独特的激励机制。一般而言，农村合作金融组织的成员在社会群体中处于弱势地位，这些人很难从正规的商业金融机构中获得有效的信贷服务。农村合作金融组织成员之间的契约关系，使得他们能够获得金融合作带来的良好收益。按照合作经济组织的一般要求，其业务量大多发生在组织成员之间，这些人拥有获得贷款的优先权，且贷款条件比较优惠，在贷款期限方面也比较灵活。农户或者农民成为农村合作金融组织的成员之后，他们的归属意识、合作意识、民主意识和社会参与意识都会得到增强，这也是农村合作金融组织给予组织成员的最大激励。

三、农村合作金融组织的传统形式

目前，我国的农村信用合作社已经异化成为商业银行，完全偏离了合作金融的发展道路。但是，我国农村地区长期存在的合会却是一种近于天然的内生化的传统农村合作金融组织。

（一）合会概述

合会是传统的典型的农村合作金融组织。合会是由一定数量的个人组成的团体，团体的每一个成员同意按照一定的时间间隔捐献一定数额的资金形成一笔基金，然后轮流将汇集起来的全部或部分基金，依次交给团体中的每一个成员使用。直到团体中的每一个成员得到过这笔基金之后，此团体宣告解散。合会具有这样一些基本特征：每一个成员按照固定的时间间隔捐献一定数量的资金或实物，然后把每次汇集的资金或实物依照某种次序供合会的所有成员依次轮流使用。合会是集体储蓄和借贷的机构，由若干会员组成，为时若干年……这种合会经常是由于某人需要经济援助而发起组成的……合会的核心总是亲属关系群体。

（二）合会的实际运作

合会作为民间金融组织，已经得到一些国家和地区的认可甚至鼓励。印度尼西亚、尼泊尔、日本、斯里兰卡、中国台湾地区已经给予合会一定的法律地位。中国大陆地区合会的地位表现为政府默认存在的准合法状态。2006 年年底，中国银行业监督管理委员会出台了《关于调整放宽农村地区银行业金融机构准入政策更好支持社会主义新农村建设的若干意见》、《农村资金互助社管理暂行规定》、《农村资金互助社组建审批工作指引》等系列文件，表明中国的监管层已经在思考如何将合会纳入监管体系。

1. 合会的操作程序

合会的操作过程可以分为邀会、圆会、得会、满会等四个步骤：

邀会，也称为请会。这是合会的筹备组织阶段，会首邀请资格适合、信用可靠的亲戚、朋友、邻居或者同事等数人作为会脚，并向他们陈述成立合会的原因和希望筹集资金的数额，力图说服他们参与合会。

圆会，也称为齐会。这是合会的成立大会，会首将会脚邀齐之后，在半月到一月之内将会规和知会书送交给各会脚，通知邀会日期。如果会脚接受会规以及知会书而不退回，则为默许必然与会。会规中规定了会名、会期（收会日期和次数）、得会金额以及入会者的责任，同事详细说明了会首及会脚应该分摊的钱数。

得会，也称为收会。圆会后每期集会后收集的会额交由某一个会员使用，从而完成一次贷款功能。有限合会中每个人只有一次得会的机会。至于得会的顺序则有特别约定的方法指导完成。得会的方法大概可以分为座次轮收、抓阄摇彩、投标竞争等方法。

满会，也称为终会。这是合会的最后一次集会。末期收会的会脚称为收末会。在满会后，合会宣布解散。

2. 合会的组织体系

合会是一个群体通过储蓄以及借贷的循环过程来实现自我融资、改善福利水平的一种组织。合会要求有 n 个人（$n \geqslant 2$），在一个固定的时间间隔（一般是 1 到 6 个整数月的间隔）汇集一笔资金，按照某种顺序在 T 期内完成循环借贷。自邀会开始的 T/n 时刻，第一个人使用这笔资金的人成为借钱者，相当于其他 $n-1$ 个人共同贷款（$n-1$）c 给这个人；在 $2T/n$ 时刻，又有一人通过某种方式向其他 $n-1$ 人借款，这 $n-1$ 人将每人拿出 c 金额的钱来借给他……如此往复每一个成员都有获得贷款的机会，直到 T 时刻合会结束。这笔汇集在一起的资金称为会额；具有首次会额使用权的称为会首；其余的参与者称为会脚，单个会员每次聚会可以提供 $m \cdot c$（$1 \leqslant m < n$）的金钱，因此他将拥有 m 次得会的机会；已经完全获得会金使用权的会脚不再拥有得会的机会，称为死会；没有完全获得会金使用权的会脚还有得会的机会，称为活会。

3. 合会的类型

根据得会的规则方法，合会一般可分为：轮会、摇会、标会三种。如果所有得会次序在首次得会之前就已经由会员议定，并且采用座次轮收的方式，这种标会就称为轮会，它的运行机制体现为得会次序由各会脚预先认定，人数不多，会期较长；如果采用抓阄、抽签或者掷骰比点的方式来决定得会次序，称之为摇会，摇会中除了第一期由会首获得外，其后各次得会都随机产生；以竞标的方式决定得会次序，称之为标会。标会的特点是除首次会额由会首座得外，以后各期均由会脚投标决定。依据标金的不同处理方式，标会又可分为贴现标会和贴水标会。贴现标会（Discount Bid）是指把未来的利息从现金里立即扣除，贴水标会（Premium Bid）是指把将来的利息以贴水的方式在未来支付。

4. 合会的福利增进

如果由人类学家或者社会学家来评判合会，它的主要功能不过是社会交往、文化整合以及经济互助。从会员作为理性人的假设出发，从古至今生生不息的合会一定存在着帕累托改进。首先，归根到底，合会体现的是一种借贷关系，它有效地解决了具有流动性约束的农户的资金需求问题，也使得资金的富裕方能够进行投资，尽管后者有时收不到利息，但是他收获了社会地位、权威声誉等为家族所珍视的无形资产；其次，如果把婚丧嫁娶等等都看作不可分耐用品消费，那么合会形成了有效的按揭机制，使得不可分耐用品的期望消费时间提前了50%；第三，合会的社会保险功能在标会和座会的运行中得到充分发挥。在座会中，最需要现金的人能够称为会首，马上得到资金应急，其他会员按照事情的轻重缓急依次得会，满足了资金需要。标会则利用竞标机制使得除了会首之外的会员能够按照自己的保留价格出价，依次获得资金使用权，形成了资金利用的高效率。以上三类都是合会改善农户福利水平的一种体现。

（三）合会的实证调查

出于对合会流行区域的审慎考虑，本研究特选用中国发展研究基金会工作人员在浙江台州、温州和福建泉州所做的随机访谈和问卷调查数据。调查时间是2006年8月，调查的主要内容是包括合会在内的农户金融供给与需求。具体内容包括家庭的基本情况，诸如人口、管账人年龄、受教育水平、性别等；家庭的收入状况，诸如家庭的总收入、各项收入来源以及收入数量；家庭支出情况，诸如各项具体消费支出和投资项目支出；参加合会情况，诸如参加合会个数、每个合会规模、参加者得到资金的次序、参加合会的目的、合会资金的使用方向、合会的稳定性等；家庭私人借贷的情况，诸如借入资金的来源、数额、利率、借款期限等。当然我们无法事先确定性地获得当地农户的详细分布资料，因此也就无法进行严格的随机抽样，只能采用随机走访的形式进行问卷访谈。本文的问卷调查分别在台州选择了85家农户、在温州选择了73家农户、在泉州选择了76家农户作为访谈对象。这样样本总量为234户，可以满足一般的合会实证研究需要。

在这234家农户当中，至少参加一个合会的家庭有152户，占总样本量的65%。参加的合会总数有369个，平均每个家庭参加1.6个合会。由于问卷仅统计了前6个合会，从而部分样本参会答案缺失，在369个合会中农户可以做答的合会类型的有315个，其中座会占76.1%；摇会占10.2%；标会占13.7%。

1. 合会成员的筛选

考虑到分析的简便，本文将重点分析农户回答的第一个互助会，相关数据来自对问题“2005年您家里有没有人还在参加互助会（或呈会、合

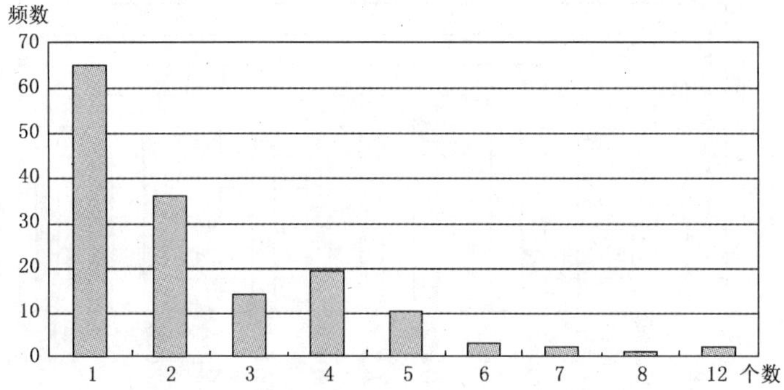

图 3－1　农户加入合会频数分布

会、标会等)?”回答为“有”的农户所做的数据。这部分家庭共有 152 户，考虑到部分缺失数据，样本数可能略少于 152 户。

在合会成员的自我晒选过程中，信任扮演了一个极为重要的角色。人际关系、社会网络和社会资本在中国社会、经济和政治活动中扮演了一个重要角色，在整个社会系统的运行中一直发挥着重要的调和功能。情感密度较强的信任关系反映了较多的社会资本。熟识或相互信任的程度也是社会资本的重要指标。在合会成员的自我筛选过程中，社会资本发挥了强大的作用。

由图 3－2 可以看出，中国人最为信任的仍然是与自己具有血缘家族关系的家庭成员和各类亲属，其中家庭成员得到的信任程度最大，直系亲属次之，亲密朋友还要排在其他亲属的前面。而一般性社会交往和社会关系的其他人如同事、邻居、熟人等得到的信任，介于“说不准＝3”和“可以信任＝4”之间。信任程度最低的则是不具有稳定社会交往联系的其他人如网友、销售商等。从图 3－2 中也可以看到，可以较多信任的一类（取值在 3.5 以上）的有家族成员、直系亲属、亲密朋友、其他亲属四类，这些人群也将构成合会的主要成员基础。难以确定信任与否的一类（介于 3—3.5 之间）有可能在其他亲缘更近的人的介绍之下加入合会这一群体。图 3－2 也描述了信任关系的差序格局，在这种信任衰减的走势下，决定了合会的构成模式将以前四类人为主。

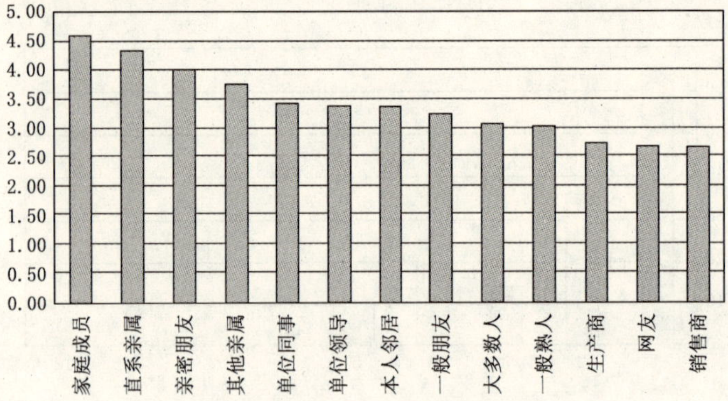

图 3－2　特殊信任关系在不同人群中的分布①

如图 3－3 所示，中国社会的差序格局是以自我为中心的，由核心区域的家庭成员、直系亲属向外扩散，情感关系越来越弱，信任程度也在下降。信任断裂后损失的社会资本越少，从而受到的社会惩罚越小。在合会的组织体系中，通过同伴的自我选择，按照亲缘关系的远近，越是处于核心区域的人群，越容易形成一个合会。社会学家以“镶嵌理论”来解释人际关系的信任在转化为金融资本中的作用，人际关系网络和镶嵌在网络中的道德价值观念承担了维持合会运转的纽带作用。

2. 合会的风险控制

在本文所使用的调查问卷中，设计了如下关于互助会运行风险的问题：“您在这个互助会里有没有被别人欠过钱？欠了多少？欠了多久？怎么解决?”；“您自己在应会时有没有出现经济困难？怎么解决?”；“有没

① 特殊信任是指人们对自己的家庭成员、亲戚、朋友、同事、邻居、熟人等各类人的信任状况及程度。数字含义如下：完全可以信任 =5，可以信任 =4，说不准 =3，不可信任 =2，完全不可信任 =1。该数据所用问卷调查资料，来源于中山大学广东发展研究院 2000 年 7 月进行的“广东社会变迁基本调查”项目，有关信任的问卷调查内容是这一项目调查的内容之一。该项目采用多段随机抽样方法，以人口规模、社会经济发展状况和地理位置分布为选择向度，分别选择了广东省内的广州、深圳、汕头、东莞、湛江、韶关、梅州等 7 个城市，之后在每一个城市按区、街道办事处、居委会的顺序逐阶段进行抽样，最后在被抽中的居委会，采取分层多段随机抽样抽取出被调查的居民户。此次调查共发放问卷 2003 份，回收有效问卷 2003 份。资料来源：李伟民、梁玉成：“特殊信任与普遍信任：中国人信任的结构与特征”，《社会学研究》2002 年第 3 期。

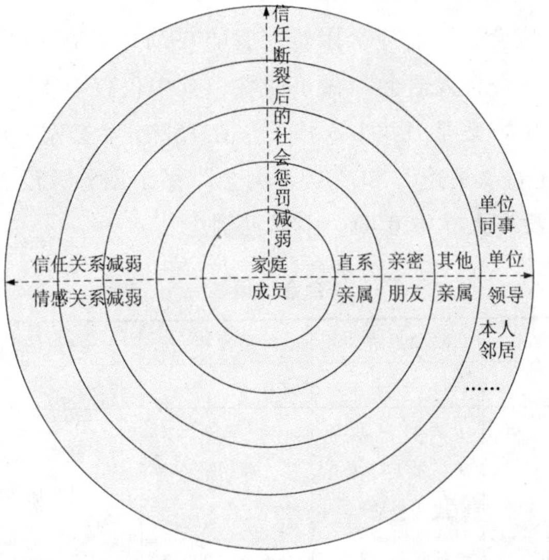

图 3－3　中国社会的差序格局分布

有人中途退会？怎么处理”；“有没有人中途卷款逃跑？怎么处理?”；“是否倒会?”；“倒会后怎么处理?”。农户对这些问题的回答，将有利于我们理解互助会的稳定性和风险控制机制。

由于会首优先享受了贷款，并且利率为零，他必须承担较多的风险。通常无论互助会中哪一个会脚欠会，会首皆有义务代为偿付。一般来说，会脚也仅需了解会首的社会地位、经济条件、信用状况等等。但是在实际运行过程中，并非全部如此。

在 152 个参会家庭中，有 121 户对“是否被欠会”做了回答，其中 8 户回答在本会或其他互助会中被欠过会钱，占作答家庭的 6.6%。有 5 户家庭对“欠会数额”作答，其中 3 户被欠 1000 元，2 户被欠 2000 元。在欠会时间上，1 户为仅仅被欠了几天就获得了所欠会金，2 户在 1 个月后获得所欠会金，2 户还没有获得所欠会金。截至问卷调查时刻，其中 1 户被欠了 2 个月，另外 1 户已经被欠了 6 年。在欠会解决方案中，1 户作为会首在几天后追讨成功，1 户作为会首继续追讨，被欠会 1 个月的两户自然归还，被欠会 6 年的一户仍在等待归还（见表 3－1）。

在 152 个参会家庭中，有 132 户对“是否存在应会困难”做了回答，其中77户回答没有应会困难，55户回到存在应会困难，占41.7%，其中38户表示借钱应会，占有应会困难家庭的69.1%。在152个参会家庭中，有120户对“是否有人退会”做了回答，其中仅仅有1户回答有人退会，占0.83%，解决方案是另找1人接手。在152个参会家庭中，有120户对“是否有人中途卷款逃跑”和“是否倒会”做了回答，没有农户遇到中途卷款逃跑，也没有人在本互助会中遇见倒会①。

表3－1　合会的风险

调查对象	项延根	项素娇	项延坤	项祖仙	村长母亲
会内角色	会首	会首	会首	会首	会脚
欠会人	邻居	丈夫村里的邻居，本人经人介绍成为会脚	经人介绍的会首	两个会脚，其中一个是邻居	一个会脚欠会首钱，会首无法替他偿还
欠会时间	1997年	十几年前	1996年、1997年	1997年、1998年	十几年前
欠会原因	做生意赔本	做生意赔本	做生意赔本	做生意赔本	情况不明
欠会金额	6000元	8000元	4000多元	20000多元	2000元
参会态度变化（风险防范手段）	从此不做会首并且在没有特殊情况下，也不轻易加入别人的会。除非是亲戚、朋友并且会金用于建房、结婚等事，如果会金用于做生意，绝不入会。目前正在参加的会是妻子的亲叔叔为了买房子而组织的会。	此后她做会首时，将选择一些自己信得过的亲戚、朋友、邻居来做会脚，绝不接受别人介绍的会脚，并且组织较小的会，以求降低风险。	现在参加会也是由于人情关系，迫不得已参加一些亲戚的会。通常是为建房、结婚筹集资金的会，会脚的风险相对较小，如果会首用会金做生意，会脚的风险就比较大。目前参加岳母组织的一个会、内弟的大姨子组织的一个会。	一般情况下只做会脚，虽然和邻居家还有来往，但不会再请他入会了。此次做会是为儿子结婚筹资。	通常情况下不再愿意入会，通过自给自足解决问题（有4个办厂的儿子，自己开小卖部）。即便参加，也只参加金额为100元、200元的小会。目前参加的是邻居的一个200元/月的会。

① 1户家庭曾经在参会历史上遇见倒会。

四、农村合作金融组织建设的国际经验

要发挥合作金融组织在我国农村经济发展中的支撑作用，我们必须不断学习借鉴国际上的成功经验。日本的农村合作金融模式是全球合作金融的成功典范。日本农村合作金融体制起源于 1947 年，日本开始农地改革，废除了代表封建关系的寄生地主制度。日本政府依据 1947 年《农业协同组合法》，通过农业协同组合（农协）将分散的农户组织起来。农协下属的信用部的主要业务是吸收农户贷款和发放长短期贷款，并且代理国家对农业发放补助金和长期贷款。日本的农业金融体制是官民办并列的。日本农业金融体系分为三个系统，即农业系统、渔业系统和林业系统，自成体系。政府的正规金融和民间的合作金融在整个农业金融体系中并驾齐驱，相互配合。“正规金融”把政府的农业金融政策、目标和措施具体化，其业务活动的 85% 则是通过民间合作金融组织进行的。

（一）日本农村合作金融的特点分析

日本的农业金融以合作金融为主体，以政府的正规金融为后盾，构成发达的农业金融体系。其组织模式及制度保障的特点如下：

1. 组织体系

日本的农村合作金融组织与我国不同，它不是一个独立的系统，而是依附于农业协同组合体系（简称“农协”）的一个子系统，具有独立融资功能。日本农协成立于 1947 年，是日本农村弱小经济个体（如农民、个体工商业者等）为了保护其自身利益，提高其经济和社会地位，以公平、平等为思想基础，以互助、自立、自愿为原则，以共同富裕为活动目标而建立的所有参加者基本利益一致的农民合作经济组织。它是一个集生产、销售、信用、保险等为一体的综合性合作组织。

2. 制度保证

日本政府一直对农村合作金融采取鲜明的扶持态度，实行一系列的支持政策此外，由政府参与的各种保险制度也从不同层面支持和保护农村合作金融业务的顺利开展。日本政府向来注意保持合作金融法制的稳定性和连续性，立法较为完善，形成较健全的农村合作金融法律体系。颁布的法

律规范有《农业协同组合法》、《农林中央金库法》、《临时利率调整法》、《农协财务处理基准令》等，各项法律法规都详细规定了农村合作金融机构的经营范围监管事项和权限等，真正做到了有法可依，为农村合作金融的稳健运营提供了法律保证。

日本政府高度重视合作金融的风险防范。为防患于未然，日本对农村合作金融实施双重监管：一是政府金融监管厅，对各种金融机构实施监管；二是全国和地方农林水产部门配合金融监管厅对农村合作金融机构实施监管，包括农林水产省下设金融科对农林中央金库的监管农林水产省在6个大区设置农政局对辖区内县信联的监管，以及都、道、府、县农政部对辖内农协合作金融部的监管。

（二）日本农村合作金融的成功经验

日本以农协为基础的合作金融模式在为农户生产、生活筹措资金，把小农经济纳入现代化农业轨道，为农户购买农业机械提供资金，加速实现农业机械化，为国家筹措资金，缓解银行和企业资金不足等方面发挥了重要作用，促进了日本农村经济的快速发展。总结其成功经验，主要有以下几点：

1. 政府的大力扶持

日本的农村合作金融是经济上弱者的联合，与其他金融机构的强强联合不同；并且其服务对象为资金实力薄弱的农民、小生产者，合作金融机构承担着较大的风险，因此，政府对其采取了鲜明的支持态度。农林中金成立时政府就投资了20亿日元，利率方面，根据临时利率调整法的规定，基层农协的存款利率可以高于普通银行利率，这有利于农协金融机构吸收储蓄，在贷款利率方面也有不同程度的优惠。此外，由政府参与的各种保险制度也从不同层面支持和保护农村合作金融系统的顺利运行。

2. 农村合作金融系统结构分明

日本农村合作金融体系内三级结构都独立经营、自负盈亏，相互之间不是行政隶属关系。上级通过经济手段和窗口指导指导下级的业务活动，形成了独立的运行系统，但上下级之间在业务上联系密切，资金从下至上，又从上而下，相互融通，这为农村合作金融机构提供了动力机制。由于自担风险，自我发展，产生呆坏账时，不会互相推诿，纠缠不清。

3. 严格遵循合作制原则

合作金融体系内的合作与农协其他部门的合作相互配合，形成了"大合作中有小合作，小合作依附于大合作"的良性互动。日本农村合作金融严格按照合作金融原则运行，是真正意义上的合作金融组织。日本农协以金融为支柱提供全方位服务，包括指导事业、销售事业购买事业、信贷事业、保险事业以及利用事业等，形成农协内各部门之间的"大合作"，同时金融体系内的各个部门通过资金援助制度等形成了"小合作"，这种局面为合作金融事业的开展提供了配套条件，更好地发挥了为农服务的功能。

4. 健全的风险防范体系

日本农村合作金融系统建立了由信用合作组织共同出资的农村存款保险制度，直接保障了存款人的利益；临时性资金调剂的相互援助制度，防止了信用危机的发生和扩大，间接保障了存款人的利益；农村信用保证保险制度，保障了金融机构的利益。整个体系环环相扣，使信用有可靠的后盾，保证了合作金融安全、稳健运行。

5. 相关法律、法规健全

日本历届政府都注意保持合作金融法制的稳定性和连续性，立法较为完善，形成了健全的农村合作金融法律体系，如《农业协同组合法》、《农林中央金库法》、《临时利率调整法》、《农协财务处理基准令》等，各项法律法规都详细规定了农村合作金融机构的经营范围、监管事项和权限等，真正做到了有法可依，为农村合作金融的稳健运营提供了法律保证。

五、新型农村合作金融组织调查研究

本研究主要在山东莱芜等地进行了新型农村合作金融组织的专项调查。2009 年以来，山东省莱芜市面对农村金融改革明显滞后、农村金融服务体系不完善、为农民提供的金融服务严重不足的困境，积极发展农村资金互助社等适合农村特点和适应农民需求的新型农村合作金融服务，在拓宽现代农业建设资金来源、提高农村金融服务水平等方面取得了明显成效。2011 年上半年，国务院发展研究中心课题组就此赴山东省莱芜市进行了专题调研，实地考察了雪野村等 5 个农村资金互助社的具体情况，了解了农村资金互助社在莱芜市现代农业发展和新农村建设中发挥的重大作用，现将有关情况汇报如下。

（一）发展背景

2006 年 12 月 22 日，中国银监会出台了《关于调整放宽农村地区银行业金融机构准入政策更好支持社会主义新农村建设的若干意见》，提出要适度调整和放宽农村地区银行业金融机构准入政策，降低准入门槛，强化监管约束，加大政策支持，促进农村地区形成投资多元、种类多样、覆盖全面、治理灵活、服务高效的银行业金融服务体系，以更好地改进和加强农村金融服务，支持社会主义新农村建设。2007 年 1 月 29 日，中国银监会又按照党中央和国务院的要求，发布了《农村资金互助社管理暂行规定》、《农村资金互助社组建审批工作指引》等系列文件，对如何组建农村资金互助社等新型农村银行业金融机构的工作程序进行详细解释和界定。

随着放宽农村金融市场准入政策的推进，农村资金互助社等新型农村金融机构和组织不断出现。截至 2011 年 5 月末，全国范围内经过银监部门批准建立的农村资金互助社已有 37 家，还有 114 家正在筹建中。但是，面对庞大的农村资金需求，这些为数不多的农村资金互助社难以满足实际需要。因而，为了探索财政扶贫资金使用管理新机制，缓解贫困农户生产发展资金缺乏和贷款难问题，财政部和国务院扶贫办联合开展了“贫困村互助资金试点”。中央财政扶贫资金为每个试点村安排 15 万元，建立扶贫互助社，支持村民发展生产。截至 2009 年年底，全国 28 个省（自治区、直辖市）、940 个县、9003 个村开展了互助资金试点工作，资金总规模累计 17 亿元，其中，中央财政扶贫资金 4.6 亿元，省级财政扶贫资金 7.8 亿元，农户缴纳互助金 3.6 亿元，其他资金 1 亿元。约 74 万个农户加入了互助组织。农村互助资金试点有效缓解了农户发展资金短缺问题，推动了现代农业发展，加快了社会主义新农村建设步伐。

（二）基本情况

2009年9月，山东省莱芜市将雪野村、大厂村、西峪河北村、富家庄村、北双王村等5个村确定为农村资金互助组织建设试点村。截至2009年12月20日，5个试点村均已完成农村资金互助社的组建工作，在民政局批准注册，选举产生了资金互助社理事会、监事会等机构，制定了互助社章程和其他规章制度。5个试点村入社农户数1132户，占农户总数的70.8%，形成互助资金总规模130.44万元，其中，农户出资55.44万元，财政补助资金75万元。至2010年3月15日，5个农村资金互助社相继开展农户借贷服务。

截至2010年12月31日，雪野村、大厂村、西峪河北村、富家庄村、北双王村等5个农村资金互助社共发放互助资金借款365笔，累计202.7万元；扶持303个农户发展农业生产，其中，养殖户144户，种植户21户，经营户200户；共回收借款137.5万元，收取利息（互助资金占用费）3.92万元，互助资金扶持过的农户占入社农户总量的26.8%，资金周转率为1.55，到期还款率100%，借款拖欠率为0，基本实现了农村资金互助资金的小额短期快速循环利用。

（三）运行机制

目前，莱芜市在扶持农村资金互助社运转的过程中，尤其强调制度建设先行，发布了互助资金试点实施意见，相继制定了互助社联系人制度、互助社章程、互助资金管理流程、财务管理制度、理事会岗位职责、监事会岗位职责、审批公示制度、重大事项报告制度等规章制度，为农村资金互助社提供良好的运行基础。

1. 农村资金互助社的组建及治理结构

莱芜市的农村资金互助社是在本地民政局注册的非盈利合作组织。加入互助社以户为单位，每户一人加入，加入互助社的农户即成为资金互助组织的成员，成员按一人一票享有民主权利。农户加入互助社自愿，退出互助社自由。农村资金互助社的内部治理包括会员大会、理事会和监事会。会员大会是扶贫资金互助社的最高权利机构，由入股农户共同组成，选举产生理事会和监事会。莱芜市5个村的资金互助社入会率比较高，1598个农户中，共有1132户加入了互助社，入会率达到70.8%。理事会一般由3人组成：理事长1人，理事2人。其中会计、出纳各有1人，是农村资金互助社的执行机构和日常管理机构，负责互助资金的运行和管理。理事会的主要职责包括：建立健全互助社章程和管理制度；负责借款的审批、发放、管理和回收事务；定期组织召开成员大会和开展集体活动。监事会是农村资金互助社的日常监督机构，一般由3人组成：监事长1人，监事2人。从莱芜市5个村的资金互助社理事会和监事会的实际情况来看，两会构成中，村两委的成员共有11人，这些干部的管理能力和经营能力普遍较强，对于保障农村资金互助社的正常运行可以发挥重要的作用（见表3-2）。

表3-2　农村资金互助社成员构成情况　（户，人）

资金互助社	村总户数	入社户数	被全额资助户数	被部分资助户数	全额自出资户数	管理层总人数	管理层中村两委成员人数
北双王村	188	134	10	116	8	6	3
雪野村	520	387	23	354	10	8	1
富家庄村	310	260	28	212	20	6	2
西峪河北村	260	170	13	143	14	6	3
大厂村	320	181	15	123	43	6	2
合　计	1598	1132	89	948	95	32	11

2. 农村资金互助社的资金筹集

从互助社资金来源上看，主要由财政扶贫资金和村民资源缴纳的互助金构成，也可吸收社会捐赠资金和转入本金的互助资金增值部分。但在实际运行中，还没有社会捐助资金纳入。省级财政部门向每个试点村提供平均15万元财政扶贫资金成立农村资金互助社，具体财政资金额度要根据村庄的入社户数决定。农户入股方式有全额入股、配股、赠股三种，家庭条件相对较好的农户则按每股1000元自愿出资全额购股参加农村资金互助社，一般低收入农户入股自己出资500元左右，财政部门按1∶1的比例配股500元，群众评定并由扶贫部门确认的绝对贫困户由财政扶贫资金按每户1000元赠股。一般收入户入社不得超过2份，低收入户和绝对贫困户只能入社1份。扶贫资金归所在行政村全体村民所有，村民缴纳的互助金归本人所有。从资金构成上看，莱芜市5个村的资金互助社农户出资共计55.44万元，占资金互助社筹资总量130.44万元的42.5%（见表3－3）。

表3－3　农村资金互助社资本构成情况　（万元，元/户）

资金互助社	政府财政出资总额	农户个人出资总额	农户部分出资标准	农户全额出资标准	全额农户出资总量	农户部分出资总量	本金总额
北双王村	10	5.44	400	1000	0.8	4.64	15.44
雪野村	20	18.7	500	1000	1	17.7	38.7
富家庄村	15	12.3	400—600	1000	2	10.3	27.3
西峪河北村	15	8.55	500	1000	1.4	7.15	23.55
大厂村	15	10.45	500	1000	4.3	6.15	25.45
合　计	75	55.44	—	—	9.5	45.94	130.44

3. 农村资金互助社的借贷管理

互助资金按照农户申请、多户联保、管理机构审批、公示、签订合同、放款的程序运行，采取小额、短期、多数人监督少数人的方式运行。互助资金实行3—5户联保制度，借款担保人必须是本村互助社社员，每个社员不得在担保期内重复担保，担保户在为其他借款户担保期间，不得借款，待被担保户归还借款后再予以借款。互助组织成员在需要时向理事会提出借款申请，理事会审查后在本村公开栏公示1周，公示期满，理事会提交全体成员大会审批，经大会过半数通过后，该申请予以批准，并报县财政局、扶贫办备案，理事会与借款申请人签订借款合同签发贷款凭证，借款申请人凭贷款凭证到开户行领取贷款；借款到期，由理事会负责催收，借款人向开户行缴纳本息。借款额度一般限定为3000元，特殊情况单笔借款最高不超过5000元，实际操作中有一定的灵活性，借款期限一般不超过6个月，最长不得超过1年，同一会员上次借款未还清前不得申请再次借款；同期借款的农户数原则上不得超过成员总户数的49%。互助组织按规定定期向扶贫、财政等相关部门报送月、季、年报表及相关资料。从实际运行效果上看，莱芜市5个农村资金互助社农户借款次数为365户次，有303个农户从资金互助社借过款，占入社总户数的26.8%。累计借款金额为202.7万元，是本金总额130.44万元的1.55倍，资金周转率还是比较高的。资金互助社运行1年多来，没有发生逾期还款的情况（见表3-4）。

表3-4　农村资金互助社借款及还款情况　（万元，次，户）

资金互助社	农户借款次数	曾借款农户数	累计借款金额	累计到期应还款数量	累计按期还款数量	累计到期应还款户数	累计到期实际还款户数	互助资金贷款余额
北双王村	52	31	29.6	23	23	36	36	29.6
雪野村	83	72	63.5	50.6	50.6	76	76	63.5
富家庄村	62	62	29.8	15.5	15.5	31	31	29.8
西峪河北村	50	50	22	12	12	24	24	22
大厂村	118	88	57.8	36.4	36.4	75	75	57.8
合　计	365	303	202.7	137.5	137.5	242	242	202.7

4. 农村资金互助社的盈利状况

农村资金互助社本身并不以追求盈利为目标，但是考虑到有一定的运行成本，比如，要支付农村资金互助社的日常经费开支、监事会和理事会人员的误工补贴、提取公积金和支付社员补贴，农户应当以有偿借用的方式周转使用互助资金发展种植业、养殖业、农副产品加工和营销等农业生产经营项目。扶贫互助资金封闭运行、有借有还、滚动发展利益共享、风险共担；坚持贫困优先，不得吸储和从事其他未经许可的金融和经营活动。在实际运行中，不同的农村资金互助社允许执行不同的借款占用费率，也就是借款利率，但同一组织一般执行同一个借款占用费率，占用费率参照了农村信用社同期贷款利率，实际年化借款利率控制在7.2%—9.6%之间。从实际运行1年的结果来看，莱芜市5个农村资金互助社中，总共盈利1.06万元，实现了保本微利的目标；有3个互助社微利，2个互助社微亏。其中，盈利主要来源是借款占用费，主要支出为工作人员误工补贴（见表3-5）。

表 3-5　　农村资金互助社成本收益情况　　（万元,%）

资金互助社	年化借款利率	已经收取的借款利息	本金存入农信社的利息收入	工作人员误工补贴	办公经费	资金互助社净收益
北双王村	9.6	0.58	0.02	0.54	0.03	0.03
雪野村	9.6	1.24	0.06	0.72	0.05	0.53
富家庄村	7.2	0.48	0.04	0.54	0.04	-0.06
西峪河北村	8.4	0.25	0.04	0.54	0.03	-0.28
大厂村	9.6	1.37	0.04	0.54	0.03	0.84
合　计		3.92	0.2	2.88	0.18	1.06

5. 农村资金互助社的监督管理

互助资金的监督管理包括了内部监督和外部监督。内部监督指资金互助社的操作运行、日常管理必须遵循公开、公平、公正的自我管理原则，实行“民有、民用、民管”，由监事会负责日常监管，严格审核借款对象，监督贷款投向，催收到期借款。为了便于监管，农村资金互助社的互助资金必须存入农村信用社等银行业金融机构，由互助社统一管理，并设立专门的资金账户，由互助社严格按照财务管理制度独立建账核算，接受监事会和全体社员的监督。互助资金的会计核算采用分户建账、分户核算、分户管理的办法进行。互助资金不以谋取存款利息为目的，不得向互助社以外的农户借款，不以付息形式吸收外界存款。外部监督是由县级扶贫办、财政局等相关部门按照审慎监管要求对农村资金互助社进行持续、动态监督。

（四）主要成效

山东省莱芜市开展的农村资金互助试点工作，通过搭建农户自主参与的组织平台，创新了财政支农资金的使用机制，推动了农村内部以农民为主体的合作金融的新发展，在一定程度上缓解了农村信贷资金约束，强化了农民在金融方面的自我服务能力。

1. 发展农村资金互助社，拓宽了农户融资渠道

莱芜市农村地区的金融体系不健全，农业生产发展资金短缺问题突

出。据中国人民银行莱芜支行测算，2009 年 6 月，莱芜规模种植农户等农民主体的信贷需求约为 20 亿元，而信贷供给仅有 3.6 亿元，有效贷款满足率仅 18%。农村资金互助社充分利用信息优势、联保优势和交易成本优势，节省了借款成本，简化了借款程序，提高了借款效率，有效调节了农户资金余缺，缓解了当前农村金融服务不灵活、贷款难的问题，在帮助农民突破资金瓶颈方面发挥了积极的作用。莱芜市的 5 个农村资金互助社，在短短一年时间内，为 300 多个农户快速发放了低息贷款，有效拓宽了农户的融资渠道。

2. 发展农村资金互助社，促进了农村产业结构调整

农村资金互助社利用参与式投融资理念，使农户由过去的被动应对产业化项目变为主动选择产业化调整，增加了农户使用发展资金的机会，调动了农村群众发展生产的积极性。借助农村互助资金，莱芜市有一批善经营、懂技术、有基础、能力强的农户调整、扩大了生产经营范围。雪野等 5 个村的特色种植、养殖和服务业都在不断发展。富家庄村的互助社社员张木军利用互助资金购买了农用车，进行蔬菜运销；雪野村的互助社社员张奎山利用互助资金，搞大豆储运加工；北双王村互助社社员王增华利用互助资金，发展了农家乐旅游服务项目。

3. 发展农村资金互助社，有效推动了农民增收

目前，莱芜市 5 个农村资金互助社试点村的农户，在互助资金的扶持下，增收效果比较明显。富家庄村资金互助社社员崔训全和李清俊，在自有资金的基础上，再从资金互助社融资，新建鸭棚两个，预计每年纯收入可达 3 万元。雪野村农村资金互助社社员胥登先借款 5000 元，发展生猪繁育，年获利上千元。莱芜市的资金互助社农户，不断发展特色养殖、瓜菜种植、运输加工等项目，产生了良好的经济效益。

4. 发展农村资金互助社，改善了农村信用环境

农村资金互助社的资金借贷机制，立足于农村社区内部，立足于农户联保的熟人社会，培养了农户的信用意识，发放的 137.5 万元到期借款已经全部按期归还。农户逐渐开始将个人信用视作一种重要的社会资本，进一步优化了农村地区的信用环境，也为农户从正规金融机构获得更高额度的贷款创造了条件。目前，一些原本信用状况不佳的农户过去因就医、子

女上学所借的资金，现在也积极想方设法归还，农户的信用意识不断增强。

（五）存在的突出困难和主要问题

1. 农村资金互助社的法律定位有待规范

目前，互助资金实践仍然处于试点探索阶段，没有明确的法律地位和与之匹配的法律制度规范，相关政策也不清晰。2009 年，国务院扶贫办和财政部联合下文明确规定，农村扶贫互助社属于非营利性社团组织应在当地民政部门登记注册。但银监会发布的《农村资金互助社管理暂行规定》、《农村资金互助社组建审批工作指引》等文件，将农村资金互助社界定为独立的企业法人，应到工商部门注册。这种法律法规上的定位干扰，使农村资金互助组织处于一种地位与职能模糊的状态，运作缺乏规范，随意性较大。政府部门、“村两委”、社会团体和农户对其理解并不一致，且都试图按照自己的理解参与活动。一些地方甚至把农村扶贫资金互助组织理解为基金会，办成以盈利为目的的机构；有些地方的农村扶贫资金互助组织还存在变相吸储的情况，威胁到农村扶贫资金互助组织的健康发展。

2. 农村资金互助社的内部监督机制不完善

以农村社区人缘、地缘、血缘关系为基础而建立起来的熟人社会是农村资金互助社产生和运作的社会和文化背景，但熟人社会的内部监督一般较弱。因为行使监督权力，就可能得罪人。“得罪人”就是监督的成本由管理者承担，而监督收益却归全体互助社成员所有，造成典型的“成本内在化”而“收益外部化”，较多村民自然选择在监督上“搭便车”，甚至表现出“理性无知”。调查中发现，有些试点村会员大会没有按规定定期召开，监事会也是形同虚设，互助资金的日常管理运作基本上由理事会人员全权负责，对资金的发放回收以及财务公示缺乏真正的民主监督管理。

3. 农村资金互助社受乡镇政府和村两委的制约较大

农村资金互助社尽管在试点过程中吸取了过去农村合作基金会的教训，对互助资金、政府与“村两委”的各自角色都进行了定位，以避免可能的行政干预，但“村两委”对互助组织的运行仍发挥较大的作用，如组织动员、提供办公场所，甚至直接由“村两委”成员担任互助社的管理人员，有可能导致农村资金互助社蜕变为村两委”的附属经济组织。而地方政府在履行对农村资金互助社的扶持、引导与监督上也存在大量的权力功能越位、缺位与错位，尤其是忽视了对参与互助组织的农户的赋权，使其难以在决策过程中发挥影响，从而限制了资金互助社实际作用的发挥。

4. 农村资金互助社的可贷资金严重不足

农村资金互助社的资金严重不足，满足不了日益扩大的农户资金需求。随着农村经济发展，农户资金需求不断扩大，农户单个贷款的额度不断提高，而农村资金互助社主要的资金来源是财政资金，前期投入只有15万元，后期奖励资金一般都是分配到其他村社。由于目前还处于试点阶段，追加资金投入的情况也较少，农户参股数量有限，仅占互助资金总规模的42.5%。同时，由于资金来源渠道单一，导致互助资金能够滚动发展和循环利用的数额较小，加之资金投放时间短，而农业生产具有较强的周期性，影响农户的项目选择，无法满足农户发展生产的实际需求。解决农村资金互助社资金不足问题已经刻不容缓。

5. 农村资金互助社的借款门槛偏高

为吸引社员入股，提高股金的分红水平，社员借款的年化借款利率一般为6%—10%，有些互助社借款利率甚至高于农信社一年期加权平均利率，在农户入股资金占总股本的比例较低的情况下，农户的资金使用成本较高。社员借款时，还必须成立3—5户人的联保小组，由联保小组集体讨论决定借款人员的顺序，并且联保小组中的担保户不能借款，致使少数还款能力不足的农户虽然急需资金，但因无法组成联保小组为其提供信用担保，而难以获得借款支持。

（六）经验启示

1. 农村资金互助社充分发挥了农村地区的熟人社会的信息优势，解决了借贷的信息不对称问题

农村资金互助社内生于农村社区，克服了农户与银行业金融机构之间

的信息不对称，在农户之间建立起了一种关系型借贷融资模式，其运转的基础是人际信任，是一种存在于乡土文化中的非强制性约束。资金互助社持续良好运转，很大程度上得益于农村熟人社会的优势，使贷款借得出、收得回、有效益，提高了借款质量和借款周转率。农村资金互助模式，在不同的5个村庄，按期还款率均达到100%，令人惊奇。互助资金激发了农民的创新意识，增强了农民的主体意识与拥有感，实现了正规金融机构和传统的小额信贷不可能实现的贷款覆盖面和贷款偿还率。这种依靠村民自我实现的低成本的金融服务机制，较为适合一些落后地区的广大农村。

2. 统一制订农村资金互助组织的规章制度，明确互助组织地位合法合规

财政部、人民银行、银监会、国务院扶贫办等部门应尽快制订农村资金互助社的规章制度，明确互助社地位，使其合法化、规范化。首先要统一名称，根据农村资金互助组织的性质、目标和具体功能，并考虑其今后的发展方向，可考虑将互助组织的名称统一为农村资金互助社，体现出互助组织的关键在互助，方向在合作。其次是明确性质。以在民政部门注册成非营利性社团组织为主，并探索在工商部门注册为农民专业合作组织的可能性。第三是规范收益用途。规定占用费收入以覆盖运营成本为基本要求，用于有效激励组织管理者和农户的主动参与，促进互助组织可持续发展。

3. 建立健全农村资金互助社的内部监督与外部监管相结合的监督机制

由于内部监督的“外部性”容易出现单个成员在监督上的“理性无知”现象，就产生了第三方监督或外部监管的必要，需要把内部监督与外部监管结合起来。有效的内部监督，包括有专门的监督人员，有明确的监督机制和程序，如对贷款的发放和回收以及互助组织的财务进行定期公示等。适当的外部监管和支持，包括主管部门、工商、民政等部门的审批、登记、管理，农经部门的业务指导，人民银行和银监部门的风险提示和监控，同时接受社会监督，避免无人管理或多头管理带来的盲目发展现象。具体而言，要加强对互助社会计人员的业务培训，规范账务处理和报表编制，统一开发互助资金管理信息系统，实现动态实时监控提高管理的

信息化和电子化水平；县扶贫办和财政部门要定期和不定期地开展对试点工作的检查、监测和评估及时发现和解决出现的新情况和新问题；人民银行和银监部门应尽快将农村扶贫互助社纳入监管范畴，有效防范资金风险。

4. 采取有效措施，拓宽农村资金互助社的资金筹集渠道

农村资金互助社的资金充实率决定着它为社员提供服务的能力。因此，要逐步改变其过度依靠政府财政资金运行的状况，适当放宽互助组织的筹资渠道，扩大社员规模，强化自身筹资能力，以产生更好的社会效益和经济效益。目前，互助组织与正规金融合作来解决资金问题的意愿日益明显，主要是由互助组织承担正规金融组织与农户之间的中介，或者用一部分发展基金作为担保基金或风险基金向正规金融机构申请贷款，以满足农户日益增长的生产资金需求。

第二节

改善商业银行支农服务[①]

本节针对我国商业银行服务“三农”所面临的困难和问题，研究改善商业银行支农服务的方法和思路，以期为进一步发挥我国商业银行在农村金融和经济领域中的作用、有效推进农村金融的发展提供参考。本报告的研究思路是：首先针对我国农村金融领域商业银行的业务（尤其是传统业务）面临的一些重要困难，在理论上从多个视角深入分析其存在的根源，为进一步有针对性地进行改进提供理论支持；然后总结和分析国际上商业性金融机构服务农业的成功经验，为我国农村金融事业提供有益的借鉴；最后在前文的基础之上，从不同的层面（商业银行的自身完善层

① 本节内容选自农业部软科学课题（201020）《改善商业银行支农服务问题研究》报告。课题主持人：潘功胜。

面、商业银行与其他农村金融机构合作与互动层面和国家宏观调控和长远战略层面）提出改善商业银行支农服务的思路、方法和措施。

一、商业银行服务“三农”所面临的困难和问题

（一）商业性金融机构服务“三农”所面临的困难[①]

我国的经济发展已经取得了巨大的成就，但仍然面临着发展中国家普遍具有的二元经济结构的问题，而且我国的农业经济和农村社会发展也具有许多独有的特点。商业银行在农村金融市场上的定位是商业性金融，在我国目前特定的农村宏观经济与社会发展状况下，商业性金融机构服务“三农”所面临的困难主要有以下三个方面：

第一，我国公共财政资源在城乡之间投入分布的不均衡状况已经持续了较长一段时间，近年来国家财政用于农业的支出占财政支出的比重基本在8%以下（见图3-4），目前农村由于财政支持不足所产生的一系列问题将会严重影响商业性金融机构的健康运行，其中一个重要方面就是“金融财政化”现象，即将金融机构（尤其是商业性金融机构）作为政策性支持“三农”的工具。在农村财政所应该起到的作用缺位的情况下，政策性金融与商业性金融的清晰分开在某些时期和地区还难以做到。谢平等（2006）通过对贵州省样本县的调查研究发现：由财政公共品供应不足而导致的“金融财政化”现象严重。朱喜、李子奈（2006）认为按照农村金融改革的设想，农业银行、农信社和农发行将分别承担商业性、合作性和政策性功能，但是这种分工并没有真正实现。商业性金融机构填补财政资金不足的现象将从三个方面对农村商业性金融机构的发展产生负面影响：一是影响金融机构的贷款质量。政策性项目和业务往往具有正外部性、收益小、收效慢、成本高等特征，本不应该由商业性机构涉足，否则必然会影响商业性机构的经营可持续性。谢平等（2006）的调查发现在贵州部分县的金融机构中，由政府债务产生的不良贷款高达80%以上。由政府牵头，企业出面贷款进行的公共设施建设项目也造成了大量不良贷

① 该部分所分析的商业性金融机构服务“三农”所面临的困难和问题也基本适用于其他非政策性正规金融机构（如农信社）。

款。二是商业性金融与政策性金融之间的相互渗透为商业性金融机构和政府部门都提供了滋生道德风险的空间。就商业性金融机构而言，首先难以区分其亏损部分哪些是由政策性因素造成的，哪些是由自身经营不当造成的，容易滋生道德风险。三是如果商业性金融机构长期从事一些政策性金融业务（如农业综合开发和扶贫贷款），那么农民可能会认为从国有大型商业银行借的钱本身就含有国家补贴和帮扶的性质，因此还款动力下降，不利于农村健康信用环境的培养和建立。

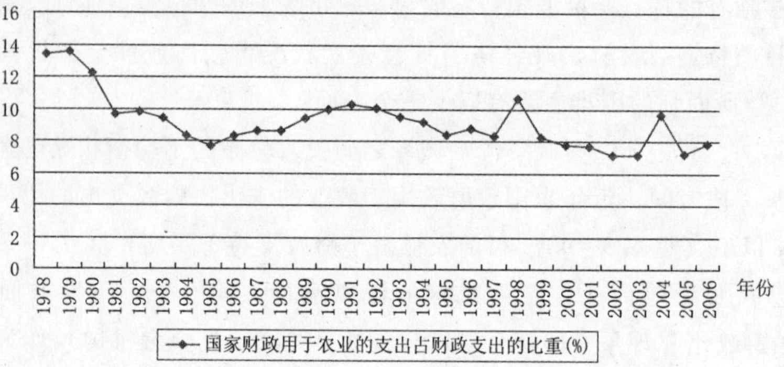

图 3－4　国家财政用于农业的支出占财政支出的比重

数据来源：中经网统计数据库。

第二，我国财政资源与其他公共服务资源在农村的投入不足所造成的另一个问题就是医疗、教育、低保等农村社会保障体系不健全，这种状况导致农村强迫性金融需求的较多存在，从而影响商业性金融机构经营所需要的良好需求方环境。强迫性金融需求是指需求量和贷款利率没有明显关系的、为了完成某种任务（尤其是部分生存性业务）的非营利性的、纯消费性金融需求，如由于自然灾害、重大医疗费支出、大额教育支出、婚丧嫁娶等造成的应急性的金融需求。该种金融需求不产生任何投资回报，往往出于生活所迫，没有可靠的未来现金流支持，风险非常大；因此显然属于非有效金融需求，应该由财政救济、社会保障体系和其他种类的政府公共服务解决，不属于商业性金融服务的范围。强迫性金融需求如果转由商业性金融满足，那么贷款方的违约概率必然非常高，违约之后的结果往往是金融机构出于伦理、道德、声誉、社会稳定等方面的考虑难以执行违约惩罚，或者即使强制执行也难以得到充分足量的补偿，而且容易使得贷款方的生产生活彻底破产，进而造成一系列社会问题。在财政资源与其他公共服务资源缺位的情况下，强迫性金融需求和带有部分强迫性金融需求性质的金融需求出于无奈，必然会部分转向求助于商业性金融，使农村金融市场的需求环境混乱和恶化，为商业性金融机构的持续健康发展造成障碍。

第三，从长远来看，农村经济的发展是发展农村金融的根本力量。Lucas（1988）认为经济发展会创造对金融服务的需求，进而促进金融部门的发展，因此经济增长会带动金融发展。Robinson（1952）认为经济发展为特殊的金融配置创造需求，金融系统自动对需求作出反应。从风险方面考虑，金融机构所进行的金融产品与服务的创新往往只能应对一部分风险，不能充分防范宏观经济运行中的诸多系统风险，因此，宏观经济的健康平稳运行是支持金融业务发展的基础性环境。李明贤等（2007）专门针对我国农村，通过实证研究发现农村经济发展对农村金融发展具有基础性作用①。

对我国来说，农业经济和农村社会发展状况中的诸多不足直接影响了农村商业性金融发展的基本面②。在经济运行方面，目前，我国农业经济的健康繁荣发展还面临许多困难。一般经济理论认为，农业具有天然的弱质性，主要原因是难以有效控制的自然风险（主要指自然环境的改变和自然灾害的发生）、更强的市场风险和一些生产特点（农产品的鲜活性、生产的季节性和周期性等）等。在历史因素③和各种经济社会因素的共同作用下，我国农业还具有要素禀赋程度低、相关及辅助产业落后、现代农业尚处于起步阶段等特点。从农业的效率和竞争力来看，我国农业的知识与资本密集程度低，其现代化程度显然处于初级阶段；从农业经济的各方面规模来看，目前我国农业在生产要素投入规模、产出规模、农民收入与

① 不同的文献由于采用的样本和方法不同，也会得出不同的结论，姚耀军（2004）。

② 田力等（2004）认为：中国农村的金融问题，其根本是中国农村的经济问题。

③ 我国农村经济的发展具有其独特的历史和时代背景，在我国由农业国向工业国转变的特定历史过程中，多次对国民经济政策进行的调整都是以农村国民收入向城市转移为代价完成的；农业向整个国民经济的发展提供资本原始积累，作出了极大的贡献（田力等，2004）。

消费规模等诸多方面都存在不足。在社会发展方面，农村基础设施和公共服务水平仍处于较低水平。尽管从2004年以来的连续6个中央1号文件均把加强农业和农业基础设施建设作为推进农村改革的重要措施，但是农村基础设施依然落后，农村与城市之间的差距还在扩大。无论是基础设施方面如农田水利、物质装备、动植物防疫体系；还是农民生产生活条件如饮水、交通、燃料；还是社会事业方面如教育、医疗、文化生活水平等，都显示出明显的薄弱性（发改委，2009）。总之，农村经济和社会的发展是解决农村金融问题的基础，目前，我国农村经济社会发展还存在的诸多不足会对农村商业性金融的发展产生不利影响。

（二）我国大型商业银行在服务“三农”实践中出现的主要问题

各种调查和统计数据显示，近年来我国正规金融机构的传统业务在服务农村方面遇到较大的困难，也显示出大型商业银行的支农信贷骨干作用尚未充分发挥出来。何安耐、胡必亮（2000）通过估算认为，目前民间融资在我国农村经济活动的总融资中占到了70%以上的比重。史清华（2003，2005）通过大规模调查发现，在我国农村通过非正规金融渠道获得的借贷占到借贷总额的80%。中国农村金融学会与北京师范大学（2008）对全国12个省份（直辖市）进行的农户金融需求大型调查发现，农户正规金融机构的贷款覆盖率不足15%，即大多数农户的信贷需求得不到满足，民间借贷在农户金融活动中占据主导地位，成为正规金融的重要替代物。而且该项调查显示农户对正规金融服务的认可度不高主要表现在四个方面：一是农户对金融网点的数量和布局满意度低；二是农户对获得银行贷款缺乏信心；三是农户对贷款利率水平认同度较低；四是农村金融服务品种难以满足农户的现实需要。

我国服务“三农”最重要的商业性金融机构就是农业银行，在近年来的经营实践中，农业银行在农村金融市场上突出的大规模经营举措之一就是1997年之后开始的从农村地区撤离的举措，主要表现为乡村基层营业网点的撤并和贷款权限的上收。2006年年末，农业银行位于县城（含县级市）的机构有7408个，比2000年减少了952个，农业银行作为支农信贷骨干的作用并未充分发挥出来（中国农村金融学会，2008）。撤并是在国有银行商业化改革的背景下发生的，其原因主要是：由于上文所述的商业性金融机构服务“三农”所面临的来自自身内部经营特点与外部经济环境的诸多困难，农村业务盈利机会稀缺，风险和经营成本过大；国有商业银行经营重心撤离农村地区在一定程度上是符合其市场化改革的。

虽然乡村基层营业网点的撤并在某种程度上符合市场经济的规律，但是也会对农业和农村的发展产生不利影响。中国农村金融学会与北京师范大学（2008）的农户金融需求大型调查发现，农户对正规金融服务认可度不高的原因之一就是农户对金融网点的数量和布局满意度低；银行网点数量少、距离农户所在地远成为农户不满意的主要原因。也有实证研究显示：农业银行撤并基层分支机构的行为导致了农村金融一定程度的空缺，对农村经济产生了显著的负面影响。代表性的如钟笑寒、汤荔（2005）的实证研究结果显示：农业银行的撤并导致了农村金融的空白，由于这一空白未能被其他农村金融机构及时填补，撤并事件对农村经济产生了负面影响；并得出结论：国有商业银行出于自身经营利益撤并部分基层分支机构是必要的，但需要注意与其他金融机构协调以尽量避免给地方和基层造成金融服务空白。

最近几年，农业银行再次回归“三农”，将服务“三农”作为农业银行的基本市场定位、股改的鲜明特色和最大的社会责任，并取得了各方面的明显的成效。但仍然需要注意解决前文所述的大型商业银行服务“三农”所面临的诸多难题，探索服务“三农”和商业运作有机统一的有效途径。

二、国外金融机构服务农业的成功经验

综合来看，我国农业发展仍处在快速改革与发展时期，农业生产与农村建设所面临的问题和困难都比较特殊，但是在许多特定的角度上与一些国家也十分相似。具体来说，我国的农业特点与日本有较大的相似之处：历史上都是长期的封建小农经济；在气候上两国都以温带季风气候为主，农作物品种类似；耕地中粮食作物特别是水稻占较大的比例；都是人多地

少的国家[①]；地理条件也比较类似[②]。而经济与金融发展状况则与巴西比较类似，都是发展中国家，其商业金融体系也都是以国有大型商业银行为主，这些银行也都是国家控制多数股份，私人也拥有部分股份。另外，在政府机构的安排上，又与法国有许多相同点，众多的机构和管理方式都是自上而下，上官下民的体系，机构繁杂，管理成本高。所以现阶段我们的任务应当是利用和结合好合作金融和商业金融两种渠道，并在此基础上利用我国政策性金融的优势来建立合适的农村金融体系，完善金融机构对农业的服务。结合我国当前农业发展状况和经济发展背景，金融机构对农业的服务可以在以下方面借鉴国际经验。

（一）基层金融网点的设置问题

无论是合作金融还是商业金融，两种渠道都需要有广泛而深入的基层网点与农户直接发生联系。而对于我国来说，金融基层网点设置存在很多困难，主要受到三方面因素的制约：第一方面是行政区域的更改，原先我国的农村信用合作社是依托乡镇一级的行政所设立，如今撤乡并镇之后这些金融网点失去了依托，数量迅速减少；第二方面是商业金融机构由于其盈利导向，在相对偏僻的基层地区设置网点往往得不偿失，这便阻碍了很多贫困偏远地区的农业贷款资金需求；第三方面是对风险因素的考虑，由于相对偏僻的地区也是治安相对差的地区，金融网点的设置避免不了现金的输运，基于安全性的考虑，金融网点的设置可能就回避了很多有资金需求但偏远闭塞的地区。

针对这个问题，印度尼西亚人民银行乡村部的经验值得参考。从覆盖面来说，建于1968年的印度尼西亚人民银行的分支机构网是该国所有银行中最大的，80%的地级以下城镇都有其分支机构。虽然如此，在1984年之前，其乡村部只是人民银行的派出机构，不能独立经营，所有的贷款

---

① 日本耕地面积仅占世界耕地面积总数的0.4%，人口却占世界人口的2.2%，人均耕地0.7亩，中国耕地面积只相当于全球耕地面积的不到1/10，人口占全球人口的1/5以上，人均耕地面积1.4亩。

② 日本山地、丘陵较多，中国的土地资源山地占33%，丘陵占10%，高原占26%，盆地占19%，而平原仅占12%。

和审批都需要上层机构的审批，并且在改革之前该乡村部还要担负很多政策性金融的任务，负责向农民派发补贴贷款，但是这种贷款往往无法回收，政府在此项目上承担了巨大的损失。而在1984年之后，印度尼西亚政府没有选择关闭效率不高的人民银行分支机构，转而按商业化原则将其改造为可以自主提供信贷的村镇银行。在此基础上，高效的管理和以市场为导向的金融服务使得印度尼西亚农业得到相当程度扶持的同时，印度尼西亚人民银行还获得了高额的利润。考虑中国网点设置问题的制约因素，某种程度上也是由于传统的基层金融机构大多是由国家主导的大型商业银行的基层网点，基层网点也面临许多与印度尼西亚银行改革前相似的问题。因此对于我国，可以考虑适当放宽对基层网点的限制，给予其较高的自主权利。其实在这一方面，我国商业银行的相关改革措施已经在特定地区试点，并逐渐推广。从2006年开始，中国农业银行浙江省分行逐渐下放小企业贷款权限，小额贷款审批权限逐渐下放给下级支行，同时，允许小企业贷款不经贷款审批会审议，信用等级评定、授信额度核定也可与单笔贷款审批同时进行。2008年3月开始，农业银行先后在甘肃、四川、福建、广西、浙江、山东、重庆等地区7家分行，开展了"'三农'金融事业部制"改革试点，将"三农"信贷审批权全部授予一级分行，500—3000万元的中小企业和农户贷款审批权授予二级分行、县支行，绝大部分"三农"业务在二级分行以下办理，这进一步扩大了基层网点的权限与影响力。

（二）服务对象的信用风险控制问题

几乎所有的贷款发放都会面临一定程度的违约风险，尤其是对于信用程度较低，资产水平差，难以抵押的贫困地区小型农户，这些人往往有很强的基本消费型农业贷款需求，但是基于风险的考虑，很少有金融机构愿意为其服务。我国长期以来的二元经济社会结构以及传统的小农经济模式使得有资金需求的农户往往没有可以提供的信用保证，而农业生产本身的风险性和长周期性使得这个问题更加突出。

在这一点上，孟加拉国的乡村银行以其著名的"小额信贷"金融创新和很多有针对性的制度安排很好地解决了这个问题[①]。在孟加拉国的乡村银行的金融实践中，小额信贷以其小额、短期、无担保和手续简单的优势很方便地为该国贫困农户提供帮助。在其服务过程中“以妇女为主、整借零还、小组联保”的模式克服了以往容易发生的违约风险现象。首先，确定以妇女为主要的信贷对象，主要是因为在低收入群体中，妇女往往处于不利地位，而且在当地妇女更关心家人，其还款意识要高于男人；其次，整借零还的方式可以减少还贷的风险，还有助于提高客户的理财意识。此外，将贷款对象分成小组的形式，在小组中还分期贷款，其中留有一到两周的观察期，然后将其余的贷款发放给组长，每次借款必须储蓄一定的数额作为全体组员的共同担保，这也是利用其小组中的内部信用来控制贷款风险的一种方法。我国与孟加拉国同属东亚国家，传统的社会风俗和道德规范很大程度上约束了信贷过程中的风险问题，这个成功的案例也为解决我国商业金融机构服务农村过程中所面临的信息不对称问题提供了思路。

（三）农地金融发展和体制局限问题

在金融机构对农业的服务中，我国始终面临由于土地国有而无法转让和抵押的现状，因而难以发展农地金融。在国外，土地的改良基建等长期投入都是以土地抵押的方式获取长期贷款，从外源渠道解决农业长期资金投入不足的问题。中国农户贷款难已经成为制约农业现代化、产业化和国际化发展的一个主要因素，缺少抵押物是金融机构的信贷资金占农业投资比例低的一个重要原因。此外，农地金融能加速土地流转与适度集中，推动农业规模经营，改善我国农业生产规模小的现状，分散农业生产的经营风险。但是考虑到中国的农民基数庞大，如果采取土地可以作为抵押进行贷款，那么必须考虑到农民失地的风险问题；同时，被抵押土地是否可以完全地投入到农业生产，也需要很大的监管成本。如何找到合适的机制使得既可以满足农业长期资金投入需求，又可以激励农业生产发展，是解决该问题的关键。

---

① 本节小额信贷的一些新型贷款技术将在第四章进行详细阐述，所以此处只作简要叙述。

从丹麦农村金融的发展过程中我们可以得到一些启发。在丹麦，其农场虽然是私人占有，但是按照法律规定，农场主无法向自己的子女无偿赠送或者馈赠农场，其子女只能按市场价格向其父母购买，购买之前需要对各项预算进行评估才能从银行获得贷款。丹麦农民抵押信贷基金会在其农村金融体系中起到了关键的作用，它可以为农林部门提供贷款，贷款额最多可以达到其资产的70%，贷款期限为5—30年，分期偿还。尽管农场主子女必须通过贷款才能购买其父母的土地，但是其贷款的抵押品可以是其父母已经经营的土地。事实上，由于可以将父母的土地进行抵押，这种方式的贷款对农场主子女的风险压力并不大，70%的贷款限制的真实目的也是为了让这些青年人投入到农场的运营当中，为农场的可持续发展提供新的资金。

对中国而言，土地国有的背景下，通过抵押土地而获得贷款资金的金融形式还不允许[①]，一方面考虑到贷款者的经营规模小，风险大；另一方面考虑到其贷款资金可能不能完全作为农业用途。但是丹麦的经验可以给我们一些启示，如何在土地可抵押之后控制抵押和贷款双方的风险，如何在没有所有权只有使用权的农户之间进行土地的合理抵押和流转的同时还控制风险，这需要通过合理的贷款制度安排来实现，同时专门的中介评估机构也起到了重要的风险控制作用，此外合适的贷款制度和监管制度可以对将资金引入农业生产起到激励作用。但是在现阶段的农业发展背景下，我们首先需要在农户和金融机构之间成立相应的土地管理中介机构来专门完成相关费用的评估以及土地使用权的流转程序；同时还要建设相关的农村保障体系，保障失地农民的利益，控制土地抵押的风险。只有完善这些相关的配套措施，才能进一步构建相关的农地金融服务体系。

---

① 尽管我国宁夏、海南、武汉、浙江等省市都曾相继建立过土地银行，进行土地信用合作的试点，通过土地信用合作社等机构对土地和资产进行评估，一方面向农户发放“存地费”，一方面向经营大户或企业“贷”出土地收取“贷地费”，但相关的农地金融形式并没有推广，目前我国的相关金融形式还是处于试点阶段。

（四）小结

针对中国农业发展和农村建设的特定情况，本节分别对基层网点设置，服务对象的信用风险控制，以及我国农地金融发展问题作了分析。印度尼西亚、孟加拉、丹麦等国的经验都从某些方面给出了一些不同的解决办法和思路。构建农村金融体系是我国的一项长期重大任务，在努力完善金融机构对农村和农业服务的过程中，还将会不断有新的问题出现；我们应当结合我国的实际国情与可借鉴的国外经验与教训，制定合适的策略，更快更好地完成这项任务。

三、改善商业银行支农服务的思路和方法

在前文所分析的商业银行服务“三农”还存在的困难和问题以及其他有代表性的国家农业、农村金融的发展经验的基础之上，本文提出改善商业银行支农服务的政策建议，可以分为以下三个层面：

（一）商业银行的自身完善层面

在金融产品与服务创新方面，一些新型小额贷款技术为我国解决农村（尤其是农户）信贷问题、改善农村地区正规金融机构的金融供给提供了非常重要的参考工具。具体来说，一方面，农户联保贷款是主要通过小组成员之间彼此所具有“连带责任”来发挥作用的贷款技术，通过分析该种贷款技术的机制特点、所依赖的前提条件和我国当前农村的经济社会特点可以发现，农户联保贷款在我国具有广阔的发展空间和巨大的潜力，是改善我国大型商业银行和其他农村正规金融机构“三农”服务的有力工具；但是同时需要在几个关键环节上进行改进：注意宣传和有效需求的培育、因地制宜地借助各种途径促进小组的建立和加强农村正规金融机构的经营管理水平，如金融机构的运行效率、监督管理、对“熟人贷款”、“关系贷款”的治理等。另一方面，小额信用贷款与保证贷款是无需实物抵押而又能较好地应对信息不对称问题的贷款品种，它们及其多种变形在我国农村也具有远大的发展潜力，应该得到大型商业银行等农村正规金融机构的重视。但该种贷款技术主要依赖于以下几种关键的贷款机制和服务

的设计，它们是未来改善包括商业银行在内的各种商业性正规金融机构支农服务所需要重点关注的几个问题。首先，金融机构需要恰当、准确地选择负责评定借款人信用的第三方，并通过合理的制度设计提供应有的激励以使得其能够充分发挥其信息甄别和处理的作用，甚至贷后管理与监督作用。其次，可以通过停止贷款威胁、渐进式贷款和弹性贷款等动态激励工具与农户建立多次博弈关系，以降低借款人违约动机。但在我国需要特别解决农户即使以往没有违约记录，也对获得银行贷款缺乏信心的问题。再次，可以在条件成熟的村庄开展品种更丰富的各种金融和非金融服务，以促进借贷双方的信任和提高借款人的违约成本。如自愿储蓄、小额保险、收费合理的汇款业务等金融服务和培训、信息服务和市场推广服务等非金融服务。

在拓展金融服务的新市场方面，在我国当前的环境下，政府已经将扩大农村需求作为拉动内需的关键举措，近年来的“家电下乡”政策成效显著，而且民间金融的繁荣也显示出农户消费性金融需求的确具有较强的市场潜力，因此商业银行应该重视和尝试开发适应农村市场的消费类贷款业务，这不仅是具有潜力的新的农村金融增长点，也可以很大程度上促进农民福利的改善。虽然农业银行近年来进一步加大了城市消费信贷产品在农村的推广力度，培育和开发县域房地产、新村建设、汽车下乡、家电下乡等新型农村金融增长点，但是在农村金融市场上的总量和覆盖面还处于较少量的状态，将来还应该在有利的政策环境和农户存在旺盛的金融需求的条件下，通过使用各种贷款技术的创新和提高自身经营水平着力发展各种消费类金融业务。

（二）商业银行与其他农村金融机构合作与互动层面

大型商业银行与新型农村金融机构之间的合作具有很大的潜力和很好的发展前景。由于大型商业银行单纯依靠自身力量经营农村金融业务，必然在网点覆盖面、信息收集与处理、成本控制等方面面临很多困难和较大的压力，因此大型商业银行通过与新型农村金融机构开展合作以发挥各自优势、相互弥补劣势将是一种改善商业银行服务“三农”的有效方式。大型商业银行实力雄厚，市场信誉好，经营管理和风险控制优势明显，但是在广大农村开展业务面临着营业网点和人员不足、对于农村市场的信息收集、处理与传递困难大、成本高等劣势；新型农村金融机构具有由其人缘地缘特征而产生的强大信息优势，但是资金、技术、经营管理水平、知名度、人才等方面通常面临较大约束，二者如果能够成功合作、优势互补，将会有效改善农村金融体系的服务能力和质量。目前，我国大型商业银行与新型农村金融机构的合作规模还较小，并没有产生重大的影响力，并且在理论上和实际运行中也不可避免地出现一些问题。然而总的来说，在未来新型农村金融机构的继续繁荣发展和国家政策支持的有利条件下，这种合作仍然应该是将来改善商业银行支农服务的重要途径之一。

（三）国家宏观调控和长远战略层面

我国还需要加大对农村的财政投入力度，着力改善农村财政支持缺位所导致的“金融财政化”现象，更加严格地区分农村政策性金融和商业性金融以解决金融机构贷款质量下降、道德风险的存在空间较大和农村信用环境的建立问题；改善农村公共服务、完善社会保障，用以减少商业银行所面对的强迫性金融需求和带有部分强迫性金融需求性质的金融需求，为商业性金融机构纯化农村金融市场上的需求方环境；在短期内农村经济仍处于弱势、农村金融市场尚未成熟的情况下，应该针对涉农贷款实施适宜的财税方面的倾斜政策（虽然我国近年来也已经加大了对金融机构涉农业务的扶持和鼓励力度，但是部分鼓励和倾斜政策在配套政策和实施细则、具体落实情况等方面还存在问题）；对农业生产进行科学、适度的补贴，因为补贴一方面可以减轻农户偿还各类贷款的压力，降低金融机构的风险；另一方面提高了农民种植项目的盈利能力，可以培育出新的有效的农业生产金融需求，有利于扩大农村金融市场的业务规模；从长期来看，农村经济的发展是发展农村金融的根本力量，农村经济和社会的发展是解决农村金融问题的基础，因此，我国在长远规划中还应该大力促进农业科技进步，增强农业综合生产能力，走中国特色农业现代化道路。

第三节
发展新型农村信贷担保模式[①]

金融问题是农村改革发展的核心问题之一，党的十七届三中全会明确提出要把推进农村金融改革作为深化农村改革的重点。近年来，随着统筹城乡发展的深入推进，农村发展对金融服务的需求和依赖越来越强烈，但受城乡二元金融体制的惯性和小农生产方式的制约，农村贷款难问题日益突出。各地把握中央关于农村金融的发展方向，从当地的实际情况出发，积极推进农村金融领域的改革发展，尤其在农村信贷担保领域作出了很多有益的探索，需要及时进行总结和指导。根据课题计划的安排，上半年课题组先后赴成都及浙江省内的丽水、温州、宁波等调研，并多次与省银监局、省人行、省信用联社等金融机构进行座谈，比较系统全面地掌握了各地创新农村信贷担保模式的总体情况。

一、推进农村信贷担保的意义

农村地区融资难的一个重要原因就是农村地区有效担保物不足，担保方式发展滞后，致使农村地区资金需求者与金融机构之间难以实现有效对接，最终出现了融资瓶颈。一方面，农村地区经济改革与发展迫切需要大量资金投入，但囿于有效担保物范围狭窄或担保方式发展滞后等原因而难以获得满足其发展的信贷资金，普遍面临融资难的困境；另一方面，金融机构在农村地区吸收大量存款，但受限于担保方式和贷款条件的制约，大量资金用不出去，经营效益难以提高。因此，如何发展农村信贷担保，实现农村金融市场供需双方有效对接，成为破除农村地区融资瓶颈、解决农

① 本节内容选自农业部软科学课题（201023）《农村信贷担保模式调查》报告。课题主持人：祝美群。

村金融市场的现实需求的关键问题，具有非常重要的意义。

（一）符合党中央关于农村改革的方向

农村信贷担保发展滞后是造成农村金融供求矛盾的重要原因，是深化农村改革发展的重点和难点。2006 年以来，中央 1 号文件每年都提到农村信贷担保创新问题，党的十七届三中全会更是明确提出，“加快农村信用体系建设。建立政府扶持、多方参与、市场运作的农村信贷担保机制，扩大农村有效担保物范围；建立现代农村金融制度”。因此，推进农村信贷担保创新，符合党中央关于农村改革的基本精神。

（二）有利于促进农村经济发展

农村信贷担保体系建设滞后，影响了农民通过正规渠道获得资金，从而制约了现代农业发展和农民创业。随着农村经济的发展，农民创业积极性越来越高，高效生态农业发展投入越来越大，都离不开金融资金的支持。因此，进行农村信贷担保模式创新，可以有效地解决农村经营主体的资金困难，既满足农民发展现代农业和创业的资金需求，也有利于不断改善生产条件、扩大生产规模，从而实现农村产业结构的不断优化和农民增收就业。

（三）有利于提高农民生活水平

随着收入水平的提高，消费性资金需求是农民贷款需求的重要方面。过去，农民生活资金需求受到农村信贷担保制约而未能及时获得贷款，这在很大程度上影响了农民的生活水平的提升以及生产水平的提高。实现农村信贷担保模式的创新，可以有效满足农户信贷资金需求，从而有效地提升广大农民的生活水平，改善农村人居环境，提高社区服务水平。

（四）有利于促进社会和谐

农村地区融资难的一个重要原因就是农村地区有效担保物范围狭窄或担保方式发展滞后。而农村有效担保物范围狭窄的一个主要原因是农村产权的不明晰，农村土地承包经营权、宅基地、农民房屋处分权得不到保证。在农村信贷担保模式的创新过程中，可以促进农村产权制度改革的深化，进一步明晰农村土地承包经营权、宅基地、农房的产权，赋予农民充分和完整的财产权利，减少矛盾纠纷的发生，促进农村社会和谐发展。

二、国外农村担保体系建设及借鉴意义

世界主要国家都重视农村金融服务体系建设，依据本国农村经济和金融组织发展状况，建立健全农村信贷担保体系，完善农村金融法规，农业保险保障有力，形成了农村合作金融体系、农村商业性以及政府主导型的农村政策性金融体系。我国和日、美等国的经济体制基础不同，但其做法对于我国农村金融改革和农村担保体系建设具有借鉴意义。

（一）形成了完善的农村金融组织体系

在农村金融发展比较好的国家，都建立了包括政策性金融、合作金融以及农村保险在内的全方位的金融体系。如美国经过长期的探索和改革，已经形成了比较完备、分工明确、竞争有序的农村金融体系，它主要是由政策性金融机构、合作金融机构、商业银行和农业保险组成。美国农业信贷体系包括 12 家联邦土地银行及地方联邦土地银行会（向农场提供不动产抵押贷款）、12 家联邦中间信贷银行（向农场提供中、短期贷款）、12 家生产信贷公司以及由他们组成的地方生产协会（向农场提供生产贷款）以及 13 家合作社银行（向合作社提供贷款）。日本农村金融服务体系主要是以合作金融为依托的“2 + 1”模式即政策性金融机构、合作金融系统和农业保险机构组成，农协在满足农户信贷资金需求方面发挥重要作用。印度农村金融体系最大的特点就是具有鲜明的多层次性，各金融机构之间既分工明确，又相互合作；都重视信用担保体系建设，构建以政府为主导、鼓励民间资本参与的担保体系。

（二）以立法的形式规范农村金融发展

各国不论是在创建农村金融体系的过程中，还是在出台各种优惠措施支持农业发展的过程中，都十分注重以立法的形式予以确认。以法律的形式来支持农业发展，比政策更具有效力和连贯性，能为农业的持续发展提

供法律上的保障。美国在 1932 年就通过了《联邦信用社法案》，并设立了《社区再投资法》，要求存款机构必须为其所在社区提供信贷支持，而且其中一部分必须贷给社区中的中低收入人群。德国、日本、印度等农村金融体系完善的国家也都制定了类似的规范性法律，加强立法对合作金融的发展起到至关重要的作用。

（三）具有比较完善的农业保险体系

由于农业是国民经济的基础，是人们赖以生存的物质资料的来源。为了保障农业发展的稳定性，各国均建立了功能强大的农业担保、保险体系，日本与印度还建立了存款保险制度。美国早在 20 世纪 30 年代就建立了存款保险制度。到 2006 年 6 月，全球共有 95 个国家和地区建立了这一制度，此外还有 20 多个国家正在研究、计划或准备实施之中。日本对合作金融提供保险，建立了农业信贷保证保险体系。包括：存款保险制度、政府与各级合作金融部门共同出资建立农业信用基金保险协会、农业灾害补偿制度、农业信用保证保险制度。这些制度都有利于合作金融机构的安全运行及保障协会各社员的利益。

（四）加强农村金融服务与业务创新

各国根据自身条件的差异，都积极发展创新适合本国国情的农村金融服务。如孟加拉的格莱明银行是小额信贷的成功典范，具体做法是将相同收入水平的农户组成信贷小组，每人存入少量资金，以此为基础贷给需要的农户，并根据其还款情况决定今后的信贷额度。许多亚洲、非洲和拉美的案例研究证明，小额信贷是适应发展中国家农村金融市场的。赞比亚考虑到本国收入差距较大的现实，广泛创新农村金融服务业务，扩大商业金融在农村地区的覆盖面，利用邮政储蓄做代理，减少其在农村设立分支机构的成本并改变原有繁琐的存款账户认证方法，成立第三方信贷担保，扩大农户信贷。各国都重视拓宽风险投资、多层次资本市场等融资渠道，扩大农村经营主体资金来源。

（五）政府对农村金融机构提供优惠政策和强力支持

各国政府充分发挥政策主导作用，通过注入资本、给予税收、利率优惠、财政补贴等方式，为农村金融机构服务发展提供了强有力的支持。

1. 扶持农村合作性金融机构

对无法实现规模收益、只能保本经营的合作性金融机构，各国在财政税收等方面给予优惠，一般的农村信用社是免交各种税费的。

2. 为农村金融机构提供资金和技术支持

主要表现在国家出资设立政策性金融机构，这些机构把合作性金融机构作为自己的贷款对象和服务对象，为它们提供资金支持和技术支持；国家制定特殊的政策鼓励商业性金融机构对合作性金融机构提供资金支持。

3. 制定政策，限制农村资金外流

农业收入的不确定性、投资的长期性、低收益性以及生产的分散性等特点，导致农村金融交易成本和资金使用成本都比较高，商业性金融机构一般不愿意涉足农村金融市场，导致了市场引导的失效。因此，各国都出台了优惠政策限制支农资金外流、鼓励投资农业。如美国为了防止商业银行出于盈利目的可能将农贷资金转移到其他领域，联邦法律规定对商业银行的农业贷款提供利益补贴，并相应修订了农贷利率的有关标准。

借鉴外国农村金融服务发展的经验，针对目前我国农村信贷资金供给出现“市场失灵”和“政府失灵”的现象，需要从完善市场机制和政策体系两个方面入手，针对农村经济微观主体信贷需求多层次、多样化的特点入手，建立多元化的农村金融体系，放宽农村金融的市场准入政策，大力发展合作金融等农民自己的银行；要加大对农村金融的政策支持力度，从建立补偿机制、税收政策等方面鼓励金融机构发展农村业务。要重视农村信贷担保服务体系建设，积极鼓励商业性担保机构发展农村担保业务或到农村设立分支机构，引导农村中小企业、农户自发组织成立合作性担保机构，设立政策性中小企业信用担保机构和再就业小额贷款担保机构，形成政策性、商业性、合作性并存，体系完备的农村担保体系。要创新贷款抵押担保方式，积极扩大农户和农村企业申请贷款时可用于担保的担保品范围，积极探索动产抵押、权利质押等有效担保方式，探索发展大型农用生产设备、林权、水域滩涂使用权等抵押贷款，规范发展应收账款、股权、仓单、存单等权利质押贷款，扩大“三农”经济发展的融资渠道。

三、各地推进信贷担保体系建设的做法及存在的问题

（一）各地大力推进以信贷担保为重点的农村金融改革发展

近年来，浙江、成都等地在统筹城乡发展、推进新农村建设过程中，加大统筹城乡金融发展力度，完善农村金融服务体系，创新农村金融服务产品，拓宽农村金融服务途径，加大信贷支农投放力度，全方位破解农村贷款难题。截至 2009 年年末，浙江省银行业金融机构涉农贷款余额 14125 亿元，高于各项贷款平均增速 0.83 个百分点，占贷款总余额的 37%左右。特别是农村合作金融机构已成为全省金融支农主力军，其发放的涉农贷款余额达 2939.54 亿元，占各项贷款余额的 76%，其中，农户贷款余额占辖内全部涉农金融机构农户贷款余额的 77.65%。

1. 高度重视农信担保体系建设

四川省提出力争用五年时间在全省建成农信担保体系，通过财政以奖代补和风险补助，加快推进农业信贷担保体系建设。据统计，2009 年，全省资本金过亿元的农业信贷担保机构达 13 个。省财政 2009 年补助 13 个市州农业信贷担保财政专项资金 7800 万元，以增强其融资担保能力和化解风险的能力。预计到 2010 年，全省资本金过亿元的农业担保公司将达 19 个，初步建成覆盖全省的农业信贷担保体系。浙江也把完善农信担保体系作为解决农民贷款难的主要途径，加快推进农信担保体系建设。湖州市 2008 年就出台了加快中小企业信用担保体系建设的政策，对中小企业信用担保机构从风险补偿、风险准备金提取和使用等方面进行扶持。各地建立推进农信担保的协调机构，大力推进农村信用环境建设，保障农信担保健康发展。

2. 鼓励社会资本进入担保行业

浙江、成都等地通过政府扶持、多元投入的办法，增强农信担保机构实力。四川省通过省市财政投入、开发银行软贷款注入、国有资产整合、涉农资金优化、民间资本参与等办法，省级担保公司实力明显增强，市级担保公司资本金都达到中国银监会要求的银行业金融机构选择合作的担保

机构注册资本要达到1亿元的规定，资本金结构中国有资本、民间资金、金融资本比例为46∶42∶12，初步形成了做大做强的基础条件。从浙江中小企业担保体系看，已实现了从政府主导向市场主导、政府引导转变，大量社会资本积极投入担保行业。2008年年底，我省担保机构注册资金中民间资本出资比例已达到81%。这既充分发挥了政府信用的引导作用，又调动了民间投资积极性，有利于担保机构按市场化运作，增强了行业的整体实力。

3. 从政策上扶持农信担保公司发展

各地采用政策引导和扶持的办法促进中小企业信用担保机构发展，实行政策性引导、企业化运行、市场化运作，使担保机构运转效率和风险防范能力有所提高。四川省对当年贷款担保新发生额1亿元以上的农信担保公司，按照农业贷款新增量的1%给予补助，在此基础上，对合作社贷款担保标准相应上浮20%。浙江省对农信担保公司的担保业务也出台了优惠政策，每年安排一定的中小企业信用担保专项扶持资金，用于扶持中小企业信用担保体系建设。对规定范围的中小企业信用担保机构免征营业税，担保机构实际发生的代偿损失可按规定在企业缴纳所得税前扣除，担保费率实行与其运营风险成本挂钩等。2007年建立中小企业信用担保风险补偿激励机制，对担保机构的小企业贷款担保总额以不超过5‰的比例予以补偿，2006—2008年省财政共拨付小企业贷款担保风险补偿资金2579万元。

4. 多种措施引导担保企业规范发展

浙江、成都通过财政风险补偿、强化与金融机构合作、加强内部控制制度建设等，确保农信担保公司持续加快发展。四川省对代偿损失，实行担保公司承担70%责任，银行承担30%责任；针对养猪业发达的实际建立生猪贷款担保风险补偿，对龙头企业、合作社、农户分别给予风险补偿。浙江也建立了政府、担保公司、金融机构、被担保主体等联动风险防范化解机制。各级政府建立风险准备金制度，财政每年安排一定风险准备金，财政出资部分的收益全部留存公司转为风险准备金，公司按财务规定税前提取风险准备金。对于自然灾害等人力不可抗拒因素造成出险代偿的，由政府另行协商补偿。担保公司通过建立事前评估、逐级审核、扩大反担保范围、事后跟踪、风险责任落实等办法，初步形成了较为完备的业务管理模式和风险控制体系，业务经营管理规范性明显提高，风险控制良好。发生代偿损失的，担保公司承担80%代偿责任，其余20%由信用社承担。截至2008年年底，全省中小企业信用担保机构担保代偿率为0.308%，实际损失率仅为0.031%，风险控制水平处于全国前列。实行市场化的办法，对浙江中小担保机构进行信用评级，客观上构成了对信用担保机构监管的功能，对信用担保机构的业务运作具有规范作用。

（二）信贷担保存在的问题

从各地实践来看，信贷担保存在以下问题：

1. 对担保体系建设认识还不够统一，有关扶持政策没有很好落实

有些地方和部门对农信担保还不够重视，扶持政策在一些地方没有很好落实。政府对担保机构的政策支持不到位，财政担保基金投入有限，资金补偿力度不大，单靠担保机构自身积累难以提高抗风险能力。如一些地方对农信担保公司按商业担保机构的税率征税，如5%的营业税、4%的企业所得税（按核定征收又称“带征”）或按查账征收20%的企业所得税、教育基金、城市建设基金，还有其他的规费等。金华、丽水、温州等地的农信担保公司无奈只得由当地的供销总社来承担上述费用和支出。农信担保公司运行状况不理想，影响了更多的市场主体参与投资的热情和信心。

2. 担保组织发育滞后，担保机构实力不强

多数担保机构成立时间较短，资本实力不大，担保贷款额度有限，抗风险能力不强，远远不能满足中小企业贷款担保的需求。现阶段担保资金规模与中小企业实际贷款担保要求还存在较大的差距（以日本静冈县为例，其担保贷款量占银行贷款总额的45%，而即使是担保行业相对发达的浙江，这个比例也仅为5%）。由于担保公司实力有限，银行不愿与担保公司合作，只有5%的银行机构与担保公司建立合作关系。民营担保公司的准入门槛偏高，互助型担保机构发育明显滞后，担保体系很不完整。外部风险补偿机制缺失，可持续发展能力较弱。由于专业人才缺乏，业务管理水平有待提高等，尤其是不少农信担保公司业务管理人员多数由国家

工作人员兼职，很少有专职从事担保业务的金融管理专业人员，使担保业务易受行政干预，也容易造成公司经营风险。

3. 担保经营风险大，担保机构经营状况不很理想

信用担保是国际公认的高风险行业，而农业生产又是弱质性产业，农村信用环境尚待优化，这进一步加大了农信担保风险。担保企业风险控制能力弱，风险分散机制、代偿机制以及信用评价制度、风险内控制度等不够健全。反担保措施落实较难，提供反担保的资产质量普遍比较差，影响担保业务开展。2009 年，浙江 378 家信用担保机构，亏损的机构有 82 家，亏损总额达 6930 万元，盈亏平衡的担保机构有 42 家。

4. 银保合作不够健全，担保机构在合作中处于弱势地位

当前，全省担保机构年末资本金实际放大倍数远低于与银行协定的 5 倍以上的担保资金放大倍数，与国外发达国家担保体系 20 倍以上的放大倍数差距较大。同时，金融机构与担保机构之间的义务和责任，如何做到合理分担的良性运行机制尚未建立，全省仅有 43 家担保机构与银行明确了风险分担比例，83.01% 的担保机构尚未建立与银行的风险分担机制。国有商业银行基本上要求 100% 全额担保，这加大了担保机构的风险。

5. 担保行业立法还较为滞后，监管体系尚不健全

目前我国担保业法律还不完善，担保行业进入门槛和退出机制缺失，担保监管体系不健全，有关部门尚未形成监管合力。担保机构加入行业协会的比例还不高。

另外，信用担保机构区域发展不平衡，行业覆盖面和服务对象覆盖面还不健全；对于农户和中小企业来说，信用担保费率也比较高。

四、稳步推进农村信贷担保创新的政策建议

党的十七届三中全会《决定》中明确提出，要建立政策扶持、多方参与、市场运作的农村信贷担保机制，扩大农村有效担保物范围。总结各地开展农村信贷担保的做法和经验，推进农村信贷担保的总体思路是，以服务于农民创业、促进农民全面发展和维护农民平等的财产权利为目标，把信用担保与抵押担保、质押担保有机结合起来，把政策性担保与商业性

担保、互助性担保有机结合起来，坚持上下结合、以下促上、以上统下，充分发挥和尊重地方创新热情，充分发挥各级政府的主导作用，大力推动农村信贷担保创新，按照先行试点、逐步规范、封闭运行、风险可控、成熟一批、推广一批的要求，大力发展农村信贷担保组织，拓宽农村信贷担保渠道，创新农村信贷担保产品，为农民提供具有可得性强、选择性大和满意度高的金融产品，逐步形成小额信用贷款和信用担保贷款为主体、抵押担保、质押担保贷款为辅助的农村信贷格局，使金融服务惠及更多农民和农村中小企业，促进农民增收创业和中小企业健康发展。

（一）进一步深化对发展农村信贷担保重大意义的认识

金融是经济社会发展的基础条件，也是经济发达程度的重要标志。当前深化农村信贷担保创新，既有权利平等之要求，也有现实发展之需要，还有成效初显作基础，广受农民群众欢迎。从平等权利之要求来看，目前农民和市民在法律上和事实上还有很多不平等，城乡基础设施、社会保障、社会事业还存在很大差距，同工同酬、同票同权、同命同价还远未落实，在金融服务和财产权利上也存在很多不平等。作为平等的公民，农民也需要完整的财产权利和公平的发展机会，渴望过上体面和有尊严的生活，其财产权利抵押权应当从法律上予以保障，充分且有保障的土地承包经营权应当包括处分权。当前，随着统筹城乡发展的深入推进，农村对金融资金的需求日益迫切，但传统的金融服务方式无法满足农民的需求；城市金融服务业竞争日趋激烈，很多金融机构希望拓展农村业务，但由于法律和政策的限制，以及农村实际发展状况，这些金融机构很难进入农村市场，农村金融供求主体都盼望创新农村金融服务方式。从各地的实践看，农村信贷担保创新对金融资金的撬动效应是非常巨大的，对于农村经济社会发展的促进作用是非常明显的。中国既没有欧美的大农场经济，也没有日韩强大的农协组织，信贷担保应当发挥重要作用。农村信贷担保绝不是洪水猛兽，而应该是财富之源。

（二）建议科学评估农村抵押担保创新的社会风险

土地制度安排是农村发展的基础。不可否认，农村信贷担保涉及一系列的土地制度安排，可能会带来一定的农村社会风险。但从各地实践的情况看，由于社会保障体系的逐步建立，抵押担保机制的周密设计，多重有效的风险防范措施，政策法律的救济机制，社会风险其实是非常小的。尤其从发达地区看，社会保障体系基本健全，养老保险全面覆盖，救济救助力度较大，保障了所有居民住有所居、老有所养、贫有所济。抵押人一般有比较好的非农收入来源，资信状况良好，用来担保抵押的财产是保证基本生存发展需要之外的流转土地或第二套房，而且，由于贷款门槛的限制，真正拿“三权”（林权、宅基地使用权、土地承包经营权）作抵押的毕竟是少数人；在抵押担保机制设计上，从贷款比例、项目评估、事后检测都形成了一套好的办法，并且抵押往往和担保、保险等紧密结合，能有效保障抵押权人利益。绝大多数农民是诚实守信的，传统观念强，即使一些农民创业失利，一般都会信守诺言，想尽办法及时归还银行借款。在目前农村金融资金需求十分旺盛、但金融主体信息和实力不对称的情况下，充分考虑农村信贷担保的社会风险是必要的，但对抵押担保的社会风险估计过高，甚至采用堵的办法解决，导致大量的融资担保采取隐性的非正规的方式，其隐含的社会风险甚至高于合法化推进带来的社会风险。作为一种有现实需求并由基层推动的诱致性制度变迁，农村信贷担保创新特别是抵押担保创新，只要机制设计合理、控制措施得力，其积极效应应该大于负面效应。

（三）从农村金融改革全局中推进信贷担保

解决农村贷款难问题的根本出路是培育农村金融组织和创新农村金融方式，其中发展农村合作金融机构、健全农村信用担保体系无疑是最重要的。就金融方式来说，在目前的农村金融组织体系下，要大力推动农村金融体制和金融政策的整体创新，把完善农信担保体系作为解决农民贷款难的重要渠道，把抵押担保作为完善农村金融服务的重要补充。要大力发展农村金融服务组织。按照构建适度竞争的农村金融市场的目标，拓展政策性银行的涉农业务，鼓励国有商业银行发展农村业务；按照“三个不变”的要求，深化农村信用社改革，完善内部治理机制，提高经营管理水平；大力发展小额贷款公司、村镇银行、资金互助社等新型农村金融机构，引导民间借贷规范发展，发展直接面向农民的金融机构。要大力创新农村金融产品。根据农村信贷主体多元化和信贷需求多样化的特点，积极开展面向农村各类主体的个性化金融服务，大力推广农信社丰收小额贷款卡和农业银行的金穗惠农卡，优化操作流程、完善服务功能，使小额信用贷款成为解决农民生产生活融资的有效工具。要积极创新农村金融服务方式，针对当前千家万户的小农户与大型商业银行难以对接的矛盾，加快推进农村信用担保体系建设，鼓励各类主体发展担保组织，积极探索和推进抵、质押贷款，解决农民创业过程中较大额的资金需求。要创新农村金融政策。落实好县域内金融机构存款的70%以上用于在县域内发放贷款的规定。要允许农村金融机构农业风险拨备税前列支，对农村金融机构实行固定的、优惠的存款准备金制度，适当提高农村金融机构存贷款比例，允许各级财政涉农资金通过农村金融机构流转和划拨等。实行对所有金融机构涉农信贷业务的税收优惠政策。扶持新型农村金融机构的发展，允许其进入银行间拆借市场，引进战略投资者。加快改善农村金融支付环境，推动支付清算系统向农村地区延伸，推进银行卡在农村地区的应用，推动网上支付等新型支付工具向农村延伸。

（四）健全农村信贷担保金融风险防范机制

虽然农村信贷担保尤其是抵押担保分散了银行的放贷风险，但由于目前法律规定的缺失以及考虑到各主体的经营管理水平、自然灾害和意外事故影响以及社会层面的因素，银行仍然面临信贷资金能否安全收回以及抵押权能否实现的风险。这除了从源头上抓好社会信用环境改善和放贷项目科学评估外，关键是建立政府、银行、担保机构、保险公司、农民或中小企业等多方分散风险的机制。要通过财政资金注入、金融资本注入、整合涉农资金和民间投入等途径，充实担保机构资本金（龙头担保机构资本金要达到1亿元以上），提高担保机构承受风险的能力。金融机构要重视抵押人的信用评价和项目前景评估，可以把参加保险作为提供贷款的一个前提条件，重视第一还款源，限定贷款资金的用途，加强事后监督，通过“抵押＋担保”、“抵押＋保险”等办法降低风险。建立地方政府收储机制，消除金融机构在发展抵押担保业务上的顾虑。加强对担保机构运营监管，把职能部门监管与行业自律发展结合起来，提高担保机构的风险管理能力。推广浙江省的做法，在加强对银行业金融机构的风险补偿的同时，每年也能安排一定农信担保风险补偿资金，按照担保业务量的5‰—1%予以补助，形成稳定的农村信贷担保风险补偿基金，以应对大的自然灾害造成的经营风险。建立国家级或省级再担保机构，分散各级担保组织的担保风险。

（五）明确农村信贷担保发展的重点和优先序

在具体的工作开展上，要把握以下几个重点：一是加快推进农村确权颁证工作，尤其是要加快推进宅基地使用权、农房所有权确权工作，清理不合法、不合规的一户多宅，将土地等财产权利明确到户。二是大力培育各种担保主体。尤其要大力培育新型农村金融机构，加强银行与担保机构的合作，发展商业性和互助合作担保机构，完善农村信用担保体系。三是促进各类产权交易市场的建立，引导试点地区建立统一公开的农村产权交易市场，完善市场交易规则，培育中介服务组织。四是规范信贷担保抵押的业务规范。在试点地区出台省级或市级统一的抵押登记办法，明确业务流程、责任部门和资产处置办法。农村住房抵押一般要限定准入条件，除了集体经济组织同意外，抵押人要有两套房源或适宜的住所，抵押资产处置可放宽至市县域范围内的农村居民；土地承包经营权抵押客体一般是具有一定规模和初始投入的流转土地，抵押人有稳定的其他收入来源渠道。农户唯一的自住房和赖以生存的承包土地抵押要慎重开展。从具体模式的选择上看，总体来说要优先推进信用担保体系建设，大力推进成熟的抵押、质押担保贷款模式，积极探索以土地使用权为核心的抵押贷款；近期的重点是深入农户联保贷款、政策性担保贷款、互助担保贷款、产业化担保贷款，总结推广林权抵押贷款、农机具抵押贷款、订单担保仓单质押贷款、流动资产质押贷款，从远期来看，随着担保业的专业化发展和农民土地财产权利抵押的法律障碍的消除，重点是专业合作社贷款担保、政策性担保贷款以及林权抵押贷款、土地承包经营权流转质押贷款和农村住房抵押贷款。在涉及集体土地使用权抵押、质押上，鉴于区域性土地承包经营权和林权流转市场初步形成，可优先发展土地承包经营权抵押担保和林权抵押担保，随着城乡统一的建设用地市场逐步建立，在实行农村集体建设用地有偿使用制度的基础上，逐步开展集体建设用地抵押、农村住房抵押贷款业务。

（六）引导不同类型农村经营主体开展适宜的担保贷款模式

农户、专业大户、合作社、集体经济组织和中小企业经济实力和资信状况各不相同，在解决信贷担保问题上的方式和途径也应各不相同。家庭经营农户经营规模小，贷款数额小、期限短，抵御自然和市场风险的能力弱，拥有担保资源数量少、价值低，建议重点开展农户联保贷款、农民专业合作社担保贷款、订单质押贷款以及稳步开展林权、农房使用权抵押贷款等。其中，低收入农户和贫困农户贷款应主要通过扶贫贴息贷款、小额信用贷款等途径解决。农村专业大户融资需求规模较大，盈利能力大大提高，担保资源数量较多、价值较高。建议重点开展动产抵押及动产浮动抵押贷款，仓单、订单、存单、应收账款质押贷款，试点开展土地承包经营权抵押贷款等。中小企业经济实力更强，拥有的有效担保物范围更广，其融资需求规模更大，可以开展企业建设用地使用权及其厂房抵押贷款，企业财产集合抵押贷款，动产抵押和动产浮动抵押贷款，存单、应收账款、仓单等质押贷款，信用担保贷款等。

第四节

创新农村小额信贷发展模式
——以海南省为例[①]

海南作为一个农业大省，长期以来，农民贷款难已成为制约农村经

① 本节内容选自农业部软科学课题（L201011）《海南农村小额信贷发展模式创新研究》报告。课题主持人：于海涛。

济发展、农民增收的“瓶颈”。为了解决这一难题，海南省农村信用社联合社自2008年以来借鉴孟加拉尤努斯小额信贷模式并积极创新，在推广农村信贷方面进行了有益的实践，有效地破解了农民贷款难与增收难、农贷风险控制难以及农信社自身发展难等问题，探索了一条具有海南特色的农村金融发展之路。先后推出了妇女联保贷款、“一小通”整贷整还等12个小额信贷产品。目前，海南已经成为全国小额信贷发展最好、增长最快的地区之一。其中“一小通”形式的小额信贷开展最为普遍，此种模式的小额信贷项目已经覆盖了全省204个乡镇。近500名专职小额信贷技术员坚守在海南农村金融第一线。截至2010年6月底，海南小额贷款余额36.32亿元，累计发放小额贷款27.15亿元，惠及41万农户，仅2009年就帮助农民人均增收210元，占全省农民人均增收的22%。到目前为止，这些小额贷款的回收率都保持在98%以上。小额信贷已经成为海南农村金融促进经济发展的不可或缺的一种金融供给形式。

一、海南小额信贷运行模式考察

（一）海南农村小额的产品模式

海南农村小额信贷自2008年开始在琼中试点以来，走的是不断创新的发展之路。先后推出了琼中格莱珉模式（妇女联保贷款）、“一小通”整贷整还模式、大海卡绑定贷款、“一抵通”小额信贷、党员“双带致富”小额贷款、农村诚信青年创业小额贷款、林权抵押小额贷款、农民专业合作社小额贷款、工资担保小额贷款、“惠民一卡通”小额贷款、小额就业担保贷款、商户联保贷款等12种小额信贷产品，贷款对象主要以农村有生产能力的妇女为主，小额信贷的方式主要是5户联保。具体情况请详见表3-6。

表 3-6　　海南农村小额信贷主要模式的基本要素特征

要素 模式	贷款对象	贷款用途	贷款利率	贷款期限	还款方式	贷款授信区间	特点
格莱珉模式	有信誉且有生产能力的妇女（20—55周岁）	无限定要求，鼓励用于从事生产、不鼓励用于消费等方面	第一年年利率为9%，按时还款且信誉良好，第二年利率下调至8%，第三年为6%	1年	1年分12次还清，得到贷款后起每月归还本息	500—5000元，正常还款后可再次申请所还金额的一半，额度视还款信用度的增加而提高	无需任何抵押担保，五户组成一个小组；财政贴息
"一小通"整贷整还	有信誉且有生产能力的妇女（20—55周岁）	农户种植、养殖具有地方特色的短、平、快项目	月利率为9.9‰，诚信保证金2.1‰	3个月—10年	按月还息，到期一次性还本	最高2万元	无需任何抵押担保，只需五户联保；财政贴息
大海卡绑定贷款	农户	农户种植、养殖具有周期等特色现代热带农业项目	第一次贷款月利率为9.9‰，如按时还款，第二次下调为8‰，第三次为6‰	根据生产经营活动的周期确定，原则上不超过1年，最长不超过2年	按月还息，到期还本	根据农户信用等级确定贷款额度，一般控制在2万元以下，最高不超过3万元	一次核定，余额控制，随借随还；要求组建联保小组
"一抵通"小额贷款	所有农户	农户生产经营的所有项目	根据各市县的信用联社的规定执行，但不能超过规定的定价范围		按月还息，到期还本；或利随本清，等额还款	根据抵押物的金额确定	一次核定，随用随贷，余额控制，需要用房产或其他抵押物进行抵押

续表

要素 模式	贷款对象	贷款用途	贷款利率	贷款期限	还款方式	贷款授信区间	特点
党员“双带致富”小额贷款	农村党员、农村“两委”干部、村组干部、村后备干部及大学生村官，还包括农村党员引领下的农民	没有特定限制	第一次月利率为9.9‰；第二次月利率为8‰；第三次月利率为6‰	3个月—3年	按月还息，到期一次性还本	5000—20000元，最高不超过30000元	一般采用联保的方式，小组内至少有一名是党员或村委会干部。单户担保贷款的对象必须是党员或村委会干部
农村诚信青年创业小额贷款	45周岁以下的诚信城乡青年	用于青年创业及流动性资金周转等合法指定用途	第一次月利率为9.9‰；第二次8‰；第三次为6‰	1—3年	按月还息，到期还本	每人或者单户一般在1万元以下，最多不超过3万元	五户联保或者担保
林权抵押小额贷款	拥有合法的森林资源资产及林权证作为抵押物的农户	未限定用途	月利率为9.9%	贷款期限最长不超过2年	按月还息，到期还本	一次性最高不得超过3万元	以林权证及其所属林地的林木资源作为抵押物
农民专业合作社小额贷款	依法登记、规范运行、合法合规、正常经营的合作社社员	用于合作社的专业项目	月利率为12‰	3年	按月付息，到期还本，一、二、三级客户分别给予月2.1‰、4‰和6‰的诚信奖励金	5万元以下	同一合作社的5名社员组成小组联保；或合作社提供担保；或合作社理事长提供无限责任担保

续表

要素 模式	贷款对象	贷款用途	贷款利率	贷款期限	还款方式	贷款授信区间	特点
工资担保小额贷款	有可靠工资收入的国家机关、企事业单位的工作人员	无特定用途	根据不同贷款金额及实施项目分别制定	5年以内	等额本金或等额本息	10万元以下	工资收入稳定；担保人可以是在岗人员或离退休人员，离退休人员要在70岁以下
“惠民一卡通”小额贷款	拥有“惠民一卡通”的农户	无特定用途，生产经营、消费类项目均可	月利率为9.9‰，根据客户在贷款账户中当月月均存款余额分段计息	3个月—10年	按月还息，到期还本	2万元以内	实行以存优贷的优惠利率政策
小额就业担保贷款	在法定劳动年龄以内，具备一定劳动技能并持有《再就业优惠证》的人员	帮助自主创业者实现成功创业和再就业	基准利率上浮30%		按月还息，到期还本；或等额偿还本金	5万元以下	由担保公司或领取财政工资人员担保
商户联保贷款	经营期限在三年以上，具备合法有效的营业执照及其他证件的个体工商户	用于满足生产经营或临时资金周转需要	月利率为9.9‰，诚信保证金为2.1‰	1年以内	按月结息，到期一次性还本	一次性最高2万元	无需抵、质押担保，只需3—5户联保

从表 3－6 的小额信贷模式及其要素特征来看，海南小额信贷的设计结合了海南农村的生产发展和农户的具体状况，充分体现了以人为本的理念，无论是从贷款对象、贷款用途、贷款定价，还是从还款机制及利息支付方式、授信额度等方面都表现出较强的创新思维。

（二）海南农村小额信贷的操作模式

1. 从机构设置和人员配备上看，与传统信贷机构相对分开

海南省农村信用社联社专门成立了小额信贷管理处，建立了省、市（县）、乡（镇）三级小额信贷管理和服务网络。

2. 从贷款流程上看，全新的信贷操作流程简单便捷，易于控制

其基本原则是手续简化、便民利民。这些流程的步骤分别是：贷前培训和调查、贷中审批和贷后检查。

3. 从贷款管理上看，强调客户的自我管理

一般由 5 个借款人组成一个小组，小组设组长一名，由小组成员选举产生。其职责是负责小组与中心的联系；代表小组成员申请贷款；监督贷款的合理使用；收集小组成员的还款信息，确保贷款按期归还。

4. 从政府扶持的角度看，专项贴息助推小额信贷快速发展

为了调动农民发展生产和鼓励农信社发放小额信贷的积极性，2009 年和 2010 年海南省政府分别拿出 3500 万元和 6500 万元（后增加到 7700 万元）资金对小额信贷实行专项贴息。

5. 建立计算机网络的后台管理系统

目前海南的各个网点上的小额信贷员平均管理的客户为 150 户左右，完全人工管理的时间成本高、消耗大、人力资源匮乏，无法满足不断增长的贷款客户需求，于是，海南农信社专门开发了一套小额信贷的业务管理系统，从小额信贷的受理到贷款结清、风险控制以及客户服务的整个过程中所发生的交易记录、财务结算、合同管理以及业务员的考核、流程管理全部纳入到管理系统中来。这套系统不仅功能全面，而且操作简单，贷前的多级审核实现了贷前有效的风险把控作业，全面的贷后预警报表以及贷款到期的提醒预报，有效地帮助小额农信社及时收回贷款、减少营业损失。

（三）海南小额信贷的营销模式

小额信贷对海南广大农村金融市场而言，还是一个陌生的市场和新进入的市场，由于农户对产品缺乏认识，再加上以往金融机构在农村放贷过程中出现的一些不良影响，海南农信社对小额信贷的营销选择了以推广、传播为核心的营销模式，营销方式则是建立广泛的单层次人员直销服务网络，在这张庞大销售网络的任何一个节点上，每个小额信贷技术员都直接面向借款的主体——个人与家庭。

1. 制定需求至上的差异化营销策略是这一营销模式的核心

差异化的策略从贷款对象、贷款用途、贷款利率、抵押担保条件、贷款额度等多方面充分体现以人为本的信贷理念。

2. 打造一个牢固的客户渠道是这一营销模式制胜的关键

在营销渠道建设和维护上，海南农信社在全省的204个乡镇都设有小额信贷的服务网络，以“一小通”小额信贷为例，其基本组织框架是在省联社设立小额信贷总部，在每个县设立小额信贷部，在每个乡镇设立小额信贷工作站，每个站配备2—3个专业小额信贷技术员，每个小额信贷技术员在每个自然村再发展一个小额信贷联络员，这样一个渠道网络覆盖了岛内大部分有信贷需求的农户和低收入人群。只要有需求，人们就可以很方便地获得金融支持和服务。

3. “一对一”的营销服务是小额信贷的营销利器

为了方便农民贷款，真正了解每一户农民的需求，海南农信社进一步转变工作作风，改变传统银行信贷的服务方式，加强对小额信贷的贷款营销，及时了解和满足农民资金需求，坚决改变等客上门的做法，实行挨家挨户上门服务。

（四）海南小额信贷的风险控制模式

1. 严格实行五户联保

“五户联保贷款”制度就是利用乡村熟人社会的一种制度设计，通过熟人社会的相互监督来消除潜在的风险。如果一个人拒绝还贷，他在这个熟人社会中的信用就会受损，很难在其中继续生活下去。

2. 采用小额度、分期还款的交易结构

小额信贷的还款机制设计必须要更符合穷人的实际状况，一是即使是小额贷款也分期还款；二是即使是贷款时间比较短暂，也尽可能缩短还款周期，以降低每次还款的金额，有效减轻借款人的还款压力。小额度、分期还款的交易结构从根本上来说使得借款人的还款可能性越来越接近和吻合借款人的实际现金流入状况，大大降低了违约风险。

3. 动态的激励和惩罚机制

当一个借款人有持续的贷款需求时，为了获得将来的贷款，他会减少现期贷款违约的可能性。并且，可贷款数额的持续增加也会刺激借款人主动按时还款。

4. 坚持向妇女贷款

海南农信社的小额贷款偏重向妇女发放贷款，在对海南屯昌和万宁两个市县的1200户农户调查中，妇女贷款所占的比例高达97%，重要原因之一就是因为妇女流动性相对较低，违约可能性低。

5. 设立诚信保证金的约束

在“一小通”贷款中，如果整贷零还，除了每个月9.9‰的利息外，还要额外附加2.1‰的诚信保证金，如果按期还款，诚信保证金到期退回，否则，不予退回。诚信保证金实际上提高了违约成本，对于风险的控制也起到了积极的作用。

6. 坚持贷前的培训，强化风险意识

小额信贷技术员通常会给客户进行5—7天的贷前培训，采取集中开会的方式，传达小额贷款政策，推介信贷产品，进行诚信教育，了解农业产业结构情况，关心客户子女教育，主动为农户提供科技致富信息、市场信息。

7. 建立小额信贷员风险保证金制度，进一步降低道德风险

将小额信贷技术员工资收入留存50%作为风险保证金，延期至贷款本金收回后再支付。

（五）海南小额信贷的盈利模式

1. 追求市场份额的扩大，通过规模效应实现赢利

小额信贷对海南来说还是一个新的市场，起步阶段是2008年从海南五指山脚下的琼中县开始试点的，当初海南农信社投入了3000万元资金开始运作，经过3年的探索和发展，到2010年6月，琼中农信社累计发放小额贷款金额5598万元，贷款本息回收率高达98%以上，贷款农户达4537户，惠及农户达2万人。通过迅速占领市场份额，目前已初步实现了项目的规模效应，目前项目的盈利空间已开始打开。

2. 确定合理的贷款利率，以利息收入覆盖成本

相对较高的利率是小额贷款商业持续经营的基础，一方面这是小额贷款机构弥补较高管理成本和交易费用的需要；另一方面高利率也反映了小额贷款的风险水平。从小额信贷的发展状况看，小额信贷的利率普遍在20%以上，有些国家甚至高达40%—50%。海南农信社在小额贷款的定价上除了考虑成本因素以外，还考虑了海南当地的经济发展水平和农民实际的收入状况以及心理承受能力，将“一小通”小额贷款的利率定为9.9‰，不仅低于国外同行业的水平，而且也低于国内其他地区的定价水平。

3. 通过提高还款频率，加速资金周转

一般商业银行的贷款，只有大额长期贷款才实行分期还款的方式，小额贷款一般都是一次性还本付息，提高小额贷款的还款频率实际上对于小额信贷员的作业负担是加重了的，但是它对于加速资金周转、提高资金使用效率无疑是有利的。因此最初试行的格莱珉模式的贷款，还款频率是两周就还本付息一次，一年期的贷款一年分26次还清。后来创新的“一小通”模式的贷款是一个月还本付息一次，或者月月还息，到期还本。使有限的资金在一定时间内发挥最大的效用。

4. 通过多种方式降低交易管理成本

一是通过小组内部监督减少了小额信贷机构的工作量，外化了机构成本；二是建立以客户为中心的运营结构，实现内部运作机制的“精简化”，以便降低人工成本和其他管理费用；三是引进计算机管理等方式降低管理费用。

二、海南小额信贷运行模式的绩效评价

从表3－7和表3－8种可以看出，海南小额信贷的总体覆盖率在两年的发展中还是很快的，全省的覆盖率在33%以上，但各地区覆盖率差异比较大。随着覆盖面的扩大，覆盖的深度则降低，这也是小额信贷在发展初期面临的一个共同的问题，因为首要的任务是先追求覆盖面，其次是覆盖深度的问题，没有一个大面积的触及率，帮助广大农民脱贫致富的目标也无从达到。再从可持续发展指标来看，主要调查市县的成本费用率在8.079%，已经和贷款的加权平均年利率11.3%只相差3.221%，如果再扣除2%的贷款损失率，目标利润的值就微乎其微了。贷款的违约率和还款率的控制目前看来都还是非常理想的，资金周转率也处于一个合理的范围之内。

表3－7　　海南小额信贷的可持续指标评价

指标 / 比率	成本费用率（%）	资金周转率（%）	还款率（%）	违约率（%）
海南屯昌县	8.079	128	98	2

表3－8　　海南小额信贷的社会绩效指标评价

指标 / 地区	贷款农户（户数）	区域农户数（户数）	贷款覆盖率（%）	贷款覆盖深度（户均贷款余额）
全省	41万户	120万户	33	3026.67元
其中：屯昌	2249户	6.8万户	3.3	18877元
白沙	1549户	1.96万户	7.88	12345元

海南模式的小额信贷以其贷款门槛低、利率优惠、方式灵活、手续简便、政府贴息等优势，在运行过程中得到了广大农户的高度认可，对帮助农民脱贫致富、加快海南农村产业结构调整、改善农村金融生态环境、扩大全省就业、推动经济发展发挥了积极作用。总结海南小额信贷取得的成效，应该包括以下几个方面：

（一）有效破解农民贷款难与增收难问题

小额信贷不需要任何担保抵押，同时，农民办理贷款的手续非常简便，农民只要组成5户联保小组，经过贷前培训，7个工作日内随时到农信社柜台办理借款，不需要再次办理申请、审批等手续。两年来，海南省有1/3的农户先后获得过农信社小额信贷支持，占有贷款需求农户的80%以上。两年来，海南省农信社用于支持农村产业结构调整的小额贷款达27.15亿元，共支持发展反季节瓜菜20万亩、蚕桑2万亩、鸡猪等畜禽养殖60万头，为农民增收12亿元。

（二）有效破解了农贷风险控制难问题

海南省农信社明确了办理小额信贷的机构和人员，明确规定了小额信贷业务的基本流程。同时，对小额信贷实行“五包”责任制，与小额信贷技术员的薪酬、奖励、升迁紧密挂钩，使小额信贷的风险基本控制在可承受范围之内，为小额信贷的可持续发展奠定了基础。目前，海南省农信社小额信贷的到期收回率和利息收回率均达到98%以上，不良贷款率控制在2%以内。实践证明，小额信贷如果管理规范并建立相应风险分担机制，完全可以实现可持续发展，也完全可以成为风险小、效益高的金融产品。

（三）有效促进了海南农业专业化程度的不断提高

海南省农业生产形成了种桑养蚕、青皮冬瓜、定安黑猪、白莲鹅等几十个农业主导产业和相应的农产品产业带；农民组织化程度不断提高，支持了565个专业合作社。

（四）有效扩大全省就业，推动经济发展和社会稳定，为构建海南和谐社会起到了积极作用

截至2012年4月底，除儋州、昌江未开展外，全省累计发放下岗失业人员小额担保贷款2062笔，共2438人，发放金额8688万元；到期还款金额1110万元，还款率达90%。直接扶持各类下岗失业人员自主创

业、自谋职业2438人，带动扩大就业12000多人。开展下岗失业人员小额担保贷款工作以来，对我省带动扩大就业起到了不可忽视的作用。

三、海南小额信贷的创新点及其启示

（一）海南小额信贷的创新点

海南小额信贷的核心产品——“一小通”贷款是在借鉴尤努斯小额信贷的相关经验又有所创新的一个贷款模式，它的特色可以简单总结为“七专模式”，即：成立专设机构，组建专业队伍，创立专业文化，制定专项流程，开发专利产品，实行专项贴息以及建立专门的信息服务网络。创新了师傅带徒弟培训机制、“鱼咬尾”风险监控机制和信息预警系统风险防范机制，以规避道德风险和信用风险；创建了预交诚信保证金、利息提成奖励等信贷奖惩方法；在每个行政村安装自助转账终端，把现代服务手段从乡镇延伸到村庄，真正实现农民贷款不出镇，还款不出村的新的金融供给形式。

（二）海南小额信贷发展过程中的创新启示

第一，海南小额信贷成功运行的关键因素是能够因地制宜地设计有效的操作模式、市场营销模式、风险控制模式和项目盈利模式，走出了一条适合于海南当地经济发展状况的小额信贷之路。

第二，海南的小额信贷市场的发展应该说是建立在一个没有更多市场竞争对手的市场结构之上的，海南开展小额的机构主要是海南农信社、农业银行和邮政储蓄银行，市场基础更接近于垄断市场。这同时给我们一个重要启示：在某些偏远贫困的乡村，简单地鼓吹市场竞争，鼓励设立很多的金融机构也许不是一个最好的选择。在某种情况下，可能是垄断甚至是完全垄断而非竞争，会带来小额信贷的高还款率。

第三，海南“一小通”小额贷款的利率为月息9.9‰，这一定价在全国其他省份的同类贷款中算是比较低的，主要指通过控制违约率和降低运行成本来提高盈利的可能性。也就是说高利率并不是小额信贷取得成功的关键，重要的是金融服务和金融供给的有效性。

第四，海南小额信贷的成功运作得益于政府的财政政策和金融机构的

信贷政策有机地结合。政府的贴息政策对海南省小额信贷的快速发展起到了助推器的作用。

第五，海南小额信贷产品品种多样化，产品设计独具匠心。众多的小额信贷产品不仅符合海南当地的产业结构现状，也把金融产品创新与当地的特色产业有机结合在一起，从而带动了本地区特色产业的快速发展，涌现出一大批专业村和专业户。可见，任何一种金融创新都不能脱离了人的需求，必须以当地的农业经济为背景，以农民的需要为依托，以当地的风土人情、风俗习惯为出发点，才有成功的基础和保证。

四、海南农村小额信贷发展过程中存在的问题

（一）贷款的普惠率不够高，覆盖广度和覆盖深度都有待提高

海南省一共有120万农户，目前小额信贷惠及41万农户（其中农信社发放小额信贷惠及20万户，其余为农业银行和邮政储蓄银行等发放的），两年来，海南省有1/3的农户先后获得过农信社小额信贷支持，占有贷款需求农户的80%以上，但仍有70%的农户还没有惠及，而且各市县发展很不均衡，以屯昌县为例，共有农户6.8万户，截至2010年10月21日，小额信贷累计发放2249户，累计发放3668.88万元，贷款余额为2875万元，占农户总数还不到3.3%。白沙县共有农户19647户，到2010年2月，小额信贷累计发放1549户，占全县农户总数的7.9%。贷款深度则更低，全省小额贷款深度为户均贷款余额3026.67元，而这一数字距离农民脱贫致富还相差甚远。

（二）小额贷款已不能满足农户新增的贷款需求

无论从贷款额度、贷款期限还是贷款的扶持项目上农户的贷款需求都发生了不同程度的变化，因此，贷款创新依然有待加强。首先是贷款额度太低，贷款满足不了当地群众的正常需求，农民的积极性不高。其次是小额信用贷款的期限结构还不够合理。最后是小额信用贷款的范围需要扩大。

（三）贷款的营销手段单一，缺乏营销组合手段

海南小额信贷的营销模式基本上采用的是直销的方式，直销模式最大的缺陷是，随着市场规模的扩大，只有依靠不断扩充营销队伍来满足市场需求的增长，管理成本相应增高，管理难度逐步加大。有时为了保证销售业绩和更好地服务用户，会出现盲目地大量发展客户群，而忽视贷款的风险，而且还需要从小额信贷机构的其他部门抽调人员，使得人力资源会发生错配，无形之中会增加贷款的风险。

（四）激励和约束机制有失偏颇，表现为激励和约束存在不当的行为倾向

小额信贷员薪酬的确定，与其管理的客户数量、贷款规模以及贷款回收情况高度相关。小额信贷员的收入不稳定，基本工资每个月650元，再加上自行车补贴200元，一共是850元，而且每半年减去200元，直至为零，也就是说信贷员的收入完全靠利息提成，这还要在保证还款率达到100%的情况下，如果产生一笔不良贷款，小额信贷员的工资基本上就全部被扣除了，这种一味强调多放贷、多收息，存在机会主义行为；信贷员薪酬直接通过其客户创造的价值来计量，客户越多，贷款规模越大，贷款回收越好，利息收入越高越稳定，信贷员收入也越高。然而，客户越多，也可能出现管理上的疏漏，使得风险上升。而风险发生后，信贷员也会做出理性选择，他们宁愿代为还贷，这样的损失可能远远小于前者。另外，道德风险的约束过程也存在过度行为，贷款收息后的一半又被作为风险保证金，实际上规定利息收入的20%作为信贷员的报酬，但从第二年开始，技术员只能拿到10%的利息奖励，其余的10%要直至等到信贷员离开公司，所放贷款本金都收回时再支付，这种约束的不当，影响了员工的积极性和工作热情，实际上也是不公平的，因为同等数额的报酬，即时支付和未来支付是有很大不同的，远期支付等于降低了现实的收入水平，也没有计算货币的时间价值。

（五）过分注重五户联保，忽略了一部分潜在的贷款客户

海南“一小通”贷款必须要求参加五户联保，否则是不能取得贷款的。联保贷款对应的是市场信息问题，往往是刚进入市场的机构面临的问题，即对于市场情况几乎一无所知，而且因为成本太高或根本没有相应的专业力量，不大可能开展有效深入的市场调查。另外，市场进入初期或者机构初创期，人员较少且缺乏相应的经验，很难有效开展市场信息的获取。

（六）海南小额信贷过度依赖政府补贴，有碍小额信贷的长期可持续发展

海南“一小通”贷款在省内各市县几乎都是政府进行贴息的，提前还款实行100%贴息，正常还款80%贴息，2009年和2010年海南省政府先后拿出1亿多元的财政资金用于贴补小额信贷，这种做法在项目开办初期对小额信贷的发展是有利的，但是这个市场的边界是无限大的，而且是循环的。我们通过实证的分析结果显示，海南省农户对小额信贷的满意度影响最大的一个因素是政府贴息，也就是说如果没有政府贴息，小额信贷的可持续经营就面临着危机。政府不可能无限期、无条件地贴息下去，这对政府的负担和压力也是巨大的，因此，寻找长期可持续经营的办法对海南农信社和所有小额信贷机构已经变得刻不容缓。

五、海南小额信贷可持续发展的若干建议

第一，在小额信贷相对比较成熟的地区，贷款的风险控制模式可以弱化五户联保。强行推行五户联保，实际上将大量分散的、无法组成小组的农户排斥在贷款对象之外，而且五户联保制度并不能保证小额信贷真正为穷人服务，也不能完全有效避免和化解信贷风险。

第二，确定可持续发展的贷款利率结构和利率水平，实行利率市场化。较低的利率水平伴随着业务量的不断扩张难以覆盖成本，也容易导致“寻租”现象的产生，同时制约小额信贷的可持续发展。

第三，建立长期有效的风险补偿机制，将财政贴息改为风险准备金。成立风险补偿基金，由地方政府、金融机构共同出资建立，以解决农户小

额信用贷款因涉及面广、政策性强、投入成本高而形成的“财务不能自立”的风险补偿问题。

第四，加强农业保险创新，加快建立国家巨灾政策性保险制度。

第五，薪酬激励以适度为主，保持信贷员收入的相对稳定性。信贷员的业务量并非越大越好，而是需要稳定的收入和可控的风险。这样一种内在机制的设计，不仅激励信贷员以客户为中心，同时也激励信贷员在风险与收益之间保持平衡。

第六，大幅度降低农信社的存款准备金率。较高的存款准备金比率，使得农信社还要通过其他融资渠道取得成本更高的资金，这无疑会加重小额信贷机构的成本负担。

第七，强化对小额信贷的全方位管理，提高金融服务的效率。首先要建立科学的财务管理与决策体系，加强核算。其次是贷款的风险比例管理，建立适度放贷的理念。最后是人力资源在强调绩效管理同时，还要注重员工队伍的稳定。

第五节

创新农业产业发展基金①

发展农业产业基金，是国家层面的战略决策。中国的农业和农村经济发展存在有效金融资本供给不足，其中股权投资基金的缺失进一步造成了农业企业的融资难问题，是导致农业企业难以分享资本市场效益的主要制度性障碍。

股权投资基金是构建农业和农村多层次资本体系的重要措施，是农业金融提升和完善的重要标志。通过发展农业股权投资基金，汇聚社会资

① 本节内容选自农业部软科学课题（z201013）《农业产业发展基金理论与应用研究》报告。课题主持人：单祥双、张杭。

本、牵引其他行业资本、激活银行存量资本、分享证券市场资本，这是新一轮农业经济发展的制高点。本节结合国内外股权投资基金发展实际，从农业股权投资基金的理论依据到实际操作方案进行了较为系统的研究，针对我国农产业的实际提出建立农业产业基金的理论和应用模式，提出在了“政府引导、多元出资、专业管理、市场化运作”模式下农业产业基金运作的可操作性强的方案。本文还在比较国家和地方相关政策的基础上，针对性地提出了建立农业股权投资基金的系统性政策建议，包括建立政府引导资金、建立母基金、税收和规费优惠、风险保障，促进农业股权投资基金的集聚和合理布局等。

一、私募股权投资理论

（一）私募股权投资概念

私募股权投资（Private Equity，简称 PE），从投资方式角度看，是指通过私募形式对私有企业，即非上市企业进行的权益性投资，在交易实施过程中附带考虑了将来的退出机制，即通过上市、并购或管理层回购等方式，出售持股获利。私募股权投资的对象为包含新兴科技、扩充规模、重整或是并购的公司。由于私募股权投资通常需要一段时间才能获得回报，其主要参与者因此为机构投资人或是能够长期提供大笔资金的个人投资者。

常见的私募股权投资方式有以下几种类型：

1. 风险投资（Venture Capital）

早期，风险投资占私募股权投资中很大的比重，注资的对象通常为尚处于初创时期或是寻求扩大规模的公司，且多为研发尚未普及或被证实的新技术、新概念或是新产品之流的新兴企业。

2. 成长资本（Growth Capital）

成长资本主要投资于较成熟且寻求扩张或是重整的企业身上。这类型的公司较风投注资的企业成熟并已有稳定的获利能力，但却没有足够的资金进行大规模的扩张、运营重整或是收购。

3. 杠杆收购（Leveraged Buyout，LBO）

杠杆收购又称融资并购，私募股权投资进行杠杆收购的目的为取得公司的控制权，所并购的多为已经成熟且现金流量稳定的企业。

4. 夹层资本（Mezzanine Capital）

夹层资本也称夹层基金（Mezzanine Fund）或是音译为默择内基金。夹层资本为混合债权与股权的投资方式，主要用于资助企业扩张。夹层基金通常由投资次级债、可转换债权以及可转换优先股等组合而成。

5. 不良债权（Distressed Debt）

不良债权指的是濒临破产或违约的企业之债权。私募股权基金投资此类资产以取得企业的控制权，或是投入重振资本（Turnaround Financing）以挽救企业并改善其运营状况。

（二）私募股权投资运作机制

私募股权投资的运作一般涉及投资者、私募股权基金、项目企业三方当事人，包含融资和投资两个过程。目前有限合伙制是世界上比较有效的也是比较常用的私募股权基金组织形式。私募股权投资的过程就像一个循环，循环的开端是私募基金的投资经理（一般合伙人）进行融资，成立私募股权基金，与投资者（有限合伙人）就具体管理、报酬、投资方向达成协议。然后私募股权基金挑选合适的项目企业进行投资，对它的经营提供咨询、参与并进行监督，随后通过公开上市、出售和清算等方式退出投资，投资经理得到报酬，投资者得到资本收益，项目企业得到发展和壮大。

私募股权投资对象为高新技术企业或有成长性、有较大升值空间的企业。在实施投资时，会分别对应着企业成长的 4 个主要过程，与此相适应，风险投资对象可以划分为 4 种类型，种子期项目、导入期项目、成长期项目和成熟期项目。传统的私募投资主要集中在早期阶段，但近些年有很大变化，早期投资只占私募股权投资的一小部分。应当指出，在进行实际投资操作中，这 4 个阶段的项目之间并无特别明显的界限。

种子期是企业的初创阶段，创业者只有独特创意，急需资金从事产品研发和创立企业，投资种子期项目的风险最大。导入期时，企业有明确的市场前景，产品开发完成，是需要大量商品化的生产阶段，这类项目要求的资金投入明显高于种子期项目，因此，私募基金要求的回报率也是很高的。成长期，产品已被市场肯定，是企业进一步扩张阶段，项目运行的资本需求相对于前两阶段的项目又有所增加，风险也随之加大，主要是市场风险和管理风险，私募股权投资基金要积极评估风险，参与项目企业的决策。成熟期是企业开始获利的阶段，资金需求量大，但风险较小，通过运作企业上市，实现资本增值并退出（见表3－9）。

在上述4个发展阶段中，企业通常需要进行几轮的融资。与此相对应，私募股权投资基金对项目企业的投资也是分轮次进行的。其目的：一是为了满足项目企业对资金渐进的需求；二是为了降低投资风险。每一轮次的投资额通常限于项目使用达到下一发展阶段为止，并且呈逐次递增趋势，但是其占项目企业的股权比例却呈下降趋势。

表3－9　　英国风险投资对创业企业投资调查统计

重要指标	统计比例（%）
一次性投资	64
分阶段投资	91
在科技园投资	18
按照重置成本法评估无形资产价值	25
按照预期市场价值评估无形资产价值	75

私募股权投资的过程是一个复杂的过程，一般包括建立私募股权投资基金、寻找项目企业、筛选项目、审慎调查、构造交易、投资监控、投资退出7个环节。资金是从投资者流向私募股权投资基金，经过基金对项目的筛选决策，再流向被投资企业。通过私募股权投资基金的运作，使资本得到增值，再回流至私募股权基金，私募股权投资基金再将收益回馈给投资者，构成一个资金循环。

退出时主要涉及退出时间和退出方式两个问题。对于这两个问题，一般在私募股权投资基金和项目企业签订的投资协议中均有明确规定，私募基金经常会采取有效的措施促使投资按合同规定的时间和方式退出。但是，由于项目企业本身带有很大的不确定性，加之环境的变化，往往使投资不能按约定方式和时间退出。此时，什么时间退出，以什么方式退出，这一方面取决于当时的经济环境和项目企业的经营状况；另一方面取决于私募股权投资基金、投资者、项目企业的谈判能力，因为退出必须在有关当事人达成一致的情况下才能进行。

国外的实践表明，私募股权投资的退出时间在不同的投资项目之间有较大的差别。退出方式有公开上市、出售和清算三种基本形式。项目企业公开上市是私募股权投资退出的最佳方式，通过公开上市，投资可得到相当好的回报。出售主要有向管理层出售和向第三方出售两种形式。项目企业发展到相当阶段，资金规模、产品销路、资信状况都已相当好，这时项目企业管理者就希望能由自己控制这个企业，而不是听命于私募股权投资基金，私募股权投资基金也愿意见好就收。这时双方即可达成协议，私募股权投资基金将其持有的股份出售给管理层，一般价格会比公开上市价低，但费用也会少一些，也便于操作，这就是所谓的管理层回购。如果项目企业发展到一定程度，要想再继续发展需要大额的追加投资，而私募股权基金和投资者已不愿或不能再追加投资，这时，就可以把项目企业卖给其他企业。当项目企业经营状况不好且难以扭转时，解散或破产清算可能是最好的减少损失的办法（见图 3－5）。

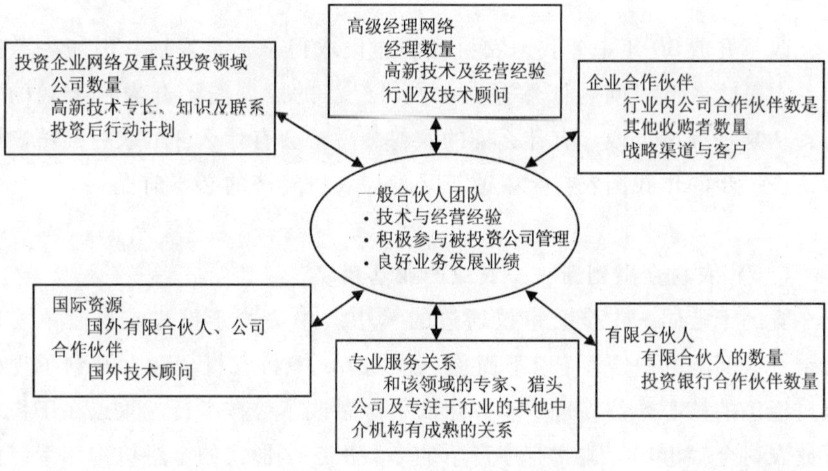

图 3－5 私募股权投资主要网络关系

（三）私募股权投资的意义

私募股权投资的意义主要体现在以下几个方面：首先，帮助企业建立有利于上市的公司治理结构、财务结构、监管体系，无论是对于国有企业还是对于私有企业，这一点都至关重要；其次，可以帮助企业有效解决员工激励问题；最后，私募股权投资者所具有的战略意识、投资眼光，可以给企业营造良好的后期融资环境。

公司治理所要解决的主要问题是在信息不对称的情况下，要通过一定的制度安排来协调私募股权投资人和被投资企业管理层之间的关系，以防止管理层以风险投资人的损失为代价来谋求自身利益的最大化。公司治理结构安排主要依赖于两种机制：一种是激励机制，通过管理层的股权安排、私募股权投资人的股权安排、管理层的期权安排来实现；另一种是约束机制，通过管理层雇佣条款、董事会席位、表决权分配、控制追加投资等其他方式实现。

二、农村金融体系创新

改革开放30年来，我国农村经济建设取得了长足发展，但城乡差距大、农民收入低等问题依然存在。农村经济的发展离不开农村金融的支持，从某种程度上说，有什么样的农村金融就会有什么样的农村经济。因此，进一步深化我国农村金融改革是发展农村经济的必要前提。

（一）农村金融创新——农业产业基金

党的十七届三中全会审议通过的《中共中央关于推进农村改革发展若干重大问题的决定》（以下简称《决定》）中将农村金融上升到了现代农村经济的核心地位，进一步深化农村金融改革势在必行。重点在于稳步开放农村金融市场，建立有序竞争的多层次、多形式的金融机构体系。而建立农业产业基金，是其中较为有效的方式。

1. 财政性产业基金

财政性产业基金是指由中央政府或地方政府财政拨款，支持产业发展的基金，包括贷款贴息型产业基金、无偿资助型产业基金、低息型产业基金三类，主要用于基础设施建设、新型产业发展等用途，非市场化，因此会有低效率问题产生。

2. 市场化私募股权投资基金

私募股权投资基金（Private Equity，简称 PE）从投资方式角度看，是指通过私募形式对私有企业，即非上市企业进行的权益性投资，在交易实施过程中附带考虑了将来的退出机制，即通过上市、并购或管理层回购等方式出售持股，从而获利的一种投资方式。

PE 的缺失是中国发展农业产业的一个重要问题，要解决农业产业发展缓慢的问题，就要构造多层次、多形式的农村金融体系，就一定要大力发展市场化的私募股权投资基金，尽快推进农村金融改革，解决“三农”问题。

（二）私募股权投资农业领域现状

近年来，农业生产资料大幅上涨，带动农产品价格和食品价格轮番上涨，并推动物价总水平处于高位，给国家的宏观调控带来严峻挑战。而一些投资机构则从中看到了巨大商机，纷纷在农业产业链中布局投资，投向农业领域的股权投资日趋增多，与传统的观念不太一样，股权投资者认为中国的农业领域是有投资价值的。

粮食、种子、肥料、食品、奶业、肉类、批发交易市场、冷链物流等农业领域吸引着越来越多的投资者，这种资本流动对农业产业的转型与提升起着重要的推动作用。

Dealogic 的数据显示，境外投资者对农业板块的投资逐年增长。

从图 3－6 可以看出，尽管中间略有曲折，但无论是投资案例数量还是投资金额，均在 2007 年达到峰值，有 6 家企业得到了 4898 万元的投资，且随后的 2008 年、2009 年均有更多的投资案例，上升势头愈加明显。此外，财富的示范效应也是私募股权投资转向农业领域的重要原因。

三、发展农业股权投资基金的政策建议

综合国家和地方关于股权（创业）投资基金的一系列政策规定和扶持优惠政策，结合农业领域投资的特点，对建立和完善发展农业股权投资

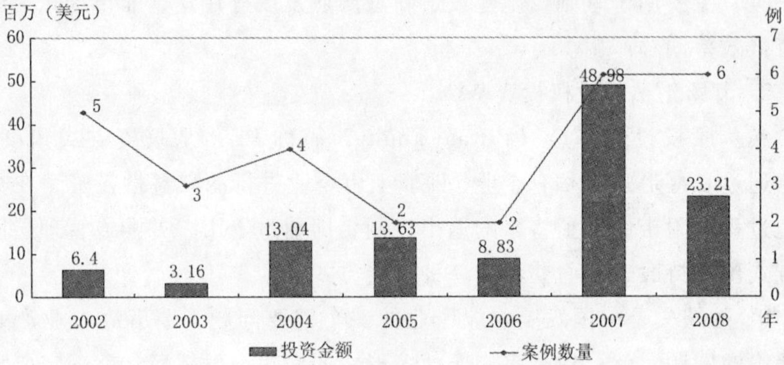

图 3-6　2002—2008 年上半年农业获投情况

基金提出如下政策建议：

（一）建立对农业股权投资基金的长期引导机制

1. 国家级农业专项引导资金

为引导社会资本积极参与农业领域投资，发挥财政引导资金的杠杆作用，服务地方经济发展，国家农业部和地方政府应逐步建立专项引导资金，对农业股权投资基金予以引导。

2. 国家级行业引导资金

建议国家农业部分类建立行业引导资金，重点支持农业新能源、新材料、生物科技、循环经济、低碳节能、农业装备制造业、海洋经济、种业、冷链物流以及农业新经济模式项目；鼓励农业股权投资基金参与国有农业企业特别是战略性农业（如粮食）企业的并购重组，促进农业企业做大做强。

3. 地方农业专项引导资金

通过国家农业引导资金的建立，推动地方政府建立专门农业股权投资的引导机制。可将国家级引导资金和地方政府引导资金配套进行引导，以增强地方发展农业股权投资基金的积极性。

（二）建立国家农业产业发展基金母基金制度

母基金（Fund of Funds，FOF），又称“基金的基金”，20 世纪 70 年

代起源于美国，是以股权投资基金作为投资对象的特殊基金。建议国家农业部与国家政策性发展银行合作，建立财政性农业产业发展基金母基金，专项用于参股引导各类农业股权投资基金的发起设立。亦可联合地方政府、农业类产业园区联合发起设立。

2010年12月28日，我国首只国家级大型人民币母基金——总规模达600亿元的“国创母基金”正式成立。国创母基金由国开金融有限责任公司和苏州创业投资集团有限公司共同发起设立，注册地为江苏省苏州工业园区，是国内目前层级最高、规模最大的人民币母基金。基金总规模600亿元，首期资金规模150亿元，分为PE（私募股权投资）母基金和VC（风险投资）母基金两个板块。由尚高资本参与管理，为国创母基金提供专业化的经营服务。

从产业性质和发展角度，在农业领域建立母基金具有更为迫切的现实需要和长远的意义。

（三）明确和落实奖励、优惠扶持政策

根据注册资本规模，对农业股权投资基金给予一次性开办或落户奖励。同时比照国家和有关先行地区的政策，对农业股权投资基金收益所得税给予下列优惠：

第一，基金投资自获得收益年度起，前两年按照企业所得形成地方财力的100%予以补贴；后三年按企业所得形成地方财力的50%给予奖励。

第二，对基金股东、高管个人所得税，前两年按地方留成部分的100%给予奖励，后三年按地方留成部分的50%给予奖励。

第三，对基金采取股权投资方式投资于未上市的中小高新技术企业2年（24个月）以上，符合国税总局《关于实施创业投资企业所得税优惠问题的通知》[国税发（2009）87号]规定条件的，可以按照其对中小高新技术企业投资额的70%，在股权持有满2年的当年抵扣该创业投资企业的应纳税所得额；当年不足抵扣的，可以在以后纳税年度结转抵扣。

第四，对农业股权投资基金投资于农业企业或项目的，可根据其对当地经济贡献，按其退出后形成地方财力的30%给予一次性奖励，单笔奖励最高不超过300万元。

第五，建立创业投资风险补偿机制，允许基金按不高于实际投资额1%的或按不高于总收益10%的比例提取风险准备（补偿）金以提高创业投资的抗风险能力。

第六，对基金投资于本地种子期、初创期的项目，在发生全额损失或所投企业破产清算时，经认定可按创业投资企业投资额的一定比例给予补偿。对实际投资于科技型创业项目的创业投资企业，按实际投资额的3%给予风险补助（依据江苏省政府办公厅转发省发改委《关于加快创业投资发展若干意见的通知》）。

第七，对基金办公用房给予无偿和减免租赁费支持。对基金引进的高层次专业和管理人才在安家、购房、购车等方面，比照高新技术人才给予补贴支持。

（四）建立农业科技创投引导（补偿）资金制度

借鉴科技部关于“科技创投引导资金”的认定和补偿制度，在国家农业部建立“农业科技创投引导（补偿）资金”制度，指定归口管理部门，对合规农业股权投资基金进行资格认定，对其投资农业科技企业给予专项补偿，补偿比例为单个项目投资额度的3%—4%，最高不超过300万—400万元。

（五）促进农业股权投资基金产业的集聚和合理布局

通过政策引导，形成有利于农业股权投资基金产业集聚和健康有序发展的市场环境。

在农业科研、教育、项目集聚等有条件的地区，推动建立农业股权投资基金产业园区，发挥其聚集效应，吸引大型股权投资基金及管理企业入驻，并提供全方位“一站式”办公服务和项目对接支持等服务。

通过国家和省市政府引导资金机制，推动农业股权投资基金在主要农业区域的合理布局。

（六）加强服务

将农业股权投资基金纳入大企业便利直通车或绿色通道服务范围，提供优质、便利的服务。

（七）协调推动企业年金、地方社保基金按照有关规定投资于农业股权投资基金

（八）鼓励商业银行对农业股权投资基金开展并购贷款业务；支持商业银行建立标准化基金产品，以信托方式投资于股权基金

第四章

完善农业保险制度

在中国5000多年的农耕文化史中，自然灾害一直是农业生产的重大制约因素，农业灾害在不同时期给中国农业和社会发展都带来了难以估量的损失。新中国建立后，在农业取得巨大成就的同时，自然灾害仍困扰着农业发展。从新中国成立60多年来的历史数据看，我国农业自然灾害面积呈规模增大、程度加深的趋势。进入新世纪以来，由于全球气候变化和生态环境恶化，农业生产规模的扩大，农业专业化、区域化的加快，以及农业生产要素投入的增加，农业生产风险并未随着科技技术的进步而减少，反而呈现出增大和集中的趋势，其破坏力和造成的经济损失也愈来愈大。如何解决日趋严重的灾害问题以实现农业的可持续发展，是当代中国社会经济发展中的一个重大课题。

第一节 强化农业防灾减灾能力[1]

一、减轻农业自然灾害是实施农业可持续发展战略的内在要求与战略任务

人类在思考如何实施和促进农业可持续发展，从而解决面临的资源短缺、环境污染和生态破坏等一系列问题的同时，往往容易忽视资源短缺、环境污染和生态破坏等问题都将造成农业灾害。农业灾害会导致农业不可持续发展或削弱其可持续发展能力，而农业是人类生存和发展的基础，农业的持续发展是人类社会、经济持续发展的基础，没有农业的持续发展，就不可能有人类社会、经济的持续发展。农业防灾减灾，成为农业发展不可绕开的难题。

自然灾害是人类经济社会和未来发展所面临的最大威胁，是实施可持续发展战略最严重的阻碍。《中国21世纪议程》第17章中明确指出："经济发展，人口增长和生态恶化，尤其是灾害高风险区内人口、资产密度迅速提高，使自然灾害的发生频率、影响范围与危害程度均在增长，成为一些地区长期难以摆脱贫困的重要制约因素。"这种因素的不断增长，直接威胁着中华民族的生存与发展。因此，自然灾害防治成为中国可持续发展总体战略中的一个极其尖锐的问题。这是当代中国人与自然的矛盾发展的重要表现，它内在本质是人与自然发展关系的严重危机，它已成为我国"生态—经济—社会"三维复合系统健康运行与可持续发展的严重障碍。我国是多灾的农业大国，农业灾害所带来的一系列问题一直困扰着我国农村经济乃至整个国民经济的发展。因此，加强农业自然灾害防治，做

---

① 本节内容选自农业部软科学课题（201005）《农业防灾减灾问题研究》报告。课题主持人：罗小锋。

好防灾减灾工作，就必然成为实施农业可持续发展战略的客观要求与战略任务。

（一）加强农业自然灾害防治，是农村生态环境可持续发展的内在要求

重大农业自然灾害既是生态环境恶化的成因，又是生态环境恶化的表现。自然灾害首先是通过破坏各种自然资源，损害自然生态系统的结构和功能，有时甚至严重摧毁自然生产力，极大削弱资源与环境的再生能力，使生态资本存量下降、生态环境发展不可持续。因此，加强农业自然灾害防治，首先要保护农业生产力，保持农业资源与环境的再生潜力，确保生态资本存量的非减性，从而巩固农村经济社会发展的生态基础，使农村生态环境发展具有可持续性，这是农村经济社会可持续发展的充分条件。

（二）加强农业自然灾害防治，确保物质资本存量非减性，是农村经济可持续发展的必由之路

重大农业自然灾害的发生，直接破坏农业生产、农村能源生产和交通，运输业等各项经济建设，尤其许多生态灾害则因破坏社会生产的资源与环境条件而极大危害社会生产，有时甚至严重地摧毁社会生产力。一些重大自然灾害使发生地区和某些部门创造的物质财富荡然无存，国民收入化为乌有，造成巨大的经济损失。据统计，我国 20 世纪 50—60 年代每年自然灾害造成的直接经济损失在 300 亿—400 亿元之间；70—80 年代为 400 亿—500 亿元。进入 20 世纪 90 年代，灾害的损失随着经济增长增加较快，1991 年各种自然灾害造成的直接经济损失为 1204 亿元；1994 年和 1995 年自然灾害的直接经济损失均达到 1800 多亿元；到了 1996 年增加到 2800 多亿元，相当于当年国家财政收入的 25%。重大自然灾害破坏社会生产，使经济增长和经济收益的变异性增大，它吞噬国民创造的物质财富，使经济资本存量极大减少，导致经济发展不可持续性，或至少是持续性不够。因此，加强农业自然灾害防治，是保护农业经济生产力，力求农业经济增长和农业经济收益的变异性较低或最低，是确保物质资本存量的非减性，实现农村经济乃至整个国民经济健康、稳定、可持续发展的必然要求。

（三）加强农业自然灾害防治，增强农村社会的可持续发展能力，是实现农村社会全面进步和可持续发展的客观需要

重大自然灾害不仅危害农村生态与经济的可持续发展，而且对农村社会可持续发展也有极大危害作用，因而严重地阻碍农村社会的全面发展与文明进步。历史上，一些重大的自然灾害造成许多城市文明的毁灭；在剥削制度下，大灾必有大荒，饿殍遍野，赤地千里，人口大量死亡，社会动乱不安，尤其是灾害使农民贫困到极点，被迫揭竿而起，灾荒削弱民族的内在力量，使异族乘虚而入，危及民族和国家安全。这些历史经验教训是值得注意的。直到现在，自然灾害仍然是一些地区长期贫困与生态环境恶化的重要原因。因此，加强农业自然灾害防治就必然成为实施农业可持续发展战略的主要内容。农业自然灾害的频繁发生也极大地影响了农村贫困地区脱贫的速度，加大了我国地区间经济发展水平的不平衡。贫困问题一般是多种因素混合作用的结果，但是对于有些地区的贫困问题的产生，自然灾害、特别是水旱灾害所起的作用尤其显著。现实情况和众多的研究成果表明自然灾害与农村贫困呈正相关关系，中国的自然灾害大多发生在贫困地区，尤其是西部地区。据统计，61.8%的国家级贫困县分布在西部，这些县既是传统农业生产区又是生态脆弱区和自然灾害的重灾区。由于水旱灾害频繁、水土流失严重造成农业生产直接依赖的生产资源数量少、质量差，为了生存农民只有选择开荒种地等一些不合理的农业生产方式，这使本来就十分脆弱的生态环境更加脆弱，接踵而来的只能是水旱灾害愈演愈烈，灾害使贫困的人们雪上加霜，形成“灾害—贫困—更大灾害—更贫困”的恶性循环。

二、国外农业防灾减灾经验及对我国的启示

世界各国积极开展了农业风险管理的有益探索，在一些国家还起到了良好的作用。就农业防灾减灾来说，虽然各国模式各异，但不外乎以农业保险为主，以灾害援助为辅。本文通过对发达和发展中国家和地区的农业防灾减灾体系的介绍和比较，试图为建立适合我国的农业防灾减灾体系提

供借鉴。

(一) 美国农业自然灾害救助体系

美国是农业大国，在农业生产中其农场主也面临着巨大的自然灾害风险，如何防范农场主的生产风险以保证农场主收益和保持农场主生产的积极性、提高本国农业的竞争力是美国政府思考的主要问题之一。为此，美国建立了完善的以农业保险为主体、以灾害援助为辅助的农业自然灾害救助体系，以提高农业经济的稳定性，并使农产品价格水平维持在稳定的波动区间，避免了农场主和消费者的权益受损。正是由于具备完善的农业灾害救助体系，美国极大地保证了其农业的基础地位。

1. 美国农业自然灾害救助组织机构

在美国农业自然灾害救助体系中，处于管理主体地位的是美国农业部FSA（农户服务机构），提供因干旱、洪水、火灾、冰冻、龙卷风、有害生物入侵和其他灾害导致的农业自然灾害损失救助。FSA的内部组织结构由国会制定并受农业部长的监督，主要有以下组织：行政长官、计划和执行副行政长官、计划和执行代理行政长官（5名）、不同计划和执行中的分管主任、分支机构长官。在地方级组织中有州级执行主任、州级委员会和县级执行主任和农户县级委员会。

2. 美国农业自然灾害救助计划

虽然1980年出台的美国联邦农作物保险法案扩大了多重风险农作物保险的可获得性，从而取代了美国农业部的低产量灾害救助计划，但由于农作物保险的覆盖率持续低于50%，国会仍然继续向农场主通过紧急贷款和直接支付提供不间断的灾害救助。因此，美国的农业自然灾害救助体系事实上由农作物保险和各种灾害救助程序组成，并大致有6种形式：一是政府商品计划（Government Commodity Program）；二是个人多重风险农作物保险（Individual Multiple Peril Crop Insurance）；三是面积多重风险农作物保险（Area Multiple Peril Crop Insurance）；四是不足支付与农作物保险相联系计划（Linked Deficiency Payment / Crop Insurance Program）；五是个人灾害救助（Individual Disaster Assistance）；六是面积灾害救助（Area Disaster Assistance）。

除此之外，FSA 还提供其他补充性的农业灾害救助，如农业生产者生产灾害救助计划，以帮助农户和农场主从因干旱、洪水、冰冻、龙卷风、飓风和其他自然灾害事件所受损失中恢复生产。

3. 美国农业对自然灾害的救助流程

美国政府一般通过立法和规范的救助流程来保证农业自然灾害救助的有效实施。2007 年 5 月 25 日，时任美国总统布什签署了《2007 法案》，对当年美国农户和农场主的农业灾害救助提供了近 30 亿美元资金，其救助覆盖农作物损失、家畜和家禽、应急保护实践和奶牛损失。该法案还同时扩展了应急森林保护计划和牛奶收入损失合约计划。美国政府对每一项灾害救助都制定了规范性的文件（Handbook）以指导灾害救助。农作物灾害救助手册包含 13 个部分 600 多页，从 CDP 的介绍开始囊括了接受援助的条件、单位损失的建立、合格面积、决定性的生产、COC 调整、质量、评估损失农作物和特定农作物、农作物灾害申请、支付流程等。

（二）韩国农业自然灾害救助体系

朝鲜半岛西连中国大陆和黄海，东临东海和日本群岛，南临南海和太平洋，是温带气候，四季分明，春季干旱，夏季多雨，冬季降雪较多。每年 7—9 月间会有 2—3 次台风直接或者间接对韩国产生影响。平均每年在韩国会发生 7 次严重自然灾害，导致年均经济损失 4.88 亿美元。另外，韩国每年花费 7.75 亿美元用于重建受灾地区。

1. 韩国农业自然灾害救助组织机构

韩国的行政自治部（MOGA - HA）全面负责管理抗击自然灾害。民防与灾害管理总部防灾办公室由 3 个部门组成，分别是民防与灾害管理局、防灾局和消防局，负责日常抗灾事务。“中央灾害对策本部”是一个常设性的机构，隶属于行政自治部。“中央灾害对策本部”由行政自治部长官担任本部长，由行政自治部和建设交通部的次官担任副本部长，人员由政府 23 个部门的局长级干部组成。这个常设机构的任务是有效地推进各种防灾对策，审议国家的防灾基本计划，协调各地的防灾计划。

2. 韩国农业自然灾害救助计划

（1）相关法律。与自然灾害相关的法律包括自然灾害应对法案、农业和渔业灾害应对法案、救灾法案等。自然灾害应对法案（1995 年开始实施）规定了对如暴雨和台风的自然灾害进行控制，提出对策，并负责调查相关损失和估算重建费用等方面的内容。农业和渔业灾害应对法案（1995 年开始实施）规定了预防和应对影响农业和渔业的自然灾害（比如疾病、虫害和旱灾）的措施。救灾法案（1962 年开始实施）规定了在自然灾害发生后对于灾民的救助措施。

（2）灾害预防计划。基本灾害预防计划是一个应对灾害发生的长期计划，其中包括预防体系和相关对策，这个计划每五年制定一次，第六个基本灾害预防计划从 2002 年开始生效，现在正在发挥重要作用。根据基本灾害预防计划，每年政府都会制定并且执行一个年度灾害预防行动计划。

（3）灾害预防措施。每年 2—4 月，防灾训练和教育项目为省、市、县和区内负责防灾工作的工作人员提供培训。每年 3—5 月是专门进行备灾的时期，省、市、县和区的各级行政机构对灾害采取预防措施，检查和修理防灾设施。每年 3—5 月间，政府会开展各种防灾训练，包括绘制地图、计算机模拟练习，以及基于当地特色的各种训练。同期，政府还将举行民防训练，这种训练一般以一个大型的与以往已发生灾害有相关性的自然灾害作为模拟对象。韩国总共有 8054 种设施易受到灾害影响，其中包括多用途大坝、河流和堤岸、水闸、水库、防浪堤和防海堤，这些设施都受到了专门的管理和保护。

（4）灾害状况控制。各级省、市、县和区的权力机构与相应的政府组织以及中央的国家防灾和对策指挥部紧密配合，有组织并且及时地对灾害做出反应并进行控制。

（5）重建体系。原则上来说，当某一设施受到自然灾害破坏后，负责该设施的自然灾害预防工作的官员就需要负责采取措施对其进行重建。当灾害造成严重破坏时，国家防灾和对策指挥部将对损坏程度进行调查并制订出重建计划。

（三）印度农业自然灾害救助体系

印度属于一个发展中国家，同时也是一个农业大国，农业在其国民经济中占据重要的地位。其农业的现代化水平不高，农民收入水平低，农村有大量的剩余劳动力，与我国有很多相似之处。同时，印度是世界上灾害频发的国家之一，飓风、旱灾、洪灾等自然灾害频发，对印度造成巨大破坏。印度的农业风险管理，除建立完善的灾害管理组织体系、积极防灾减灾外，还积极探索适合自身发展的农业保险模式，值得中国借鉴。

1. 印度农业自然灾害救助组织机构

印度在国家、邦、县和区一级均有统一的灾害管理机构。按印度联邦制规定，一旦遇到自然灾害，营救和赈灾工作由邦政府负责，组织实施及整个管理以邦为主。遇到自然灾害时，有关邦政府的基本职责是负责采取营救、赈灾和安置。就有形资源、财政资源和其他补救措施而言，比如交通运输、灾情警报或粮食跨境调运等，则由中央政府进行支援。

2. 印度农业保险

农业保险作为稳定农业生产与农民收入的工具，对于保持社会稳定与确保国家粮食安全具有重要意义，它是具有正外部性的准公共产品，如果没有国家的支持，该准公共物品将供应不足。而国家支持所采取的形式要根据地区发展的实际以及不同险种的特点而定，既可以采取直接补贴农民保费、补贴保险公司经营管理费用等办法，也可以采取间接的税收减免、政策优惠的手段。印度于 1961 年就开始对其主要农作物如水稻、小麦等在部分地区进行了农业保险试验，但由于政府不提供财政支持，因此试点没取得任何进展。直到 1972 年政府通过建立全国性保险机构直接组织和经营，并实行保险责任由中央政府与邦政府两级按比例分摊、经营管理费用全由国家负责之后，农业保险才得以迅速发展。

3. 印度农业自然灾害救助计划

（1）全国农业保险计划以面积为投保基础，即对划定地域内特定作物的大面积灾害进行统一保险，同时，对雹灾、滑坡、气旋以及洪灾进行单独保险。考虑到单独保险的灾害定损困难，开始只在有限的地区开展，待取得经验后才推开。而且，凡是参加全国农业保险计划的邦或者领地，要求起码在前三年以乡村自治委员会为单位进行团体投保。

全国农业保险计划的优点：一是覆盖了所有农户；二是多种作物均可选择投保；三是排除了投保金额的限制；四是合理设计了费率级差；五是

以乡村自治委员会为单位投保，提高了参保率；六是大面积灾害保障与单独灾害分别承保，灵活性较强；七是不参加信贷计划的农户无需试验便可直接加入。

（2）经济作物保险。印度的经济作物（horticultural crops）保险最近才开始办理，它分成两类：一类由政府支持；另一类政府不支持。政府支持的经济作物保险项目由一般保险公司承办，第一年只承保土豆，第二年承保洋葱、辣椒、姜黄和姜等，从第三年开始承保其他作物。单独园艺和种植园保险计划（Separate Horticulture and Plantation Insurance Schemes）不享受政府支持，由国民保险公司等四家补贴型保险公司承办。

（四）各国农业灾害管理的启示

面对自然灾害这一威胁性强，对人类生存条件有极端危害作用且有增无减的现象，过去传统的认识框架和治理方法在渐渐失去其效用。近年来，世界一些主要国家对自然灾害进行管理的新举措大体表现为以下几个方面：

1. 综合管理

世界各国灾害管理的趋势，是在分部门管理的基础上重视加强统一综合管理。这是因为：

（1）自然灾害的形成原因是复杂的，是诸多自然因素和人为因素相互作用的结果，必须全面系统地考虑各种致灾因子，进行综合研究。

（2）许多自然灾害的产生有某些共同的因素和条件，彼此之间是相互联系和影响的，牵一发而动全身，需要共同治理和综合治理，分部门管理有很大的局限性，如各部门信息和工作分散，难以处理好整体与局部的关系，全局与局部、局部与局部的冲突都不可避免。

（3）严重灾害发生时，情况复杂、时间紧迫、社会动员面广、压力大，减灾方案的实施需要社会方方面面的协调行动，独立的部门管理容易出现混乱和决策指挥失误，造成不应有的损失。

2. 系统管理

各种自然灾害相互联系构成整体性的自然灾害系统；减轻自然灾害的措施包括防灾、灾害监测预报、备灾、抗灾、救灾、灾后恢复和发展，是一个系统工程；减灾资源包括人力、财力、物力、科技、信息等的投入和使用，如分由不同部门管理则缺乏统一综合管理，无法形成整体合力；现代系统管理要求做好的全局性工作，如灾害的综合调查和评估、编制综合减灾规划、建立减灾综合信息系统等等，独立分散的灾害管理是难以完成的。因此，将以上各个方面的管理看作一项系统工作成为世界各国自然灾害管理的发展趋势。

3. 法制化管理

为了达到对灾害更加有效的管理，世界各国强化立法管理，完善社会环境治理、紧急救助和安全管理等方面的法律、法规，提供一套实用的、操作性强的法律手段，实现灾害管理规范化、制度化。

4. 社会化管理

世界各国逐渐认识到，无论是工程措施还是非工程措施，它们对减轻灾害都是必须的。但是，任何手段都不可能制止自然灾害，人类可以达到的目标只是减轻自然灾害损失，而各种减灾措施能够达到的实际效益决定于社会对它们的支持程度。因此，世界各国对灾害管理的基本趋势是使灾害管理更加社会化。

（1）预防社会化。防灾救灾是一项涉及人类生存与发展的社会性工作，只有普及安全文化，增强灾害观，让每个人正确认识灾害的社会危害性和破坏性，充分理解和协调自己的行为，才能杜绝和减少灾害所造成的损失。

（2）投入社会化。投入不足是影响各国，尤其是发展中国家减灾发展的重要因素。减灾投入的主体不应该仅仅是国家，也应该包括从减灾中受益的各经济主体，他们有责任和义务向减灾进行投入。减灾工作的内容十分广泛，需要政府发挥组织领导作用，调整好各方面在减灾中的相互关系，充分调动积极性，各社会主体也必须广泛参与，共同行动，形成整体合力。这是今后世界各国灾害管理发展的必然趋势。

三、构建农业防灾减灾体系的战略措施

减灾是一项社会系统工程，既是政府行为，又是社会行为，依赖于有效的组织管理与协调。灾害管理体制是各减灾主体的地位、作用、机构设

置以及相互间关系和运行规则的总体，对减灾活动及其效果影响很大。我国的灾害管理体制有许多优点和长处，体现了社会主义制度的优越性，它使我国在贫穷落后的条件下，在减灾方面取得了举世瞩目的伟大成就。随着改革开放和减灾事业的发展，它的弊病和缺点也愈来愈明显，改革体制已愈来愈引起人们的关注，灾害管理的制度创新成为政府的理智选择。

（一）加强减灾立法，建立农业防灾减灾法律体系

政府的减灾职能是通过在行政上发布、执行与灾害有关的法令、法规而体现的。灾害立法的意义在于：

第一，以法律的形式，为减灾行动提供了正式依据。换句话说，它给减灾计划、机构设置、减灾准备措施和响应行动等赋予了正式的支持。

第二，明确规定各社会主体在减灾中的职能和作用，使之从自身的性质、特点出发，充分发挥各自的功能，分工协作，全方位做好减灾工作。

第三，立法在全国范围内具有统一的效力，这就能保证各个层次各个地区的减灾机构，都能获益于立法的支持，并为政府、参与防、抗、救灾的机构和人员在工作中提供保护。此外，中央、地方制定、颁布的一系列有关减灾的政策、制度和措施，也保证了减灾对策的顺利实施。我国已颁布了一系列涉及减灾的法律、规章和实施细则，如《环境保护法》、《森林法》、《水土保持工作条例》等等。但这些还远远不够，有关减灾的许多方面还缺乏法律的约束和监督。灾害立法是当前我国减灾中的重大问题，为了通过立法定规的形式将减灾责任落实到社会各界和个人，用法律和法规保障减灾系统工程的实施，应着手制定中国减灾基本法和灾害救助法以及灾害管理和报灾及灾害评估有关的法规，使减灾工作全面步入法制轨道，实现依法减灾，最大可能减少灾害造成的损失和不利影响，推动国民经济和社会的可持续发展。同时，我国应根据自身水旱发生特点、气候特点等，制定各种实施细则、管理法规，推进减灾的法律化进程。

（二）强化灾害教育，建立农业防灾减灾教育体系

灾害教育最显著的 3 个作用是：培养人与自然和谐共处的自觉性，提

高人们的防、抗、救灾能力，推动人们去探索更先进的减灾科学技术。我国的灾害教育还处于起步阶段，减灾宣传和专业教育尚不够普及和深入，国民的减灾意识还非常薄弱。在与自然灾害的斗争中，由于缺乏减灾意识而没有抓住防灾、抗灾的最佳时机，造成严重的人员伤亡和财产损失的事件时有发生。加强减灾教育，提高国民减灾意识，有很大的潜力可挖，减灾教育不仅具有长远效益，而且在短期内也能见到实效。建立、发展灾害教育是政府义不容辞的责任。灾害教育可以通过多种渠道、多种形式、多层次进行。

第一，灾害教育应充分利用现有的宣传媒介，建立和发展一套包括大、中、小学在内的基础性的灾害教育课程。

第二，利用报刊杂志、电视广播等宣传媒体，加强灾害新闻和有关知识的介绍。

第三，通过学校教育和继续教育培养高水平的减灾专业人员，提高各种灾害的减灾专业水平，增强中央和地方各级政府部门的减灾管理能力，提高承担防灾、抗灾、救灾工作的工程技术人员的技术水平。

（三）管理集权与责任分担：建立合理的灾害管理体系

1. 灾害管理集权

从许多国家的经验来看，设立跨部门的减灾委员会、综合减灾办事机构，是十分必要的。减灾委员会是各级政府的综合减灾领导机构，对减灾工作进行全面综合管理，协调政府各部门和社会各方面的减灾工作关系，灾害规划和预案、灾害预防、灾时救援及灾后重建的领导责任全部归属减灾委员会。减灾委员会对减灾管理体制是高度集权的，它重新调整了实施减灾行为中的中央政府与地方政府的关系。委员会下设的综合减灾办事机构，负责落实、督促和检查减灾委员会决定的各项事宜。它同时也是各级政府的一个部门机构，领导地方的减灾工作，并负责提供经费，而各地方政府有权根据自己的情况，选择国家减灾项目规定中的适当措施。地方减灾项目的选择可以获得国家资金支持，还可以同时开展多个项目，综合减灾办事机构应有下述职能和作用：

（1）根据历史与现今灾情、灾害的演进规律与发展趋势、减灾能力和人口经济发展状况，制定出切实可行的综合性减灾规划与预案。

(2) 在其他部门协助下，集中收集、整理、加工和存储综合减灾信息资料，搞好纵向和横向信息交流，为减灾委员会决定的全局性重大问题提出解决方案。

(3) 组织和指导减灾宣传、教育和培训，发挥综合减灾宣传和教育中心的作用。

(4) 由政府和减灾委员会赋予的其他减灾职能。

2. 减灾责任分担

许多减灾事项超出乡、县、地（市）、省范围，且由两方以上共同受益。减灾责任要合理分担，必须在明确减灾受益范围的基础上，由减灾委员会主持，各方受益者政府或部门共同参与、共同负责。各地方灾害实际情况不同，地方政府对减灾措施的选择应各有不同或侧重，地方政府有选择适合自己特点的减灾措施的权力，主持者以适当投入予以支援，各方受益者根据实际受益的不同按比例投入。各方权利与义务平等，权利与义务相联系。这样既有助于平衡利益关系，也有利于增强有关各方的责任意识。一方履行责任差，给其他地区带来损失的，应予以赔偿。

（四）建立合理稳定的农业防灾减灾投入体系

转变观念，变灾后救济为主的财政支出政策为灾前防御支出政策，增加灾前防灾支出，设立防灾专项基金，通过立法，使财政支出中减灾所占比例固定下来，切实增加国家减灾投入。除国家继续增加投资外，省及省以下各级财政也要相应增加防灾投资，特别是增加对多灾贫困地区的投入。改变贫困农民为生存而掠夺自然资源、破坏生态的耕种方式和生活习惯，开展流域治理、植树造林、坡改梯田等工作，从根本上解决生态环境问题。农户同样是农业减灾投资的主体。但目前的农户缺乏自我组织的能力，不论是防灾工程的建设还是灾后恢复工程，依靠分散的农户均不能完成，因此应进一步加强农村集体经济组织的职能，通过集体经济引导农户在农业减灾中增加投入。由于现阶段农村资金紧张，而劳动力相对充足，应尽量使用劳动替代资本投入，缓解资金不足的局面。由于减灾投资效益的公共性，减灾费用的分担应按谁受益、谁负担的原则进行，消除减灾费用分担不合理的现象，以利于增加地方和集体的投入。如对防灾工程保护区域征收管理费用、采用集资的方式进行大型水利工程的配套和小型农田水利设施的建设。合理的农业减灾投资体系更有赖于良性的农业投资环境，因此必须加速制定和实施各种农业保护政策。

（五）建立完善的减灾信息系统和灾后保障体系，提高重大自然灾害的响应能力

第一，进一步健全救灾应急预案体系，强化灾害管理的装备和能力建设，提高灾害管理人员素质，健全灾害响应工作机制，紧紧围绕灾后24小时救助措施到位这个工作目标，全面提升重大自然灾害的响应能力和水平。在省政府的支持下，收集、汇总各相关部门中零星、分散、单一化的灾害信息资料、研究成果，开展环境、经济、人文与农业灾害的相关关系及减灾措施综合研究。用现代设备装备气象台站、水文观测站及其他相关的灾害预测预报单位，提高农业灾害的预报准确率和灾害监测水平。利用现代通信技术、电子技术建立现代化的灾害报警系统及灾情信息速报网络，在灾害发生前，对水旱灾害可能发生的时间、地点及灾级加以通报，使灾害侵袭区群众能够获得快速、准确的灾情信息，并能够采取应急措施，进行有效避难。同时使领导能够及时掌握灾害侵袭区状况，采取一系列的工程措施、非工程措施等手段防治水旱灾害，组织社会各界力量，在灾害发生时全力以赴地进行抗御，灾害发生后大力援助救护灾区群众。

第二，规范灾害救助和恢复重建工作。进一步加大工作力度，创新管理模式，以救助工作措施准确到位为目标，全面提高灾害救助和恢复重建管理水平，确保受灾群众的基本生活权益。灾后保障分为资金保障和组织保障，主要是资金保障问题。目前，按照国家规定，农业灾后保障的资金来源渠道有：国家救济、地方各级财政安排预算、社会各界的捐赠、农户通过集团经济组织联合形成的互助基金、集体公益金、少量投保者由保险公司给予的赔付、农户自有资金。国家救济通过民政部下拨给省民政厅，然后根据灾情层层下拨，基本用于灾民生活救济，这在过去是灾后保障资金的主渠道。1994年，国家规定，今后国家只解决大灾的救济，中小灾的救济由省财政和县市财政预算解决。生产恢复的资金一般由各部门负责，财政给予补贴，没有固定的资金来源。集体互助、农业保险目前仅占灾后保障资金很少的一部分。因此，受国家经济实力的限制，农业灾后救助资金严重不足，不能适应农业恢复的需要，应根据市场经济规律改革当前农业救灾资金保障体制。为此，建议：

（1）中央和地方财政设立救灾专项基金。灾时用于生活救灾，平时可用于建立防灾物质储备。国际经验表明，专项救灾基金的发放，对于灾后重建，人民生活安置所起的作用是十分显著的。省财政和地方财政划出一定比例支农资金作为救灾专项基金，省和地方民政部门划出一部分社会救济金纳入救灾专项基金。此外，从长远的观点来看，建议修改我国的税法，将征收的农产品购销价格附加保险费作为减灾基金，并纳入专门的政府基金，由中央政府的相应机构来统一管理。

（2）尽快开展农业灾害保险的研究和推广工作，增强农民的自我保障意识。我国在20世纪80年代曾经开展过一段时间的农业保险，并且已经发挥了相当大的作用，但由于业务亏损等原因，农业保险最终没能坚持下来。基于国际经验和20世纪80年代农业保险的较大作用，笔者认为应尽快开展我国农业灾害保险的研究和推广工作，为灾害救助和恢复重建工作提供资金保障。一方面，要加强对农业保险规律和特点的研究，将农业保险规律与农业、农村经济运行规律、农作物生长规律、水旱灾害规律等紧密结合起来，合理确定险种、赔率等保险要素；另一方面，要帮助保险部门在农村地区推广保险业务，扩大保险的覆盖面，增加保险业务的总收入，以提高保险部门在农村地区开展业务的积极性。

（3）对社会各界的捐赠予以大力鼓励和提倡。这部分资金的弹性较大，随着人们生活水平的逐步提高，其份额会日益增加，需要重视和妥善管理。

第二节
构建本土化农业防灾减灾机制[①]

我国是世界上灾害最为严重的国家之一，有“三岁一饥，六岁一衰，十二岁一荒”之说，灾害种类多，受灾面积广，成灾比例大。灾害不仅给人民生命、财产造成损失，也成为农业发展的一大制约因素。认识农业灾害的发生分布规律，对于建立和完善我国农业防灾减灾机制，实现农业的可持续发展有着重要的意义。

一、中国农业自然灾害的分布区域及其表现规律

（一）我国农业灾害区域分布状况

灾害学领域对我国农业灾害的分布状况也进行了较为系统的研究，根据灾害学对我国农业自然灾害区域的研究成果，在全国1445个农业自然灾害区划基本单元和110个自然灾害小区的基础上，可将全国划分成5个农业自然灾害大区、23个农业自然灾害区和109个农业自然灾害小区。5个自然灾害大区从东至西，依次为：东部沿海区（Ⅱ）、东部区（Ⅲ）、中部区（Ⅳ）、西北区（Ⅴ）和青藏区（Ⅵ）。

1. 东部沿海区

东部沿海区包括我国东部沿海的江苏、上海、浙江、福建、广东、广西、海南和中国台湾地区8个省市区的277个县（市区），人口2.05亿，面积40.91万平公里。本区地貌以山地丘陵和沿海平原为主，土壤以森林土壤和水稻土壤为主。淮河、长江、钱塘江、闽江和珠江等的下游入海口

---

① 本节内容选自农业部软科学课题（Z201008）《农业防灾减灾机制本土化构建研究》报告。课题主持人：胡晓珂。

均在本区，包含苏北平原、长江三角洲、浙闽丘陵、两广丘陵、珠江三角洲、海南岛、中国台湾岛和雷州半岛等。本区人口密度大，人均耕地少，生产力水平高，农业集约化程度高，为我国主要农业区，农作物以水稻为主，其次为甘薯、油菜和棉花等农作物，复种指数高达200%—300%①。

本区进一步划分为苏沪沿海、浙闽沿海、粤桂沿海、中国台湾岛和海南岛5个二级区，其中苏沪沿海、浙闽沿海和粤桂沿海为农业灾情重度区。

该区域内的农业灾害类型主要以水灾为主，其次为风灾（台风和风暴潮等）、旱灾和病虫害，为我国农业灾害的重度区。

2. 东部区

东部区包括我国黑龙江、吉林、辽宁、内蒙古、河北、北京、天津、山东、河南、江苏、安徽、湖北、湖南、江西、浙江、福建、广东和广西18个省市区的916个县（市区），人口5.73亿，面积196.45万平方公里②。本区地貌以丘陵平原和山地为主，土壤以森林土壤、水成土壤和水稻土壤为主，包括东北平原、华北平原、长江中下游平原、长白山地、大别山区、武夷山地和南岭山地等，处于东北黑龙江、松花江、乌苏里江、辽河、滦河、海河、黄河、淮河、长江、珠江的中下游地区。本区人口密度大，人均耕地少，生产力水平较高，农业集约化程度高，为我国主要农业区，尤其以黄淮海平原为我国重要商品粮基地。农作物以水稻、小麦和棉花为主，其次有玉米、大豆、高粱、油菜、花生、甘薯等农作物，复种指数由北方的90%—110%到南方的200%—250%③。

本区从北至南依次划分为三江平原及长白山地、松辽平原、环渤海平原、黄淮平原、长江中下游平原及江南丘陵、南岭山地等6个二级区。其中黄淮平原和长江中下游平原及江南丘陵为农业灾情极重度区，松辽平原和环渤海平原为农业灾情重度区，三江平原及长白山地和南岭山地为农业灾情中度区。

---

① 农业部：《中国农业统计年鉴》，中国统计出版社2005年版。

② 中国统计年鉴编委会：《中国统计年鉴》，中国统计出版社。

③ 农业部：《中国农业统计年鉴》，中国统计出版社2005年版。

本区农业灾害主要以水灾和旱灾为主，其中华北平原的旱灾，长江中下游平原的水灾发生频率高，造成损失大；其次有冻灾、病虫害等，为我国农业灾害极重度区。

3. 中部区

中部区包括我国内蒙古、河北、山西、陕西、宁夏、甘肃、河南、湖北、四川、重庆、湖南、贵州、广西和云南等省、市、区的914个县（市区），人口3.94亿，面积276.91万平方公里①。本区地貌以山地、丘陵和高（平）原为主。土壤以森林土壤、草原土壤和岩成土壤为主，包含呼伦贝尔高原、内蒙古高原、鄂尔多斯高原、黄土高原、关中盆地、秦岭山地、四川盆地和云贵高原等，处于黑龙江、黄河、淮河和长江等的中游地区。本区人口密度中等，其中四川盆地人口密度大。本区北部和南部为我国林业区，中部为农业区，农作物主要有小麦、玉米、棉花和谷子，农作物复种指数南高北低。

本区农业灾害主要有水灾和旱灾、西南山地的地质灾害（滑坡和泥石流）、北部的雪灾和冻灾等，为我国农业灾害重度区。本区由北向南依次划分为大小兴安岭山脉、内蒙古高原、鄂尔多斯高原、黄土高原、西南山地丘陵和滇南广西山地6个二级区，其中西南山地丘陵为农业灾害极重度区，黄土高原为农业灾害重度区，大兴安岭山脉、内蒙古高原、鄂尔多斯高原和滇南广西山地为农业灾害中度区。

4. 西北区

西北区包括我国内蒙古、甘肃、青海和新疆4个省市区的142个县（市区），人口0.21亿，面积266.77万平方公里。本区地貌以山地和风积地貌为主，土壤以荒漠土、岩成土壤和草原土壤为主，境内有额尔齐斯河、伊犁河、塔里木河，包含阿拉善高原、河西走廊、东天山及戈壁绿洲、南疆塔里木盆地、伊犁谷地、北疆准噶尔盆地、阿勒泰山、昆仑山和柴达木盆地等。本区人口密度小，为我国主要牧业区，农业主要分布在绿洲，农作物主要有水稻、棉花、小麦和玉米等。

本区农业灾害主要有水灾、冻灾和雪灾等，为我国农业灾害轻度区。

---

① 农业部：《中国农业统计年鉴》，中国统计出版社2005年版。

本区由东向西、由北向南依次划分为蒙甘高原山地、北疆山地沙漠、柴达木盆地和南疆戈壁沙漠4个二级区，其中蒙甘高原山地、北疆山地沙漠和南疆戈壁沙漠为农业灾害轻度区，柴达木盆地为农业灾害极轻度区。

5. 青藏区

青藏区包括我国青海、西藏、四川和甘肃4个省市区的126个县（市区），人口478万，面积164.31万平方公里。本区地貌以（高）平原和山地为主，土壤以高山土壤和森林土壤为主，境内有雅鲁藏布江、长江上游等河流，包含青海高原、藏南谷地和藏北高原，为黄河和长江的发源地。本区人口密度小，主要以牧业为主，农业零星分布在藏南谷地和青海高原，农作物主要以青稞、小麦为主，有少量的水稻和小麦。

本区农业灾害主要有雪灾、地质灾害、水灾和病虫害，为我国农业灾害极轻度区。本区可进一步分为川西藏东山谷和藏西高原山地2个二级区，这2个二级区均为农业害极轻度区。

由上可见，中国农业灾害的高发区与中国的主要经济区基本一致，经济发达地区农业灾害发生的频度往往较高，农业灾害在地域分布上呈现出趋势性规律。

（二）我国农业灾害的表现规律

农业主要在自然条件下进行，以有生命的动植物和微生物为生产对象，因此，农业生产极易受到自然灾害的影响。通过对农业灾害类型及分布区域的分析，不难看出，我国的农业灾害发生、发展的时空分布规律具有以下方面的特点：

1. 灾害的多样性

从致灾因子角度看，我国农业灾害包括了气象灾害、生物灾害以及生态灾害等多种灾害类型，灾害多样性是我国农业灾害发生时的最大特点。与世界其他国家相比，我国农业灾害种类几乎包括了世界所有灾害类型，既有因气候异常而带来的水灾、旱灾、雪灾等各种气象灾害，也有病虫害等各种生物灾害，还有各种地质灾害和海洋灾害等；既有自然灾害，也有多种人为灾害，还有因工业生产所带来的包括酸雨、赤潮、水污染等在内的各种环境灾害。

灾害的多样性与我国特定的地理环境有着直接联系。我国地域辽阔，地质构造复杂，生态环境多变，有着各种灾害发生的生态条件。从地理位置看，我国处于亚欧大陆东部，东临太平洋，东亚季风气候显著，使我国水、热的时空分布形成了一定的季节变化规律；国土南北纬度跨度大，不同纬度热量的分布不均，使我国具有从热带到寒带的多种气候变化类型；我国东西经度范围广，这也在一定程度上造成了水分从东部沿海向西部内陆的递减。此外，地形的三级阶梯分布造成了我国不同地区水热组合的差异以及山地气候的形成。由于各地农业生产的地理环境差异性比较明显，复杂的气象条件和气候类型造成了我国农业灾害类型的多样性。

2. 灾害的广泛性

灾害的广泛性主要表现为灾害发生的时间与空间跨度较大。一方面，灾害的发生具有显著的周期性，如雪灾出现在冬春时节，而春夏之交多暴雨、洪涝，这使得我国农业灾害在时间上的跨度较大，就全国范围而言，农业灾害的发生在任意一个时点上均有发生的可能，灾害是农业生产中的常态化表现；另一方面，灾害的广泛性还表现为灾害的大范围性和大面积性，农业是我国的基础性产业，农业生产面积较大，这也使得农业灾害的发生具有一定的普遍性，事实证明，我国几乎每年都有波及数省的大水灾、大旱灾发生。总之，灾害的广泛性造成灾害发生后具有较强的持续性，其造成的恶劣后果在空间上和时间上会不断扩展、滞留，不易消失。

3. 灾害的区域性

灾害具有时空范围上的广泛性，但就区域而言，灾害的发生具有明显的区域性特点。农业生产环境虽然从微观上表现为千差万别，但从整体上分析却分属于一定的气候类型并具有一定的地形、土壤特征，这使得我国农业灾害的发生在空间上表现为一定的区域性。

灾害的区域性是与自然灾害的空间分布、地域组合以及自然和社会经济环境区域差异密切相关的。从灾害的地域分布规律看，西区是高原山地，地壳变动强烈，地震、冻融、雪灾、冻害、雹灾、泥石流、沙漠化、旱灾、森林灾害较为严重；中区是高原、平原过渡带，以山地地质灾害、水土流失、旱灾、洪水、雹灾和森林灾害为主；东区则是我国海洋与海岸带灾害、平原地质灾害、旱灾、涝灾、洪水、农作物病虫害最为严重的地区。总体上看，我国农业灾害的发生具有空间上的不连续性，不同地区的灾害类型有很大差异，如北方干旱，南方易涝；风灾袭击沿海，沙灾困扰西北；而病虫害则遍及全国。也就是说，在特定区域内，农业防灾减灾所面临的重点具有较为典型的本区域特点。

4. 损失的日趋严重性

灾害的多样性、广泛性所导致的必然结果就是区域内农业灾害的损失，尽管人们抗拒自然灾害的技术和物质手段不断增多，能力不断增加，但随着农业生产的发展，我国农业灾害的发生近年来却呈现出增加的趋势，农业的现代化生产非但没有使农业灾害的发生减少或降低，反而日渐增多并加剧，从而导致灾害事故的破坏力和造成的经济损失愈来愈大。从这一角度看，农业灾害损失的日趋严重性是我国农业发展过程中出现的新问题，其主要表现为：灾情发生频率高以及受灾和成灾面积在波动中呈增长的趋势。

（1）灾害的发生频率有上升趋势。据统计，20 世纪 50 年代，我国自然灾害发生频率是 19.56 次，60 年代为 26.20 次，80 年代高达 28.18 次；“灾害周期”也较明显，例如，在 1953—1966 年期间出现 4 次周期，平均周期长度为 3.5 年；在 1971—1991 年期间出现 7 次周期，平均周期长度为 3 年①。进入 21 世纪，我国重大灾害仍然频繁出现。这表明，新中国成立 60 多年来，出现自然灾害的频率不仅在加快，而且，出现大灾害以上的频率也在提高。

（2）成灾面积在波动中呈增长的趋势。根据相关统计，可以发现，近 10 年来农业自然灾害受灾、成灾面积也呈现出持续增长的态势，具体可参见图 4-1。

可见，从 1998—2008 年，我国的受灾面积处于较高的水平，1998 年因长江流域发生特大洪水，造成该年受灾的农田面积达到 50145 万公顷，2000 年与 2003 年由于厄尔尼诺现象的影响，导致我国在这两年之内旱

---

① 王国敏：“农业自然灾害的风险管理与防范体系建设”，《社会科学研究》2007 年第 4 期。

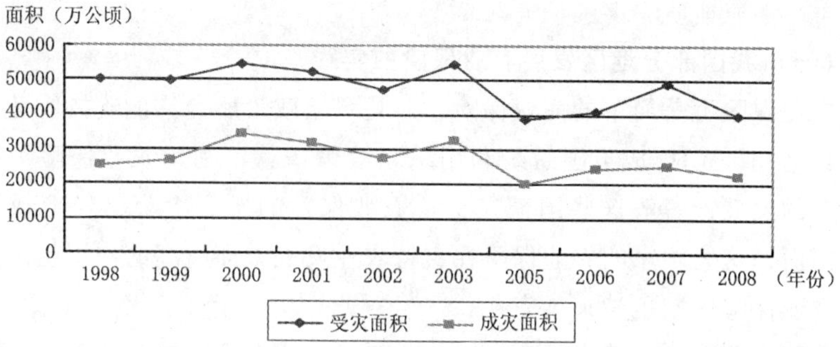

图 4－1　受灾面积与成灾面积时间变化曲线

资料来源：《中国农村统计年鉴》。

灾、水灾频发，致使这两年的受灾面积扩大到近 55000 万公顷，达到了这 10 年的极值。尽管近几年的受灾面积有所减少，但是，从整体来看，受灾面积一直具有扩大的趋势。总体上看，成灾面积与受灾面积大致呈正相关的趋势，受灾面积与成灾面积成正比。

综上所述，我国农业灾害在表现规律上呈现出灾害类型的多样性、时空跨度的广泛性以及鲜明的区域性特点，这些表现与我国特定的地理位置、气候条件以及生态环境有着密切的联系。尤为值得重视的是，现代农业以高资本投入、低劳动投入和高单位面积产出为特征，为了提高单位产出，主要依靠人工对大自然的大规模干预，这种生产方式在一定程度上破坏了生态环境，自然因素与人为因素的交织加剧了灾害的发生频度、范围和强度，放大了灾害的负面影响。如何预防和治理自然灾害、减少农业损失，是实现农业可持续发展的重要课题。

二、我国部分地区发展农业保险防灾减灾的实践与评价

在我国农业市场化、国际化竞争的大背景下，农业保险除了传统的对农业生产实施事前和事后经济补偿、稳定农民收入等功能外，在新形势下其功能和作用还在拓展和延伸。发展农业保险绝对不是可有可无的事，也不仅仅是农业部门或保险部门的事，而是全社会的共同责任，这是农业保险发展的思想基础。

（一）我国部分地区发展农业保险的实践

农业保险不是简单的商业保险，而是绿箱政策所允许的支持农业发展的工具之一。WTO成员国纷纷利用绿箱政策条款，利用农业保险支持本国农业的发展，一般这些国家在支持农业保险的发展上都已经形成了共识。因而，这些国家的农业保险在支持农业发展方面所起的作用越来越明显，农业保险体制也越来越完善。

我国农业保险在经历了20世纪50年代农业保险的兴起和停办、恢复试办时期（1982—1994年）、持续萎缩时期（1994—2003年）三个阶段后，从2004年起掀起了新一轮农业保险试点高潮。2004年，中国保监会共在9个省、自治区、直辖市开展农业保险试点，积极推动商业保险公司自办、为政府代办和政府联办农业保险业务。2005年，农业保险经过多年的业务萎缩以后，首次止跌回升。据有关部门统计，2005年，农业保险保费收入达7.3亿元，比2004年提高了84%，实现了恢复性增长。2006年，《中共中央、国务院关于推进社会主义新农村建设的若干意见》要求，“稳步推进政策性农业保险的试点，加快发展多种形式、多种渠道的政策性农业保险”；2006年《国民经济和社会发展第十一个五年规划纲要》中，提出“发展农业保险、责任保险，建立国家支持的农业和巨灾再保险体系”。在近年来的关于农业的中央文件中都有关于发展农业保险的政策规定，农业保险也得到社会各界的高度关注，各地政府也积极响应，支持农业保险的试点工作。目前已经结合地方特色主要形成了上海“安信模式”、吉林“安华模式”、黑龙江“相互制模式”、浙江“共保体模式”、新疆“中华联合”和四川“安盟模式”等，为我国开展农业保险工作，积累了宝贵探索经验。

1. 上海农业保险实践——发达地区的模式探索

上海安信农业保险股份有限公司，是在原中国人民保险公司上海分公司农业保险业务班底的基础上筹建的，采取“政府财政补贴推动＋商业化运作”的经营模式。市、区（县）两级财政对投保符合上海农业产业发展导向的种、养两业保险的农户实行保费补贴，其他业务则按商业化运作，通过商业性保险的盈余来弥补中央两业保险的亏损，实现“以险养险”。其中规定，种植业和养殖业保险的保费收入占公司全部保费收入的比例不得低于60%。到2005年，安信农业保险的覆盖面增长到16%，基本农业保险覆盖面大幅提高，奶牛、水稻等承保面达到90%，为上海农业发展提供了重要的保障。

在全国农业保险逐年萎缩的大背景下，上海农业保险之所以能从无到有、稳步发展，政府支持发挥了极其重要的保障作用。首先，政府相继制定出台了一系列的扶持农业保险工作的制度和方法，从而在政府层面上保证了上海农业保险的发展；其次，从1990年开始上海开始实施政府财政补贴农业保险制度，目前对9大类农业保险实施了保费补贴，补贴率为30%—35%。由于有财政补贴，上海的保险费率低于全国平均水平，其中水稻的保费在1.2%左右。

总之，上海农业保险在财政补贴方式、经营模式等方面具有较强的地方特色，一些具体做法对经济较发达地区开展农业保险具有一定的借鉴意义。

2. 吉林安华农业保险实践——粮食主产区的模式探索

安华农业保险股份有限公司是由中国保监会批准成立的商业性股份制农业保险公司。公司由7家企业发起设立，采取“商业化运作、综合性经营，并为政府代办政策性农业保险业务”的模式。其根据吉林农业大省的现实，开展了玉米、水稻、烟叶、草莓、肉鸡、奶牛等10多个品种的种植、养殖保险，涵盖了吉林省大宗粮食作物、经济作物和主要畜禽养殖品种。种植业总参保面积达到150万亩，养殖业参保数量达到8000多万头（只），参保农户累计近万户。公司累计实现保险保障400多亿元，涉农保险业务占业务总量的60%强①。

安华保险公司根据吉林是我国商品粮的基地的特殊性，开展农业保险试点，探索农业比重大的粮食主产区发展农业保险的模式。安华最突出的特点是依托龙头企业开展农业保险业务，初步显示出了优越性。首先，有效降低了保险公司面对千家万户开展业务的成本，更能有效地组织农户参保；其次，通过龙头企业对参保农户的补贴，大大减轻了农户的保费压

① 朱健民等：“吉林农业保险试点曙光初现”，《中国保险》2007年第3期。

力，解决了农户投保不足的问题，将农业保险的潜在需求变为有效需求；再次，由于，龙头企业的参与，解决了现场查勘慢、损失鉴定难、理赔不到位及道德风险等问题；最后，充分利用产业化组织内部信息的透明度和对称性，促成成员之间形成相互制约和监督的机制，有效避免了农户在参保时的逆向选择问题。

3. 黑龙江垦区阳光相互制农业保险实践——农业相互制保险的有益探索

2005 年 1 月，在黑龙江农垦系统已试办了 10 余年相互制农业保险的基础上，成立了阳光农业相互保险公司。相互保险公司是所有参加保险的人为自己办理保险而合作成立的法人组织，它是保险业特有的公司组织形态。公司实行会员制，追求社会效益的最大化和会员利益的最大化。公司采取以公司统一经营管理为主导、保险社互助经营为基础的统分结合的双层经营管理体制。保费“三方承担”，即农户只承担 65%，国家财政补贴 20%，黑龙江农垦总局补贴 15%。

相互制农业保险公司的建立，标志着中国相互制公司的诞生，标志着我国农业相互制保险试点工作迈出了重要的一步，使临时救灾的政府行为变成了保险补偿的经济契约行为，淡化了农户长期养成受灾后等政府给补贴、给救济的观念。更重要的是，相互制农业保险公司的会员是保险人和被保险人的统一体，增强了农户在市场经济中自我防范和分散风险的意识，充分发挥了保险这个经济杠杆在农村经济社会发展过程中的稳定器和助推器的双重作用。同时，对未来相互制的进一步确立和规范我国保险市场起到了积极的作用。

4. 新疆建设兵团农业保险实践——兵团建制、防灾为重模式的探索

中华联合财产保险公司起步于农业保险，20 多年来，在没有多少政府补贴、全国农业保险业务逐年萎缩的大背景下，中国联合在稳定兵团农业保险发展的同时，发展为在全国 22 个省区开展综合性财产保险业务的国有公司，值得我们认真研究和总结。

中华联合能将农业保险业务维持下来，与兵团这种特殊的建制——高组织化、强行政干预——不无关系。中华联合坚持农业保险的政策性保险定位，其核心内容是同一收费和大灾兜底支持等扶持政策，在各师（局）

实现风险的自留和分散。建立以师（局）为单位的经营亏损自补机制，增加了师（局）、团场及分支公司的经营责任。现已形成了较为完善的农业保险技术规范和灾后调查、理赔机制。中华联合农业保险突出的特点，除了兵团这一特殊的建制外，还以防灾防损为重点，建立农业生产灾害预防体系，把防灾防损作为农业保险的重要工作来办。在充分利用经济手段进行风险管理的同时，积极参与、配合、组织、协调灾前、灾中和灾后的各种防灾减灾工作。公司每年固定拿出保险费的5%用于防灾防损，确保防灾防损的资金来源。各分公司和各地气象局合作，及时掌握第一手天气变化资料，尽早通知参加保险单位做好预防工作。自实施以来，取得了显著成效，显现了农业保险的社会管理作用。

（二）我国农业保险实践的作用

我国农业保险探索自 2004 年恢复以来，虽然还没达到规模效应，但也已对我国农业自然灾害损失起到了一定的补偿作用：

1. 有利于稳定农民收入，改善农业经营主体的信用地位

在我国农民收入构成中，来源于农林牧渔等产业的收入一直维持在45%以上，其中的农业收入基本上维持在 1/3 以上①。长期以来，农民的社会保障是以土地为中心的非正规社会保障，土地的社会保障功能主要是体现在土地产出和农业收入上。而作为第一产业的农林牧渔，尤其是农业，恰恰是受自然灾害影响最大的行业。农业保险可以使个人风险得到转移、分散，实现将原来不稳定的风险转化为稳定的风险。有农业保险作保障，农业生产趋于稳定，经营者的收益保障程度提高，这种状况不仅可以大大提高农民风险应对能力，增加农民收入，更有利于改善农业和经营主体的经济地位，从而改善其信贷地位，便于其获得贷款，引导农业金融资本流入，促进农业生产扩大规模、提高集约化生产水平和降低农业资金融通成本。

2. 有利于促进农村金融体系的稳定

农业保险不仅是稳定农业生产、保障经营者利益的有力手段，由于它

---

① 孟春等：《我国农业保险试点模式研究》，中国财政经济出版社 2006 年版。

对农业资金融通起到配套保障作用，因此还是一国农村金融体系的重要组成部分，其发展关系到一国农村金融体系的完整性和稳健性。

3. 有利于维护农村社会稳定和社会公平

在缺乏对贫困阶层有效的社会保障情况下，贫富差距加大是社会稳定的最大威胁。2003 年，中国农村高收入户的人均收入是低收入户的 7.33 倍，在社会保障体制不健全的情况下，农业保险可以在很大程度上发挥社会保障的职能，对于低收入人群的生产、生活保障效果更明显。

从收入结构来看，低收入农户的收入主要来源于种植业、养殖业的收入，种养业的比重呈现从低收入农户向高收入农户逐渐降低的规律，而种养业恰恰是受自然灾害风险影响较大的行业。也就是说，从收入结构的角度，自然灾害对于低收入农户的影响要高于高收入农户。如果考虑到低收入户日常积累较少，其生产和生活设施本身抵御自然灾害的能力弱，自然灾害的这种影响将被进一步放大。因此，发展农业保险，在一定程度上承担了对农民的社会保障职能，对维护农村社会稳定和公平十分必要。

4. 有利于促进国家经济发展和社会稳定

农业是母体性产业，是国民经济的基础。农业的发展，不仅直接关系到本部门的产业发展、就业增长和区域稳定，还是拉动内需的核心力量，它的波动是引发国民经济周期波动的重要根源。虽然农业产值在我国国内生产总值中所占的比重随着经济水平的提高而日渐缩小，但它在保证人民生活水平、稳定经济发展方面所起的作用不可忽视。因此，保证农业的稳定发展，是实现经济持续发展的根本保障。

农业保险的发展，稳定了农业投资收益，从而可以促进社会增加对现代农业的投入。这样，农业保险可以通过促进农业生产的稳定来促进相关产业的稳定和发展，从而有利于国民经济和社会的稳定发展。

5. 有利于政府对农业的支持和保护

农业保险是市场经济和开放经济条件下政府进行农业支持和保护的有力工具。WTO 的规则要求成员逐步开放农产品市场并减少对农业的补贴，但与农业生产相关的自然灾害保险则不予限制。农业保险已经成为 WTO 成员支持本国农业的基本手段和方式之一。因此，大力发展农业保险，是我国合理运用 WTO 规则，完善农业保护体系，提高我国农业的生产经营水平和国际竞争实力的有力措施。

6. 有利于促进农业产业化，提高农业的综合生产能力

农业产业化经营是实现农业规模经营的必经之路，但是在农业产业化与农业风险之间呈现正相关关系：一方面，随着农业经营规模的扩大，风险以更快的速度扩大，制约经营规模的发展；另一方面，农业产业化中高新技术的应用往往与风险相伴而生。高风险制约农业生产经营水平的提高，成为高新技术在农业生产应用中的瓶颈。而农业保险是转移农业风险的财务手段，一方面，农民可以较少的保费支出，将不可预料的农业风险转移出去，形成一种现实的互助性风险保障；另一方面，农民可将保费支出计入生产成本，通过农业保险将保费支出以合理的方式转移由社会承担，达到依靠社会力量分散风险的目的。这样，通过农业保险，多方主体参与农业生产、防灾、销售等各个环节的风险管理和市场化运作，可以动员各方力量提升农业抵御自然灾害和提高农业的综合生产能力。

总之，我国农业保险已有70多年的发展历史，经历了改革开放20多年的发展，积累了一些经验，但农业保险总体规模仍太小，难以发挥在农业防灾、减灾方面的作用。

三、对现有农业防灾减灾机制的绩效评价

区域自然灾害风险是危险性、暴露性、脆弱性和防灾减灾能力四个因素相互综合作用的产物，基于农业自然灾害风险的形成特点，我们认为，现有的农业防灾减灾机制在脆弱性以及防灾减灾能力等方面存在明显不足，主要表现为以下方面：

（一）农业灾害的预警机制有待完善

尽管我国农业灾害的预警系统已初具规模，但相关工作仍处于起步阶段。我国目前常用的灾害监测、预报和灾情评估手段多是地面常规监测和航空遥感，卫星遥感则有一部分来自国外的气象卫星资料，而地面监测和航空遥感受地形、天气等因素的制约，气象卫星传感器也易受到云层等因素影响。总体看，目前我国科学技术在灾害防治方面的应用程度尚有待提高，在大多数情况下，灾害的防治还只是经验性的行为，谈不上科学技术

的应用，更谈不上现代先进科学技术的应用。而农业灾害具有种类多、受灾地域广、突发性强等特点，传统监测手段往往不能满足要求，显而易见，现有的灾害预警系统尚不能满足农业防灾减灾的需求。

（二）农业灾害组织管理体系的严重缺位

为加强对灾害的管理，我国在农业防灾减灾机制的组织管理体系方面进行了一些有益的尝试，包括突出政府在农业减灾中的地位以及建立农业重大公共突发事件应急机制等，但应该看到，这些措施更多的是针对灾害发生时的一种应急处理。在现有的灾害管理体制下，农业灾害的救援工作是由多部门分工负责的，例如农业部门负责农业灾害的监测治理等，财政部门、民政部门负责灾害的救助资金的筹集与发放等，卫生部门负责受灾人员的救治，保险监督机构负责农业保险的监督与管理等，但任何一个部门都没有能力承担起综合指挥、协调的职责，显而易见，这种分工过细、协作不够的灾害管理机制难以适用农业防灾减灾综合性管理的需要。

（三）互助救济激励机制的失效

多年来，我国农业的各种自然灾害损失主要依托的是集体经济的互助和农民的自救行为。农村的许多救灾抗灾基础设施（如防洪抗旱功能的水库、提灌站等）都是通过集体对劳动力和资金资源的统一组织来实施。但是，家庭联产承包责任制实施多年，使土地集体所有制作为农村集体经济的纽带仅仅具有象征意义。在广大农村，尤其是乡镇集体经济落后地区，集体经济基础在许多地区几乎崩溃。农村的集体互助作为一种长期以来在我国农村广泛应用的风险补偿管理，由于集体经济的不断被弱化，导致了这种集体互助式的激励机制失效。

（四）政府主导下财政救济的不足

我国长期实施的计划经济体制，强化了政府在风险分摊和灾害补偿中的突出作用。政府的减灾措施主要表现为政府财政对农业基础设施的建设的投入，特别是对大江大河的治理、水利资源的跨流域调度、生态工程建设，以及水土改良等重大工程。在过去几十年的抗灾救灾中，政府起到了十分重要的作用，尤其是在巨灾发生后，通过政府及时救济、无偿的救灾物资的分发，促进了农业巨灾的灾后生产恢复。但是，随着市场经济体制改革的逐步深入，高度集权为特征的经济运行方式逐渐被放权让利政策所代替。政府（特别是中央政府）所集中的财力资源比例越来越小，在点多面广、农业巨灾严重的广大农村，政府越来越难以满足灾害补偿和经济重建的资源需求。

研究表明，防灾减灾主要的投资性支出水利基本建设费与粮食单产虽然呈现正相关关系，但是相关系数相当小，水利基本建设支出每增加 1 个百分点，粮食单产仅提高 0.06 个百分点。造成这种状况的原因与我国水利投资结构有关，我国水利投资偏重大江大河治理，而对一般性的农村水利投资相对不足。以 2008 年为例，全年完成节水改造和节水灌溉等农村水利项目投资 90.8 亿元，仅为全部水利建设投资完成额的 8.3%。这种投资结构使我国农田有效灌溉面积年均增长幅度一直在 1% 左右徘徊，至 2008 年，农作物有效灌溉面积比重仅为 37.4%。此外，旱灾是自然灾害中影响中国粮食生产的最主要因素，旱灾受灾面积绝大多数年份都占受灾总面积的 40% 以上，有许多年份高达 60%—70%。水利投资并未使这一状况得以有效改善①。

显而易见，随着农业灾害形势的日益严峻，政府实际上已经难以充当农业灾害风险损失赔偿的主体，政府在直接的灾害损失分摊中的作用和地位已经非常有限。

（五）农业保险市场的失灵

农业保险作为市场化的风险转移工具，它从整体上对农业风险进行有效的控制和管理，能较好地实现灾害风险管理的激励目标和效率目标，相比于其他管理方式更具有优势。但事实上，我国农业保险发展缓慢，规模狭小、范围窄，未能有效调动农民、保险经营主体和政府等多方积极性，很难满足保险经营所依赖的大数法则理论，农业风险分散机制极其脆弱。

---

① 刘宁："中国农业防减灾投入效应与对策研究——基于粮食安全的视角"，载《经济问题探索》2010 年第 7 期。

1. 农业保险有效需求巨大与有效供给的双向失灵

我国农业灾害发生范围广，农业经济受自然灾害的影响大，农业受灾面积呈上升趋势，自然灾害的损失逐年递增。与农业保险的巨大需求相比较，我国农业自然灾害保险虽已存在多年，但保险市场不仅未能发展壮大，反而日益萎缩。1994 年以前，农业自然灾害保险市场曾经有过一段快速发展时期，但此后呈逐年递减趋势，图 4－2 中描绘了 1983—2005 年间我国农业自然灾害保险保费收入占当年保费收入总额比重的走势，可以看出，近年来该比重回落到了 20 世纪 80 年代初期的水平，这与我国的实际需要极不相称，无论对农业自然灾害保险市场的发展，还是对农村经济的发展都非常不利。

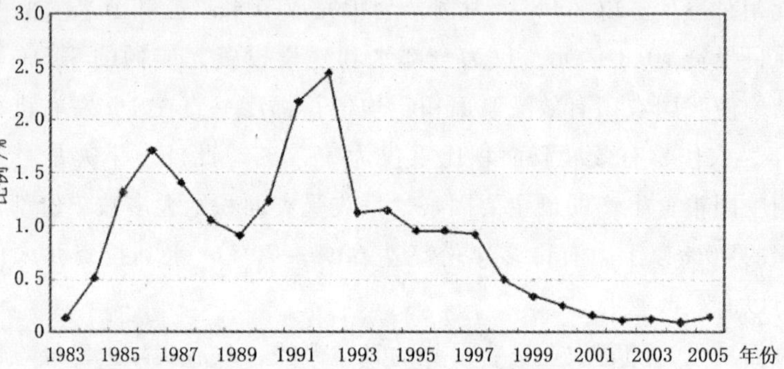

图 4－2　我国农业自然灾害保险保费收入占当年保费收入总额的比例①

数据来源：《中国保险统计年鉴（1983—2005）》。

2. 农业保险法律的严重缺失

我国作为一个农业大国以及自然灾害频发、灾害损失严重的国家，把农业保险制度作为农村产业的基础性制度用于分散农业生产风险具有重要的战略意义。然而，农业保险有外部性特征，导致其市场失灵，农业保险必须有其适宜发挥功能的制度环境，国家应该作为制度供给的主体发挥其应有的作用和功能。然而，从我国农业保险制度的变迁来看，在制度供给

① 参见雷星晖、苏涛永：“我国农业自然灾害保险市场分析及其合理模式”，载《自然灾害学报》2006 年 12 月。

上主体严重缺位，农业保险法律几近空白。2004—2007 年，中央连续发出四个“1 号文件”，相继提出“加快建立”、“扩大”、“稳步推进”政策性农业保险的试点，2006 年《国务院关于保险业改革发展的若干意见》指出，“将农业保险作为支农方式的创新，纳入农业支持保护体系”，但这些文件提出建立政策性农业保险制度，较为宏观，缺乏操作性。2002 年新修订的农业法虽对农业保险略有涉及，其中第十六条清楚地界定了农业保险应按政策性保险来实施，国家鼓励和支持建立互助合作性保险组织，鼓励商业性保险公司开展农业保险业务，但对于业务的建立和开展方式也没有明确的法律规定。随着农业和整个国民经济的发展，我国农业保险制度的建立急需健全的法律体系予以保障，法律条文的明确界定和法律系统化是农业保险制度立法支持的基本体现。

灾害保障的直接目的是进行灾害损失补偿，并通过这种损失补偿保障来维护政治稳定、社会安定和保持经济发展。由于灾害造成的损失是多方面的，灾害保障对灾害损失的补偿也是多方面的。就农业灾害保障机制而言，如何建立包括灾害政府救济、灾害社会保险、灾害商业性保险、灾害互助保障、灾害社会援助与自我积累保障等多种方式在内的一种混合型的保障机制是亟待解决的问题。

四、本土化构建农业防灾减灾机制的具体建议

我国是一个农业灾害频发的国家，而农业灾害带来的损失，不仅是农民个人的损失，也是国家资源的损失。由于农业自然灾害的发生在地点上和时间上通常比较集中，因此，需要一种制度来分散这种地理上和时间上的风险。建国后，在党中央的高度重视下，虽然对农业防灾减灾机制进行了一系列有益的探索，并取得了一定的成效，但应该看到，现有的农业防灾减灾机制在脆弱性以及防灾减灾能力方面存在明显不足，要改变这一现状，我们认为，必须着手以下方面工作：

（一）立法是完善农业防灾减灾机制的依据和保障

市场经济在某种程度上是法制经济，法律是市场经济条件下调节和规范经济关系的必备手段和根本特征。作为对农业发展保驾护航的制度安

排，农业防灾减灾机制的产生和发展是一种强制性制度变迁，制度需求产生于农业防灾减灾市场失灵、农业制度变迁等，农业防灾减灾机制对相关法律表现出极强的依赖性。

应该看到，就防灾减灾事业整体而言，我国的法规建设才刚刚起走，无论是灾害监测、灾害预报，还是对抗灾的工程投资，应急预案的制定、安置与恢复等，都亟待法律来规范和保障。具体到农业防灾减灾立法而言，我国农业灾害防治立法与日益严峻的灾害形势相比仍显得十分滞后，其突出的表现就是农业自然灾害救助基本法的严重缺位。

1. 现行《农业法》对农业灾害防治只作了一般性规定①，难以担当基本法的重任

《自然灾害救助条例》虽适用于农业自然灾害救助，但引发农业自然灾害的致灾因子既有突发性因素，也有渐发性因素，就农业自然灾害而言，并不总是有超常的重大自然灾害发生，较轻的、频繁的农业自然灾害更是经常发生。无论哪一种自然灾害都会给农民带来收入损失，都需要政府进行损失补偿。因此，《自然灾害救助条例》作为应对灾害应对基本法的地位并不能改变农业灾害救助基本法缺位的现状。由于农业灾害防治管理基本法的空缺，使得相关的下位法不能依照上位法的要求制定配套规范，从而造成纵向立法的断层，致使农业灾害防治立法缺乏权威性和统一的效力。

2. 农业自然灾害救助基本法的缺位导致了在农业防灾和减灾阶段的各项行动缺乏必要的法律保障

首先，在农业灾害的预防、预警阶段，由于对农业灾害的类型、性质、范围、损失等的识别与初期评估没有明确的法律规定，使得对农业灾害监测、预警能力较弱，对农业灾害不能进行有效的适时监测和迅速准确的预报，导致农业灾害社会控制效能较差；其次，在灾害的应急、重建和恢复阶段缺乏必要的程序性规定，由于对农业自然灾害救助尚没有一部明

---

① 《农业法》第四十七条规定：各级人民政府应当采取措施，提高农业防御自然灾害的能力，做好防灾、抗灾和救灾工作，帮助灾民恢复生产，组织生产自救，开展社会互助互济；对没有基本生活保障的灾民给予救济和扶持。

确的、高级别的法规，涉及农业灾害救助的范围、灾害损失的评定、灾害损失补偿的申请、救助支付流程等都缺乏必要的法律依据。概言之，农业灾害防治管理基本法以及相关法律规章的缺失，致使农业灾害领域中许多需要法律调整的关系和问题无法可依，政策和行政手段在相当程度上和相当范围内仍在代替法律的功能。

（二）进一步完善农业防灾减灾机制组织体系

经验表明，成功的农业防灾减灾机制的关键因素在于监管机构有充分的资源、农业科学和农业保险的专业知识和相应的职权，这就要求农业防灾减灾机构必须设立在政府的核心层，它必须在实现国家的支农政策目标方面发挥重要作用。根据我国既有的实践，我们认为，参照美国的方式在国家农业部设立专司农业防灾减灾职责的机构——农业风险管理局，是解决前述问题的前提。

第一，农业风险管理局的相对独立性和功能都是基于一项明确的法令，该法令将清楚地界定农业风险管理局的功能和目标。在行政权力和行政级别上，它能更好地与我国现行的行政和预算权力中心（农业部、发改委、气象部门和财政部）联系，通过与政治和行政权力的核心建立直接联系，农业风险管理局的监管效力会得到增强。这使得相关机构之间更容易实现协调，并因此提高监管的成功率和效率以及提高协调与合作措施的有效性，并进而提高相关部门的效率、回应性和有效性。

第二，在农业部设立相对高度独立的农业风险管理局会最大限度地纠正现有的政策导向的偏差。依照发达国家经验，在农业部设立农业风险管理局可以在一定程度上减少保监会同时监管商业保险和政策性农业保险可能出现的利益冲突，使农业减灾机制回归其应有的理念。相对高度独立的农业风险管理局有充分的资源支持（包括在农业科学和农业保险领域的专业知识），有助于确保农业自然灾害风险管理过程的协调性和全面性。农业风险管理局具有充分的监管权力和拥有大量具有丰富农业和农业保险专业知识的人才，其专业化更高，更能够做出独立的判断，更能建立用以抗衡各部委和利益集团的重制衡机制。

第三，它能更好地向农业保险的利益相关者宣传农业保险信息和监管规则，采用更透明、更具问责性的监管方式，这将有利于实现我国农村和农业的良性发展。

（三）逐步建立以政策性农业保险为核心的农业自然灾害补偿机制

1. 农业风险具有一定的可保性

传统保险经济学认为，农业是弱质产业，农业风险具有复杂性、不确定性以及风险损失巨大性等特点，农业风险的大多数属于损失频率较高的风险，其保费附加成本较一般商业保险要高，此外，由于投保对象群体的原因，信息不对称问题——道德风险和逆向选择存在度远高于一般的商业保险，这些都使得农业风险的可保性较差。但是，研究表明，农业可保风险并非一成不变，即农业风险的可保性是一个相对概念，随时间、技术、经济、思想观念等因素而改变，原来被认为不可保的某些风险可能变成可保风险，而一些目前可保的风险将来有可能变成不可保风险。在不同的国家和地区，对不同的对象，在不同的时期，农业风险是否为可保风险可能截然不同。农业可保风险与不可保风险，或者说农业风险的可保性可能因前提条件的不同而发生变化，而且可以相互转化[①]。

2. 农业保险是农业防灾减灾补偿机制的最佳选择方案

一般而言，传统的农业灾害救助方式主要是农民的自我救助以及政府救济，随着现代立体农业、高新技术农业以及农业产业化的推进，农业生产与经营风险的不确定性因素日益增多，各种风险因素相互交织、相互影响使其更趋复杂化，上述两种农业风险管理工具均表现出极大的局限性。政府利用利益诱导机制，通过财政补贴、金融支持、税收优惠等措施推动农业政策性保险体系的建立，可以在最大程度上克服市场失灵与政府失灵的双重效应，政策性农业保险是传统灾害救济方式的主要替代方式。

3. 发达国家的经验也充分证明，农业保险是农业防灾减灾机制的重要发展方向

---

① 黄英君、林俊文：“我国农业风险可保性的理论分析”，载《软科学》2010 年 7 月。

从日本农业灾害补偿制度的沿革来看，昭和 4 年制定的《家畜保险法》、昭和 12 年制定的《农业保险法》都在昭和 22 年废止。自昭和 22 年（1947 年）之后，政府才制定农业灾害补偿法，通过农业灾害补偿法确定了农业共济（互助合作保险）道路。之后，农作物共济、家畜共济、果树共济、旱田共济等逐步发展起来。与日本农业灾害补偿制度不同，美国则依托《联邦农作物保险法》，逐步建立了一个政府主导参与型的农业灾害救助体系，其主要是由政府对经营政策性农业保险业务提供统一的制度框架，政策性保险与政府所提供的多项救济方式、农业贷款等项目相挂钩。在一定意义上，农业保险已成为替代传统农户自我救济和政府救济的最为重要的农业灾害救助方式。

4. 农业保险快速发展与 WTO 的农业相关规则也有着密切关系

WTO 有关农业的规则主要是《乌拉圭回合农业协议》，按其规定，WTO 规则中有关农业保险的条款作为 WTO 允许和提倡的“绿箱”措施（Green box measure），是市场经济和经济全球化条件下政府对农业进行支持和保护的有力工具。“绿箱”支持体现的是政府对农业经济的正常干预，因而得到各国的认可并免于削减。WTO 规则要求成员逐步开放农产品市场并减少对农业的补贴，但对与农业生产相关的自然灾害保险则不予限制。顺应 WTO 的要求，大部分发达国家和部分发展中国家已经调整了政府对农业的支持政策，采用农业保险来替代传统的以价格支持为主的直接保护政策，政府对农业保险提供资助和保费补贴。

（四）进一步完善农业支持政策

农业防灾减灾机制能否发挥其功效，还取决于对这一机制包含的农业支持政策执行的有效性，实践证明，这些政策至少包括以下方面：

1. 财政支持政策

在现代公共选择理论中，政府是一种向社会提供公共物品的制度安排，财政政策则是这种制度安排的分配手段。政府对农业的要素支持体现在财政投入政策上，财政农业投入对于改善承载体的脆弱性，提供农村社会经济体系的承灾能力有着积极意义，财政支农政策的目标及其效率对农业防灾减灾机制有着重要影响。

2. 农业补贴政策

尽管学理上对农业应否给予特殊待遇的纷争从未停止①，但实践表明，农业补贴由于与农民利益有着直接关系，农业补贴是农业支持和农业保护政策体系中最主要、最常用的政策之一，因此，农业补贴制度的导向对于农业防灾减灾机制也有着重要的影响。

3. 农业贷款政策

一般来说，贷款对农业防灾减灾机制的支持作用主要体现在两个方面，一是金融机构对参加政策性农业保险的农户在贷款资格、贷款条件和利率等方面给予适当优惠，以参保后贷款优惠和贷款便利来刺激农民参加农业保险；二是对经营农业保险的公司因经营政策性农业保险出现流动性不足时，国家政策性银行可向其发放一定额度的无息或低息贷款。发达国家的经验表明，贷款政策对防灾减灾机制的形成有着积极的推动作用。

（五）逐步建立、健全农业灾害应急机制

农业防灾减灾机制的宗旨在于提高农业抗灾能力，减轻灾害损失。农业防灾减灾机制的目的不是要消灭灾害与灾害损失现象，而是要立足于灾害的不可避免规律来寻求有效地减轻农业灾害与损失的路径和方法，农业防灾减灾机制既包含有效的风险分散路径，也包含一个高效的灾害预防体系。从这一角度来看，灾害的预警与应急是农业防灾减灾机制的重要组成部分。

1. 建立农业灾害预警系统

对灾害的监测是减灾的先导性措施，通过提供灾害监测数据和信息进行示警和预报，是减灾工作的前期准备和各项减灾行动的科学依据。农业灾害的发生具有突发性、复杂性等特征，但并非没有规律可循。因此，农业防灾减灾必须加强农业灾害发生、发展规律的研究，坚持以预防为主的

---

① 1983年，时任GATT总干事的阿瑟·邓克尔（Anhur Dunkel）邀请了7位杰出人士研究世界贸易体制面临的问题，其成果即1985年《路特威勒报告》（kutwiler Repon）。《路特威勒报告》明确反对给予农业部门特殊待遇，认为农业和其他部门类似，都是一种产业。虽然农业领域改革的步伐要比其他领域慢一些，但保护不应成为农业政策的主导因素。参见李晓玲："论WTO体系下农业补贴的特殊安排及未来展望"，载《现代法学》2009年11月。

方针，不断提高我国农业灾害的预报水平。

2. 制定农业灾害应急预案

农业灾害应急预案是政府应对重大农业灾害的整体性紧急行动方案，是规范灾害应急管理、提高紧急救灾能力的一个关键措施。根据国务院颁发的《国家自然灾害救助应急预案》，县以上各级政府应按照灾害损失情况制定相应的救灾预案，并确定不同的灾害救援响应等级，建立灾害应急机制。立法要对相关地区、部门或单位的应急职责和主要任务、应急反应或行动措施作出科学、规范的表述，对防灾救灾资源、条件、力量的组织配备以及必要的应急避难场所安排、相应的防御指引、人员紧急转移等应急响应措施作出可操作的明确规定，对受灾者的临时性紧急安置，灾后重新规划、恢复与重建，根据灾情及时提供救灾资金，进行各种灾后保险赔偿等给予可行的安排。

3. 提高农民防灾减灾意识

农民作为农业生产的主体，农民素质状况对我国农业生产的发展具有重要的影响。当前，我国农民的受教育程度较低，文化科技水平相对不高。2000 年，我国农村劳动力中文盲与半文盲占 81.09%、小学占 32.122%、初中占 48.107%、高中占 9.131%、大专占 0.148%，与发达国家相比仍处于较低的水平。受农民科技素质整体水平较低的影响，我国绝大多数农民对农业科技的接受能力不高，缺乏科学的防灾减灾意识，在如何规避农业灾害风险方面存在一定的不足。新农村建设必须培养和造就新型的农民。在新农村建设过程中，广大农民不能一味存在“等、靠、要”的思想，应当紧紧抓住国家给予农村物质帮助和科技扶持的机遇，在实现新农村物质文明提高的同时，必须加快精神文明建设的步伐，努力使自己转变为“有文化、懂技术、会经营”的新型农民。新农村建设要加强农村科技、文化和观念的扶持力度，在农村各级学校、村镇、社区加强新农民的防灾减灾教育，利用广播、电视、报纸、宣传栏等形式加大农业减灾防灾的宣传力度，提高广大农民的环境意识和防灾减灾意识，充分认识到农业灾害的发生有的属于自然灾害无法避免，但是更多的是属于人为干预自然环境的结果，从而在农业生产中自觉保持农业生产环境的和谐，并且以科学的减灾防灾意识正确处理农业生产中出现的灾害问题。

第三节 农业自然灾害补贴政策评估①

一、农业自然灾害补贴政策背景研究

自2004年以来，我国粮食连续8年增产，产量连续5年稳定在5亿吨以上。但在农业生产取得巨大发展的同时我们仍要清醒地认识到：我国是世界上自然灾害最严重的国家之一，灾害种类多、分布地域广、发生频率高，已经对我国经济社会发展构成重大威胁。据联合国统计，20世纪全世界范围内54次最严重的自然灾害就有8次发生在我国。进入21世纪以来，我国面临的自然灾害形势更加严峻，如2006年的川渝干旱、2008年的南方雨雪冰冻、2009—2010年冬的云南干旱和华东低温冻害、2011年华北和西北乃至华中地区的冬春连旱等都是几十年不遇的极端灾害事件。

据统计，2010年的洪涝灾害在我国28个省份中均有发生，造成2亿人（次）受灾，1347.1万公顷农作物受灾，其中209万公顷绝收，因灾害直接经济损失2751.6亿元。2010年全国耕地累计受旱面积2653.3万公顷，农作物受灾面积1326.7万公顷、成灾面积666.7万公顷、绝收面积267.2万公顷，经济作物损失388亿元。民政部2012年7月发布的《2011年全国自然灾害应对工作总结评估报告》显示，2011年全国各类自然灾害共造成4.3亿人次受灾，农作物受灾面积3247.1万公顷，其中绝收面积289.2万公顷，因灾直接经济损失高达3096.4亿元。

近年来，随着我国农村城镇化进程的不断加快，外出务工的农村劳动力不断增多，农村劳动力逐渐减少。此外，农业人口收入水平相对较低，

① 本节内容选自农业部软科学课题（Z201215）《农业自然灾害补贴政策评价》报告。课题主持人：严奉宪。

生产生活条件差，抵御和应对自然灾害的能力较弱。当前，我国对自然灾害的救助还主要依赖于国家的财政补贴，但在我国这样一个农民收入不高、农业私人投资有限的发展中国家，财政支农资金受制于刚性的财政预算约束。因此，加强农业自然灾害的防治，实施更加有效率的农业灾害补贴政策，做好农户家庭的防灾减灾工作，是实施农业可持续发展的客观要求。2012 年，中央经济工作会议提出，要重点加大政府对农业自然灾害防治工作的扶持力度，把推行农业生产补贴政策和农业自然灾害补贴政策作为农业工作的重点。农业自然灾害补贴政策对稳定农业生产作用显著，也是目前政策体系中的薄弱环节。对农业自然灾害补贴政策实施绩效的优劣评价和政策优先序研究，有利于重新审视现有农业自然灾害补贴政策，完善和优化相关政策措施，充分发挥补贴政策在农业减灾救灾中的作用。

二、农业自然灾害概况对我国社会经济发展的影响

中国是一个发展中的农业大国，13 亿多人口，约 9 亿人在农村，这是我国最基本的国情，也是我们考虑一切问题的出发点。同时，也决定了中国农业远比世界上其他国家农业具有更加重要的和特殊的地位。俗话说"无农不粮，无粮则乱"，生动地说明农业在我国国民经济的基础作用。农业的发展状况和现代化水平，是社会安定和国家稳定最重要的物质基础，不但关系到国民经济的全局，而且关系到工农之间和城乡之间的协调发展。

农业是城乡人民的粮食和基本食物的主要来源。"民以食为天"，13 亿多人口的吃饭问题，主要靠发展农业来解决。农业是农村劳动力就业和农民收入的重要来源。目前我国人口城市化水平低，乡村人口仍占绝大多数。农业发展直接影响到农村就业和收入来源。农业是轻工业原料的主要来源和工业产品的重要销售市场。农业的主要产品，如粮食、棉花、油料、糖料、蚕茧、茶叶、烟草以及畜类产品和水产品等，是轻工业的原料，没有农业，就没有轻工业。农业产品及其加工品是出口创汇的重要来源。目前我国出口产品中仍有很大一部分直接来自农业和间接依靠农业。

我国农业以传统农业为主要特征，现代化水平比较低，种植经营规模小，抵御自然灾害能力差，尤其受气象和政策波动的影响，容易引起农业

生产的波动起伏。新中国成立以来的经验证明，什么时候农业稳定增长，什么时候工业和国民经济就稳定增长。农业生产的波动，一直是工业和整个国民经济波动的重要原因。因此，我们必须高度重视农业，认真研究农业尤其是探讨自然灾害对农业的影响。

（一）农业自然灾害对我国农业经济的影响

农业是自然再生产和经济再生产相交织的产业，农业的特征决定了它对自然条件的依赖，而自然条件的变化往往是难以控制的。自然灾害是以自然变异为主要原因而给人类的生存和社会发展带来不利后果的祸害。农业自然灾害就是指影响农业生产正常进行和对农作物收成起破坏作用的自然灾害。我国是一个多自然灾害的国家，南涝北旱、雨雪冰冻、台风、地震以及沙尘暴等多种自然灾害给人民生活和社会经济发展带来了巨大的损失。因此，认识它的发生、发展规律、分布规律等，提高全民族防灾减灾意识，对我国今后的可持续发展有着重要的意义。

农业自然灾害包括气象灾害、生态灾害、生物灾害和地质灾害。气象灾害是对人民生命财产造成的损失最大的自然灾害。气象灾害主要包括沙尘暴、洪涝、干旱、大风、冰雹、低温冻害等。气象灾害的分布与气候及地形条件密切相关。例如旱涝灾害集中分布于东北平原、黄淮海平原及长江中下游平原，但目前也有向山区、高原延伸的趋势，如2012年在西南各省发生的特大旱灾和洪涝灾害。与温度有关的高温热害、低温冻害、冰雪灾害等主要发生在气候炎热的南方各省、气候寒冷的东北地区及地势高峻的青藏高原地区，而2008年年初的雨雪冰冻灾害则席卷了中国南方地区。暴风（包括台风）灾害则以冬季风强盛的西北、北部地区及夏季风强盛的东南、东部沿海地区最为严重，而地处中国中部的神农架，这几年被大风损毁的庄稼也已不在少数。据数据统计显示，每年我国由气象灾害造成的经济损失，约占各种自然灾害总损失（平均每年约720亿—870亿元人民币）的57%；由气象灾害造成的人员死亡约占全部自然灾害死亡人数（平均每年约1万—2万人）的40%。特别是20世纪末至今，我国就发生了十几次重大突发性自然灾害。

据统计，我国旱灾占57%，水灾占30%，风雹灾占8%，霜冻灾占

5%，自然灾害的频繁发生给国家造成了巨大的经济损失。据多种调查资料分析表明，20 世纪 60—90 年代，自然灾害对粮食的减产幅度多年平均为 5%，棉花减产达 20%—30%，油料减产达 15% 左右。在自然灾害严重的年份，可造成农业生产的减产减收甚至绝收。仅 1998 年长江和东北地区遭受的特大洪涝灾害，经济损失就超过 2600 多亿元。2004 年，全国各种自然灾害造成直接经济损失也达 1602.3 亿元。这不仅给农业生产带来巨大的损失，使国家财政背上沉重的负担，也阻碍了整个国民经济的快速、健康发展。

现代社会，由于人口的持续增长，经济生产规模的不断扩大，城镇的高度密集化，以及人类自身对大自然有意或无意的破坏，各种自然灾害与人为灾害日趋严重，使得灾害的种类越来越多，发生的频率越来越高，危害的范围越来越广，后果的严重程度越来越大。近十多年来，这种大灾害仍呈上升趋势，尤其是地震、洪水、台风、干旱与病虫害等灾害上升较为明显。我国是世界上自然灾害种类多、发生频率高、受灾最为严重的少数国家之一。全世界 20 世纪 90 年代以前发生的 10 大灾害有 5 大灾害发生在中国。据相关资料统计，从新中国成立开始至 20 世纪 80 年代末，我国平均每年因灾造成的直接经济损失在 200 亿—400 亿元之间，相当于全国用于基建的全部投资。

农业灾害发生后一段时间才发生农业经济损失，这就造成了粮食等农作物产量不稳定。我国农业灾害存在多年周期循环，发生的季节与地域之间不平衡。新中国成立以来，大多数情况都是北方旱灾南方涝灾，春季旱灾秋季涝灾，旱涝灾交替发生，每 3 年发生一次大型灾害。最近 30 年，气候发生了重大变化，使得某些极端的天气及气候事件多次出现，华北华南旱长江涝，华北华南涝长江旱，春夏秋三季涝，全年旱，北涝南旱，旱涝同年发生，这些异常的农业自然灾害也经常发生。最近十几年来，1998 年长江流域特大洪涝灾害，1999—2000 年全国干旱，2008 年罕见的南方雪灾都是多年不见的极端灾害。粮食主产区的受灾情况又极为严重，使得我国的粮食安全受到严峻挑战，粮食产量十分不稳定。根据有关专家的预测，受到干旱灾害的影响，我国农作物到 2030 年会减产 5%—10%。因此要保证我国的粮食安全，必须充分考虑农业自然灾害给农业生产带来的不稳定影响。粮食产量不稳定使得粮食价格产生波动，即价格受产量的影响很大。国家发改委公布的数据表明2010年上半年全国粮食主产区粮食企业的小麦，水稻，玉米的加权平均收购价为99.6元/百斤，比上年同期上涨11.44%。下半年的粮价根据有关专家的预测会继续上涨而使全年涨幅超过10%。由此可见，农业灾害会导致粮食价格周期性波动，因为粮食生产供应的安全周期受到了影响，从而会对整个社会以及经济产生影响。

由于农业灾害产生的粮食价格波动会带来大量的其他效应，产生整个农业经济波动。粮食安全是国之根本，粮食价格波动会产生通货膨胀、失业率上升、政策决策失误、国民收入减少等负面效应。在发生旱涝灾害等自然灾害且情况严重时，农产品的交换条件会突然发生变化，饥荒随之而来，某种突发的灾害确实会导致饥荒，造成严重的经济后果甚至是政治后果。农业比较效益逐年萎缩，这是一种不可持续的消耗性发展模式，加上频繁发生的农业灾害，造成农业经济的发展受到了相当大的威胁。在利益的驱动下，在全国范围内经济消耗性的发展模式长时间内也无法改变。农业的比较利益低，加上灾害的频繁发生，农业用地被弃或被改变用途的现象越来越严重。

灾害对社会经济发展的影响，还体现在对国家财政所带来的巨大压力上。在我国，几乎每年都有对国家财政经济发展带来影响的大灾害出现，如1997年北方的大旱，造成直接经济损失500多亿元；1998年的洪水灾害造成的直接经济损失达2551亿元等。而且随着经济的发展，灾害对社会经济所造成的损失也有增大的趋势。一次又一次的大灾大难，不仅因减免灾区的税收而减少了国家的财政收入，而且也因救济灾民与支持灾后重建增加了国家的财政支出。如在1998年的特大洪涝灾害期间，国家财政仅用于救灾的款项就达83.3亿元。又如1991年因发生江淮大水灾等多起重大灾害，当年国家财政实际支出的救灾经费为24亿元，相当于当年救灾拨款预算的2倍。

每次的灾害后，恢复被冲毁的农田水利设施需要耗费大量的人力、物力和财力，势必会影响后续的农业经济的发展。恢复重建家园，农民势必会拿出更多的财力物力进行修建房舍，这样会导致一部分刚脱贫的农户再次返贫，影响农民生活的小康富裕。恢复农业生产单位产品投入成本会相对增加，农民需要更大的投入，经济效益降低，从而影响了农民的收入和购买力，从而影响农民的生产生活。同时，农业自然灾害在一定程度上也破坏了农业生态系统，会致使水土流失，使得农田表层肥沃的土壤速效养分大量流失，从而使得农业生产条件恶化，这些都不利于农业生产的恢复和发展。水旱灾害对农业生产的破坏平均每提高10%，农村贫困发生率会增加2%—3%。

（二）旱、涝灾害对我国农业经济及生产的影响

我国是一个农业大国，又是一个自然灾害多发的国家，近几年随着经济的发展，生态的破坏也在加剧，致使农业自然灾害的成灾率也在不断增长。农业自然灾害对农业经济的破坏是严重的，与发达国家相比，如日本每年因水、旱、洪、涝灾害造成的损失约占 GNP 的10‰，而我国则是57‰。

从我国所发生的自然灾害中，水旱灾害的比例最大，我国平均每年发生水旱灾面积达4.2亿亩，占受灾面积的82%，其中成灾面积1.8亿亩，占受灾面积的43%，同时我国水旱灾害的发生周期也越来越短，如湖北省近几年连续发生水涝灾害。我国是农业大国，历史上农业自然灾害就是农业生产的重大威胁，几乎每年都有几亿亩农田受灾。它的影响往往是大范围的，“年年有灾，处处有灾”，具有交替、积累和持续的特点。有些农业自然灾害有时集中于某一时间或某一地区，一起发生。

危害最大的农业自然灾害是干旱和洪涝。据统计，在1949—1991年间，14年发生严重干旱，其中又以1959年、1960年、1972年和1978年最为突出，受灾面积都在4亿—5亿亩，成灾面积2亿亩以上。其中3年粮食减产都在1500万吨以上。而洪涝灾害平均每年受灾面积1.1亿亩，其中成灾面积0.65亿亩。1954年、1956年、1963年、1964年和1985年灾情较突出，而1991年江淮水灾更是给农业生产带来非常巨大的损失。20世纪90年代以来，农业自然灾害又有范围逐年扩大、频率不断提高的趋势，干旱的影响增加，西北地区甚至有干旱化的趋势，温室效应有改变农业自然灾害格局的趋向。事实表明，随着生产水平的提高，农业自然灾害的困扰日益上升，影响资源的持续利用和农业生产的持续发展。

以目前的干旱为例，2011 年，江汉平原从 4 月就开始干旱，4—5 月份降雨较少，一个月仅降雨 10 毫米，且长江三峡库区水位下降较为明显，从 2011 年冬天开始就一直补水不足，直接从长江调水较为困难，只能采取二级提水的策略。因此，导致农业生产投入较大的人力成本，同时对水利投资尤其是农田水利投资的增加加大，进一步提高了粮食尤其是水稻的生产成本。比如 1998 年的洪涝灾害导致全国 29 个省（自治区、直辖市）遭受了不同程度的损失。据各省统计，农田受灾面积 2229 万公顷（3. 34 亿亩），成灾面积 1378 万公顷（2. 07 亿亩），死亡 4150 人，倒塌房屋 685 万间，直接经济损失 2551 亿元。其中江西、湖南、湖北、黑龙江、内蒙古、吉林等省（区）受灾最重。

（三）旱、涝灾害对我国农作物和农业的影响

1. 对农作物的影响——以湖北省为例

（1）水稻：产量影响略微负面，但是不是太悲观。

价格：成本上升较快，价格有上升的趋势。

产量：近期的极端天气对水稻的种植面积造成负面影响，但是负面影响有限。例如，2011 年湖北省原计划早稻生产增加 20 万—30 万亩，因旱涝天气造成种植面积下降，但是整体来讲未出现大幅下滑。若后续温度、阳光复合预期，不出现大的波动，水稻种植面积会与上年保持持平。

成本：成本增加较快。第一，人工成本上涨较快。2011 年人工成本约 80 元/亩，2012 年这部分是 120—150 元/亩。按照每亩 1000 斤的稻谷产量，价格按照最低收购价 1. 2 元/斤来算，每亩的产出是 1200 元，人工成本占 10%—12%。第二，农田水利的投入增加成本。湖北以前农田水利的投入时防止洪涝灾害的排水设备，现在增加了防止干旱的抽水设备。同时抽水机械设备供应紧张，进一步加剧了投资成本的增加。另外管材这块的成本也增加较多。若考虑人工、化肥、种子、设备投入等，每亩水稻生产的成本约 600 元，相对于上年每亩成本增加约 20%。

（2）棉花：产量负面影响有限。

湖北省棉花种植面积为 600—700 亩，是棉花种植大省（其他是江苏、

新疆等）。虽然干旱，但是由于棉花的结核时间较长，干旱对其产量负面影响相对有限。且由于棉花涨价较多，农民种植意愿强烈，能够对冲部分负面影响。

（3）水产品：负面影响大，预计价格会上涨。

干旱天气对水产品的产量造成较大负面冲击。第一，水产品尤其是渔业由于干旱造成的破坏对其负面影响需要2—3年才能恢复，因此将会减少供给；第二，在水产品的给水方面，为了保障粮食生产的水源，地方政府采取保粮食生产、弃水产品的措施。因此，预计水产品未来价格会出现上涨。

对旱涝灾害的总体评价：虽然近期湖北大规模降雨，但是近期的降雨对旱情无明显的缓解作用，且降雨集中在东南部，北部大部分地区近期并无降雨。

对湖北省粮食生产的认识：种植面积下降，总产量下滑，预计未来保持稳定态势。

总体种植面积的发展态势是：1997年开始下滑，2003年到达低谷，2004年由于政府补贴、投资增加等因素导致种植面积有所增加，但是总体水平是下降的。1997年粮食种植面积是7000万亩，现在是6020万亩，下降幅度较大。由于单产的增加无法完全抵消种植面积减少带来的负面冲击，总体粮食产量下降（2003年粮食产量360亿斤，1997年540亿斤，现在是460亿斤），预计未来将会保持相对稳定的水平。

2. 对农业的影响

我国粮食主产地近60年来旱灾的出现次数（包括偏旱）明显多于洪涝灾害。由于粮食主产地多为平原，水利设施的发展没有得到重视，灌溉条件较差，农业生产长期都是望天田，靠天吃饭，一直没有得到改善。干旱就成为制约农业发展的最主要不利因素，防旱抗旱形势依然严峻，会在以后相当长的一段时间内占据抗灾的主要位置。

农业生产与水资源息息相关，离不开水资源的支持，粮食主产区大部分为平原且水资源供应量不足，从而造成干旱对农业生产构成了严重威胁，直接制约着农作物的产量，短缺的水资源造成的严重干旱已经成为制约农业生产的亟待解决的问题。

我国粮食主产地的旱、涝地域分布很不平均，有些地域土壤蓄水能力较弱，对农业生产造成了较大影响。加大农田水利设施建设力度，对田间沟渠进行深挖和清理，旱灾时能实现浇水，涝灾时能实现排水，真正把望天田改造成旱涝保收田。

旱涝灾害危害农业生产的程度与作物的种类、品种、生育期和发生的季节有关。春旱常常影响春播作物的适时播种，而不适时的播种会使幼苗出土困难，造成缺苗断垄，使冬小麦的抽穗、开花产生严重影响，甚至使籽粒不能正常灌浆和成熟，显著降低产量。夏玉米的正常开花授粉会受到夏季洪涝的影响造成玉米缺粒和秃尖，严重影响产量。因此在农业生产中，春季和夏季的旱涝防御显得尤为重要，防旱和防涝两手抓，两手并重，既要抗旱，又要防涝。

旱涝灾害即将发生之前如能预知，应当及时调整作物种植结构，相应抗灾对策要加以实施，从而将旱涝灾害的损失控制在最低限度，从而实现农业高产稳产。涉农部门如气象、水文、农业各部门要及时收集气象、水文、农业等相关资料信息，进行各项专业分析，从而实现准确预测未来气候发展趋势，及时发布天气预报等相关预报，适时启动天气应急预案，科学地进行农业生产。

三、农业自然灾害补贴政策绩效评价研究

近年来，国家为了帮助农民应对农业自然灾害采取了各种各样政策措施，比如对受灾区域发放农资综合补贴、对于农民购买农业减灾保险进行财政补贴、对于农村建设减灾设施实施补贴、对农业自然灾害发生区域拨款或提供生活救灾品的补助，这些措施在帮助农民恢复生产生活秩序方面起到了不小的作用，但是，由于农业自然灾害补贴相关政策措施是由多个政府相关部门主导并参与，相关的补贴政策体系不健全，再加上当今中国可以用来进行财政支农的数额是有限的等多种方面的原因，财政对于农业自然灾害补贴的绩效不是很理想，为了探究当今中国农业自然灾害补贴政策的绩效，本课题旨在借鉴已有研究对于政策绩效评价思想的基础上，拜访相关领域专家、融合绩效管理理论及评估方法，采用问卷调查法和数据统计分析方法，最终制成了一套农业自然灾

害补贴绩效评价指标体系。以补贴的3个阶段——预防和应急准备阶段、补贴的处置与实施阶段、事后恢复与重建阶段为一级指标，并进一步细分为11项二级指标和41项三级指标；利用spss统计软件和yaahp层次分析软件计算出每一项指标的权重。本项目对最终获得的指标体系进行了分析，找出这套指标体系的特点以及各项指标在评价农业自然灾害绩效中的作用程度，并据此为提高我国政府自然灾害应对能力提供相应的建议；最后，通过对确定好权重的指标进行问卷调查并进行实证分析，调查对象根据我国政府的农业自然灾害补贴政策在执行过程中的表现、效果等方面进行评价，根据评分，找出现行补贴政策在制定、实施、效果方面的特点，并且据此为提高我国农业自然灾害补贴的绩效水平提出相应的建议，结合权重与评价，得出指标体系每一项的综合评分，通过数据分析得出我国政府自然灾害补贴政策绩效的特点，并且据此得出如下研究分析结论与政策建议：

（一）我国农业自然灾害补贴的总体绩效偏低

我国农业自然灾害补贴绩效的加权得分仅为2.881分，处于较低水平。得分最高的“处置实施”阶段也只有2.93分，这说明补贴政策的绩效在救灾的3个阶段都应该加强。

（二）“轻预防重反应”

我国政府在自然灾害补贴的“处置与实施”环节得分最高，而“应急与预防”和“恢复与重建”两个环节的得分最低，均低于总平均得分。所以，“应急与预防”和“恢复与重建”是我国农业自然灾害补贴的薄弱环节，需要政府尤加关注。

（三）注重农村生产活动的恢复与发展，而对于农村生活、农民心理创伤的辅导等环节的关注程度不够

经过调查分析可以发现，救灾补贴在对于农资补贴、生产救济、农村防灾减灾设施方面的投入力度比较大，对于农村生产活动的恢复所起的作用也比较大，但是对于农民损失的补偿、农民生活信心的树立等方面的关

注度不够。因此，随着国家财政实力的加强，农业灾害补贴政策不仅要关注农村生产状况的恢复与发展，还要以人为本，更加关心人民群众的生活状况。

（四）补贴政策的实施过程和结果反馈两方面的绩效水平较低

研究表明，对于政策制定的科学性、补贴执行的透明性、合理性以及补贴之后效果反馈等方面的得分都比较低，说明在农业自然灾害补贴政策的制定实施的过程中，执行效率还比较低，监管不够。因此有必要制定相应的政策措施强化补贴政策的执行，从而不断提高农业灾害补贴政策的绩效。

四、农业自然灾害补贴政策优化研究

本文以农业自然灾害发生频率较高、农业和农户受灾较为严重的湖北省作为调研区域，选择4县（市、区）、11个乡镇、30个村、849个农户作为样本开展问卷调查。调查选取了覆盖灾害发生各个阶段的补贴政策，包括农田水利设施建设资金、自然灾害监测预警体系、农业保险辅助项目、技术推广项目、救灾物资储备库项目、农业生产资料补偿、农业生产救灾资金、自然灾害生活补助、应急减灾预案等9类灾害补贴政策。对788份有效问卷资料，运用“分层聚类”或“系统聚类”方法，得出农户对相关补贴政策的需求优先序。在此基础上对农户自然灾害补贴政策需求选择行为的影响因素进行定量分析。得出以下结论：

（一）农户对自然灾害补贴政策需求多元化

通过对9类补贴政策需求意愿的优先序分析，农户最需要的前三项补贴政策为农田水利建设资金、农业生产救灾资金、自然灾害生活补助，说明农户最需要的还是基础设施建设的投入。

聚类分析结果显示自然灾害生活补助、农业生产救灾资金排在第二层，说明农户遭受自然灾害后，希望得到民政部门发放的生活救济补贴，解决因灾造成的生存和基本生活问题；希望能够得到政府的补助资金用于购买恢复农业生产所需的种子、化肥、柴油等生产资料，尽快恢复生产，降低损失。但据调查，对水稻生产中一般性自然灾害发放政府补贴基本不发挥作用。灾害救助（救济）的对象是因灾造成吃、穿、住、医等方面存在较大困难，无自救能力和自救能力较弱的灾民，而这种情况一般只有在发生巨灾后才会发生。从农户的角度来看，农户对政府灾害救济具有依赖性，农户灾害承受能力的虚弱性决定了这种依赖性。但事实上面对频繁的自然灾害，单个农户从政府救济中获得的补偿是较少的，远不能弥补灾害损失。因此，并不是农户需求得多，政府补偿越多。虽然农户对于自然灾害生活补助和农业生产救济补贴偏好高于其他补贴政策，但是政府补贴政策优先序是以财政实力为前提，国家财力的有限性决定了政府很难满足日益增长的灾害损失补偿需求，政府财政作为唯一的经费来源导致补偿损失风险客观上无法分散。

（二）3 个因素对农户自然灾害补贴政策需求选择行为影响显著

分析表明，耕地面积、是否负债、灾害对生活影响程度与农户对自然灾害补贴政策需求选择呈正比，且这 3 个因素都通过了显著性检验。耕地面积越大，规模越大，投入资金、劳动力、生产资料要素越多，风险越大，灾害造成的损失越大，因此，对补贴政策需求程度越大；负债越多，灾害对生活影响程度越大的农户，对政府的依赖越重，越需要政府的补贴政策来扶持。计量分析结果表明，不同的受灾影响程度，不同个体特征、家庭特征、生产特征的农户对不同补贴政策的需求优先序和需求程度不同。结果显示：受灾影响程度大的农户偏好于灾后补贴政策，受灾影响程度小的农户偏好于灾前补贴政策。

（三）农户对农业保险辅助项目需求不显著

在需求优先序分析中，农业保险辅助项目基本排在第五需求之后。在计量经济模型分析结果中，各个变量参数在农业保险辅助项目模型中显著性不高，结果不理想。主要是因为目前我国现行的补贴制度仍然是以政府直接救济为主，由财政部下发救灾资金，由民政部负责生活救济，农业部负责生产救济，其他部门统一协调救灾管理这种模式，农业保险政策还处于起步阶段，险种少、覆盖面小，农户的风险意识低、收入水平低，难以支付保费，参保积极性不高。农户对自然灾害生活补助和农业生产救灾资金的高需求侧面解释了农业保险辅助项目需求不足的原因，政府援助力度越大，农户参保意识越低。

针对上述研究结论，提出如下政策建议：

1. 加大农田水利设施建设力度

继续加强农田水利设施等工程建设，增强农户农业抗灾能力。不同性别、年龄、受灾影响程度的农户对于农田水利建设的需求都排在首位，根据有效需求理论，建立起以农户需求为导向的农业自然灾害补贴政策，满足农业生产发展的需要，促进农业的稳产高产，提升广大农户的满意度。

2. 完善直接补贴政策

现有的直接补贴政策对于救灾方式、救灾金额和具体补贴方式等都没有明确的规定。灾害的不平衡发生和财力的有限性，容易导致直接补贴有失公平。在现有自然灾害生活补助、农业生产救灾资金政策上，应细分补贴对象，规范补贴标准，落实补贴金额，核实受灾农户灾情，监督救灾物资的发放和使用。针对救灾不同阶段、不同地区、不同受灾影响程度的农户采用不同的补贴种类和金额，优化补贴发放方式，及时发放，金额到位，提高受灾农户主动恢复生产生活的积极性。

3. 重视各类灾害预防补贴政策

加强河道整治、水库工程建设，减少灾害发生的机会；切实做好科学预报，加强灾害监测预警体系建设，减轻灾害的损失；完善应急减灾预案，有效应对灾害，控制受灾范围。变被动抗灾为积极防灾，树立农民防灾意识、风险意识，做好灾前的准备工作。

4. 发挥农业保险辅助项目的功能

加强农户风险防范意识，健全农业保险机制，分担农户参保费用，做好农业保险宣传工作，鼓励广大农户积极参与农业保险。一方面，借助农业保险，农户能够承担一定受灾损失金额，减轻自然灾害对农业生产造成的影响；另一方面，农业保险能够有效帮助政府减轻财政负担，切实解决受灾农户因灾返贫的现象。

5. 切实提高各类补贴政策绩效

各类补贴政策贯穿于灾害发生的各个阶段，而农户是补贴政策的直接受益者，只有将灾害补贴政策与受灾农户的生产生活需求相结合，考虑政府自身的财政实力，从供需均衡的角度出发，有效合理使用救灾资金，满足广大农户的需求，提高各类补贴政策的经济效益和社会效益，实现各类农业灾害补贴政策的最优化。

第四节　建立农业巨灾风险分散机制①

一、我国农业巨灾风险及其分散状况：以苹果产业为例

我国是一个地形复杂、气候多样的国家，在全球变暖的背景下，自然灾害发生的更加频繁，2008 年初春的冰雪灾害，2008 年的“5·12”地震，2009 年入冬以来的西南干旱，2011 年的贵州干旱，2011 年 10 月份的海南台风灾害等，使得我国成为世界上因自然灾害而造成农业经济损失最为惨重的国家之一。由于这些灾害的突发性、损失的严重性，通过政府补偿、政策优惠、社会援助、保险的赔付等方式来帮助农户减少损失，产生的分担效果十分有限。据统计，我国政府财政救济的金额一般占巨灾经济损失的2%左右，2008 年和2009 年这一比例有所提升，但也仅占到5%左右，而且这些赔偿并不是针对农业进行补偿，而来自保险赔付更是少之又少，如此一来，绝大多数风险损失都是由农户来承担，这远远超出农户承担风险的能力。

为了更好地了解当前农业巨灾风险分担状况，我们选择苹果产业进行深入分析。课题组选取山东省栖霞市蛇窝泊镇、陕西省洛川县凤栖镇、山西省万荣县皇甫乡、平陆县部官乡和常乐镇作为调查地点。

之所以选取上述地区作为调查地点，是由于这些地方均具有很强的代

① 本节内容选自农业部软科学课题（201124）《农业巨灾风险分散机制建设研究》报告。课题主持人：王玺。

表性。例如，栖霞市蛇窝泊镇有着150多年苹果种植的历史，全镇有7万亩果园，年产苹果超过1.5亿公斤。同时，该镇还建有闻名全国的“山东烟台蛇窝泊果品批发市场”；而陕西省洛川县凤栖镇总耕地面积3.4万亩，其中仅果园面积就达3.2万亩之多，该镇以“建设苹果强镇”作为发展目标之一；山西省万荣县皇甫乡、平陆县部官乡和常乐镇均盛产苹果，近些年在苹果的品种和品质、生产技术和管理及产销一体化等方面均取得长足进展。例如，仅常乐镇就有7个苹果专业合作社和9个果品专业合作社，主要进行统一采购、供应成员所需的生产资料，并负责收购、销售会员产品，以及开展新技术培训、技术咨询和信息服务等。

采取随机抽样的方式，项目组于2011年5—6月对315户苹果种植户进行了一对一访谈式入户调查。结果显示，当前的农业巨灾风险管理很不完善，大部分农业巨灾风险并没有通过很好的渠道分散出去，都留给了农户。

（一）农业巨灾风险来源

上述地区，果农进行苹果生产面临的主要自然风险因素是冰雹、霜冻、干旱以及病虫害，而山东栖霞由于地理位置近海，因此有时会遭遇暴风袭击。在实地调查中发现，大部分苹果种植户都曾因天气、气候原因导致苹果产量损失50%以上甚至绝收。以山西万荣县皇甫乡为例，调查数据显示88.6%的农户都表示曾经受到过冰雹或者冰冻灾害，致使苹果产量损失50%以上，1996年的特大灾害甚至导致苹果几乎绝收；只有11.4%的农户表示没有受到巨灾，究其原因是该部分农户从事苹果生产较晚，近年来该地区没有发生较大的自然灾害，但是他们反映周边县城受到较大的冰雹灾害，损失惨重。具体情况如图4-3所示。

（二）农业巨灾风险分散的实际情况

根据实地调查情况，目前我国苹果生产中巨灾风险的实际分散情况，从具体落实角度，可以概括为以下几个方面：

1. 农户是农业巨灾风险损失的主要承担者

调查中了解到，农户是农业巨灾风险的主要承担者，甚至很多时候要

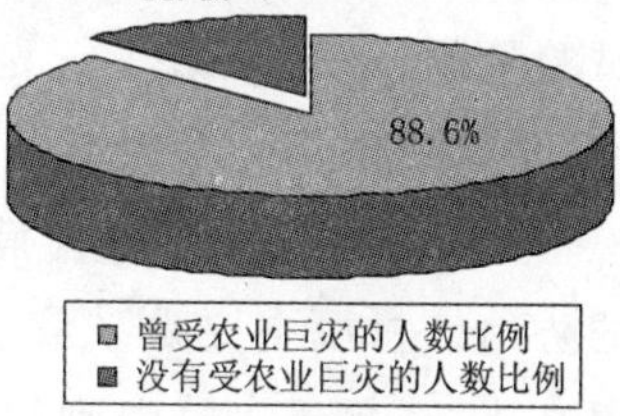

图 4－3　农户遭受巨灾风险的情况

承担巨灾造成的全部损失。例如，在苹果生产中，当遇到巨灾情况发生时，只有 19.5%的农户得到过来自政府等其他主体的帮助，其余绝大多数农户没有得到过任何的帮助，灾害损失绝大部分都是由农户自己承担，如图 4－4 所示。

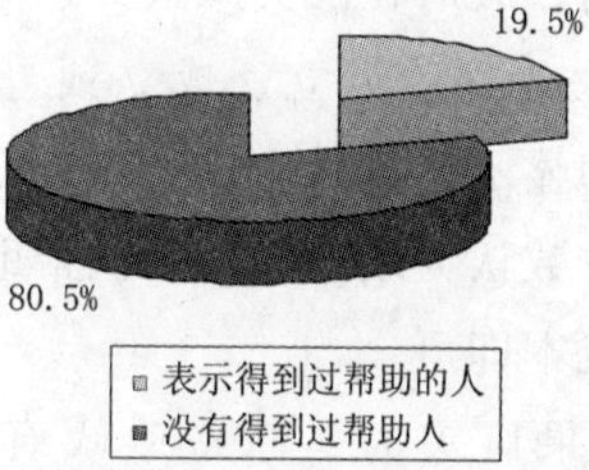

图 4－4　农业巨灾风险发生后受援助情况

2. 防灾、抗灾以分散的一家一户为主体

实地调查发现，在出现较为严重的花期冰冻、雹灾等可能会给农户带来严重损失的情况时，基本上是单家独户各自采取措施，个人自扫门前雪，没有形成统一领导、协调与合作。

事实上，灾害来临时政府还是做了一些工作，如提前通知灾害的来临、发放防冻液等，但是由于缺乏有效的组织，农业科技部门没有实地进行工作指导，并且这些工作对预防巨灾的效果不是很明显。

3. 以农户风险自留措施为主

一方面，尽管一定程度上冰雹和冰冻灾害等是可预测的，但却难以采取有效的措施来减少损失；另一方面，受到成本的限制，农户往往采取机会主义态度，“等风险来了再说”。

以冰雹灾害为例，防止冰雹目前较为可行的办法是打炮和防雹网两种方式。打炮的方法处于试验阶段，效果不稳定，范围窄；而采用防雹网则成本较高，每亩成本要4000—5000元，因此很多农户不愿采取这种防护措施，因而绝大多数农户基本上没办法采取任何措施应对情况较为严重的冰雹灾害。而霜冻灾害的防治，村民主要是采取打防冻液和熏烟等方法，熏烟一般可以使得温度提高1—2摄氏度，遇到较大的冻灾，效果不是很明显。

由于没有开展农业巨灾保险，而且政府补贴也没有相关的具体规定，只有财政较好的政府部门会适当对农户的化肥成本补贴一部分，大部分农户没有得到任何类型的补助。

4. 农户自主意识强，但对政府也有所期望

世界各国的经验表明，政府在巨灾风险分担中，扮演重要的角色。政府承担的职能包括诱导农业保险设立、成立预警部门、灾后救助与补贴等。而我们的调查结果却显示，很多农户不认为政府应当对自己遭遇的巨灾风险有所承担，并且少数认为政府应当提供帮助的农户也认为，政府部门只需补偿自己的生产成本即可。

当问起“在应对苹果巨灾时，你希望政府能够为你们做什么?”，63.2%的农户表示希望政府在受灾之后能够补助肥料等成本，至少可以减少他们的净损失，15.8%的人希望政府能够提供防灾救灾的技术指导，还有13.2%的人表示希望政府能够在预防巨灾等方面提供更多的帮助，如前期预报，补助购买防雹网等等。其余的观点还有：政府应该加强农资市场的管理、开展苹果生产的巨灾保险等（见图4－5）。

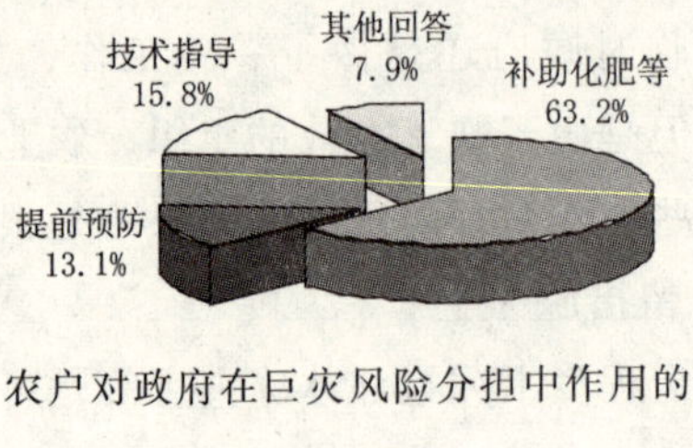

图4－5　农户对政府在巨灾风险分担中作用的认知情况

（三）存在的问题与不足

1. 处于弱势的农户是主要承担者

目前我国农业巨灾风险的防灾、抗灾主体及损失的承担主体基本上以处于产业链最低端的农户为主，政府部门、保险公司及技术服务等社会力量并未成为有效的分担主体。

2. 农业巨灾保险有需求无供给

尽管目前我国并没有开展农业巨灾保险，但在调查中了解到，绝大多数农户对苹果巨灾保险具有需求，表示如果开展这项业务他们会购买，并且愿意支付较高（相对于玉米、水稻、小麦等粮食作物而言）的保险费。

3. 缺乏各部门协调配合的长效机制

目前情况下，在农业巨灾发生时，政府、技术部门等往往是充当“临时救灾员”的角色，被动应对，并没有形成有效的长效机制，各部门之间也缺乏有效的沟通和配合。例如，在苹果生产遭受农业巨灾之后，各地政府的做法千差万别，有些地方的农民可以从政府获得一些生产资料的补助，如化肥、防冻液等补助，而另外一些地方的农民却只能依靠自身的力量。

4. 缺乏有效的法律法规保障

我国没有专门的农业巨灾风险管理方面的法律法规。尽管有《中华人民共和国突发事件应对法》、《中华人民共和国防洪法》、《中华人民共和国防震减灾法》、《中华人民共和国气象法》、《自然灾害救助条例》、《国家突发公共事件总体应急预案》、《国家自然灾害救助应急预案》以及《中华人民共和国社会保险法》和《中华人民共和国保险法》等，但对于农业巨灾风险，均没有专门的针对性条款，这就导致在实际操作中，各地做法不一，资金不到位等现象的发生。

二、农业巨灾风险分散的国际经验

（一）管理模式

就巨灾风险的管理模式而言，美国、德国、法国、俄罗斯和意大利采取以联邦和区域两级行政体系为核心、辅以联邦相关机构参与的灾害风险行政管理区域模式；日本等一些国土面积相对小的国家则是以中央为核心，各省厅局机构参与的垂直管理模式；而比利时、挪威等国则采用以部门为主、结合地方政府的“垂直与区域相结合”的自然灾害风险管理模式。三种自然灾害风险行政管理模式都包括灾前监测、预报和预警以及各种减灾工程建设、灾中的应急响应、灾后的灾情评估、救助救济、恢复与重建。这三种自然灾害风险行政管理模式都呈现出“条与块”的结合，或以“条”为主、或以“块”为主、或“条”与“块”并重。美国式管理突出了“块”的重要性，强调联邦和州、县三级政府的作用，辅以妥善协调联邦政府下设部门的功能；日本式管理突出了“条”的重要作用，强调中央政府各相关部门各负其责，辅以协调发挥都道府的作用；比利时式管理突出了“条块”并重，发挥其整体功能的作用不显著。

（二）工具创新

就具体的巨灾风险管理工具而言，国际上所采用的传统管理工具主要以保险、再保险和国家灾害基金为主。随着金融市场和气象卫星技术等快速发展，很多国家都在风险管理上作出尝试，并取得了一定的突破，如为了减轻财政负担而将资本市场与保险市场相结合产生的巨灾风险证券。

美国是世界上最早开展巨灾风险证券化理论研究及实践的国家。从20世纪70年代就开始从理论上探讨保险市场与资本市场的结合问题。在这一课题理论研究上的逐渐成熟和深入，为其巨灾风险证券化实践奠定了基础。1992年，安德鲁飓风的爆发加速了保险市场与资本市场的融合。同年，芝加哥期货交易所正式推出巨灾风险期权。自此之后，美国巨灾风险证券化的实践逐步深化，先后出现了许多转移巨灾风险的金融工具：巨灾债券（Catastrophe Bond），巨灾期权（Catastrophe Options），或有盈余债券（Contingent Surplus Notes），或有股票卖出期权（Contingent Equity Put），特殊目的的再保险工具（Special Purpose Reinsurance Vehicles, SPRV），风险组合互换（Portfolio - linked swap）以及巨灾信用限额（Catastrophelines of Credit）等。巨灾风险证券化是一种引入市场效率、降低交易成本，吸引额外资本的办法（（Froot 1999a; Lewis and Davis; Doherty）），作为国际保险市场上的金融和技术创新，也为农业领域的巨灾风险管理提供了思路。

（三）保险分担模式

各国实际情况不一样，所采用的保险分担典型模式也不尽相同，如日本采用的是相互会社 + 联合会和农机基金 + 中央再保险准备金模式，加拿大则采用保险 + 准备金和再保险基金 + 财政兜底的模式；美国则借用其发达的金融市场，建立保险 + 再保险 + 信贷或巨灾风险证券化的模式。

1. 日本模式

首先通过强制或半强制手段使农户加入农业共济组合，政府补贴农户保费；农业共济组合组成农业共济联合会，联合会保费收入一部分注入补偿基金，另外一部分注入农业共济基金，政府对农业共济基金进行财政投入；农业共济联合会向中央政府再保险，再保费注入中央设立的再保险基金，由特别会计处管理。发生巨灾时，补偿基金不足以赔付时，由农业共济基金提供贷款；当损失超过农业共济联合会一般灾年损失水平时，再保险特别会计处也会给予赔偿。

2. 加拿大模式

农户首先向省政府设立的保险公司投保，保险公司将保费设立保险基金，支付管理费用和赔付之后余额注入准备金，存入省政府设立的专门账户，由保险公司支配，发生巨灾时，准备金不足以赔付，省财政厅提供无息贷款；同时，省政府和联邦政府都设立了“再保险基金”，保险公司可以任意选择进行再保险，将风险分担出去，当发生巨灾，再保险基金不足以赔付时，联邦财政厅会为基金提供无息贷款，无息贷款都是需要来年偿还的。

3. 美国模式

由于美国具有非常发达的保险市场，所以大部分保险都是由私营保险公司来承担，政府补贴私营保险公司管理费用，补贴农户保费；保险公司除去自留风险之外，可以通过再保险将剩余风险分散到私人再保险公司，或者向联邦设立的专门农作物保险公司再保险，联邦农作物保险公司的管理费用和经营成本由政府投入；当出现超过保险公司和再保险公司能力范围的情况时，农作物保险公司可以通过发行债券或者是向农业部贷款的方式来取得巨灾赔款，另外农户也可以通过"家庭紧急贷款计划"获得进行再生产的资金。

此外，美国设有专门法律来保障巨灾风险的有效分散。根据《1994年农作物保险改革法》建立了"巨灾风险保障机制"，在区域风险保险计划中，农户在遭遇到农业巨灾的时候，有权获得"农民家庭紧急贷款计划"、"互助储备计划"等支持，以稳定生活，恢复农业生产；2008年的农场法，建立了附加灾害救助项目，为农户和农场主提供了作物保险赔偿和非保险救助支付之外的救助。

（四）经验借鉴

1. 分散主体社会化

国际经验表明，单个农户根本无法承担农业巨灾风险。各级政府、保险公司与再保险公司、农业经济组织等社会化主体的参与，才能形成风险分散体系，更有效地分散农业巨灾风险。

2. 分散工具多元化

国际上所采用的传统管理工具主要以保险、再保险和国家灾害基金为主。随着金融市场和气象卫星技术等快速发展，出现了一些为减轻财政负担而将资本市场与保险市场相结合产生的巨灾风险证券。此外，各国也普遍使用救助和灾后补偿等措施来分散巨灾给农民带来的损失。

3. 运行机制规范化、市场化

发达国家农业巨灾风险分散机制相对健全和完善，且以市场化的保险与再保险为主。相对于直接的救助而言，不仅减轻政府财政负担，提高农民防灾、抗灾的积极性和主动性，也有利于保险业、金融业的创新与发展。

4. 计划与市场"两手"并用

在农业巨灾风险分散的国际经验中，除了市场化运作为主的保险及金融工具创新之外，也进行直接的补贴、救助及无息贷款等政策性优惠，是政府和市场相结合形成的分散机制。

三、我国农业巨灾风险分散机制构建

一个完善的农业巨灾风险分担机制的建立对于解决“三农”问题，稳定我国国民经济基础产业的发展起着积极的作用。在分析我国农业巨灾风险分担现状，借鉴国外经验的基础上，项目组以苹果产业为实例，提出要建立政府引导下的多部门共同参与、分阶段稳步推行，以市场化为方向，灾前、灾中、灾后全方位、全过程、多主体的农业巨灾风险分散机制。其内涵可以简单概括为“一个保障、两个结合、三个机制、四个主体”。

（一）农业巨灾风险分散机制构建应遵循的原则

1. 过程性原则

长期以来，农业巨灾风险分担的研究多集中在保险机制的研究方面。而保险只是农业巨灾风险分散工具之一。农业巨灾风险的分散，应该贯穿农业生产的产前、产中和产后各个环节，同时更应该注重灾前的预报、预警及防御等工作，而不是灾情发生之后再去被动应对。因此，有效的农业巨灾分担机制，应根据灾难发生的过程，将农业防灾减灾、灾后补救以及灾后补偿3个环节有效衔接，将巨灾风险在每一个环节中进行弱化，方能最小化风险及其带来的损失。

2. 系统性原则

当前农业巨灾风险最终主要是由农民来承担，政府补救、保险公司和社会捐助的比例占非常少的一部分。但是农业巨灾给农民带来的影响往往是严重的，单个农户的力量又是微小的。因此，今后我们除了要发扬农民自力更生的精神之外，应更多的发挥保险公司、社会捐助、政府部门以及国际救助部门的力量，使之形成一个相对稳定的、有体系的农业巨灾风险分散机制。

3. 阶段性原则

与国外相比，我国农业巨灾风险分担的机制建设起步比较晚，缺乏相关的经验。因此，农业巨灾风险分散机制的构建，需要分阶段稳步推行。可以根据我国的实际情况，结合国际经验，分阶段进行。例如，就农业巨灾保险而言，可以分为早期数据的收集与整理、农业巨灾险种的开发与设计、试点农业巨灾保险与推广，以及再保险公司的参与等几个阶段。

4. 差异性原则

我国国土辽阔，各地的自然地理状况、农业生产情况、灾害种类、经济发展水平等都呈现出很大的差异性。因此，农业巨灾风险的分散机制不可能有一个统一的模式，应当在充分考虑到地区差异性和产品生产特性的基础上构建农业风险分散机制。

（二）我国农业巨灾风险分散机制的内涵："一二三四"

根据上文分析，本项目组提出，我国农业巨灾风险分散机制的主要内容可以简单概括为"一二三四"，也就是"一个保障、两个结合、三个机制、四个主体"。具体而言，一个保障是指要有相关的法律法规作为工作开展和考核的依据，确保各部门相互配合与协调，保证资金到位、人员到位；两个结合是指政策性与市场化相结合、短期应急措施与长效机制相结合；三个机制是指预防预警机制，抗灾补救机制，灾后补偿机制；四个主体是指农户、保险与再保险公司、政府部门、技术服务等社会团体和机构。

需要指出的是，抗灾补救机制与灾后补偿机制的区别，主要是从实施主体而言，前者主要是靠农户自身的力量，并辅之以技术服务部门的帮助，而后者则涉及更多的主体，是农业巨灾风险分散体系有别于一般风险分散体系的关键。

一般而言，就普通的农业灾害风险而言，前两个机制，例如，常规的农业保险等就能够帮助帮助农户渡过灾害难关。但是当发生农业巨灾时，前两个机制作用十分有限，往往更多的要依赖于灾后补偿机制，实现农业巨灾风险分散的社会化、系统化。

1. 预防预警机制

预防预警机制是指以农业科技部门为主体，政府财政投入为资金来源，通过建立能够减弱农业巨灾危害的事先防范措施而形成的农业巨灾分担机制。

农业巨灾往往具有突发性、小概率的特点。苹果产业中，果农进行生产面临的主要自然风险因素是冰雹、霜冻、干旱以及病虫害，而山东栖霞由于地理位置近海，有时会遭遇暴风袭击，其中很多灾害确实可以通过措施来预防的，因此应该区别出可以采取预防的灾害，根据投入—产出的分析，由政府部门的资金支持、农业科技部门的技术支持以及果农积极参与，打造一个有效的预防机制。如干旱就是可以采取措施进行预防的，山西省万荣县皇甫乡的苹果种植户就采用三五户之间合伙打井的方式来预防旱灾。对于冰雹灾害以及霜冻灾害等，农户也可以采取一些措施来降低损害，如架设防雹网、安装人工防雹措施、合理规划园区、种植耐冻的新品种等，但是农户自己去做这些工作成本往往很高，而且缺乏技术，因此政府补贴以及加大科技部门的投入就非常重要。

农业风险预警是农业生产中非常重要的组成部分。目前我国已经是苹果的最大生产国，除了满足我国居民的消费之外，也大量出口海外，因此苹果安全生产的经济效益十分明显。为了减少自然灾害，特别是重大自然灾害，对苹果生产的影响，应当建立一个快速灵敏的巨灾预警机制。而预警是一项复杂、知识密集的工作，需要政府建立专门的科研机构来对警素、警源、警兆、警度进行考察判断，为灾情提前预警，以便各个部门能够及时防灾抗灾。由于灾害对农作物损害往往具有相关性，该项投入在为苹果抗灾减灾带来好处的同时，也可以帮助桃等其他产业避灾，因此考虑成本—收益时，建立更长效的预警机制也是合算的。

如此，苹果巨灾的风险首先经过预防预警机制，以减弱危害的方式将潜在的风险分担在政府部门、果树科研部门以及农户之间。

2. 抗灾补救机制

巨灾带给农户的损失和影响不仅仅是当期的，而且很可能波及后续生产周期，因此，灾害发生时以及灾后长期一段时间内，要以农户为主体、科技部门提供技术支持，进行抗灾和灾后补救工作，以最大限度减少损失、恢复生产。抗灾补救机制是指，主要由农业科技部门及农户两个主体完成以下两个主要功能：一是保障性功能，是在保证预警之后，能够有效的发挥预防机制的作用，减少灾害带给农户的巨大损失；二是应急性功能，即接到预警之后，增加一些之前考虑到成本问题而预防机制没有采取的措施来抵抗灾害。

例如，在苹果的生产中，如遇到巨灾的侵袭，除了对农户当年的产量造成巨大影响之外，还会影响到第二年、第三年，甚至更长的时间。以冰雹灾害为例，在巨大冰雹灾害之后，苹果的果实大多数会被打烂，导致苹果当年的收入严重受损，甚至绝收，而且会打伤树体、树枝，导致叶片脱落等，并引起病虫灾害，致使以后的产量也受损，因此，需要农业科技部门组织村民积极抢救部分还有价值的果实，打营养液帮助果树快速恢复，并加强防治病虫害的侵扰。补救机制是由农业科技部门通过组织灾后补救的措施，减少损失并快速恢复农业的再生产能力来达到风险分担的效果。

3. 灾后补偿机制

巨灾的破坏性很容易突破前两道机制，给农户带来严重的损失，因此通过灾后补偿机制来分担农户巨灾风险就显得非常的重要。灾后补偿机制是指受灾之后，通过政府补救、政府补助以及相关的政策优惠、保险公司的理赔、社会捐助等方式来减少农民的净损失，并让农民有足够多的资金能够投入到再生产，从而实现农业巨灾风险在政府部门、保险以及再保险公司、社会之间的分担，减少农民承担的过多风险。

灾后补偿机制是通过三条分散路径来实现农业巨灾风险分担的：第一条路径政府对灾区进行财政投入以及政策优惠等等一系列财政、行政手段，如提供再生产的机械设备、基础设施的修复；第二条路径是通过商业保险，商业再保险，巨灾保险债券化以及政府作为最后“买单者”的资金支持，对商业保险补贴和免税等；第三条路径是通过社会救助以及国际救援部门捐助，及时将有效的资金收入公平合理地分配给受灾的农户。第一条和第三条路径往往是在巨灾发生时才发挥作用，而且第一条路径受到当年财政和政策风险的影响，第三条路径往往具有很大的不确定性，只有第二条路径高效、稳定，在巨灾风险分担中得到广泛的认可，该路径的起点是农业保险，但是由于农业生产和风险评估具有很大的信息不对称，存在着很大的道德风险和逆向选择问题，使得由市场单独运行的保险很难操作，需要由政府参与。

就苹果产业而言，由于苹果产业属于经济作物，所以可以采用自愿投保的方式。其第二条路径设计如下：首先由政府和保险公司联合搜集历年来的受灾数据，保险公司再根据数据实际情况设计合适险种，农户在政府补贴下购买保险；然后，由农业部在财政部设立再保险基金专门账户，再保险费用全部注入该基金，另外再保险公司的管理运营成本由政府投入承担（假设为路径 A)，或者保险公司向私营再保险公司投保（假设为路径 B；发生巨灾时，首先由保险公司承担其自留风险，如果超出其自留风险比例，由再保险基金负责赔偿，再保险基金不足情况下，可由中央财政提供的无息贷款支付，这部分贷款由再保险基金日后偿还（路径 A)，或者是保险公司和再保险公司按照合同负责赔偿（路径 B)。另外，通过设立苹果巨灾救援资金，当农户遭遇到农业巨灾时，可以获得“农民家庭紧急贷款”以稳定生活，恢复苹果生产。此外，苹果加工部门以及消费者可以通过分担部分保险费的方式参与进来。该机制及其补偿路径可用图 4－6表示。

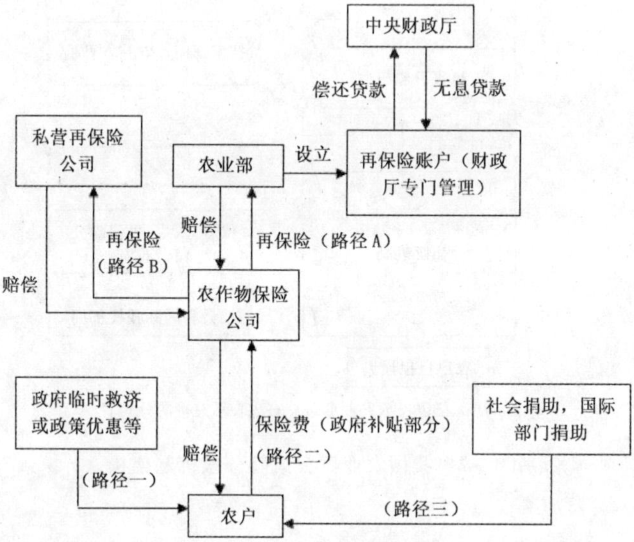

图 4－6　灾后补偿机制路径图

4. 法律法规保障

由于巨灾风险分散的主体涉及农户、保险公司与再保险公司、政府部门以及技术服务等诸多部门和机构，因此，如何协调这些部门和机构之间密切配合，确定各自的责、权、利，减少缺位现象，以使上述预防预警机制、抗灾救助机制以及灾后补偿机制进行有效衔接，保障巨灾风险有效分散，需要完善相关法律法规建设，进行规范和保障。有法律作为保障，这也是巨灾风险分担机制运行较成功的国际经验。

（三）我国农业巨灾风险分散机制架构

根据以上分析，将“一个保障、两个结合、三个机制、四个主体”纳入一个体系，提出我国农业风险分散机制的理论构架。如图 4－7 所示。

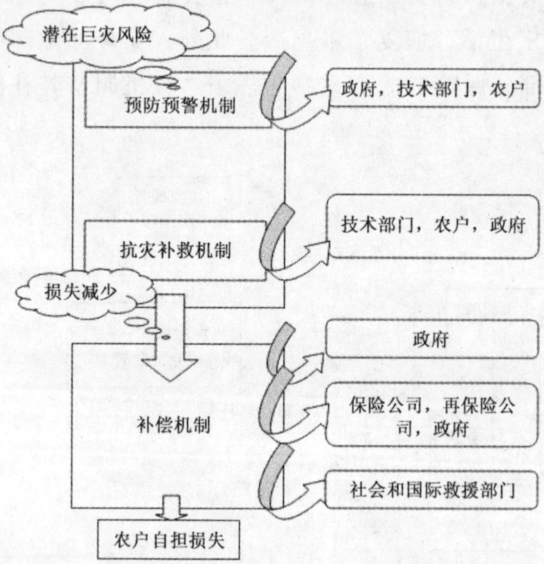

注：左边表示灾害走向　右边表示灾害的分担者

图 4－7　我国农业巨灾风险分散机制架构

第五章
促进可持续发展

自工业文明以来，世界资源、环境、生态和食品安全等问题日趋严重，严重威胁人类的生存与发展，因而可持续发展的概念已经成为人类的共识。节能、减排、低碳等有利于生态环境的产业正在成为21世纪世界经济社会发展的主流。中国农业发展正处在农业可持续发展的起步阶段，粮食增产、农民增收、生态保护已成为农业农村发展面临的三个长期挑战。在这三者中，生态环境保护对其他两项任务的顺利、可持续解决具有基础性决定作用。中国的生态农业发展具有自身的鲜明特色，它把农业生产、农村经济发展和生态环境治理与保护、资源培育和高效利用融为一体，是一个新型的综合农业体系，发展空间非常广阔。从国家层面进一步确立生态农业发展的主要方向、实施途径，形成统一认识，制定合理政策，才能进一步发挥生态农业优势，促进农业农村经济社会可持续发展。

第一节

制定现代农业水资源利用战略[①]

一、典型发达国家水资源利用经验

（一）防洪减灾工程

1. 德国——给洪水出路，强调人水和谐

德国在堤坝建设的过程中，始终强调生态环境的保护，强调人与自然的协调发展。在加快防洪工程建设的同时，更重视预防洪水工作。在规划建设时，充分利用洪泛区、湿地等减少洪水流量，减缓洪水下泄速度。甚至不惜花费巨资，除去原有堤坝，扩大过水断面，防止河道过深。变直河道为弯河道，以顺应河流自然状态，延长下泄时间。20世纪70年代以来，德国采取多种措施，提高防洪能力。许多地方重新修建了适应河流的河岸，尽可能接近自然河流走向，鱼类得到了保护，生态环境得到了改善。

2. 美国——加强洪泛区管理，重视洪水保险

美国政府很重视防洪非工程措施，其核心就是加强对洪泛区的管理。1956年，加州及美国东北部发生的台风和洪水促成了《联邦洪水保险法》的通过，自此，防洪非工程措施提上了议事日程，结束了此前“堤防万能”的防洪政策。洪水保险是该国重要的防洪非工程措施之一。将洪水保险作为国家推动洪泛区管理的重要手段，以抑制洪灾损失急剧上升的趋势。1973年12月，国会又通过了《洪水灾害防御法》，明确指出对联邦政府确定的洪水风险区实施强制保险。强制保险政策的实施，对全美的洪水保险计划实施起了很大的推动作用。

---

① 本节内容选自农业部软科学课题（201111）《现代农业水资源利用战略研究》报告。课题主持人：张贵友。

3. 英国——工程措施和非工程措施并重，重视防洪预报预警

英国防洪减灾措施分为工程措施和非工程措施两大类。工程措施包括：堤防、河道整治、水库、挡潮闸。非工程措施包括洪水损失补偿基金和救灾基金、洪水保险、洪泛区分区开发规定、洪水预报警报系统。英国的防洪专家认为，防洪减灾工程措施只是一个方面，更重要的是非工程措施，因为修建工程受各种条件制约，而非工程措施主要在人。英国还设立了“洪水电话”系统，通过拨打这个电话，民众可以了解最新洪水信息，做好洪水期间的准备。

（二）农业节水灌溉

1. 美国——普遍推广农业节水灌溉，建立了完备的农业节水灌溉设施，大田作物采用大型喷灌技术

美国在20世纪50年代就开始普遍推广农业节水灌溉。目前整个灌溉面积中已有一半采用了喷灌、滴灌，另一半多数也采用了激光平地后的沟灌、涌流灌、畦灌等节水措施，喷灌、滴灌的比重还在不断提高。在没有灌溉措施的农场，也普遍采用了土地平整、轮作制、免耕法等节水保水措施。美国的粮食作物大多用时针式、平移式和卷盘式大型喷灌机灌溉。喷灌和滴灌往往与农作物施肥、使用农药相结合。在美国，占全部耕地面积15%的灌区创造的农业产值占到全国农业总产值的40%。

2. 以色列——重视节水技术研发和投入，根据经济效益选择灌溉方式

以色列是世界上节水灌溉最发达的国家，大力开发和采用节水灌溉技术与先进的灌溉设备。以色列建立有较为完善的节水灌溉技术研究、开发、生产、培训、销售和服务体系，不断研究和开发各种先进的节水灌溉技术和设备。每年在节水灌溉技术和设备研制开发方面的投资达上亿美元，仅滴灌设备，每年就要推出5—10种新产品。以色列节水灌溉系统并不雷同，而是根据气候、土壤、地形、水源和各种植物生长特点具体设计，如滴灌由于器材成本高昂，仅用于温室和园艺等高附加值作物，灌溉利用率达95%。喷灌一般用于大田作物，灌溉水利用率70%—80%。为了节约用水，以色列还实行用水配额制。对于各种超配额用水，以色列规

定了比较高的水费标准，比如农业超配额用水要按3倍的价格收取费用。

3. 澳大利亚——调整农业种植结构，提高农业用水效率和效益

澳大利亚不少农场生产都采用了节水灌溉技术，通过调整农业种植结构，提高农业生产的质量和效益。一是减少高耗水农作物的生产，增加耗水量较少的农作物的生产；二是大力发展高附加值的农作物，减轻成本增加的压力，提高农业经济效益。节水灌溉的发展，一般都与效益农业联系在一起。在一般的缺水地区，高效集约的农业生产都采用了节水灌溉技术。

（三）水土保持工作

1. 澳大利亚——运用法律和罚金手段，严格惩处违法事件

从20世纪30年代起，澳大利亚各州成立了水土保持局，1946年，联邦政府成立了水土保持常务委员会。各州建立健全了水土保持管理机构。在治理措施上，采取封禁、植树、种草三项措施，保证质量和标准，严格检查验收和管理制度。多年来，由于联邦政府和各州政府的重视，澳大利亚的水土流失治理取得了十分明显的成效。澳大利亚各州早在20世纪40年代就制定颁布了《水土保持法》，对保护和合理利用水土资源，防治水土流失起到了重要作用。

2. 日本——建立完善的法规体系及配套规范和标准，重视资金投入

日本国土面积小，耕地面积有限，因此，政府把水土保持当作民族生存的一件大事来抓。一是依法开展水土保持工作，严格约束人们的不合理行为；二是政府有力的经济支持，是加快水土保持进程的重要保证。日本用于水土保持的投资，被列为公共事业。投资以政府为主，水土保持投资列入中央和地方政府预算支出。

（四）水资源空间配置

美国水资源呈东多西少的空间分布格局，已建跨流域调水工程有10多项，主要为灌溉和供水服务，兼顾防洪与发电，年调水总量达200多亿立方米，其中规模最大的加州调水工程，年调水量90亿立方米，其中调水总扬程1151米，居世界现有调水工程之首。其他较重要的调水工程还

有：科罗拉多—大汤普森工程、阿肯色河工程、中央河谷工程、中部亚利桑那工程等。为开发美国西部而修建的长距离调水工程，不仅保证了以加州南部洛杉矶为中心的6个城市1700多万人生活和工业、环保等的用水需求，将昔日干旱荒凉的南加州建设成景色宜人的绿州，而且将加利福尼亚州发展成美国灌溉面积最大、粮食产量最高的州。由此可见，美国调水的目的兼顾了生态、生产和生活三个层面的用水，均取得了很好的成效。

（五）水资源管理

1. 以色列——重视水资源统一管理

以色列为了缓解水资源的供需矛盾，重视水资源的管理，重视对地表水和地下水实行联合调度、统一使用，地表水和地下水的开发利用均实行取水许可证制度，打井和开发地下水必须经过政府批准。对不同的用水采用不同的水价，农业、工业和生活用水的价格不同，水价由全国水利委员会统一制定。

2. 德国——重视水利协会作用，实行差别化的管理体制

德国采用水利协会市场化运作的模式，积极探讨准公益性水利工程所有权股份制改造问题，为其管理走向市场创造条件。按照“谁受益，谁负担，谁投资，谁所有”原则，组建用水合作组织，明晰所有权，是小型水利工程管理体制改革的核心。国家对小型水利工程一直采取“民办公助”政策。从宏观上看，这个“民”是集体的“民”。从每一个具体工程微观层面看，这个“民”是“受益者”。具体来说，不同类型工程，应实行不同管理体制。通过建立高素质的基层水利队伍和完善基层技术推广服务体系，提供工程建设与管理中的技术指导、信息、培训，科普宣传等服务。

二、我国农业水资源开发利用状况

我国是农业大国，粮食生产是耗水量最大的产业之一。中国70%的粮食来自灌溉农业，农业灌溉用水量占全国总用水量的90%，从资源的角度看，水资源不足将使干旱成为中国粮食安全的主要威胁。随着中国城市化和工业化进程的快速推进，耕地面积下降趋势未变，水资源总量短缺

与区域分布不均衡的矛盾日益凸现。

（一）水资源时空分布与生产力布局不协调

就水资源总体而言，我国目前人均占有水资源量约为2100立方米，不到世界平均水平的28%，每年农业生产缺水200多亿立方米，且水资源分布极不均衡，水土资源很不匹配。从人均水资源量来看，北方地区[①]人均水资源量仅有883立方米，南方地区人均水资源量为3332立方米，南方地区是北方的3.8倍，但仍不到世界平均水平的一半。从单位国土面积的水资源量来看，南方地区每平方公里拥有水资源67.1万立方米，北方地区仅8.7万立方米/平方公里，南方地区是北方地区的7.7倍。

（二）水资源开发利用区域不平衡

从流域资源分区的角度看，中国全部可利用量8140亿立方米水资源之中，南方地区水资源可利用量为5600亿立方米，水资源可利用率为24.9%，目前的开发率为12.9%，尚有很大的开发空间。在南方多水地区，水的利用率较低，如长江流域只有17.8%，珠江流域16.2%，西南地区仅1%左右。

与之相比，北方地区水资源可利用量为2540亿立方米，水资源可利用率为48.2%，但开发率已达48.3%。这说明，作为粮食主产区的北方地区，水资源开发程度已饱和，并呈过度开发态势。其中，以黄河地区和海河地区最为严重，海河地区水资源可开发率为64.1%，但开发率已达105.7%；黄河区水资源可开发率为55.1%，但开发率已达96.1%，地下水超采严重，过度开发使得当地生态恶化透支。

（三）农业的水资源生产效率不高

虽然我国农业用水份额一直呈不断减少态势，但用水绝对量从1997

---

① 根据水利部全国水资源分区，本报告所指的北方地区包括松花江区、辽河区、海河区、黄河区、淮河区和西北诸河区6个水资源一级区；南方地区包括长江区、东南诸河区、珠江区和西南诸河区4个水资源一级区。

年以来一直变化不大，农业依然是中国水资源最大的使用者。在农业用水量紧张的同时，农业水资源耗费强度一直较大。2009 年，单位农业增加值耗水量是单位 GDP 耗水量的 5.2 倍，单位工业增加值耗水量的 15.06 倍、单位服务业增加值耗水量的 34.43 倍。说明相对于其他行业，农业水资源集约利用的潜力巨大。

我国是一个水资源短缺的国家，又是一个农业大国，灌溉在农业发展中占有重要的战略地位。随着经济社会的快速发展和用水要求的不断增加，供水的竞争性不断加剧，水资源供需矛盾日益突出，可用于灌溉的水量有逐步减少的趋势，除在部分有条件的灌区能够适当开源外，节约用水是解决水资源供需矛盾的根本措施。由于人增、水减、地减，提高粮食生产能力，只有依靠灌溉节水，提高有效灌溉面积比例、提高灌溉保证率，从而提高单产和复种指数。因此，大力发展节水灌溉，是保障国家粮食安全的需要。

（四）水质污染引致水生态问题严重

随着工农业生产的快速发展，工业与城市废弃物的大量排放、农用化学品的大量施用，我国粮食发展走上了一条低水平垦殖面积扩张、以追求粮食数量增长为主的道路。突出表现为过度垦殖、毁林开荒、围湖造田，过度开采地下水、大量使用化肥农药等造成地力衰竭、地下水位下降、水土流失、土壤污染等生态问题。其中，作为我国粮食主产区的东北黑土区，目前就有将近 30% 的面积存在不同程度的水土流失，仅侵蚀沟吞噬的耕地就达 600 多万亩，每年损失粮食约 40 亿公斤。

农业在深受水污染危害的同时，也在不断增加对水环境的污染。在造成水环境污染的污染源中，工业和城市点源污染与农业面源污染大致各占 1/2。农业面源污染主要来自化肥、农药和禽畜粪便。目前，全国每年禽畜粪便达 17 亿吨，使用化肥 4100 多万吨。

三、我国现代农业发展趋势

新中国成立 50 年来，我国对农业现代化和现代农业进行了长期而艰辛的探索，认识不断发展、深化。20 世纪 50 年代和 60 年代初，以机械化、电气化、水利化和化肥化来概括现代农业的内涵和特征。20世纪70年代末至80年代中期，更多地从科学化来理解农业现代化，认为农业现代化建立在生态科学、系统科学、生物科学、经济科学和社会科学的基础上。20世纪80年代中期至90年代中期，农业现代化的思想进一步丰富，主要体现在三个方面：一是以科学化、集约化、社会化和商品化来概括农业现代化的内涵和特征；二是用现代科技（尤其是生物技术）、现代装备、现代管理、现代农民来概括农业现代化的内涵；三是认为生态农业或可持续发展农业才是真正意义上的农业现代化，以区别于以往农业现代化等同于“石油农业”的倾向。20世纪90年代后期以来，全面推进现代农业发展的思想得到了进一步重视。党的十六大提出，“统筹城乡经济社会发展，建设现代农业，繁荣农村经济，增加农民收入”。2007年，中央1号文件明确提出，发展现代农业是社会主义新农村建设的首要任务，强调“用现代物质条件装备农业，用现代科学技术改造农业，用现代产业体系提升农业，用现代经营形式推进农业，用现代发展理念引领农业，用培养新型农民发展农业”。党的十七大报告进一步强调，要坚持把发展现代农业、繁荣农村经济作为首要任务，走中国特色农业现代化道路。

综合国内外建设现代农业的实践和研究，结合我国的人口、资源等基本国情，可以对我们所要建设的现代农业的基本内涵作如下概况：现代农业是以现代发展理念为指导，以保障食品安全、增加农民收入、实现农业可持续发展为主要目标，不断引进新的生产要素和先进经营管理方式，用现代科学技术、现代物质装备、现代产业组织制度和管理手段来经营的，在国民经济中具有高水平土地产出率、劳动生产率、资源利用率的市场化、标准化、产业化的农业形态。

这样的概况，体现了我国现代农业建设的主要目标和发展思路。我国现代农业建设，目标是要实现生产、生态的可持续发展，在发展农业经济以保障食品、原料有效供给、提高农民收入的同时，切实注重保护自然资源和生态环境，做到农业可持续发展，使经济增长和环境质量改善协调发展。

四、我国现代农业水资源利用思路、目标、主要模式选择和保障机制

（一）我国现代农业水资源利用思路

通过对现有病险水库及供水工程设施的改造完善，发挥工程效益，挖掘供水潜力；通过现有供水系统的优化调度在保障生态环境的条件下改善供水状况；在有条件的地区和具备使用条件的地区提高废污水处理与回用、微咸水、海水淡化等其他水源的利用水平，增加供水量；抓紧在建供水工程（蓄、引、提、调）的主体工程和配套工程建设，力争早日投产增加供水量；在目前开发利用对水资源消耗尚未超过水资源可利用量的地区，在统筹考虑区域水资源配置和技术经济论证的基础上建设一批水源工程、水资源调配工程和供水工程，增加可供农业用水量。

加强农田水利基本建设，按照路网、林网、沟渠配套要求，在提高水资源利用率和利用效率的基础上，综合运用农艺、生物和工程措施，建设高标准的基本农田，扩大高产稳产、旱涝保收面积，确保粮食用地抗旱、防涝能力的提高，确保抗灾减灾能力的提高。积极采取跨流域调水。

（二）我国现代农业水资源利用目标

到 2020 年，现代农业水资源利用目标：一是灌溉用水总量维持在 3600 亿立方米；二是新增节水灌溉工程面积 5.0 亿亩，其中耕地上节水灌溉工程面积 4.7 亿亩，非耕地上节水灌溉工程面积 0.3 亿亩；三是形成农业节水能力 600 亿立方米；四是新增粮食生产能力 500 亿公斤；五是灌溉水利用率提高到 55% 以上，正常年份亩均灌溉用水量下降到 390 立方米/亩。通过强化节水措施，规划全国灌溉水利用系数由目前的 0.46 提高到 2020 年的 0.55。

（三）我国现代农业水资源利用主要模式选择

强化节水用水模式实现了高效节水和高效益用水，绝大多数地区水资源开发利用水平与程度能够与水资源承载能力相适应，基本满足了经济社会发展的合理用水需求，基本能够退还目前挤占的生态环境用水和超采的地下水，绝大部分地区河道内生态环境用水要求基本得到满足，该方案的

经济技术指标最为优越。因此，选择强化节水的用水模式作为我国现代农业水资源利用的主要模式。

与目前节水的用水模式相比，强化节水的用水模式在多年平均情况下，大约可减少水资源的需求量 1300 亿立方米，相当于节水潜力的 88%，其中通过节水工程措施减少水资源的需求量为 795 亿立方米。在通过工程措施中减少的需求量中，通过灌区节水改造、工业节水改造及城镇供水管网改造等措施，农业节水量可达 460 亿立方米。通过强化节水措施，万元 GDP 用水量比现状下降 79%，农业亩均灌溉用水量比现状下降 13%。

（四）我国现代农业水资源利用保障机制

1. 国家粮食生产的水资源工程保障

在加强农业节水和提高灌溉效率的前提下，因地制宜地在松花江区、长江中上游地区等水资源尚有开发潜力地区建设一批水源工程和水资源调配工程，结合工业和城镇供水，通过合理调整水源结构和功能，调配农业供水量。在松花江区、长江中下游、四川盆地等水土资源条件较好的部分地区适度发展灌溉面积，加强商品粮基地建设，增加全国粮食的生产能力。

2. 加大农业节水力度

首先，以华北、西北地区为节水重点；其次，在农业技术开发方面，重点开展以坡耕地治理为重点的农田整治和以化学保水剂为重点的高新技术；最后，提高灌溉水利用系数、控制水田灌溉及推广水的循环利用多管齐下。

3. 适当提高农业用水价格，并对此进行财政补贴

应适当提高农业用水价格，激励农民采取节约用水技术。在提高水价的同时，政府应该通过财政补贴政策，支持农民采用节水技术。在节水型社会建设的战略背景下，政府必须加强统筹调控，增加农业节水的制度与资金支持，促进农户参与灌溉管理，优化农业水资源管理体制，扩大市场在农业水资源配置中的作用，从而在宏观和微观两个层面共同实现农业水资源生产配置效率的提高。

4. 合理调配水资源

（1）通过在水源条件有保障、具备建设条件、生态环境影响可接受的前提下，主要在西南、西北、东北地区跨界河流与东南沿海的独流入海河流，长江、珠江以及淮河上中游干支流等地区建设一批大中型骨干水源调蓄工程，划定水源保护区，增强对天然径流的控制能力，改善重点地区的供水结构和水源条件，提高供水安全保障程度，解决主要经济区和城市群的水资源短缺问题，同时为城乡保障居民饮水安全提供水源保障。通过调整产业结构、排污口搬迁整治、严格控制向引用水源地排污等措施，保障水源地水质安全。

（2）对水资源紧缺地区和目前水资源开发利用程度已超过当地水资源承载能力和水资源问题突出的黄淮海地区，东北腹地等粮食主产区，按照“三先三后”的原则建设必要的跨流域和跨区域调水工程，提高缺水地区的水资源承载能力，增强水资源的调配能力。

（3）对粮食主产区水资源较为紧缺、用水效率较低、发展潜力较大的东北、西北、长江中下游、黄淮海等地区的大中型灌区进行续建配套与节水改造，提高水资源利用效率，为保障粮食安全提供水资源保障。

（4）对生态环境脆弱地区和生态环境已经遭到严重破坏的黄淮海、辽河等流域结合跨流域调水和水源工程建设，统筹调配当地水和外来水、地表水和地下水以及其他水源，修复流域生态和保护水环境。

5. 加大雨水利用

（1）根据流域特点和耕地与非耕地的比例，兼顾流域上中下游的效益，合理规划非耕地天然降水的截流增蓄，修建小型的降水蓄积工程，集雨补灌，以调节降水的时空分布，增加农田水分的供应。

（2）在降水缺乏的北方旱农地区或季节干旱严重的南方丘陵山区，发展适合不同地区的农田集水工程。通过起垄耕作、等高种植、梯田等集水技术可以有效地减少和拦蓄农田径流，增加降水的农田入渗，减少和控制水土流失。

（3）将复配作物营养物质的高吸水树脂和纤维等化学物质，施于作物根域，通过根域集水，将有限的土壤水分聚集在作物根系区域，为粮食作物幼苗生长发育提供适宜的水分条件。

（4）培育和扩充土壤水库。保护耕作（少免耕、深松等）能够有效地减少水土流失；薄膜和秸秆覆盖可以有效地抑制田间蒸发；有机培肥可以改善土壤结构、提高降水入渗速率、扩充土壤持水能力，使有限的降水得以充分利用。

6. 加大再生水利用

（1）在政策上给予积极扶持，建立健全再生水利用市场。国家、各省、市、区、县都应当制定明确的再生水发展利用规划和目标，合理规划再生水厂建设和再生水利用项目，积极鼓励和引导更多的用户使用再生水，为再生水利用创造广阔的市场需求。同时，加快污水再生利用的市场化进程，建立符合市场经济规律的投融资机制、运营管理机制和价格形成机制。

（2）理顺部门之间关系，实现再生水资源的有效管理。实施污水再生回用是一项庞大而复杂的系统工程，涉及城市规划、建设、环保、市政、水利等众多单位与部门。但长期以来，在许多城市存在着供水和用水、供水与排水之间的部门和地区条块分割的体制，没有一个具体的机构来统一协调、规划及管理城市的再生水回用，常常是用水的不管治污、治污的不管回用，各部门各自为政，形成不了合力。

（3）加快再生水利用的基础设施建设。建议国家和地方政府在再生水利用方面加大投资力度，合理规划再生水利用项目，加快再生水利用的基础设施建设。由于回用于农田的再生水水量比较大，建议政府在输送渠道、提水设施等工程建设时，给予必要的财政支持，对农业用再生水水费给予适当补贴，以保证再生水的运行进入一个良性循环状态。

（4）把再生水利用与解决缺水地区长期污灌与生态环境修复的问题结合起来，以再生水农业利用为突破口，加强新型水源农业灌溉使用的研究，在污水处理率大幅提升的前提下，加大再生水生产设施及利用力度，统筹规划和科学配置多种水资源。要注重示范性工程的研究和建设，要尽快建设再生水回灌农田的示范性工程，以确定再生水适宜回用农作物的范围，安全灌溉工艺流程设计，灌溉制度，再生水灌溉对土壤、地下水、作物等生态影响评价和调蓄技术等问题，及时对再生水回用进行效益、风险分析和评价，从而进行有效的控制和管理，以不断提高和保证农业再生水回用的安全。

第二节

加强耕地质量建设的对策建议——以江苏省为例[①]

农业是国民经济的基础，是稳民心、安天下的战略产业。耕地是农业最基本的生产资料，耕地地力的高低直接关系到粮食安全和主要农产品的有效供给，关系到农业增产、农民增收和农村繁荣，也关系到经济社会可持续发展和生态环境建设的和谐统一。江苏省人多地少，土地后备资源贫乏，从中长期来看，人增地减的趋势难以改变，不可能依靠耕地数量的扩张来解决日益增长的粮食等农产品需求，只有立足现有耕地资源，加强耕地质量建设，提高耕地综合生产能力，改善农业生产条件，才能为江苏省农产品有效供给提供基础条件，为江苏省高效农业规模化发展和经济建设腾出有效空间。因此加强耕地质量建设不仅是确保全省粮棉油等主要农产品有效供给的长久之计，而且对促进农村经济社会发展具有重要的现实意义。

一、江苏省耕地质量及建设现状

江苏省是农业大省，全国13个粮食主产省之一，长期以来省委省政府高度重视耕地质量建设与保护工作，始终把提高耕地综合生产能力作为保障粮食安全、发展现代农业的战略措施来抓，严格执行耕地保护制度，扎实推进耕地质量建设，有效提高全省耕地质量水平。

① 本节内容选自农业部软科学课题（Z201105）《耕地质量建设问题研究》报告。课题主持人：马强。

（一）江苏省耕地质量现状

江苏省委、省政府高度重视耕地质量建设工作，组织相关部门在耕地质量建设方面做了大量工作，取得了明显成效：

1. 土壤肥力水平得到有效提高

根据2010年全省耕地质量监测结果：全省耕地主要土壤肥力指标除钾素外，均比第二次土壤普查时期有所提高，尤其是土壤有机质上升了6.6克/千克，增幅达42%；土壤微量元素除硼、钼外，评价结果均较为丰富，整体肥力水平有效提高。

2. 农田基础设施建设不断加强

2010年，全省有效灌溉面积达5729.61万亩，占耕地面积的80.44%；旱涝保收农田4621.29万亩，占耕地面积的64.88%；机电排灌面积5171.52万亩，占耕地面积的72.61%，有效提高了农田抗旱排涝能力，极大改善了农业生产条件。

3. 耕地地力等级稳中有升

根据全国耕地地力等级划分标准，2010年，全省7122.60万亩耕地中，高产田、中产田、低产田分别为2883.94万亩、2814.14万亩、1424.52万亩，分别占耕地总面积的40.49%、39.51%、20.00%。与“十五”期末相比，高产田比例提高了5.93%，中低产田比例相应下降，耕地地力等级稳步提升。

4. 产出能力显著增强

尽管近年来极端性气候增多，自然灾害发生频率增加，但由于农田水利基础设施建设的稳步推进，抵御自然灾害能力增强，农业和粮食生产没有出现大的波动，保持了稳定增长的态势。2010年，全省粮食总产实现新中国成立以来首次连续七年增产，2012年夏粮实现“八连增”。全省粮食单产由2003年的每亩354公斤提高到2010年的408.3公斤，从全国的第五位上升为第二位，粮食总产从494亿斤提高到647亿斤，从全国第五位上升为第四位。

（二）江苏省耕地质量建设进展

新中国成立以来，中央和江苏省委、省政府始终把加强农田基本建设，改造中低产田作为发展农业生产的重要措施。20 世纪 50—60 年代，江苏省相继兴建了三河闸控制工程、高良涧进水闸、运东分水闸，开挖整治了苏北灌溉总渠、新沂河、新通扬运河、通榆河、太浦河、望虞河等，建立了骆马湖控制，开展里下河平原沤改旱农田改造。20 世纪 60—70 年代，随着农业学大寨运动的兴起，掀起了以洪、涝、旱、渍、碱、潮综合治理为目标的农田基本建设，建成了以江都水利枢纽为龙头的江水北调工程，实施了淮北地区旱改水和盐碱土改良，全省水利体系初步形成，农业生产条件明显改善。

改革开放以来，江苏省进一步加大了大型水利设施建设力度，先后建成了淮河入海水道、泰州引江河、通榆河、江海堤防、太浦河、望虞河等现代化大型水利骨干工程，基本形成了能挡、能灌、能排、能降、能控制、能通航的工程体系。同时国家和省对农田基础设施建设力度也不断加强，发改、水利、农业综合开发、农业、国土等部门相继开展了中低产田改造、标准粮田建设、大型商品粮基地建设、万顷良田建设、高标准农田建设等带有全局性、战略性重大工程建设项目，不断加强农田基础设施建设，强化改土培肥，努力改善农业生产条件，提高了农田防灾减灾能力及适应机械化作业的水平。

“十一五”期间，江苏省制订了《江苏省高标准农田建设标准（试行）》，以省政府办公厅文件下发各地贯彻执行，建立了高标准农田建设联席会议制度，编制了《江苏省高标准农田建设规划（2010—2020年）》，经省政府同意，下发各地组织实施，明确全省每年新增 150 万亩高标准农田，到 2020 年其比重达到 60% 的目标；农业综合开发财政投入 81 亿元，以土地治理项目为载体，以“治水、修路、改土、造林”为主要内容，实行山水田林路综合治理，改造中低产田 1210 万亩；发改委和农业部门共同实施了《优质粮食产业工程规划》和《新增 1000 亿斤粮食生产能力规划》，总投资 5.3 亿元，建设标准粮田 162 万亩，项目区农田基础设施进一步完善，抗旱排涝能力进一步增强，耕地地力进一步提高；

从2006年起，启动实施商品有机肥推广应用补贴，省级财政每吨补贴150元，累计推广补贴商品有机肥110万吨，实施面积700万亩。从2007年起，在苏南五市开展绿肥种植以奖代补，每亩补助60元。累计开展绿肥种植以奖代补60万亩。从2009年起，启动实施秸秆综合利用示范县建设，省财政共投入5.1亿元用于秸秆综合利用，有效提高了项目区耕地土壤有机质含量和蓄水保肥能力。

二、存在的主要问题及原因分析

由于耕地质量建设工作的保障条件较为薄弱，全省耕地质量总体还不够高，农田基础设施毁损老化比较严重，土壤生物活性下降和养分失衡等问题较为突出，截至2010年年底，全省高标准农田仅占耕地总面积的39%左右；工业点源、农业面源污染、生活污水、生活垃圾对耕地质量的影响逐渐显现；一些地方对耕地质量保护的必要性和重要性认识不足，重数量轻质量、重当前轻长远的现象较为突出，在经济社会发展过程中，补充耕地与占用耕地质量不相当的情况时有发生；土地流转过程中耕地质量保护责任缺少有效的规范，耕地质量建设的长效投入机制尚未形成。目前，我国还没有一部专门规范耕地质量管理的法律，难以适应新形势下农业生产和粮食安全的需要，不仅对农业，而且对整个国民经济和社会发展带来了不利影响，已成为全社会关注的热点问题之一。

（一）耕地质量存在诸多隐患

1. 占用与补充耕地质量不相当

由于工业化和城镇化进程加快，大量占用了城镇和交通要道周边耕地中最精华的部分——基本农田。而补划的基本农田及复垦的土地质量没有经过严格验收，以次充好、质量不达标现象较为普遍，明显低于被占用耕地质量，占补平衡原则没有得到全面贯彻。

2. 耕地土壤缓冲性能下降

由于长期实行少免耕制度，土壤物理性状普遍变差、耕层厚度日益变浅、土壤容重增加、土壤孔隙度减少。

3. 土壤养分非均衡化

由于对农田的有机肥投入不足、重氮轻磷少钾的现象依然存，中、微量元素入不敷出，导致江苏省耕地养分不平衡性增大，土壤保肥供肥能力下降。

4. 土壤环境质量趋于恶化

目前，江苏省耕地土壤中有毒有害物质残留问题日趋突出。典型调查显示：江苏省大中城市郊区、农业集约化程度较高的地区和苏南工业化快速发展地区普遍存在农药、重金属残留等问题，相当地区的耕地质量和产地环境已不能满足粮食安全生产和其他无公害农产品生产的要求，“饭不香、瓜不甜、菜无味”已成为不争的事实。

（二）农田环境质量下降

近年来，随着城乡经济的飞速发展、城市化进程的加快，农田生态环境受工业点源、生活垃圾等废弃物的污染和破坏的威胁日益严重，耕地土壤往往成为藏污纳垢的场所。耕地土壤外部条件的恶化对耕地质量构成了严重的威胁，成为制约农业可持续发展的重要因素。同时，农业投入品的不合理利用也加重了农田环境质量下降，具体表现为：

1. 城乡生活污水排放量上升，耕地土壤成为污染物的最终受体

大量的工业废水和生活污水未经处理直接排放河流、湖泊，致使相当一部分水体水质严重超标。进而通过污灌，对农田环境质量和农业生产造成影响。

2. 生活垃圾等废弃物也日益增多，超过了土壤环境容量

在中小城镇和农村地区，“小五金、小化工”企业遍地开花，“室内现代化，室外脏乱差”的现象十分普遍，生活垃圾随意弃置，塑料制品等白色污染随处可见。由于土壤成为污染物的最终受体，很多地方排放到土壤中的污染物已经超过了土壤环境容量。中科院南京土壤所973项目调查发现，苏南地区重金属污染超标土壤超过10%，有机物污染超标土壤达20%以上。

3. 化肥农药等农业投入品不合理使用，农业面源污染的隐忧增大

江苏省既是农药、化肥生产大省，又是农药、化肥使用大省。在农业生产中不合理使用农药、化肥现象较为普遍，农业面源污染的隐忧日益

显现。

（三）耕地质量建设与管理工作不到位

1. 认识不到位，“三重三轻”现象普遍

一些地方对耕地质量保护必要性和重要性认识不足，重数量轻质量、重用地轻养地、重工程建设轻地力培肥现象较为突出。

2. 耕地质量状况家底不清

江苏省自20世纪80年代第二次土壤普查后再也没有全面开展耕地质量调查，第二次土壤普查距今已有20年时间，期间由于土壤利用强度增加和外源物质的大量投入，使土壤质量变化剧烈，原有的土壤信息已不能代表现今的土壤质量现状，迫切需要定期开展土壤普查，摸清耕地质量状况。

3. 耕地质量监测体系不健全

早在20世纪80年代，江苏省就建立了一批耕地质量监测点，2006年，在部分土地出让金用于耕地质量建设政策支持下建立了300个省级监测点，但市县两级配套监测点建设进展缓慢，目前，除苏州、无锡、扬州外，其他市县还没有按1∶2和1∶3的比例在有代表性的土壤类型上加密设置耕地质量长期定位常规监测点，全省耕地质量监测体系不健全。

4. 政策法规不完善

目前，我国还没有耕地质量保护的专门法律，有关耕地质量保护的规定散见于各种法律的具体条文中，如《农业法》规定国家建立耕地保护制度，对基本农田依法实行特殊保护；《土地管理法》第三十五条规定各级人民政府应当采取措施，维护排灌工程设施，改良土壤，提高地力，防止土地荒漠化、盐渍化、水土流失和污染土地；《江苏省基本农田保护条例》第二十一条规定禁止基本农田保护区内建房、建厂、建窑、建坟、采矿、采石、挖砂、取土、开挖鱼塘、堆放固体废弃物，弃耕、抛荒和破坏地力，向基本农田保护区排放污染物；《环境保护法》和《水土保护法》也有一些相关规定。总体而言，这些法律条款多是一些原则性的规定，没有规定法律责任主体，也没有设定相应的法律责任，对破坏耕地质量的行为无法追究，对可能造成耕地质量下降的因素难以防范。

当前，耕地质量建设与保护既有长期存在的老问题，也有在发展中出现的新问题；既有深层次的原因，也有机制不完善问题。概括起来为“一个不一致性、缺乏两个机制”。

（1）部门利益与全局利益的不一致性。严格保护耕地，确保粮食安全，实现经济和社会可持续发展是全局和长远发展目标，但对地方政府而言，更关注本地区在一定时期内的经济社会发展。因此，一些地方政府不顾中央三令五申，采取各种变相手段，违法审批，违规占地，通过以地寻租，以地生财，追求财政收入最大化和政绩最大化。大量事实表明，严重的土地违法问题几乎都与地方政府有关。这是违规占用耕地现象屡禁不止的根本原因。

（2）缺乏落实耕地质量建设与保护规定的约束机制。在耕地质量保护方面，尽管建立了基本农田保护区等一系列制度，明确要求基本农田“总量不减少、质量不降低、用途不改变”等，但由于监督和处罚措施不到位，这些制度和规定没有得到很好的落实。在耕地质量建设方面，尽管《农业法》、《土地管理法》及《基本农田保护条例》对耕地质量建设都提出了明确要求，但缺乏约束机制，难以落实。

（3）缺乏有效的耕地质量建设投入和激励机制。多年来，尽管国家在农田基础设施建设方面投入了大量资金，但存在“重工程轻培肥、重田外轻田间、重数量轻质量”的问题，导致真正落到田间用于地力培肥的投资非常有限，耕地质量没有明显提高，在局部地区还呈退化趋势。由于农业比较效益低，农民投入能力有限，加之缺乏有效的激励措施，广大农民对培肥地力的积极性普遍不高。

三、加强耕地质量建设的总体思路与途径

耕地是农业生产的基础，当前，江苏省耕地质量总体不高，对粮食增产的贡献率有所下降，已成为稳定发展粮食生产的短板，迫切需要加强耕地质量建设，提升耕地质量水平。

（一）加强耕地质量建设的重要意义

1. 保障粮食等主要农产品基本供给的客观要求

手中有粮，心中不慌，粮食是重要的战略物资，是保持社会稳定和经济持续发展的基石。

2. 发展江苏省现代农业的重要基础

现代农业是先进物质装备、科学技术、产业体系、经营形式、经营理念和新型农民的有机结合，发展现代农业的落脚点是发展先进生产力，不断提高资源配置效率、利用水平和经济效益。耕地是农业的基础，完善农田基础设施，提高耕地基础地力，是实现传统农业向现代农业转变的重要环节。

3. 增加农民收入的有效途径

通过大规模改造中低产农田，建设高产稳产标准农田，能够有效提高单位面积产量，促进农民增产增收。

（二）加强耕地质量建设的总体思路

以邓小平理论和“三个代表”重要思想为指导，全面落实科学发展观，按照发展现代农业、推进社会主义新农村建设的总体部署，紧紧围绕提高农业综合生产能力和农业增产增效、农民增收致富，立足当前，着眼长远，全面规划，通过集聚各方力量，加大投入力度，采取水利、农业、林业和科技等综合措施，着力加强农田基础设施建设，强化地力培肥，提高农业机械化水平，大力推进适度规模经营和农民专业合作，转变农业发展方式，提升农业科技水平，全面提高土地产出率、资源利用率和劳动生产率，显著提高农业综合生产能力，为保障国家粮食安全，发展具有江苏特色的现代高效农业，增加农民收入，率先实现农业现代化，建设社会主义新农村建设提供重要支撑。

（三）加强耕地质量建设应遵循的原则

1. 坚持统筹规划、突出重点的原则

根据国家发展战略目标和江苏省各地区的经济社会自然资源条件，统筹规划，突出重点区域、重点项目和重点投向，合理安排耕地质量建设任务，加大对全省42个列入全国粮食产能重点县（市）的支持力度，加大对农业增产增效潜力大的地区的投资力度。针对增产潜力大、粮食生产能力中等的地区耕地质量中存在的沙、瘦、漏、污等突出问题，有计划、有重点、有针对性地对障碍性土壤进行改良、对复垦土壤进行培肥熟化、对污染性土壤进行修复、对破坏性土壤进行改造，提高地力等级、稳产性能及清洁生产性能。

2. 坚持科学布局、协调推进的原则

从全省农业生产布局和各地的水土资源特点出发，进一步优化耕地质量建设的区域布局，重点在温光水资源丰富、农田基础设施较为完备、耕地基础地力中等、农田生产管理水平较高、增产潜力较大的地区建设高产稳产基本农田，主攻基本农田质量的薄弱环节，配套集成和推广应用各项农业新技术，因地制宜采取不同的建设模式，推动各地耕地质量建设共同协调发展。

3. 坚持集中连片、规模开发的原则

坚持按流域、灌区和区域整体规划，采取“集中力量，重点投入，连片开发”的治理方式，加大规模开发力度，确保建设区域相对集中、连片，形成规模，力争“建设一片，成效一片，致富一方”。

4. 坚持机制创新、务求实效的原则

耕地质量建设建设既要讲社会效益，也要讲经济效益。应与产业发展有机结合，鼓励在耕地质量建设的项目区内推进土地适度规模经营，发展农民专业合作组织和农业专业化服务，推进高效农业发展，通过机制创新，促进耕地生产效益的释放和生产效率的提高。

5. 坚持综合投入、合力开发的原则

各级政府要加大对耕地质量建设的投入，充分发挥国家财政资金的引导作用，统筹相关支农涉农资金，积极引导金融资本、民间资本等各种社会资金投入，加强部门之间的协作，调动基层政府和广大农民参与耕地质量建设的积极性，从而形成耕地质量建设的强大合力。

6. 坚持多措并举，综合治理的原则

耕地质量建设涉及水利、农业、农机、林业和科技等多种措施，需要桥涵闸站井全面配套，水土田林路综合治理，加强农技与农艺相结合，实现工程、技术与政策措施的系统集成，经济、社会和生态效益的高度一致，切实提升项目区农业综合生产能力，加快农业科技成果的转化应用，努力推进农业发展方式的转变。

（四）提高耕地质量的途径与方式

围绕改善耕地生产条件、提高土壤肥力、优化农田环境，重点实施一大工程，推进两项工作，强化三项管理，推广四项技术。

1. 启动实施“沃土工程”

重点围绕标准农田建设，搞好土地平整和农田排灌沟渠配套以及桥、涵、闸及集雨水窖等小型水利设施建设，加强田间保护性耕作、有机肥料积造、秸秆还田、绿肥种植及商品有机肥料生产设施建设，装备深耕翻、深松、秸秆还田小型机械、机具及节水灌溉、灌溉施肥设施，配套以改良中低产田为主的工程、农艺、生物和化学措施，建立健全耕地地力、施肥效益与环境质量监测网络体系。

2. 推进两项工作

推进耕地地力调查与质量评价工作，扩大调查与评价范围，抓紧完善县域耕地资源管理信息系统和省级数据中心建设；推进耕地质量建设相关标准的制定工作，主要是完善中低产田改良标准，制定补充耕地质量评定技术规程或规范。

3. 强化三项管理

（1）强化土地复垦、整理等新增耕地质量的验收管理，县级以上农业部门要按照《农业法》、《土地管理法》和《基本农田保护条例》的有关规定，组织对当地复垦、整理等新开耕地的质量验收，对新增耕地与被占耕地的质量进行评估，制定和落实新增耕地的质量建设措施。

（2）强化占用耕地补充方案的审核管理，县级以上农业部门要会同国土部门及时、全面、准确地掌握本行政区域内被占耕地和补充耕地的位置、面积、数量，为加强耕地质量建设与管理提供科学依据。

（3）强化耕地质量的监督管理，县级以上农业部门要针对今年基本农田保护大检查发现的主要问题，狠抓各项整改措施的落实，切实加强耕地质量监督管理，加大破坏耕地质量行为的查处力度。

4. 推广四项技术

（1）有机肥资源综合利用技术，主要是秸秆还田、绿肥种植、有机肥积制和有机物料的无害化处理及工厂化生产。

（2）农作物平衡施肥技术，主要是根据不同土壤类型、不同栽培方式、不同作物的需肥规律，建立区域性的农作物平衡施肥模型和计算机施肥专家咨询系统，强化农化服务综合能力，重点推广“测土、配方、配肥、供肥、施肥指导”一体化服务模式。

（3）土壤改良技术，主要是根据不同类型土壤的障碍因素，采取以工程措施为主，农艺、生物、生化调控为辅的综合配套技术，提高土壤肥力，增强抗灾减灾能力。

（4）节水农业技术，通过改革耕作制度，提高复种指数，增强农田集水、蓄水、保水、节水能力，实现土肥水资源的高效调控与综合利用。

四、相关对策建议

鉴于目前江苏省耕地质量现状和工作实际，为保障粮食安全、农产品质量安全和农业可持续发展，保护和提高耕地质量、稳定提高耕地产出能力，必须进一步夯实工作基础、强化技术支撑、完善政策法规，切实加强耕地建设与管理，努力实现耕地质量管理有法可依，耕地质量家底清楚明晰，耕地质量监管体系健全完整，机构与制度配套完善。为此，提出以下建议：

（一）加强耕地质量管理法制建设，实现管理创新

针对江苏省耕地质量建设与保护还存在的耕地质量总体不高、农田基础设施毁损老化严重、土壤养分非均衡化等较为突出的问题，为了切实加强依法管理，经多方争取与努力，《江苏省耕地质量管理条例》被列为省人大常委会2010年立法调研项目，省农委于2010年6月成立了《条例（草案）》起草工作领导小组，组建起草工作班子，制订工作计划，着手收集相关材料，广泛开展调查研究，于2010年8月完成了《条例（草案）》（初稿）。其后，多次征求各地、各有关方面的意见，进行修改完善，年内即将颁行。根据上位法的有关规定，参照兄弟省份已出台的相关条例，结合江苏省实际，《条例》突出了三个方面的特点：一是规范的对象以政府、职能部门和企业法人为主，对千家万户的农民采用倡导性规

范，对破坏耕地质量的行为采用禁止性规定；二是明确了县级以上地方人民政府农业行政主管部门的执行主体地位和相关部门的职责；三是鉴于江苏省地处经济发达地区，对破坏耕地质量行为的适当加重处罚，以增强法律威慑效果。

另外，建议尽快出台全国《耕地质量管理条例》。改革开放以来，经济社会快速发展，耕地占用大幅增加，加强耕地保护，国家先后颁布实施了《中华人民共和国土地管理法》、《中华人民共和国农业法》、《基本农田保护条例》、《中华人民共和国农村土地承包法》等保护耕地的法律法规，制订了一系列配套的政策，有效遏制了耕地数量的快速流失，缓解了吃饭与建设的矛盾。进入新世纪，尤其是"十一五"以来，随着工业化、城镇化不断加快，耕地数量减少的趋势难以逆转，保护和提高耕地质量的压力不断增大。近几年来，国家对耕地质量保护高度重视，明确提出基本农田"确保总量不减少、用途不改变、质量有提高"，对耕地质量保护提出了更高的要求，农业、国土部门相继出台一些相关管理措施，推进了耕地质量管理工作。由于耕地质量相关制度保障措施没有跟上，不能从根本上解决目前耕地质量管理工作中存在的突出问题。尽管现有法律对耕地质量管理做了相关规定，基本都是原则性条款，加之没有相应配套法规，可操作性不强，造成部门间的管理职责不清、关系不顺，农业部门责权利不匹配，形成"多头建设、管理缺位"的局面。近几年来，湖南、浙江、甘肃、吉林、内蒙古、辽宁、黑龙江等7省（区）相继出台了关于耕地质量管理方面的地方性法规，对当地耕地质量建设与保护起到了积极的推动作用，为推进全国立法奠定了基础，积累了经验。建议国务院将《耕地质量管理条例》纳入立法计划，明确农业部牵头开展立法调研，组织起草条例，细化现有法律规定，明确责任主体，建立耕地质量建设投入机制、耕地质量护养机制、奖惩机制，规范耕地质量保护、建设、监督管理等活动，强化破坏耕地质量行为禁止性规定。

（二）增加财政投入，发挥引导调控作用

按照"取之于土，用之于土"的原则，从土地出让总收入中按一定比例统一计提资金，专项用于耕地质量建设。探索“以建代补、以奖促建，用养结合、监管并重”的耕地质量建设投入机制，出台鼓励农民用地养地、培肥地力的技术补贴政策，直接按耕地面积和耕地质量等级变化情况向农民发放“养地补贴”。设立高标准农田建后管护专门资金，维护建设成果。同时，大幅度增加村级公益事业“一事一议”资金规模，提高省级奖补比例，组织农民加强田间道路、土地平整等农田设施建设与保护。将有机肥和有机无机肥产业化建设纳入高新技术产业发展引导资金支持范围，鼓励有机物料无害化处理与综合利用，制订信贷、税收优惠政策，加大扶持力度。根据《国家新增1000亿斤粮食产能规划》和《沃土工程建设规划》，坚持农田基础设施建设以政府投资为主，民间投资为辅；地力培肥以省级以上投资为导向，鼓励企业、农民投资进行耕地质量建设，拓宽投资渠道和建设资金，扩大实施规模。

（三）构建耕地质量指标体系，开展质量监测与评估

从基础工作入手，逐步建立完善全省耕地质量评价指标体系，形成耕地质量预警预报机制，为耕地质量建设提供科学依据。积极争取地方政府的重视和支持，着力推进市县两级配套监测点建设，改善监测设施装备，建立长期定位综合监测点和试验示范区，逐步形成完备的全省耕地质量监测体系；全面完成县域耕地资源管理信息系统建设和地力评价工作，对耕地进行分等定级和土宜性评价，结合永久基本农田划定，建立基本农田质量管理数据库；充分发挥省级耕地质量管理数据中心功能，对耕地质量监测、耕地地力评价的数据实行统一管理，规范发布耕地质量动态信息与预警报告，为耕地质量保护和建设提供宏观决策依据。

（四）尽快设立重大专项，强化技术研究与应用

设立耕地质量保养技术重大专项，集成教学、科研和技术推广部门的优势，联合开展耕地改良与地力培肥、土壤退化与防治、污染耕地修复与防治、耕地质量监测技术和耕地质量预警系统等方面的基础理论与应用技术研究。通过加强技术培训，建立一支高素质的耕地质量建设与管理队伍。结合“农业科技入户工程”的实施，加强技术培训，提高农民素质，促进耕地质量保养技术科技成果转化应用。

（五）设立专门机构，推进工作深入开展

为适应当前耕地质量建设与管理的繁重工作任务，迫切需要建立和完善耕地质量建设管理专门机构。考虑到现有工作基础，根据即将出台的《江苏省耕地质量管理条例》要求，建议以现有土壤肥料机构为基础设立耕地质量建设管理专门机构，整合资源，归并职能，形成抓耕地质量建设与管理合力。同时，与耕地数量保护管理机构相互衔接，进一步明确工作职责、重点任务，工作上“相互沟通、相互配合、相互促进、相互监督”，共同推进耕地质量建设与保护工作深入开展。

第三节

气候变化对农业生产的影响研究[①]

一、我国气候变化的趋势和特征

（一）我国气候变化的趋势

由于人类活动和自然变化的共同影响，全球气候正经历一场以变暖为主要特征的显著变化，已引起了国际社会和科学界的高度关注。气候变化是一个典型性全球尺度的环境问题。气候变暖作为一个全球环境问题于20世纪70年代被首次提出来。20世纪80年代以后，随着几百年来最热天气的出现，科学家们对人类活动和全球气候变化之间的关系认识逐步深化，这一问题开始成为国际政治和外交议题。气候变化问题直接涉及经济发展方式及能源利用的结构与数量，正在成为深刻影响21世纪全球发展的一个重大国际问题。全球气候变化对生态系统和社会经济已经产生并将

① 本节内容选自农业部软科学课题（L201015）《气候变化对农业生产的影响》报告。课题主持人：周曙东。

继续产生重大的影响。

在全球变暖背景下，近100年来中国年平均气温明显增加，增幅达到0.5—0.8℃，比同期全球增温平均值略高。近50年气候变暖尤其明显，主要发生在20世纪80年代中期以后。近100年中国年降水量变化趋势不显著，但地区差别和长期波动较大。近50年来中国主要极端天气气候事件发生的频率和强度出现了明显变化。华北和东北地区干旱趋重，长江中下游流域和东南地区洪涝加重。1990年以来，多数年份全国年降水量均高于常年，出现南涝北旱的雨型。近50多年来，“长三角”地区的城市气温也在升高，特别是20世纪80年代中期起变暖幅度更为明显，90年代年平均气温较50年代上升了0.9℃，其中以冬季的气温升高最显著，90年代冬季平均气温较50年代上升了1.1℃。科学家使用31个全球气候模式，在6种代表性温室气体排放情景下预测未来100年的全球气候变化，并预测中国未来100年气候变化，结果表明温度将继续上升，未来变暖的范围和强度增加。据气候模式预测，未来100年全球气温将升高1.4—5.8℃，这可能是近1万年中增温最快的。全球特别是北半球中高纬度地区的降水量将增加。未来中国气温增加明显，降水量也呈增加趋势。与2000年比较，2020年中国年平均气温将增加1.3—2.1℃，2050年增加2.3—3.3℃。预计到2020年，全国平均年降水量将增加2%—3%，到2050年可能增加5%—7%。未来中国的极端天气气候事件发生频率可能增大，将对经济社会发展和人们生产生活产生很大影响。

（二）我国气候变化的特点

1. 温度在逐步上升

在全球气候变化的背景下，我国的气候也发生了显著变化。我国近100年来气温的增幅为0.5—0.8℃，近50年我国年平均气温升高以北方为主，其中东北北部、内蒙古及西部盆地已经上升了2℃以上。

2. 降水变化区域性不均衡和水资源短缺

温度的提高会加快地表水的蒸发，降水也出现不均衡，一些地区降水会增加，而另一些地区降水会减少，从而出现干旱。大家总的印象是中国西北部缺水，今后在中国南方也会出现季节性干旱，水资源短缺将成为一个严峻的问题。例如，2004 年 9 月以来，全国降水量较常年同期明显偏少，广东、广西、海南、湖南及江苏、安徽 6 省区降水量减少幅度都在 85% 以上，南方各省遭遇到 50 多年来最严重的干旱，其中广西、广东大部、海南、福建西南部、湖南大部、湖北东部、江西西北部和南部、苏皖中南部等地达到重旱标准，造成了巨大的经济损失。

气候变化下我国的降水变化略显复杂，总趋势是中国东北、西北、青藏地区的降水量将会增加，而长三角地区的降水量则有可能减少。降水增加后，温度升高时蒸发加剧，降水蒸发差可能为负，土壤有效水分将会变小。

3. 极端气候事件频繁出现，极端天气事件增多趋强

气候变化的另一个特点是自然灾害频繁出现，如台风、暴雪、干旱、洪涝、高温热浪等。例如，2007 年西北太平洋（含南海）上共生成 25 个台风或热带风暴，其中 8 个在我国登陆，台风影响范围涉及浙江、福建、江苏、上海、广东、广西、海南等 15 个省区市。2007 年，台风共造成全国 12 个省份 4216.85 万人受灾，死亡 62 人，失踪 23 人，农作物受灾 3119.12 万亩，倒塌房屋 7.92 万间，紧急转移群众 724.13 万人，直接经济损失 297.57 亿元。

4. 海平面提高

在全球变暖的大背景下，冰川会逐步融化，导致海平面提高。意大利的水城威尼斯已经季节性地被海水淹没了，未来冰岛整个国土都可能被海水淹没。据估计当平均温度提高 4℃ 以上时，一些主要城市如纽约、伦敦、东京、中国香港和上海均面临被淹的威胁。

气候变暖海平面升高还将影响我国沿海地区的海岸带和海洋生态系统。在过去 50 年，中国沿海海平面平均每年上升 2.5 毫米，这个速度高于全球平均值。表 6 - 1 是未来气候变化对我国海平面上升的预测，未来海平面一旦上升，可能会将沿海地区大片地势较低的农田淹没，造成该地农民无田可种，导致一系列社会经济问题。

表 6-1 气候变化对海平面上升的预测 单位：cm

年份	2030	2050	2100
辽宁—天津沿海	10.8—12.0	18.5—20.6	56.6—63.2
山东半岛东南部	-1.2—0.0	1.7—3.8	27.8—34.4
江苏—广东东部	12.9—14.1	21.4—23.5	61.6—68.1
珠江口附近	3—6.5	10.8—12.9	43.4—50.0
广东本部—广西	13.0—14.2	21.5—23.7	61.7—68.3

二、气候变化对我国农业生产的影响

（一）正面影响

1. 种植熟制北移

气候变暖使我国年平均气温上升，从而导致积温增加、生长期延长，且种植成片北移。当年平均温度增加 1℃时，大于或等于 10℃积温的持续日数全国平均可延长约 15 天。全国作物种植区将北移，如冬小麦的安全种植北界将由目前的长城一线北移到沈阳—张家口—包头—乌鲁木齐一线。气候变暖还将使我国作物种植制度发生较大变化。根据预测，到 2050 年气候变暖将使大部分两熟制地区被不同组合的三熟制取代，三熟制的北界将北移 500 公里之多，从长江流域移至黄河流域；而两熟制地区将北移至目前一熟制地区的中部，一熟制地区的面积将减少 23.1%。在我国东北地区，20 世纪 90 年代以来气候增暖明显，水稻种植面积得到北扩，2000 年，黑龙江省水稻种植面积是 1980 年的 7 倍。

2. 以冰川和雪山为源头的河流水源增加

从短期看，温度上升导致我国西部的冰川和雪山加速融化，导致以冰川和雪山为源头的河流水源增加。

3. 北方冬季冻害减轻

从长期看，热量条件的改善同时使低温冷害有所减轻，晚熟作物品种面积增加。气候变暖，冬麦区冻害大幅度减轻，北方冬麦区在 20 世纪 50—60 年代和 70 年代初，几乎年年都有不同程度的冻害发生。20 世纪 80 年代以来，由于冬季温度升高明显，冻害次数减少，强度减轻，尤以 20 世纪 80 年代中期至今，还未发生大面积的冻害。宁夏葡萄产业目前达

8万亩，以前由于冬季温度过低，只能是小范围的家庭种植，现在则大规模生产种植，促进了酿酒产业的发展。辽宁省苹果生产中遭遇≥4级冻害的频率已由20世纪50年代的80%下降到20%，冻害程度也明显降低。

（二）负面影响

1. 影响农作物生长发育和产量

双季稻区早稻平均减产约为16%—17%左右，晚稻减产平均14%—15%，冬小麦减产幅度大约为10%—12%，玉米产量平均下降5%—6%。

2. 引发农业病虫害

未来气候变化将对我国主要农作物的病虫害产生较大影响，农业病虫害有加重的趋势。

3. 影响畜牧业生产

气候变暖会对畜牧业生产造成不利影响，极端天气增多，造成牲畜因冻、饿而批量死亡现象加剧，高温还会诱发动物疫病。

4. 影响渔业生产

渔场和鱼汛期直接受海流、海温影响，气候变化会影响海流、海温，因而渔业生产对气候变化的反映较为敏感。我国四大海区主要经济鱼种的产量和渔获量在气候变化后都将有不同程度的降低，产量降低幅度在5%—15%，渔获量降低幅度在1%—8%。

5. 导致海平面上升，影响沿海地区的农业生产

海平面上升与异常气候事件进一步加重了风暴潮、赤潮、咸潮入侵与盐渍化等海洋灾害，可能将沿海地区大片地势较低的农田淹没，造成沿海地区农民无田可种，导致一系列社会经济问题。此外，海平面上升还会造成其他负面影响，如海水倒灌，影响内河的渔业生产；也会导致农田盐碱化，影响农业生产。

6. 对农业成本和投入的影响

在气候变化的大背景下，异常气候出现的概率将大大增加，尤其是极端天气现象的增多，区域气候灾害、荒漠化、沙尘暴的加剧，势必导致世界粮食生产的不稳定，从而提高农业成本；加上气候变化尤其是气温升高后，引起农业生产条件的改变，农业成本和投资大幅度增加，土壤有机质

分解加快，化肥释放周期缩短。加上气候的变化还会使灌溉成本提高，进行土壤改良和水土保持的费用增大。使农业的投资增大，提高了农业成本。

7. 气候变化使荒漠化加剧，耕地面积减少

气候变化将会使我国荒漠化加剧，耕地面积减少，影响我国的粮食生产。气候变暖使降水增加有限，蒸发量加大远超过降水量的增加，为荒漠化提供了有利的气候背景，加速了土地退化。

8. 气候变化加剧我国的干旱局面，影响农业生产

频繁出现的干旱已成为我国北方地区农业生产的制约性因素，而气候变暖会加重北方地区的干旱局面。我国的干旱半干旱地区主要分布在北方，约占全国陆地总面积的47%。近年来，随着全球温室效应的加剧和气温的不断升高，虽然个别地区降水有增加的趋势，但由于人类活动的加剧，整个中国北方干旱化问题仍然日益突出。南方地区是我国农业生产（特别是粮食生产）的主产区，气候变暖会导致高温热害、伏旱将更加严重。我国南方雨水资源丰富，但时空分布不均，存在严重的季节性干旱（伏秋旱）。近3年来我国南方赣、浙、闽、湘等省份相继遭遇了百年一遇的伏秋连旱、自1953年有记录以来最严重的秋旱和严重伏旱，旱情发展快、持续时间长，造成了巨大的经济损失。

9. 气候变化导致暴雨频发，形成洪涝灾害

在全球增暖下，中国东南沿海、西南、西北、内蒙古和东北部分地区的洪涝灾害增加，黄河中游以南和华北平原干旱增加。近年来，中国局部地区频繁发生洪涝灾害，特别是1990年以来，长江、珠江、松花江、淮河、太湖、黄河均连续发生多次大洪水，洪灾损失日趋严重。

10. 破坏农业设施

在气候变化的大背景下，异常气候出现的概率将大大增加，尤其是极端天气现象的增多，形成区域气候灾害。暴雨和暴雪等农业气象灾害都会对农业设施造成重大破坏，使大棚倒塌损毁，严重影响棚栽作物的产量和品质，破坏农业灌溉系统和水利设施，引起农业生产条件的改变，农业成本和投资大幅度增加。

三、气候变化对我国粮食生产的影响分析

（一）气候变化对南方水稻产量影响的模型分析

通过构建扩展的新的 C—D—C 气候模型，运用混和 OLS 模型实证分析气候变化对我国南方地区水稻产量的影响结果表明：

第一，气候变化对南方地区水稻产量有显著负影响，水稻生长期间平均降水每增加 10 毫米将会引起南方水稻总产量下降 0.23%—0.97%，平均温度上升 1℃将会导致南方水稻产量下降 2.52%—3.48%。

第二，从 1978—2007 年，南方地区水稻总产量增长了 17.23%，其中降水对南方地区水稻产量的绝对贡献为 0.02，相对贡献为 11.60%，温度对南方水稻产量的绝对贡献为 -1.79，其相对贡献则为 -10.39%，而来自物质要素投入、技术进步及制度绩效的绝对贡献为 19.00，其相对贡献则达到了 110.27%。表明降水对水稻生产的正面贡献和温度的负面贡献与物质要素投入、技术进步及制度绩效相比还是较小，当前南方水稻产量的增长还主要依靠物质要素投入、技术进步、制度及政策实施来保障的，但是，从长期来看，未来气候变化可能会给南方水稻生产带来不可忽视的影响。

第三，根据气候变化情景模拟结果表明，未来各种气候变化情景对南方水稻产量的影响以减产为主，预计到 2020 年的减产幅度可能在 1.88% 到 7.83% 之间，到 2050 年的减产幅度可能在 2.85% 到 14.87% 之间，到 2080 年的减产幅度可能在 8.67% 到 24.35% 之间。

第四，改革开放以来，南方地区水稻生产新技术的推广和应用，为水稻产量的不断提高奠定了技术基础。这意味着加快技术进步是减缓气候变化不利影响的主要措施。

第五，家庭联产承包责任制的实施在 1978—1985 年期间，极大激发了农户的生产积极性，促进了南方地区水稻产量的快速增长。

（二）粮食生产对气候变化的脆弱性评估

通过对我国各个年代的脆弱性的计算，可以发现我国各个年代粮食生产对气候变化的脆弱性从 20 世纪 80 年代起表现为逐渐增高，平均数值从

20 世纪 80 年代的 1.031 上升到 21 世纪的 1.076。在 1980 年，脆弱性仅为 0.50，而到了 2007 年，脆弱性已达到了 0.98，而 2004 年的脆弱性为 2.13，达到了近几十年来的一个峰值。分析致灾因子，可以发现气候变暖使得水旱灾害等极端气候事件的频率和强度都趋于增加，降水也出现了区域性和季节性的不均衡，因此表现为粮食生产对气候变化的脆弱性程度逐渐增加。另一个可能的原因在于粮食价格持续维持在低水平，农民收入增幅有限，农民的种粮积极性受到很大影响，导致农业投入减少，从而造成农业抗灾能力减弱。

（三）农业气象灾害对我国粮食生产的影响

随着全球气候变暖和人类生产水平的提高、异常气候发生的频次增加以及自然生态环境的破坏，农业气象灾害的风险也日益上升，影响着资源的持续利用和农业生产的持续发展。根据各年受灾面积和成灾面积的变化，可以看出 20 世纪 90 年代后的受灾率和成灾率呈增加的趋势。本研究计算出 1978—2007 年我国的年平均粮食灾损为 2056.5 万吨，年均粮食减产的百分比为 4.8%。从 20 世纪 70 年代末以来，自然灾害造成的粮食损失呈现出明显的增加趋势。20 世纪 90 年代以前的年均粮食灾损为 1579.2 万吨，而 90 年代后的粮食灾损则增加到 2374.7 万吨，90 年代后的粮食灾损是 90 年代以前的 1.5 倍。通过对历年粮食产量的计算可知，20 世纪 90 年后的年均粮食产量为 47183.8 万吨，90 年代前的年均粮食产量为 36737.6 万吨，90 年代后的粮食产量为 90 年代前粮食产量的 1.3 倍。粮食灾损的增长速度超过了粮食产量的增长速度，显示出自然灾害对粮食生产的程度越来越大，粮食产量的增长有相当一部分被因灾造成的粮食损失所抵消。

四、农业生产应对气候变化的对策措施

（一）农业减排

近年来，我国对工业的节能减排采取了大量的措施，取得了明显进展，但对农业节能减排的问题与潜力，重视程度还不够，因而措施尚欠力度，进展相对迟缓。其实，农业和农村节能减排，不仅能实现资源的循环

利用，还能促进农业生产发展，帮助农民增收，改善生态环境，因此政府部门应对农业节能减排给予高度的重视和大力的支持：一是加强生态农业工程建设和农业生产安全管理；二是减少化肥和农药的施用量，提高农业机械化水平；三是加大秸杆还田技术研究，依法治理秸杆焚烧现象；四是推广农业废弃物综合利用水平，大力发展循环农业技术，降低农业生产污染和温室气候排放量。

（二）合理调整农业结构

气候变暖后，因积温增加和生长期的延长，麦、稻两熟区、双季稻种植区和一年三熟制的水稻产区，只要水分条件能满足生育期的需要，种植北界均可向北推移。这种变化有可能使一年二熟、一年三熟种植的面积扩大。因热量条件的改变，复种面积将扩大，复种指数将提高，对水分的需求增加，未来水分将取代热量成为复种面积扩大的主要限制因素。对此，我国农业需要合理调整农业结构，充分利用农业气候资源。因此，应逐步调整农业结构，改进耕作制度：一是适当扩大三熟制和双熟制的面积，提高复种指数；二是增加土壤植被的覆盖率，不仅有利于吸收利用大气中的二氧化碳，也有利于防止土壤退化和沙漠化；三是在种植业内部适时改革耕作制度，调整作物品种布局，以充分适应气候的变化。

（三）选育抗逆性强的新品种，增强农作物抵御自然灾害的能力

气候变化将迫使育种机构选育抗逆性强的新品种，增强农作物抵御自然灾害的能力。首先是对作物的抗逆性要求：耐高温、耐干旱、抗病虫害，以应对气候变暖和干旱的影响；抗紫外线，特别增强对 UV—B 的抗性；耐盐碱，即使在海平面升高，沿海滩涂盐碱加重时也不影响对滩涂盐碱地的开发和利用；其次是对作物的生理特性的要求：高光合效能和低呼吸消耗，即使在生育期缩短的情况下也能取得高产优质；对光周期不敏感，即使在种植界限北移时也不因日照条件的变化而影响产量。

（四）发展节水农业

农业是用水大户，其用水量约占全国用水总量的 70%，气候变暖和

干旱将使水资源成为困扰中国农业发展的重要因素，因此，发展节水农业是解决我国农业水资源短缺的首要途径。一是科学地制定农业节水发展规划，更新传统观念，即农业用水原则必须从“以需定供”转变为“以供定需”，据此确定不同区域水资源的承载力，提出与之相适应的农业发展规模与速度，以实现农业水资源供需的基本平衡；二是建立有限灌溉制度，以作物实际需水为依据，以信息技术为手段对农田进行“非充分”供水；三是重视生物节水技术，培育节水耐旱新品种，推广覆盖节水技术、保水剂节水技术。

（五）改善农业生态环境，推行生态农业

在建设集约高产基本农田、制止滥砍滥伐的基础上，可以通过绿化造林、农林结合、有机物还田、少耕或免耕覆盖等措施，增加单位土地上的林木生长量和土壤有机物含量，使两者逐步成为吸收大气 CO_2 的重要调蓄库。农业释放的另外两种重要温室气体 CH_4 和 N_2O 也应从改进水田管理、改良草食畜种及饲养技术、控制化学氮肥使用及反硝化过程等途径加以有效抑制，从而改善农业气候生态环境，推行生态农业。

（六）加强水资源的管理，提高水资源利用率

我国是一个水资源相对贫乏的国家，水资源问题已经成为制约我国经济迅速发展的瓶颈，特别是农业缺水更为严重。因此，加强水资源的管理，科学合理地利用农业水资源，对于从根本上解决我国“三农”问题有着至关重要的作用。一是改革现有的农业水资源管理体制，通过制定相关政策，规定水管单位的法律地位和用水工作执行条例，因地制宜建立适应不同地区、不同类型的管理机制；二是实施农业多水源联网调度，进行统一管理，联合调配，通过连接各水源单元和用水单元，运用方便、调度灵活的水资源配置工程体系，进行水资源的合理配置；三是改革区域农业水资源的投入机制，政策向节水农业倾斜，拓宽投融资渠道，实现投资主体多元化，充分体现“谁投资，谁受益”、“谁用水，谁出资”的原则；四是积极推进水价改革，发挥经济杠杆的作用，合理制定农业用水控制指标体系、水价政策和水费计收规定，促进农业高效用水。

(七) 推广植树造林，扩大城市绿化面积

据估计，地球上的自养植物每年同化2000亿吨碳素，其中68%是陆地生态系统同化的，而森林的同化量又占陆地同化量的92.3%，也就是说，森林通过光合作用每年平均固定1255亿吨碳素，占大气中总量的4.8%。1公顷森林每天通过光合作用吸收1吨CO_2，放出0.73吨O_2，1公顷城市绿地1小时吸收CO_2约8000克。因此，扩大森林面积把化石燃料释放的二氧化碳，再贮存起来，以维持气体的平衡。这就要求，除对秃岭荒山、空坪隙地、湿地滩涂的绿化外，还应特别注重绿色城市建设。城市是人类活动最集中、最剧烈的地方，城市排放的热和温室气体最多，因此，城市往往成为热岛。人们不得不付出高昂的电费，度过炎热的夏天，同时还带来了负面的效应，电能转换成热能，更增加了室外环境温度。提高城市的绿色覆盖面积，不仅能固定CO_2，而且能降低城市的环境温度，节省能源，减少热排放，降低太阳光热对地气的抽吸作用，形成良性循环。

(八) 加强农业灾害性天气的中长期预测和预报

气候变化导致农业气象灾害出现一些新的变化，总的趋势是灾害发生更加频繁、灾害强度更大、损失更重。因此必须加强农业灾害性天气中长期预测预报，提前做好预防工作，真正提高防灾减灾意识，增加农业科技、资金等方面的投入，建设诸如气候变化和气象灾害自动监测预警系统，完善防灾体系，提高防灾抗灾的能力。

(九) 加强农田水利与抗旱基础设施建设

我国农田水利与抗旱基础设施建设工程始建于20世纪50年代，大部分工程质量较低，很多工程已基本接近其使用寿命，因此，政府主管部门应增加对农田水利基础设施建设的投入：一是落实好农田水利基本建设规划，把农田水利与抗旱基础设施建设与发展现代农业、社会主义新农村建设有机结合起来；二是抓好农田灌排工程建设，实施大中型灌区的续建配套和节水改造，充分发挥灌区的整体效益；三是搞好病险水库除险加固，

加速提升防御洪涝灾害的能力；四是加快重点骨干水利工程建设，改善农村的生产生活条件，推进农村经济社会发展。

（十）促进全球合作，减少温室气体排放

气候变化是环境问题中最重要的方面，缺乏环境意识是环境灾害发生的重要原因。应通过各种渠道和宣传媒体，进行危机感、紧迫感和责任感的教育，提高人口素质，使越来越多的人认识到温室效应所导致的灾害已经开始，气候正在日益变暖，人类应为自身和全球负责。要树立全球一体化思想，全球气候变暖问题不仅是一个科学问题，而且一个与人类社会可持续发展紧密联系的社会问题。一地气候异常绝非只是影响局部区域，它往往通过大气环流影响整个地球环境，只有全世界各国携起手来，共同减少温室气体排放，才能从根本上解决问题。

第四节 加快草原碳汇经济发展[①]

全球工业化发展进程中化石燃料的大量使用所引发的“温室效应”已成为当今世界面临的最为严峻的全球性环境问题之一。为了控制大气中温室气体的含量，减缓全球气候变化，保护人类生存环境，国际社会纷纷采取行动。《联合国气候变化框架公约》、《京都议定书》（Kyoto Protocol）、《哥本哈根协议》相继签署，中国政府也于2010年8月正式对外宣布了新的减排目标：到2020年，单位国内生产总值二氧化碳排放比2005年下降40%—50%，并作为约束性指标纳入“十二五”规划，转变经济发展方式，发展绿色低碳经济成为中国各级政府的首要任务。由此可见，

① 本节内容选自农业部软科学课题（201108）《草原碳汇经济发展战略研究》报告。课题主持人：王欧。

加强生态建设与保护，减少碳源、增加碳汇，发展绿色低碳经济是人类生存的需要。森林、草地、农田等生态系统因能够利用碳汇作用增加碳储量而减少温室气体，使其价值颇值得重新认识和发掘。

一、草原碳汇的相关研究

草地作为陆地生态系统的重要组成部分，不仅可以提供草产品、保持水土和维持生物多样性，还可以通过光合作用吸收大气中的二氧化碳。草地地上部分和地下部分总的碳贮量约占全球陆地生态系统的1/3，仅次于森林生态系统，对改善全球气候变暖具有重要的作用和积极的意义。一方面，草地质量的改善可以提高草地生产力，同时也可以提高草地对二氧化碳的吸收和储存能力；另一方面，如果草地退化，不仅降低草地吸收二氧化碳的能力，还会释放储存在草地土壤中的有机碳，进一步加剧温室效应。因此，草地生态系统对调节大气中温室气体的含量具有非常重要的作用。全球草地面积约44.5亿公顷，碳贮量达7610亿吨，占世界陆地生态系统碳储量的34%，仅次于森林碳汇。我国的草原面积在世界上位居第二，约占国土总面积的41.7%，中西部草原面积47.7亿亩，占全国草原面积的近90%，是天然的草原大碳库。但长期以来，由于种种原因，国内外普遍认同的碳汇主要是指森林碳汇，比较而言，草原被过多地定位于牲畜承载和饲草料生产的功能，而忽视了它调节气候、保持水土、涵养水源、防沙固沙、净化空气、维护生物多样性等生态价值和碳汇价值。这些都在一定程度上影响了对草原碳汇功能的开发，从而导致对草原生态的忽视以及对碳汇评估的缺失。

碳汇问题的研究，国外始于20世纪60年代中后期。20世纪60年代初期到70年代中期，由国际科学联合会（ICSU）组织的国际生物学计划（IBP）标志着全球性陆地森林生态系统碳蓄积研究的开始。从此，西方各国如欧洲、美国等分别进行了区域森林生态系统的碳平衡及其与全球碳循环之间关系的研究。

中国对于碳循环研究起始于20世纪70年代后期，比国际其他发达国家该领域的研究大约晚10—15年。我国科学家对于陆地生态系统的碳循环的若干领域，开展了许多前期性的研究工作。借鉴国外一些较成熟的研究成果、方法及理论，结合中国实际情况，碳汇研究得到了飞快的发展，同时也呈现了较多的理论研究成果。

与森林碳汇发展相比，草原碳汇功能的认识相对滞后，近年来国内外学者也意识到了草原碳汇的巨大潜能，有了一些初步的研究，主要集中于对草原碳汇潜力的定性判断和初步估算。Davidson 等（2002）、任继周等（2004）和于贵瑞等（2006）认为在农林生态系统中，草地仍然是十分活跃的碳汇，且减源增汇潜力巨大。根据德国全球变化咨询委员会（WB-GU）的估计，全球陆地生态系统的碳储量有 46% 在森林中，23% 在热带及温带草原中，其余的碳储存在耕地、湿地、冻原和高山草地中，可见草原碳储量仅次于森林碳储量，不同学者或机构对全球草地生态系统碳储量进行了估算，平均碳储量约为 569. 6Pg，其中植被层为 72. 9Pg，土壤层为 496. 6Pg。即：与森林等其他类型的陆地生态系统不同，草地生态系统不具有固定而明显的地上碳库，其碳储量绝大部分集中在地下土壤中。此外，对全球草地生态系统碳储量的估算存在着较大的不确定性。造成不确定性的因素来自多个方面，包括方法的选择、草地概念的界定和统计面积的差异等。

从上述研究来看，森林碳汇经济发展无论从理论研究还是政策实践都趋于成熟。但是对于草原碳汇发展虽然均从理论和实践两方面进行了有益的探讨，然而总体来看，理论研究与经验实证均较少，对于草原碳汇经济，尚未形成一套完整的评价标准和体系，也未形成完善的草原碳汇计量方法，这些都在一定程度上影响了对草原碳汇功能的开发，从而导致对草原生态的忽视以及对碳汇评估的缺失。上述研究也未从实践角度提出完整的草原碳汇交易运作模式。因此，本项研究在对我国不同类型草原土壤碳积累及汇/源功能转换特征进行研究的基础上，筛选草原碳汇计量方法，构建草原碳汇评价标准和指标体系，对我国草原生态系统碳汇年净增量及碳汇潜力进行科学计量与预测评估。构建完善草原生态系统碳汇贸易市场体系、制定碳汇交易标准，完善我国草原碳汇经济的制度与政策保障体系，从而为制定草原生态保护建设发展战略提供科学依据。

二、我国西部草地生态系统现状及草原碳汇经济发展的必要性

我国西部由西南五省区、西北五省区和内蒙古、广西以及湖南的湘西、湖北的恩施两个土家族苗族自治州组成。西部地区面积约 538 万 km^2，约占全国总面积的 56%，总人口约 2.87 亿，约占全国总人口的 22.99%。草地是我国西部地区主要土地利用类型之一，这里分布着全国 70% 的草地。以农田和草地为载体的农牧业生产不仅维系着西部地区人们的基本生活需求，推动区域经济发展，同时，在我国耕地资源不断减少和人口刚性增长的大背景下，其相对丰富的农田和草地资源，也是解决我国未来人口食物需求的重要保障。但由于西部地区气候、环境条件恶劣，生态系统先天性脆弱，破坏后恢复的难度极大。加上当前农田和草地经营粗放、科技含量低、人为破坏和鼠害严重，导致西部地区农田和草地发生大面积的沙化、退化，造成草地经济效益落后，严重制约了农田和草地资源的可持续利用。因此，加强西部地区农田和草地资源的保护与建设，实现草地资源的可持续利用，已经成为保障西部地区实现可持续发展和中国 21 世纪粮食安全的重要途径。

我国是世界上拥有草地资源最丰富的国家之一，面积近 4 亿公顷，约占国土面积的 41.7%，主要集中分布在北方干旱、半干旱地区和青藏高原。主要分成 18 个大类，如表 6－2 所示。

其中，高寒草甸和温性荒漠的面积最大，高寒草原和温性草原的面积次之；若按地理区域划分，北方温带草地面积最大，占全国草地面积的 41%，青藏高原草地占 38%，南方及东部次生草地占 21%。由于自然因素和人为经济活动的影响，如大规模的超载放牧、乱挖滥采等行为，使得我国草地生态系统大面积受损，草地退化问题严重。目前，西部 6 省区（内蒙古、新疆、青海、西藏、甘肃、宁夏）因各种因素造成的退化草地总面积为 14253.34 公顷。其中轻度退化面积 7298.62 公顷，占退化总面积的 51%；中度退化面积 4933.6 公顷，占退化总面积的 35%，重度退化面积 2021.12 公顷，占退化总面积的 14%。草地退化严重制约了当地的经济发展和人民生活水平的提高。

表 6－2　　我国草地的主要类型及其面积　　单位：万公顷

草地主要类型	面　积	草地主要类型	面　积
温性草甸草原	1451.9	暖性草丛类	666
温性草原	4110	暖性灌草丛类	1177
温性荒漠草原	1892	热性草丛类	1424
高寒草甸草原	687	热性灌草丛类	1740
高寒草原	4162	干热稀树灌草丛类	86
高寒荒漠草原	957	低地草甸	2522
温性荒漠草原	1067	山地草甸类	1672
温性荒漠	4506	高寒草甸类	6372
高寒荒漠	753	沼泽类	287

草地生态系统在碳平衡中，具有非常重要的作用。根据 Ni 的统计，我国草地生态系统碳储量为 44.09PgC（1Pg = 1015g），其中储存在土壤中的为 41.03PgC，是植被层的 13.5 倍。从地区上看，我国草地 85% 以上的有机碳分布于高寒和温带地区，从草地类型上分析，高寒草甸、高寒草原的碳储量最大，分别为 11.30PgC 和 6.38PgC，这两类草地占全国草地总碳储量的 50% 左右，是一个巨大的碳库。

（一）草地资源利用的现状及存在问题

1. 草地资源总量大，生产力低

西部地区是我国草地集中分布区，草地总面积达 2.6 亿 hm^2，占全国草原总面积 2/3 以上，人均牧草地达 0.69hm^2，为全国平均水平的 3.1 倍，但生产力总体偏低，单位面积所提供的畜产品产值不及美国同类草地产值的 1/20。

2. 草地类型多，天然草地面积大

西部地区地域辽阔，地形、气候千差万别，导致草地类型复杂多样。根据分类原则，可划分为 8 大类，6 个亚类，53 个组，824 个草地类型，主要类型有高寒草甸、高寒草原、温性荒漠和温性草原等，但基本上以天然草地为主，人工草地还不到 1%。

3. 草地退化严重

西部旱区90%的可利用天然草原已发生不同程度的退化，而且每年还在以200万hm^2的速度增加。草场退化导致地表覆盖度降低，草场质量不断降低，尤其是沙化面积日益扩大，我国荒漠化土地每年以26.2万hm^2的速度发展扩大，其中大部分发生在干旱半干旱草原区，尤以农牧交错区最为严重。

（二）草原碳汇研究的重要性和必要性

1. 草原是我国陆地生态系统中面积最大的碳库

我国草原面积约占世界草原面积的1/10左右，居世界第二位，是国土面积的1/5，是我国耕地面积的3.2倍、森林面积的2.5倍。因此，草原是光合作用最大的载体，是我国面积最大的碳库。根据政府间气候变化专门委员会（IPCC）发表的报告，草地每年每公顷可固碳1.3t，以此推算，我国4亿hm^2草原，每年大约可固碳5.2亿t，折合二氧化碳19亿t，大约能抵消我国全年二氧化碳排放总量的30%。草原每年所固定的碳大量存储在草原生态系统，即植物层和土壤层，经过千万年漫长的发展过程，使之成为一个名副其实的巨大碳库。从植物层看，我国草原植物年生长量约为10亿t（鲜草），折合有效干物质2亿—2.5亿t，其固碳量能达到0.9亿—1.13亿t。

据有关研究，草原土壤层的储碳量一般是植被层的15—20倍，即使以15倍计算，我国草原植物层和土壤层的总固碳能力应该达到近20亿t（平均每公顷5t），折合二氧化碳约73亿t，是我国所确定的未来5年二氧化碳减排目标（15亿t）的4.87倍，约相当于178亿人的年呼出量或33亿辆汽车的二氧化碳年排放量。如考虑到森林的地面一般均为草本植物所覆盖，以1.95亿hm^2森林面积计算，又能固定约10亿t碳，折合二氧化碳约36.5亿t。

2. 草原碳汇研究是提高应对气候变化水平的迫切需要

草地资源在生态环境上有助于调节气候，保持土壤水分，减少水土流失，促进生态平衡。在2009年9月联合国气候变化峰会上，胡锦涛主席表明了中国积极应对全球气候变化的原则立场。面对气候变化的严峻挑战，我们必须深入贯彻落实科学发展观，采取更加强有力的政策措施与行动，充分发挥草原的固碳功能，使之成为更大更稳定的碳库。党的十七大明确指出："加强水利、林业、草原建设，加强荒漠化石漠化治理，促进生态修复。加强应对气候变化能力建设，保护全球气候作出新贡献。"

按照党的十七大要求，我们在生态建设中和应对全球气候变化中，不能只强调植树造林的片面做法和错误的宣传舆论导向，还要真正确立草原也是陆地生态系统的一个"大碳库"的科学理念，重视草原生态、草原发展、植绿护绿。我国在刚刚公布的控制温室气体排放的国家行动目标中，已确定了到2020年新增造林面积和提高森林积蓄量的具体任务，建议加快制定我国应对气候变化草原行动计划，进一步明确草原保护建设面积和草原植物生产能力等目标，真正明确了草原在应对气候变化中的重要性。这就迫切需要草原主管部门及时准确地掌握和分析草原碳汇的基本情况，以便进行科学的决策。

目前，我国草原碳汇资源监测和信息管理体系还未建立，各级草原主管部门虽已经开始关注草原的碳汇功能，但对草原碳汇功能的时空动态信息还没有掌握。因此，急需研究草原碳汇的形成和维持机制，建立草原碳汇的实际可行的评估标准，以便快速准确地监测草原碳汇资源时空动态变化，分析草原碳汇的时间、空间分布和程度，预测草原碳汇动态变化的可能趋势。所以，进行草原碳汇功能及其价值评估的研究，是加强草原保护建设，提高应对气候变化水平的迫切需要，也是提高我国草原监理管理水平和保证草原资源可持续利用的迫切需求。

3. 草原碳汇研究是提高科技支撑水平的现实需要

我国草原固碳方面的研究还非常落后，既缺乏专门的研究人才，也缺乏相关技术支撑，底数不清结论不一的现象非常突出。虽然有些科技人员进行了一些研究，但研究方法往往缺乏创新，研究过程缺乏系统性，研究内容也局限于小范围或特定的草原，缺乏对我国整个草原生态系统的宏观研究。

我国草原面积大，分布广泛，气候及地理环境复杂，草原植被类型和利用方式也多种多样，这给开展固碳研究带来一定的难度，通过草原碳汇功能及其价值评估的研究，可以对不同管理利用现状的草原进行碳汇功能的监测，可帮助各级管理部门尽快获悉草原碳汇功能的现状和未来变化趋势，极大提高草原碳汇监测和计量的工作效率，促进各级部门草原碳汇研究工作的重视程度。因此，草原碳汇功能及其价值评估的研究，是争取在较短时间内使草原固碳研究有大的突破，提高草原科技支撑水平和应对气候变暖的现实需要。

（三）草地资源是西部地区实现可持续发展的基础

1. 草地资源是西部区域经济的发展基础

以草地资源为生产资料的草地畜牧业是西部牧区经济的支柱产业，草地畜牧业生产出丰富的肉、奶、皮、毛等畜产品和众多名贵中草药，不仅满足了人们对肉食、奶类及皮毛等生活必需品的需要，而且还极大地促进了西部地区畜牧业经济的发展，增加了农牧民收入。据统计，农民现金收入的20%来自畜牧业，而牧区农牧民的现金收入则主要来自草原畜牧业。此外，以草地资源为主的旅游业、娱乐业的发展，也为西部地区创造了巨大的经济价值。

2. 草地资源是维持生态平衡、保护生态环境的生态屏障

近年来，长江中下游地区的洪涝、北方的沙尘暴等环境灾难的频繁出现，都在一定程度上与西部草地的破坏有关。广阔的西部草地是我国重要的生态屏障，从青藏高原向北沿祁连山、天山、阿尔金山、贺兰山、阴山至大兴安岭形成了一条绿色的自然保护带。由于草根系发达，地表覆盖大量的茎、叶，可以减少降雨对地表的冲刷，从而削弱风雨的冲击力，增加区域涵养水分的能力，水土流失明显减少。草地通过光合作用释放大量的O_2，并能吸收、固定大气中的某些有害、有毒气体，还能分泌一些杀菌素，从而减少空气中的细菌含量。茂密的草地，像一座庞大的天然“吸尘器”，能不断地吸附空气中的尘埃。另外，草地对大气候和局部气候都具有调节功能，从而可以缓冲极端气候对人类的不利影响。植物通过蒸腾作用调节水循环，限制地区湿度的降低和表面温度的升高；还可以通过光合作用吸收大量CO_2，从而缓解温室效应。草地是生物多样性的宝库，分布在广袤草原上的各种野生动物、植物资源是作物培育和基因工程的重要基因源泉。我国大江、大河多发源于西部地区，西部草原对江河水源的涵

养和保护也起到了巨大的作用。

三、我国草原生态系统碳汇计量与评价——以甘肃省为例

本文以甘肃省草原生态系统为研究对象，首先对草原生态系统碳储量进行定量估算。在搜集和整理甘肃省草地典型实验数据的基础上，结合甘肃省实际，采用兰州大学草地农业科技学院制作的《中国草业开发与生态环境建设专家系统》和CENTURY模型，对全省14个市州草地类型的碳储量进行了估算。

土壤碳储量 = Σ（土壤面积 × 土壤容重 × 土层厚度 × 土壤含碳量）；

植物体有机碳储量 = Σ（草地面积 × 标准样地生物量 × 植物体含碳量）。

通过计算得到甘肃省14个市州和不同类型草原生态系统的碳储量，见表6-3和表6-4。

表6-3　甘肃省14个市州草地碳储量分布

市　州	草原面积（hm^2）	土壤碳储量（Pg）	植被碳储量（Pg）	总碳储量（Pg）
白银市	1349466.099	0.243	0.0312	0.2742
定西市	640210.3005	0.2517	0.0148	0.2665
甘南州	2857657.375	0.4426	0.664	0.5090
嘉峪关	19427.35	0.0387	0.0003	0.390
金昌市	304811.029	0.0953	0.0070	0.1023
酒泉市	10229335.49	1.0109	0.2374	1.2483
武威市	1289236.47	0.4119	0.0298	0.4417
张掖市	3328019.06	0.5357	0.0771	0.6128
临夏州	318037.0624	0.1044	0.0074	0.1088
兰州市	685901.3749	0.1614	0.0158	0.1772
陇南市	588269.5856	0.3606	0.0137	0.3743
平凉市	142946.8186	0.1454	0.0034	0.1488
庆阳市	5052142.485	0.7621	0.1174	0.8795
天水市	60896.7116	0.1877	0.0013	0.1890
合　计	26866357.21	4.7484	0.6230	5.3714

表 6-4　甘肃省各草地类型碳储量分布

草原类型	草原面积（hm^2）	土壤碳储量（Pg）	植被碳储量（Pg）	总碳储量（Pg）
低地草甸类	8641466.758	1.2078	0.0868	1.2946
高寒草甸类	2528603.956	0.4403	0.0444	0.4847
高寒草原类	1180421.605	0.2678	0.0384	0.3062
高寒荒漠类	214126.3612	0.1582	0.02	0.1782
暖性灌草丛类	442484.7499	0.1661	0.0423	0.2084
山地草甸类	2175911.793	0.3961	0.042	0.4381
温性草甸草原类	573927.5803	0.1948	0.0309	0.2257
温性草原化荒漠类	730897.0711	0.2145	0.032	0.2465
温性草原类	3165455.27	0.5203	0.0489	0.5692
温性荒漠草原类	1076054.575	0.2578	0.0344	0.2922
温性荒漠类	6206573.043	0.9027	0.07	0.9727
沼泽类	40487.349	0.1111	0.0438	0.1549
合　计	26976410.11	4.8375	0.5339	5.3714

从表 6-3 和表 6-4 的计算结果来看，甘肃省草地生态系统的地上和地下部分的碳含量总量约为 5.37 亿 t，地下部分的碳含量的平均值约为 $17839g/m^2$。甘肃省地下部分的碳含量和其地上部分的比值为 7.61—9.06 之间。其次，从放牧、开垦等方面研究我国草原生态系统碳汇的影响机制，0—30cm 土层 6—9 月放牧地土壤有机碳储量均高于围封草地。家畜的践踏有利于枯落物的物理破碎，并使凋落物和表层土壤更好地搅拌融合，有助于提高凋落物分解速率和碳周转速率，另外，放牧地各土层的容重均比围封草地高 $0.3g/cm^3$。进而以甘肃省为例，深入分析甘肃省天然草地的生态系统服务价值评估，同时，评估甘肃省天然草地在不同空间尺度上的生态系统服务功能的价值，甘肃省天然草地的总服务价值为 217.05×109 元。受各等级草地产草量、分布面积、生物群落分布广度以及放牧强度的共同影响，各等级天然草地生态服务价值的贡献率有很大的差异，由于在该流域中第 3 级草地占全部面积的 62.9%，因此该级草地的服务价值最高，占总价值的 57.2%，为 112.21×109 元，第 1 级草地因

牧草质量高，也具有较高的服务价值，列第二位，为 28.4%，年服务价值为 75.78×109 元，其他等级草地由于生物量的不同，按生物量多少分别为第 2 级草地 7.7%，第 4 级草地 6.3%，第 5 级草地 0.4%。

草地生态系统在全球碳循环中起着重要的作用，是一个巨大的碳库。研究表明，草地固碳能力是 1650kg CO_2/hm^2，而且面积广大。以土壤有机质含量提升为例，草地土壤有机质含量每 0.1 个百分点，就可以增加碳汇 6 亿 t，相当于减少 CO_2 排放量 24 亿 t。草地生态补偿机制中引入碳汇，可以更好地估算和衡量草地生态系统治理以及改善的成本，使得草地的治理更有针对性和区分性，同时提高资金的使用效率，并且在一定程度上保证了治理的成果，另外，草地碳汇市场的建立也为投资者提供了一个平台，吸引更多的投资者加入，有利于为草地的治理提供更多可以利用的资金，为治理成果的巩固和治理范围的不断扩大提供有力的保障。

四、发展草原碳汇经济的制度设计与政策保障研究

（一）发展草原碳汇经济的制度设计

1. 提高认识，加强宣传，明确草原的战略地位

草原地理位置独特，生态功能多样，在防风固沙、保持水土、维护生物多样性、休闲娱乐等方面的生态功能是其他任何生态系统不可替代的。但长期以来，对草原生态系统的整体功能缺乏完整的理解，特别是草原的巨大环境效益常常被人们所忽略，重利用轻保护、重索取轻投入的现象十分普遍。近年来，全球气候不断变暖的趋势日益加剧，生态环境备受关注，随着各地对生态环境保护新闻宣传报道力度的不断加大，草原所具有的战略地位日益被人们所熟知。要进一步大力宣传《中华人民共和国草原法》，加强草原保护建设和合理利用的宣传教育，提高全社会对草原生态环境的关注度，使种草、爱草、护草的理念深深扎根于民众心中。要将草原保护纳入国家生态建设总体布局，正确处理好经济发展和草原保护的关系，始终坚持生态效益和经济效益并重、保护优先、利用有序的原则，积极稳妥地推进草原保护建设和合理开发利用。

2. 增加草原保护建设投入力度，加快恢复草原植被

改革开放以来，我国逐步加大对草原保护建设项目的投入力度，特别

是2000年以来，草原投资进一步加大。据统计，1978—1994年，中央财政草原基本建设投资平均每年不到2000万元。进入21世纪以来，国家先后启动实施了退牧还草、京津风沙源治理、西南岩溶地区草地治理、草种繁育基地、天然草原植被恢复、牧草种子基地、草原围栏等生态建设项目，涉及全国20多个省区。截至2010年，已累计投入中央资金160多亿元，建设草原围栏0.4亿hm^2之多，有力促进了草原生态恢复。今后，应加紧编制《全国草原保护建设利用总体规划实施大纲》，进一步加快实施《全国草原保护建设利用总体规划》，并加强草原自然保护区建设。

3. 完善草原保护支持政策，建立健全生态补偿制度

国家、地方和牧民三者的利益与目标协调一致，是草原保护建设取得成效的关键。建立健全草原生态补偿机制，科学制定草原生态补偿的补偿内容、补偿标准、补偿主体、补贴对象和补偿方式，在主要牧区和生态较为脆弱的半农半牧区开展生态补偿试点，对实施禁牧休牧的牧民给予补偿，在加强草原保护的同时努力确保牧民收入不减少、生活水平不下降。

4. 利用现代科技手段构建高碳汇草原生态系统

通过制定《全国草原资源亟需重点保护名录及方略》等加强草原资源保护，维持草原生态功能。利用现代生物技术筛选和培育固碳能力强的草品种资源，构建碳汇功能强的草原生态系统。同时，重视和借鉴世界上发达国家的经验，学习国外的先进草原生态环境保护理念、经验和技术。要建立多元化、多层次、多渠道的投资体制，积极吸引和利用外资来做好草原生态环境保护工作。

（二）加强草地资源保护的政策保障

1. 继续推进和完善政策、法律法规的体系建设

要加快配套法律规章的制订进程，建立健全各项草原保护制度，编制草原保护建设规划、完善政策措施、制订配套法规规章、组织实施草原保护建设工程。加强普法宣传教育，要采取多种形式，加强草原法律法规的宣传力度，不断提高农牧民的法律素质，增强全社会依法保护草原的意识。继续推进和完善草原家庭承包经营责任制，调动广大农牧民保护和建设草原的积极性。

2. 加强技术推广和应用能力建设，提高科技应用水平

加强西部地区草原利用与保护技术的推广体系建设，完善相关设施设备，提高地方科技水平，推广应用新工艺、新技术，不断增加技术的科技含量。加强技术组装配套和综合应用，逐步实现技术的规范化、标准化。采用合理的放牧利用有助于土壤碳的积累，减少碳释放。

3. 加强生态牧业建设，实现西部地区的可持续发展

在西部地区生态环境不断恶化情况下，为了实现区域的可持续发展，必须要走生态牧业之路。以生态牧业理念统领西部地区草地的利用、保护和建设，增加资金和技术投入，推广生态牧业技术，依靠现代的科技手段，把生态牧业与牧业结构调整结合起来，把改善牧业生产条件和生态环境建设结合起来，努力建设现代化的、高效的生态大农业。

4. 积极开展草地地力调查和质量评价，为科学施肥提供依据

在以往工作的基础上，全面启动草地地力调查和质量评价工作，掌握耕地质量状况，通过科学的分析和论证，制定出切实可行的因地施肥的规划和政策，为指导牧民科学施肥、土壤改良提供可靠依据。同时建立草地土壤肥力长期监测系统，在科学掌握土壤状况的基础上，加强草地质量建设的力度，维持草地的可持续利用。

5. 加强草地资源与生态监测工作，制定科学的草地资源利用规范

草地资源与生态监测是一项重要的基础性工作，农业部目前制定了《全国草原资源与生态监测预警体系建设规划》，该规划的制定将加快推进以农业部草原监理中心为中枢，各级草原监测站为纽带，定位监测点为基础的国家级监测体系的建设。要充分运用现代信息手段开展草原资源与生态监测工作，开展草原资源与生态调查，促进草原管理的科学化和现代化。同时，在草原资源调查、科学规划的基础上，积极开展基本草原的划定工作，推行草畜平衡制度，实行禁牧休牧轮牧制度，积极推广应用先进的适用技术，增加草原畜牧业的科技含量，从而提高草原畜牧业的生产效益。

6. 培育人工草地示范基地，有计划地加快人工草地的建设

积极开发和培育有发展前景的能源植物，通过选种、育种和种植技术，种植高固碳效率的人工草地。通过人工草地的示范、推广及大面积种

植，对已经退化及未退化的天然草地进行保护，尽可能依靠自然力恢复轻度退化草场的生态服务功能；对重度退化草场进行封育，将人类对草原的干扰降到最低，逐步将天然草地的生产功能转移到人工草地，摆脱目前存在的“先发展，后治理”的怪圈。建设高产优质的人工饲草地，减轻草地放牧压力，促进退化草地自然恢复。经过科学规划，将人工草地与天然草地的总固碳量进行碳贸易，以用于投资人工草地的建设和天然草地保育。通过人工草地的建设，使我国人工草地巨大的“碳库”在世界“碳贸易”市场中争取更多的碳减排额度，为我国经济发展注入新的资金，使我国草原生态持续发展尽快走出困境。

第五节

促进中国生态农业发展①

一、发展生态农业是中国农业可持续发展的必然选择

（一）生态农业的科学内涵与特点

生态农业是把农业生产、农村经济发展和生态环境治理与保护、资源培育和高效利用融为一体的新型综合农业体系。其科学内涵和整体特点表现在如下几个方面：

从发展目标看，它以协调人与自然关系为基础，以促进农业和农村经济、社会可持续发展为主攻目标，要求多目标综合考虑，代替习惯于单一目标的常规生产决策，从而实现生态经济良性循环，达到生态、经济、社会三大效益的统一。

从科学理论和方法看，它要求运用生态系统理论、生态经济规律和系

---

① 本节内容选自农业部软科学课题（Z201113）《促进中国生态农业发展对策研究》报告，课题主持人：张杰、李文学、魏登峰；（L201003）《鄱阳湖生态经济区建设现代生态农业问题研究》报告，课题主持人：胡仲明。

统科学方法，遵循“整体、协调、循环”的基本原理，要求跨学科、多专业的综合研究与合作，建立生态优化的农业体系。

从技术特点看，它不仅要求继续和发扬传统农业技术精华，并注意吸收现代科学技术，要求整个农业技术体系进行生态优化，并通过一系列典型生态工程模式将技术集成，从而发挥技术综合的优势。它为中国传统农业向现代农业的健康过渡，进而建立起高产、优质、高效、安全、环境友善的未来永续型农业提供了基本的框架和技术。

从生产结构体系看，它不仅要求各个产业部门建立在生态合理的基础上，而且特别强调农林牧副渔大系统的结构优化和“接口”强化，形成生态经济优化的具有相互促进作用的综合农业系统。

从生产管理特点看，它要求把农业可持续发展的战略目标与农户微观经营、农民脱贫致富结合起来，既注重各个专业和行业部门专项职能的充分发挥，更强调不同层次、不同专业和不同产业部门之间的全面协作，从而建立一个协调的综合管理体系。

（二）生态农业是未来农业发展的根本方向

实现生态与产业的可持续发展是中国的基本发展战略，是从传统农业向现代农业转变的根本标志，也是转变农业发展方式的重要内容。生态农业的产生和发展标志着中国农业发展战略的历史性转变，特有的基本国情决定了中国农业必须采用以资源高效利用和生态环境保护为核心的生态经济协调发展模式。正是在这样的历史背景下，“中国生态农业”在20世纪90年代初应运而生，并因特别适合于中国国情而迅猛发展。生态农业的产生和发展标志着中国农业发展战略由常规增长型向持续协调型的历史性转变。

实践证明，生态农业是在现有条件下兼顾经济效益、生态效益和社会效益，实现生态环境保护、资源培育和高效利用的成功模式，是解决中国农村人口、经济发展与资源、环境之间矛盾的有效途径，是农业和农村经济可持续发展的必然选择。要实现经济增长由粗放型向集约型的根本转变，要处理好经济发展与资源和环境的关系，实现可持续发展，就应重视和发展生态农业。

（三）生态农业影响农业科学技术体系变革

生态农业在技术措施上，强调因地制宜地建立多种产业部门的大农业结构，强调通过人工设计的生态工程实现生产过程中资源的深度开发、环境保护、生态调节和生态循环；强调采用节能、节水、节地和资源投入、用养结合的保护性技术措施，提高生态效益，增强生产后劲。在方法上，注重把中国传统农业精华和现代科技相结合，要求采用系统工程手段，合理组织发挥系统整体功能，要求把工程技术、人力资源开发、立法和体制保障紧密配合，推动农业生产发展。由此可见，生态农业的大力发展必将有力地促进中国农业科学技术体系的变革，同时导致农业科学研究方法由单一的分析方法为主向着分析与综合相结合方向发展，带来一场农业综合科学研究方法上的创新。可见生态农业不仅是科技兴农的最佳的综合模式，而且是新型农业科学技术和研究方法的载体。

（四）发展生态农业是国情条件下的必然选择

中国人口众多、资源短缺的基本国情，决定了农户必须立足于对小块细碎分割的土地占有格局的调整重组，在土地有限资源下实现食物的均衡供应与收入的不断提高，政府也应适应这种生产格局，指导和引导农林牧渔各业的协调发展。进行多种经营及相互协调发展的内部结构，要求农业发展必须走上资源保护及合理利用、生态与经济协调发展的轨道。

（五）发展生态农业是防范和治理生态环境危机的根本途径

农业生态环境危机虽然具体表现在水资源耗竭、水土流失、草地退化等各个方面，但生态环境危机的整治并不是由单一措施就能解决的。这种危机的解决必须与生产方式的改变、管理体制的创新、组织制度的改革和生产与管理观念及行为的变革等紧密联系在一起，是一项对人类生态系统的改良和改善。生态农业在实施过程中，强调综合治理和综合发展，而不是单项治理；强调治理、改善与生产、经济同步发展，而不是先发展后治理；强调广大农民的积极参与实践，而不是单一的政府强制和指导。

二、生态农业发展面临的有利因素与不利因素分析

（一）有利因素

1. 农业科技不断进步

农业科学技术不断进步为生态农业的发展提供有力的技术支撑。一些农林新品种相继问世的科技成果，使得作物本身有很强的抗虫抗病能力，能有效减少农药的施用频次和数量；测土配方施肥技术施用则能有效地降低化肥的施用量。此外，相关土壤荒漠化治理技术也正在不断研发过程中，并且目前已有取得不错成效的技术或方法。这些都将有利于农业生产的生态化。

2. 政府重视程度不断提高

2006 年以来，连续几年的中央 1 号文件都专门提出要发展“生态农业”。农业部非常重视生态农业的推进工作。在基础工程方面，通过户用沼气工程、测土配方施肥、农业“三废”处理和利用、农村清洁能源工程、生态家园工程、农业面源污染防治技术示范推广等工作，在全国范围内推进生态农业发展。另外，通过推进无公害食品行动计划、农产品质量安全整治行动、推进“三品一标”（无公害农产品、绿色食品、有机农产品、农产品地理标志）产品标准化、大力扶持优质农产品展销对接等措施，引导农产品生产的生态化、标准化。各省也从法律层面，纷纷出台省级《农业生态环境保护条例》。目前，在浙江、广东等地都有成效较显著的实践。

3. 生态农产品市场认可度在提高

随着人民生活水平的提高，消费者对食用农产品的质量、健康更加重视。近年频发的一些农产品质量安全事件，强化了公众对绿色、环保、安全的生态农产品的关注。目前农业部主推的安全优质品牌农产品主要是“三品一标”产品，市场反响很好，2010 年其年销售额突破 4000 亿元，出口额已接近 40 亿美元。

4. 民间资本充裕

资金投入已经成为影响当前农业和农村发展的关键要素，没有一定

的资金投入作保障，发展生态农业就是一句空话。随着国家对农业投入的不断增加，政策利好不断释放，民间资本投资农业出现了大量机会，科技含量高、生态效益显著、有利于环境保护的生态型现代农业则最受投资者追捧。一些原来从事第二、第三产业的大型涉农企业，纷纷完善产业链条，向上游扩张，进军农业生产领域。农业生态产业投资屡屡成为投资热点。

5. 耕地保护被强化

截至2010年年底，中国耕地总数不足18.26亿亩，已接近“红线”，土地管理形势十分严峻。为守住18亿亩的红线，中国实行了最严格的土地保护制度。在制度上，考核办法，指标下达方面不断完善。随着遥感技术等方法的运用，耕地保护的手段和条件也不断得到加强。严格的土地管理制度的有效实施，能遏制对土地的滥用，同时也迫使农业生产必须符合生态的要求。

（二）不利因素

1. 农业生产者发展生态农业的意愿不强

对农民来说，用生态方式进行生产往往意味着更多投入、更复杂操作，从节省资源、简化劳作角度出发，他们更愿意采用“短、平、快”的技术。同时，受生态保护管理监督缺位所致，农民“产品高价、资源低价、环境没价”的旧观念依然根深蒂固。

2. 部分官员对发展生态农业的重要性认识不到位

一些官员，尤其是地方官员在GDP增长的诱惑下，难以做到生态优先。为生态农业发展而牺牲地方GDP增长，很难成为其自觉行为。究其原因，主要是对生态农业在可持续发展中的主导战略地位认识不够，具体表现在如下三个方面：一是过度重视GDP的增长，对发展循环经济缺乏应有的耐心，对学习和推广发展生态农业的先进经验缺乏动力；二是认为生态农业仅仅是针对生态脆弱区的；三是把中国的生态农业同国外有机农业等同起来，对中国发展生态农业的紧迫性、可行性持怀疑甚至否定的态度，个别人认为发展生态农业是发达国家的事情，中国当前的主要矛盾是解决粮食和收入问题，即使发展生态农业，也要等到整个经济和农业生产力水平达到相当高的程度以后。

3. 干部考核制度不利于发展生态农业

生态农业建设的内在规律，要求各部门各行业必须长期协同作战，从计划制定、项目实施到监测评估等都要统一组织落实，要一个目标统一、高效有序的行政管理体制与其适应。而目前许多地方的生态农业建设虽然有领导负责，但由于干部任期变动频繁，生态农业建设和干部的政绩、目标考核制度没有很好地结合，生态农业建设缺乏强制性和激励机制。

4. 缺乏系统理论支撑及有效技术评价体系

一方面，不少地方政府对发展生态农业缺乏系统完整的科学认识和规划，或者只是完全的照搬照抄，不能因地制宜，导致生态农业发展滞后；另一方面，生态农业发展所需要的科学理论和技术评价体系严重缺失，一些典型性强、效益好的专项生态农业技术还不能满足实践需要。诸如环境经济学的环境外部成本理论和方法在生态农业中的应用、区域生态农业发展阶段理论和模式、区域生态农业中多重矛盾的协调等基础理论和方法问题还需进一步研究和完善。

5. 生态农业人才严重缺乏

一是缺乏专业的生态农业管理和技术人员。目前，中国许多高等院校开设了环保专业、生态学专业等，但这些专业面狭窄，结合农业生产中畜牧、种植、农产品加工等专业的理论、知识和技能不够，造成毕业生从事生态农业的综合能力不强。在成人高教、函授、广播电视大学等继续教育的教学体系中，很少涉及生态农业的内容。二是缺乏有执行能力的农村劳动力。农民是生态农业的实践者，也是最大受益者，他们素质和能力的高低将直接影响生态农业建设的规模和质量。然而，目前广大农民的素质和从事生态农产品生产的知识水平和技能欠缺，制约着生态农业的发展。

6. 耕地和水资源矛盾加剧

中国耕地、水资源紧缺，农业靠天吃饭的局面短期内很难改变。农田水利基本建设严重滞后，小型农田水利总量不足、功能不全。特别是在加快工业化和城镇化的进程中，农村土地、资金、劳动力等生产要素加速外流，生态农业发展的必要条件面临削弱和萎缩的风险。

7. 缺乏系统规范的纲领性文件

生态农业建设是一项规模巨大的系统工程，必须制订科学的国家总体规划和长期政策。除了目前的《全国生态农业建设技术规范》和其他一些指导性文件外，就全国生态农业的总体目标、指导思想、发展措施和保障机制等而言，缺乏一套的纲领性文件。同时，中央对地方生态农业建设也缺乏必要的严格要求，在已有的地方生态农业规划和发展政策中，存在互相复制规划、缺乏针对性和可操作性差等问题。

8. 整体资金投入不足

当前，中国财政支农与环保投入数量增加，但所占比重仍然偏低，财政支持生态农业发展的专项支出更少。目前，除了对少数具体生态项目工程（比如沼气工程），财政是给予专项补贴，对于其他像生态农产品、有机农产品及对土地资源节约、保护、节水灌溉等与生态农业关联密切的建设，往往都只是打包在其他项目内。

9. 体制不顺影响生态农业发展

生态农业建设是一项系统工程，涉及多个部门。但目前由于职能交叉，部门之间在工作上缺乏协调、相互扯皮、多头管理，影响生态农业的有序发展。比如在农产品市场监管方面，农业、工商、技术监督、药监等多头管理，很难形成灵活有效的监管体系；分别设立农产品和畜产品检验检测中心，增加了行政成本。农民需要优质种苗、肥料、技术和信贷等多方面的服务，有关涉农部门往往难以满足这些需要。有的管理部门的服务往往只收费不服务，影响生态农业的健康发展。

三、中国生态农业发展历程和实践

（一）生态农业发展历程

中国于20世纪80年代初期开始了对生态农业的探索，经历了“试点—推广—发展”的历程，大体可以分为三个阶段。

第一阶段：研究试点阶段（20世纪80年代）。该阶段主要从学术上对生态农业进行理论探讨，并组织技术力量开展试验研究。20世纪70年代末期，中国学术界开始提出用生态学原理进行农业建设的问题。1980

年，在银川召开了全国农业生态经济学术讨论会，在这次会上中国第一次使用了“生态农业”这一术语。1982年，在中国农业环境保护会的建议下，国务院环境保护领导小组开始组织生态农业的试点工作。1985年，国务院环境委员会在《关于发展生态农业，加强生态环境保护工作的意见》中，对发展生态农业提出了具体要求。可惜的是，资源和生态环境方面的问题虽然已经表现出来并采取了一系列措施，但受当时主客观条件的限制，实践中并未真正纳入农业发展的目标。

第二阶段：生态农业试点县建设阶段（20世纪90年代）。在这一阶段，有关政府部门正式发布文件要求发展生态农业，并涌现出大量生态农业的典型。20世纪90年代初，全国生态农业县级规模的试点有29个，乡级的138个，村庄或农场级的有1200多个，遍布大陆各省（区、市）。为了继续推进这项工作，1993年，国务院七部、委（局）成立了“全国生态农业县建设领导小组”，并召开了“第一次全国生态农业县建设会议”，把生态农业建设纳入了政府工作议程，发展生态农业被写入《中国21世纪议程》，标志着中国生态农业建设从此上升到政府行为；1997年，党的十五大又一次提出发展生态农业，而后将“大力发展生态农业”列入《中华人民共和国国民经济和社会发展“九五”计划和2010年远景规划纲要》，发展生态农业作为中国实施可持续发展战略的重要方针得到确立。但以资源保护、高效利用和生态环境改善为基础的可持续发展战略仍然没有占据农业发展的主导战略地位，常规农业发展战略的巨大惯性依然发挥着决定作用。这时期，生态环境问题的处理尚处于不得已而为之的状态。

第三阶段：全面发展阶段（21世纪初以来）。在此期间，国家按照资源分布类型、农业自然生态类型划分区域，全面推进生态农业发展，力求遏制生态不断恶化的趋势。2002年，新修订的《中华人民共和国农业法》，在第57条中提到“发展生态农业，保护和改善生态环境”。同年，农业部将在全国范围内征集到了370种生态农业模式或技术体系，通过专家反复研讨，遴选出经过运行检验，具有代表性的十大类型生态模式，并正式将这十大类型生态模式作为今后一个时期农业部的重点任务加以推广。《全国生态农业建设技术规范》正式出台，标志着中国生态农业走上了制度化、规范化的轨道。目前，按各地不同的自然生态条件和经济发展水平，初步形成了生态脆弱区、生态资源优势区、农业主产区和沿海、城郊经济发达区等4种不同类型的生态农业发展模式。必须承认，中国农业虽取得了辉煌的成绩，但发展生态农业仍面临严峻问题。

（二）生态农业的模式

经过20多年的实践，中国在发展生态农业方面，总结并主要推广十大典型模式和配套技术。

1. 北方“四位一体”模式

“四位一体”生态农业模式是辽宁省在20世纪90年代研究探索出来的一种生态农业模式，目前已在中国北方农村地区得到了大范围推广，取得了显著的经济、能源和生态效益。该模式依据生态学、生物学、经济学、系统工程学的原理，以太阳能为动力、沼气为纽带，实现种植、养殖相结合的综合开发利用模式，它是将沼气池、养猪引进到大棚内，使沼气池、猪舍、大棚、蔬菜等有机地结合在一起，在同一块地上实现产气与积肥同步、种植与养殖并举的能源生态模式。运用本模式，在冬季北方地区室内外温差可达30摄氏度以上的情况下，温室内的喜温果蔬正常生长，畜禽饲养、沼气发酵安全可靠。

2. 南方“猪—沼—果”模式

“猪—沼—果”模式是一种循环经济模式。以养殖业为龙头，以沼气建设为中心，联动粮食、甘蔗、烟叶、蔬菜、果业、渔业等产业，广泛开展沼气综合利用的生态农业模式。其核心是建一口沼气池，利用人畜粪便池产生的沼气做燃料和照明，利用沼渣、沼液种果、养鱼、养猪、种菜。如江西赣州的“猪—沼—果”模式、南方地区的“猪—沼—稻”、“猪—沼—菜”模式。

3. 沼气与水田的生态种养模式

沼气与水田的生态种养模式是以沼气为纽带、以水田为核心的种养结合的新的生产模式。即由沼气池、频振式杀虫灯、水田、鸭、猪牛栏、厕所组成一个循环体系，具体是“沼气池—沼肥—水田（水稻、频振式杀虫灯、养鸭）—秸秆—猪牛栏—沼气池—沼肥”。厕所、猪牛栏连接沼气池，经沼气池发酵后，沼渣、沼液作为作物的养分，水田上放养鸭和点上频振式杀虫灯，收获产品。

4. 亚热带丘陵草地畜牧业优化生产模式①

在低海拔丘台上分布着龙眼、荔枝、蜜柚等果树，利用果园空地、草山、草坡套种优质牧草，牧草饲养奶牛，牛粪与其他原料如稻草、菌草作为食用菌培养料、下脚料还田，并以沼气为接口，将所有废弃物作为沼气池的原料，进行综合利用。

5. 双链型牧草—鹅—鲜食玉米模式②

该模式由两个链条组成，一条是食物链，另一条是农产品产业链。食物链即“牧草养鹅—鹅粪还田—鲜食玉米生产—玉米秸秆还田—牧草生产”；无公害农产品产业链即“优质饲草—无公害商品鹅—无公害鲜食玉米”。该模式实现了种草与养鹅在时间上的有效衔接，提高了牧草产量和利用率。

6. “果—菇—饲—沼—肥”的模式③

渭北苹原果树种植和玉米种植面积巨大，将大量的果树修剪枝条和玉米芯等农作物废料加以利用，发展袋料香菇等食用菌，或用于畜禽渔养殖；它们产生废料再用于沼气生产。此种模式，既可以取得显著的经济效益，又可变废为宝，取得显著的生态效益。

7. “鸭稻共作”模式④

“鸭稻共作”生态农业模式是根据生态学原理，巧妙利用动物和植物之间的共生互利关系，充分利用空间生态位⑤和时间生态位⑥以及鸭

---

① 赖德芳、沈魁敏：“芗城区典型生态农业模式及效益分析”，《福建农业科技》2003年第6期。

② 张家宏、王守红、白和盛等：“双链型牧草—鹅—鲜食玉米生态农业模式高效配套技术”，《中国生态农业学报》2005年第3期。

③ 梁连友、呼有贤、李鸣雷：“渭北果区果—茹高效生态农业模式研究田”，《陕西农业科学》2006年第1期。

④ 章家恩、陆敬雄、张光辉等：“鸭稻共作生态农业模式的功能与效益分析”，《生态科学》2002年第21期。

⑤ 科技名词。指每个种在群落内中所处的空间位置。

⑥ 指不同物种对资源的利用在时间上的分化。

子的生物学特性，并运用现代生态农业技术措施，用围网将鸭子圈养在稻田里，让鸭子与水稻“全天候”同生共生，以鸭子代替人工为水稻“防病、治虫、施肥、中耕、除草”等，最终达到以鸭子捕食害虫代替农药、以鸭子采食杂草代替除草剂、以鸭子粪便作为有机肥料代替化肥的目的。

8.“五配套”生态农业模式

该模式以“山水田林统一治理，农林牧副全面发展”为发展思路，按照“林果、草牧、粮农”的生态农业模式进行综合治理，同时改革土地产权制度，实施“四荒拍卖”及“谁投入、谁治理、谁经营、谁受益”的原则，调动农户参与的积极性。具体形式是每户建1个沼气池、1个果园、1个暖圈，1个蓄水窖和1个看营房。实行人厕、沼气、猪圈三结合，圈下建沼气池，池上搞养殖，除养猪外，圈内上层还放笼养鸡，形成鸡粪喂猪、猪粪池产沼气的立体养殖和多种经营系统①。

9. 休闲农业模式

休闲农业是利用农业景观资源和农业生产条件，发展观光、休闲、旅游的一种新型农业生产经营形态，也是深度开发农业资源潜力，调整农业结构，改善农业环境，增加农民收入的新途径。在综合性的休闲农业区，游客不仅可观光、采果、体验农作、了解农民生活、享受乡土情趣，而且可住宿、度假、游乐。休闲农业模式是以种养业为中心，兼有生态建筑物（农居）、休闲、娱乐、度假、生态、旅游经营为一体的生态、科技型观光农业，如养鱼与垂钓、餐馆结合起来的现代休闲渔业，果蔬、花卉、茶叶生产与观光休闲结合起来的观光果园、休闲茶园，把林业与旅游业结合起来的森林公园等。

（三）不同类型区域发展生态农业的实践

目前，全国51个生态农业示范县，大致可分为城郊和沿海经济发达地区、平原农业高产区、生态环境优美经济欠发达类型区、生态环境脆弱

---

① 谢春凤、蒋劲松、向青松等：“中国生态农业发展探讨”，《现代农业科技》2009年第20期。

经济贫困类型区等四种类型。四个区域农业发展类型所面临的主要生态环境问题各不相同，由此也决定了不同区域生态农业发展的途径、模式、目标也各不相同。

1. 城郊和沿海经济发达地区

（1）浙江省生态农业实践。浙江省以形成资源节约、环境友好的生态循环农业生产经营体系为目标，对全省的农业生产和发展做了整体部署。主要做法包括：以粮食生产功能区和现代农业园区“两区”建设作为主要平台，以资源利用节约化、生产过程清洁化、废弃物利用资源化、环境影响无害化为主线，转变农业发展方式，推进传统农业向现代农业转型升级。其中，高效生态农业是其发展重点。[①] 在具体做法上：一是重视政策法律的完善。颁布《浙江省农业废弃物处理与利用促进办法》、《浙江省农作物病虫害防治条例》，制定《浙江省生态循环农业发展“十二五”规划》，出台《浙江省发展生态循环农业行动方案》、《关于促进商品有机肥生产与应用的意见》等，为生态农业发展提供政策法律保障。二是坚持减量与清洁并举，通过推广节约型农业生产技术和实行化肥农药残留减量控害，防治农业面源污染。三是通过高标准农田质量提升工程和规模畜禽养殖场排泄物治理等措施，推动农业污染从“末端治理”向“末端治理、资源利用”转变。四是通过培育创新农业生产经营主体、加强标准化体系建设和发展“三品”认证，促进生态农产品的经济效益提升。五是通过开展生态农业示范创建活动、加强产学研对接、强化基层农业公共服务体系建设，加快生态农业健康发展[②]。

（2）广东省生态农业实践。广东省发展生态农业的典型经验可在粤北山区找到答案。梳理广东省政府出台的《关于促进粤北山区发展现代生态农业的指导意见》，可将其经验做法总结为“一二三四五六”，即：一个“统一”，即达到经济效益、社会效益和生态效益的统一；构建“两个体系”，即现代生态农业产业体系和技术支撑保障体系；建设“三级现

① 蒋文龙、赵洪祝：“强调生态循环农业是生态文明建设主要抓手”，《三农在线—农民日报》，http：//www. moa. gov. cn/fwllm/jrsn/.

② 郑水明：“生态循环农业的浙江实践”，《农村工作通讯》，2011 年第 11 期。

代生态农业示范园区”，即建设若干个省、市、县级现代生态农业示范园区；充分调动“四个积极性”，发挥好政府、企业、农民和社会等作用；明确“五个指标”，各市各级财政用于“三农”的专项资金50%投向现代生态农业项目、农业产值增长50%来源于现代生态农业、农民生产经营收入增长50%依靠现代生态农业产业、农村劳动力就近就地就业50%通过发展现代生态产业解决、农产品品牌50%属于现代生态产品；打造六大生态工程，生态农田、生态鱼塘、生态牧场、生态果园、生态家园和生态旅游等工程。

（3）北京市生态农业实践。北京是一个拥有近2000万人口的特大城市，土地资源十分有限、人地矛盾十分紧张，注定了北京市的农业要走节约集约的发展道路。北京农业发展定位于“高端、高效、高辐射”的都市型现代农业，主要是顺应城乡融合和产业融合的趋势，以市民的需求为出发点，以农民的增收为落脚点，着力提高农业集约化程度，挖掘农业综合价值，促进第一、第二、第三产业融合，全面开发农业的生产、生态、生活等多种功能。在具体做法上：主要以“发展沟域经济、建设生态旅游村”为手段，将生态农业纳入都市型现代农业的产业体系当中。并根据2005年北京市委市政府出台的《关于区县功能定位及评价指标的指导意见》和2009年出台的《关于促进生态涵养发展区协调发展的意见》，按照功能定位，将门头沟区、怀柔区、平谷区、密云县、延庆县5个区县以及房山区、昌平区山区部分定为生态涵养发展区，区域面积11299.1平方公里，占北京全市总面积的68.9%。力争将生态涵养区建设成为生态文明示范区和生态经济发展区。为实现该目标，《关于促进生态涵养发展区协调发展的意见》明确了六项政策措施，包括：加大政府投资支持力度、加大财政转移支付和生态补偿力度、加强高端产业引进培育、支持旅游业发展、促进山区废弃工矿的生态修复和合理利用、建立健全区域发展保障机制①。实践证明，北京市的生态涵养政策得到了积极效果，目前北京市整个郊区农林水的生态服务价值也已超过了1万亿元。

① 北京市发展和改革委员会，北京市人民政府批转市发展改革委关于促进生态涵养发展区协调发展意见的通知，首都之窗，http：//zhengwu. beijing. gov. cn/gzdt/gggs/t1051229. htm.

（4）上海市崇明生态农业实践。上海市崇明建立以分管县长为第一召集人，县发改委、农委、科委、财政、环保、旅游、绿化市容、水务、质监、工商等相关职能部门及各乡镇为成员单位的“国家级生态农业标准化综合示范县联席会议制度”（以下简称联席会议）。在联席会议的统一指挥协调下，各责任单位围绕创建目标，定期开展工作协调和交流，全面开展创建工作。联席会于2011年4月份发布了《关于创建国家级生态农业标准化综合示范县的实施意见》。主要通过四个方面发展生态农业：一是建立健全综合标准体系。建立以农业标准为主体，以农业循环经济、农业观光旅游服务、农业物联网、农业资源综合利用等农业相关拓展领域标准为延伸的示范县综合标准体系。二是加强标准宣传和人的培训力度，使从业人员牢固树立农业标准化意识，提升标准化示范区、龙头企业、农民专业合作社的农业标准化知识培训覆盖率。三是做好各类标准化示范试点。以“选好项目、建立体系、形成龙头、创建品牌、带动产业、致富农民”为原则，使示范辐射带动作用不断增强，示范效应不断扩大。四是培育农产品品牌，扩大示范效应。

2. 平原农业高产区

（1）黑龙江省生态农业实践。黑龙江省的开垦历史比较短，生态环境遭破坏的程度相对较轻，生态系统的复原相对容易，加之生物资源丰富多样，尤其是林业资源丰富，生态农业的开发利用价值比较大。但是，黑龙江省的水土流失严重、水资源时空分布不均匀、农业产业化水平不高的问题也是制约因素。黑龙江省生态农业发展的主要做法是通过人工造林、提高森林覆盖率等林业建设，治理水土流失，推广节水农业，推进农村能源建设，绿色产业开发等五个方面。目前，黑龙江省生态农业建设主要推行5种模式。综合经营型模式：具有农、林、牧复合系统结构特点，适用于平原区和其他条件相近似区域；立体开发模式：主要特点是以小流域为单元，多层次立体开发，优化空间结构，适用于山区半山区和丘陵漫岗区；协调发展型模式：主要特点是种、养、加各环节紧密衔接，产品实行系列开发，适用于大中城市郊区和平原区；良性循环型模式：主要特点是生物共生、多层次循环再生、多系统多种群结合、整体效应提高，适用于各个类型区；贸科工农经营一体化模式：主要特点是生态农业产品及副产品多次加工增值，实行产品系列化开发模式，适用于各个类型区①。

（2）河南省生态农业实践。河南省是一个农业大省、畜牧业大省，具有良好的区域环境、自然经济条件和发达的养殖业，非常适宜沼气建设和发展以沼气为纽带的生态农业。该省以“畜—沼—菜（果、渔）”生态良性循环模式为重点，因地制宜推广应用沼气生态农业模式，建设生态家园。一是抓好生态农业县建设，开展生态农业区（县、乡、村）试点示范。山区及丘陵地带重点推广“猪—沼—果”、“丘陵山区小流域综合治理利用型生态农业模式及配套技术”，巩固退耕还林还草成果，开展沼气综合利用，发展生态致富庭院经济；平原地区重点推广“平原农林牧复合生态模式及配套技术”、“畜—沼—粮（菜、果）”、“四位一体”等生态技术模式，推动农业结构调整；城市郊区和小城镇重点推广“四位一体”、“设施生态农业模式及配套技术”，大力发展无公害农产品，提高农产品质量安全水平，促进农民增收。二是通过实施庭院生态经济开发、农业资源综合利用、节水农业、农业面源污染控制、山区综合开发等工程推广适用生态农业技术模式，建立无公害农产品生产基地，逐步实现农业结构合理化、技术生态化、过程清洁化、产品无害化。三是加强农业野生植物保护管理，建立农业野生植物示范保护区（点），实现农业野生植物的有效保护和可持续利用②。

3. 生态环境优美经济欠发达类型区

（1）湖南省生态农业实践。湖南省依据该省自然分布特点以及全省布局规划，以建设生态农业示范县为载体，逐渐形成了一些特色鲜明的生态农业区，分别是以长株潭为核心的都市生态农业区、环洞庭湖生态农业区、涟邵中部丘陵盆地区、大湘西生态农业区、大湘南生态农业区等。在生态农业示范区建设过程中，湖南省先后制定并颁布了《湖南省生态农业建设规划纲要》、《湖南省生态农业建设管理办法》、《湖南省农业环境保护条例》等文件，出台了《湖南省生态农业示范县（村/户）建设标

---

① 黑龙江省农业环境保护监测站：“黑龙江省生态农业建设及农业可持续发展现状”，http://www.hljagri.gov.cn.

② 《河南省人民政府办公厅关于加强沼气建设推动生态农业发展的通知》豫政办〔2005〕23号，http://www.henan.gov.cn/zwgk/system/2005/11/24/000000154.shtml.

准》，推动该省生态农业走向管理规范化、建设工程化、工程模式化和生态效益化。在具体操作上，湖南省主要发展推广以沼气为纽带，带动畜牧业、林果业等相关农业产业共同发展的“猪—沼—果”生态农业模式。同时，该省农业专家还总结探索出了一些适合本地生态农业发展的新技术，如丘岗资源保护性开垦利用技术、秸秆还田技术、农业面源污染防控等一批实用技术，建立了丘陵区茶园生态系统优化技术体系和生猪规模化健康养殖技术体系，引领湖南生态农业区走向新的阶段[①]。

（2）广西壮族自治区生态农业实践。广西壮族自治区按照“大生态、大产业、大循环、大发展、快致富”的思路，实施“十百千万工程”，大力推广“猪+沼+果+灯+鱼”等近20种生态农业模式和相应技术。所谓“十百千万工程”，即在10个以上的县、百个以上的乡、千个以上的村、万个以上的农户中，示范推广先进生态农业模式技术，发展生态农业经济，实现生态富民。“十一五”期间，总计起来，生态富民“十百千万”工程每年为农民带来增收超过40亿元[②]。此外，广西还将农业生态旅游作为发展重点。专门出台了《广西农业生态旅游产业优先发展规划大纲（2011—2015）》，将农业生态旅游景区视作农业企业，可以享受税收、用地优惠。景区从事农、林、牧、渔业项目的所得，可以减征、免征企业所得税；而景区直接用于采摘、观光的种植、养殖的土地，可以免征土地使用税。金融部门对农业生态旅游景点建设予以重点支持，发放扶贫贷款、小额贷款时，向农业生态旅游产业开发的农户倾斜。另一个特点就是加强各类涉农部门的资源协调。整合农业、扶贫、旅游、建设、民政等部门对农业农村的扶持项目，把农业生态旅游景区景点建设与新农村建设、特色农业示范工程、乡村风貌改造工程、科技扶贫工程、名村名镇建设工程、农业旅游景点创建等项目结合起来，多方联动，协同推进[③]。

4. 生态环境脆弱经济贫困类型区

---

① 李祺、刘凌峰：“促进湖南生态农业发展建设农业生态文明”，《农业科技管理》2008年第6期。

② 苏必庆、杨天锦：《广西日报》，2011年6月9日。

③ 廖庆凌：“广西将对生态旅游景区实施减免税等系列优惠政策”，《广西日报》2011年7月30日。

（1）新疆维吾尔自治区生态农业实践。新疆本来就是个大荒漠区，国土面积中沙漠化土地占47.7%，全疆86个县市和90多个农垦团场都有沙漠化土地分布。随着人类征服和改造大自然能力的不断提高，施加给自然界的不良影响和生态环境的危害也越来越大，生态环境依然恶劣。新疆地处欧亚大陆腹地，气候干旱，自然条件独特，高山与盆地相间的地貌特点，对干旱气候的形成有重要作用。据不完全统计，全疆由于各种原因造成的弃耕地面积达33.4万平方公里，潜在弃耕地面积达40万—50万平方公里。新疆是典型的内陆干旱区，属荒漠绿洲，一方面水资源不足；另一方面农业灌溉的水资源利用率仅为50%。在新疆推广生态农业，主要采用西北地区的"五配套"生态农业模式。该模式的特点是：以土地为基础，以沼气为纽带，形成以农带牧、以牧促沼、以沼促果、果牧结合的配套发展和良性循环体系。"一净、二少、三增"，即净化环境、减少投资、减少病虫害，增产、增收、增效。"五配套"生态农业模式是解决西北地区干旱地区的用水，促进农业持续发展，提高农民收入的重要模式。

（2）贵州省生态农业实践。贵州省地处长江和珠江两大水系上游交错地带，是长江、珠江上游地区的重要生态屏障，也是喀斯特地貌发育最为典型的地区实践。喀斯特地貌面积占全省面积的71%，是全国唯一没有平原支撑的农业省，加之土地过度垦殖，水土流失严重，生态环境十分脆弱。20世纪80年代以来，贵州因地制宜发展各种模式的生态农业，先后在龙里、都匀、道真、湄潭等县（自治县）进行生态农业试点，并取得初步成效，涌现出了以小水电综合治理型、立体农林复合型、林果药为主的林业先导型、山区稻田生态渔业模式、小水电代燃料模式等生态农业模式，并总结了诸如"生物篱梯化技术"、农村庭园生态经济技术等生态农业科技成果，取得了良好的经济效益、社会效益和生态效益，推动了全省生态农业的发展。贵州省发展生态农业的模式和做法借鉴意义较强，主要有两个原因：一是每种模式的初始投入都不大。因为门槛不高，山区容易启动并进而形成全面联动态势；二是因地制宜，以村为单元实施生态农业。依据不同地区的资源及环境类型，依托生态农业科技成果，结合当地的社会条件和经济发展水平，使生态村建设具有喀斯特山区技术特色和较好的区域适应性，实现生态建设与经济建设的双赢。

四、促进中国生态农业发展的政策建议

生态农业建设是一项庞大的系统工程，必须按照科学发展观的要求，遵循“整体、协调、持续、循环、再生”的原理，从各个地区农业资源条件的实际出发，制定科学合理的发展思路、实践道路和政策支持。

（一）指导思想

以保护自然资源，改善农业生产条件，提高农业综合生产能力和增加农民收入为目标；针对制约农业和农村经济可持续发展的关键问题，坚持因地制宜、统筹规划、重点突破、整体推进的原则，按照生态学和生态经济学原理及系统工程方法，实行生物措施、农艺措施与工程措施相结合，建立起生态环境建设和保护与经济发展良性循环的新机制，不断优化农业产业结构，充分合理地开发和利用农业自然资源，实现经济、生态和社会三大效益相统一，在加快建设现代农业中实现农业的可持续发展。

（二）基本战略

1. 原则方针

中国发展生态农业应坚持七项原则：一是全面规划、相互协调，兼顾社会、经济、生态三大效益的整体性；二是资源再生增值，永续利用；三是多业结合、全面发展，建立高效、优化的农业生态经济体系；四是因地制宜，多样种植、多种经营，使初级产品得到多级、多次利用，变废为宝，实现生物能转化及废物资源化；五是农产品就地加工，提高物质的再利用，增产增值并维持物质循环与平衡；六是重视自然调节，促进农业持续增产，并开展以生物防治为主的病、虫、草害综合治理；七是与现代农业科学（生物工程技术）相结合，建立各种类型的农业教育、科研、推广三结合的农业技术支持体系。

2. 技术路径

因地制宜，形式各样，各具特色，循序渐进；边试点，边总结提高，边推广。根据全国自然生态环境和农业生产技术现状特点进行宏观区域划分，各区域进行全面规划设计，选择一些区域代表性强、基础条件好的地

方进行试点小范，探索试点所代表区域的主体优化模式，以模式的形式分区辐射推广，在动态反馈过程中，不断修改完善模式方案，形成滚动式扩散的发展机制。

3. 主攻方向

保护耕地资源，实行种养结合，改良中低产田，提高单位面积产出率。以市场为导向，合理配置资源，为社会提供日益丰富的农副产品，最大限度地满足消费需求。走生态良性、资源再生、土地节约、科技驱动与综合发展的路子，从广度和深度上充分利用生态资源，弥补自然资源不足，建设种、养、加一条龙生产、贸工农一体化经营、主次产业相配套的生态农业系统。建立健全农业环境监督管理机制和生态保护法规体系，提高全民生态环境意识，遏制和减少生态环境污染，打击破坏资源和生态环境的各种违法犯罪行为。

（三）对策建议

1. 不断提高国民的生态意识

切实提高全民，特别是地方官员和农民的生态意识。这需要结合基础教育，强化生态观念的传播与普及。要通过电视、报刊、标语以及课堂教学等形式宣传保护和改善生态环境的必要性和紧迫性，宣传生态农业建设的总体规划和广阔前景，让群众了解破坏植被、滥用化肥农药等粗放式经营造成的环境污染、生态恶化后果的严重性，让民众懂得保护生态环境就是保护自己的道理。广泛开展各种形式的生态农业实用技术培训、职业技能培训等活动，形成建设生态农业的广泛共识和大力发展生态农业的氛围，把发展生态农业，增强农业发展后劲提高到战略高度来认识。

2. 抓紧出台《生态农业促进法》及其配套法律法规

根据现代农业发展的要求，确定农业和农村经济可持续发展在中国农业发展中的主导战略地位，并据此修改完善《农业法》等法律。在此基础上，参照欧盟、美国、日本和相关国际组织已经颁布实施的《有机农业（食品）法》，尽快制定一部符合中国国情的、内容科学详细的《生态农业促进法》。依法规范各自行为。《生态农业促进法》的宗旨，应当定位在积极鼓励高效利用各种资源，保护和改善农业生态环境的行为，相关配套的规章应安排生态农业发展规划和产业指导、公众参与、生态环境有偿使用、生态补偿等相应制度。还要考虑与已经制定的《清洁生产促进法》、《环境影响评价法》、《环境保护法》等法律法规的衔接，抓紧制定《生态农业生产管理办法》等配套法规。

3. 给予充分的财政和金融支持

中央财政和财政状况比较好的省区市可考虑设立生态农业发展基金，专款用于发展生态农业和生产无公害农产品的扶持。对严格按照《全国主体功能区规划》、《全国优势农产品区域布局规划》等，因地制宜地发展生态农业，并取得一定成效的地方政府，中央政府应给予财政返还。对采取生态农业生产方式的农民，政府可对其单独实施良种直接补贴、技术补贴、有机肥料和病虫害生物防治补贴、生态农产品的生产、加工和销售补贴等。

此外，国家财政应与商业银行联动，为生态农产品的生产、加工和销售提供贴息贷款，或者直接由政策性银行提供优惠信贷。金融机构对技术含量较高和发展前景较好的农业科技项目应优先提供专项贷款。鼓励地方政府或企事业单位参与生态农业的保险，如承担一部分保险费。对从事生态农产品生产经营活动的企业，可将其所得用于生态农业扩大再生产的，退回该部分的企业所得税。此外，还可允许地方政府直接设立或委托设立生态农业发展专项基金，鼓励和引导国外资金投入到中国生态农业经济中来。政府在财政与金融方面对生态农业的所有倾斜和扶持措施，都需要法律加以明确和规范，也需要法律的强制推进和保障。

4. 引导社会资本广泛进入生态农业产业链

建立生态农业发展的多元投入机制，有利于解决发展中遇到的资金、技术等难题。利用这类资金开展生态规划、技术培训、新技术开发与推广、生态农业产品的市场营销等，可以加快建设生态农业的进程。社会资本是多元的，既包括集体的、个人的，也包括外国资本。在各方对社会资本进入的看法不一致的情况下，国家在政策层面应明确允许进入的条件及方式，给投资者以稳定预期，促进生产要素在生态农业建设过程中优化组合，鼓励其长期稳定地投入。

5. 重视发展生态农业行业协会等中介服务机构

在生态农业的发展过程中，政府要重视发挥行业协会、学会和多类合作组织信息交流、技术咨询、市场调查、引导生产、促进认证的作用。降低其成立的门槛，加强其运作方式、服务质量方面的监管，认真贯彻执行《农业合作社法》，不断完善对民间行业组织的规范管理，保证健康有序发展，更好地为生态农业服务。

6. 改善生态农业发展的基础设施条件

农业基础设施的质量和水平直接决定着生态农业的发展规模、速度和经济效益。政府应该在农田水利设施建设、农村排水与供水设施、农村道路修建、农田和林地重建等方面加大投入。

（1）加快农田水利设施建设。抓紧实施农村泵站的更新改造工程，加快推进农村堰塘、河渠的清淤整治。加快水利工程经营管理体制改革，调动群众和投资者、经营者的积极性，确保水利设施得到长期有效管护。

（2）加强农村水源管理。建立完善的农村水资源管理利用制度，科学编制水资源管理规划，按照“谁受益，谁负担，谁投资，谁所有”的原则，发展多种形式的农村水资源调配供给模式。农村排水与污水处理设施建设可打破行政区域界限，合理规划配置污水处理厂，利用旧城、旧村改造和新城区建设的机会，完善排污管网建设改造。加快乡镇到附近农村的雨、污水管道设施的规划建设，结合道路建设或改造，预留相应管道设施。对远离城市、乡镇的农村集中居住区，建设小型污水处理设施。对于就地处理污水能够达标排放的，应给予适当财政补贴。

（3）加快农村道路修建。在重点建设通乡油路、通村油路工程的同时，要更加重视对田间道路、产地运输道路等修建。地方政府应将农村田间道路建设维护工作纳入农村基础设施建设规划中来，并利用冬闲时节，广泛发动群众开展田间道路修建与维护。

（4）加快林地建设。充分发挥林地资源对农业生态的补偿作用。在稳定林地使用权的基础上，加快林业管理体制和经营体制创新。建设国有、集体所有、企业经营、大户承包、乡办村办、合作股份等多种形式的林场，鼓励农林专业大中专毕业生带头创办林场，享受有关优惠政策。

7. 深化生态农业理论研究

中国生态农业研究主要从实践中总结群众经验，实践往往走在理论之前。例如各地在生态农业实践中，通过吸收国外农业发展的优点、中国传统农业的精华、应用生态学、生态经济学等理论，形成和发展了众多成功的生态农业模式。这些模式就需要科技工作者加以概括和总结，在理论上揭示其组建常识和组建规律。同时，随着试点规模的进一步扩大，各类试点都需要理论的指导。因此，如何深化生态理论的研究、使生态农业建设从经验阶段走向理性阶段就变得非常重要。其研究内容应该包括生态农业模式的总结和框架设计、生态农业的价值评估体系以及生态农业的规范化和标准化等。

8. 加强生态农业应用技术研发

科学技术贯穿于生态农业建设的全过程。为进一步适应生态农业发展的需求，应加强生态农业关键技术、典型工程模式的攻关研究，逐步建立和完善生态农业技术体系，为生态农业建设和科学管理提供全方位的技术支持。目前来看，生态农业的核心是生物技术，要设法把现代生物技术包括细胞工程、发酵工程、蛋白质工程、基因工程、酶工程等，运用到生态农业中。

9. 完善生态农业监测及评估体系

服务及监测体系的建设分为两个部分：

（1）农业生态环境监测站网络建设。由农业部门联合环境保护等部门建设生态农业定点综合监测站、草原生态监测站和农垦生态监测站等。

（2）生态农业县定位监测站建设。所有检测数据还可与其他各类自然保护区及重点湿地定位监测数据相融合，形成完整的生态农业数据库。

生态农业评估体系至少应该包括三个方面内容：一是包括生态环境治理成本和收益在内的农业生产核算体系；二是生态农业指标体系及量化标准；三是生态农业县综合评价与管理决策支持系统。以上评估体系可由财政专门立项，在3—5年时间内，建立数据模型设计和基础数据搜集。

10. 全面落实生态农业发展战略

首先要做好统筹规划。要以县为统筹单位，以乡、镇为实施单位，调动村级力量，实施生态农业建设工程。确立生态户、生态村及生态农场的主体。加强和完善权威性的国家级生态农业建设领导协调机构。建议成立由农业部牵头，财政、发展和改革、环保、住房和城乡建设、国土资源、水利、林业等部委通力合作的全国性生态农业协调机构，负责研究并提出全国生态农业发展的规划及政策，拟订实施办法，督促、检查规划的执行，制定并发布生态农业有关标准，免责生态农产品的质量监管、生态农业国家项目管理、生态农业的国际交流等。在省、县两级建立相应的专门部门。省级部门负责本省的生态农业发展的具体规划和配套实施细则制定及监管，县级部门负责落实执行。

总之，为促进中国生态农业的全面发展，国家应把生态农业建设纳入中、长期国民经济与社会发展规划，制定全国性的生态农业发展纲要，明确生态农业发展的总体目标，进一步完善资金投入机制，完善生态农业相关法律、法规及配套的政策、措施，在科学发展观的指导下，抓好生态农业各项政策的落实。